KB013385

공감의
존재론

공감의 존재론

초판 1쇄 발행 2018년 2월 26일
초판 2쇄 발행 2019년 9월 2일
—

저 자 한상연
발행인 이방원
편 집 김명희·안효희·윤원진·정조연·정우경·송원빈
디자인 손경화·박혜옥
영 업 최성수 **기획·마케팅** 이미선
—

발행처 세창출판사
신고번호 제300-1990-63호
주소 03735 서울시 서대문구 경기대로 88 냉천빌딩 4층
전화 02-723-8660 **팩스** 02-720-4579
이메일 edit@sechangpub.co.kr **홈페이지** http://www.sechangpub.co.kr
—

ISBN 978-89-8411-734-1 93100

「이 도서의 국립중앙도서관 출판예정도서목록(CIP)은 서지정보유통지원시스템 홈페이지(http://seoji.nl.go.kr)와 국가자료 공동목록시스템(http://www.nl.go.kr/kolisnet)에서 이용하실 수 있습니다.(CIP제어번호: CIP2018003938)

이 저서는 2015년 정부(교육부)의 재원으로 한국연구재단의 지원을 받아 수행된 연구임(NRF-2015S1A6A4A01011364)
This work was supported by the National Research Foundation of Korea Grant funded by the Korean Government(NRF-2015S1A6A4A01011364)

공감의
존재론

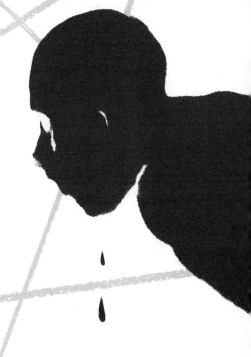

한상연 지음

세창출판사

도덕의 피안에서 공감하라!

공감만큼 기묘한 말이 또 있을까? 실로 공감은 인간 현존재의 전체이다. 아침에 눈을 뜨고 잠자리에서 일어나는 순간, 집을 나서는 순간, 군중 속에 뒤섞이거나 인적 없는 한밤중의 거리를 홀로 헤매는 순간 우리의 마음은 자신이 그 누군가와 언제나 이미 함께 있음을 느끼고 있다. 자기 방에 혼자 있을 때에도, 심지어 친근한 이 하나 없어 무서운 고독에 시달릴 때조차도, 우리는 이 느낌을 지울 수 없다. 고독이란 오직 사람들과 소원한 방식으로 함께 있는 자만이 느낄 수 있는 감정이기 때문이다.

철학과 인문학을 공부하면서 내가 발견한 한 가지 사실은 공감의 본질이 지금까지 단 한 번도 제대로 밝혀진 적이 없다는 것이었다. 유감스럽게도 이 점에서는 「공감의 존재론」 역시 마찬가지이다. 이 책 역시 여러 가지 한계를 지니고 있다는 뜻이다. 그러나 나는 「공감의 존재론」이 공감의 본질을 온전히 드러낼 하나의 단초가 되리라 믿는다. 공감에 대한 올바른 이해와 분석은 오직 존재론의 토대 위에서만 가능하다. 그럼에도 공감에 관한 존재론적 논구는 국내외를 막론하고 거의 전무하다시피 하다. 바로 여기에 「공감의 존재론」의 철학적 의의가 있다.

왜 우리는 공감을 존재론적으로 논해야 하는가? 그것은 인간이 함께 있음의 느낌에 시달리는 존재이기 때문이다. 인간은 하나의 세계 안에 있으면서도 동시에 죽음을 향해 달려가는 자로서 세계와 완전히 무관해질 자기 존재의 가능성을 불안 속에서 엿보고 있는 자이다. 우리는 타인과 단순히 세계에 속한 자로서 함께 있는 것이 아니다. 우리는 도리어 세계와 무관해질 가능성으로 인해 참되게 함께 있으며, 서로를 죽을 자로서 인정하고 환대하거나, 혹은 멸시하며 함께 있다. 존재론적으로 공감이란 절대의 허무와 절대의 자유, 그리고 절대의 존재가 교차하는 우주의 배꼽과도 같다. 공감 속에서는 결국 모든 것이 완전한 허무 속으로 스러져 가도록, 그럼으로써 모든 의지와 생각이 무의미해지도록 운명 지어져 있다. 그러나 이러한 운명이란 절대적으로 자유로운 존재가 될, 스스로 어떤 제약도 모르는 전체로서의 존재가 될 운명 외에 다른 아무것도 아니다. 오직 공감 속에서만 우리는 자신의 삶을 운명으로 받아들일 수 있고, 그럼으로써 참된 자유의 가능성에 눈뜰 수 있다.

주의할 점은 공감을 단순한 도덕의 기제처럼 이해해서는 안 된다는 것이다. 어떻게 보면 공감은 우리에게 긍정적이고 좋은 감정이다. 결국 한 인간으로서 존재한다는 것은 자신과 공감할 그 누군가와 함께 있음을 전제하는 것이기 때문이다. 그러나 인간은 이중적인 존재이다. 인간에게는 천사가 될 가능성과 악마가 될 가능성이 다 깃들어 있다. 살면서 제어하기 어려운 분노와 적개심을 한 번도 느껴 보지 않은 자는 아마 행복한 삶을 사는 자일 것이다. 그러나 이러한 자조차도 악마에게 영혼을 팔 가능성으로부터 자유로운 것은 아니다. 평온하고 행복한 삶이란 그러한 삶을 위협하거나 파괴할 모든 가능성에 대한 불안과 두려움, 분노와 적개심의 잠재적·현실적 가능성 외에 다른 아무것도 아니기 때문이다. 한마디로 우리의 모든 의지는 의지하는 바에 반하는 모든 것을 파괴하려는 의지와 같다. 바로 그 때문에 자기 안에서 긍정적이고 좋은 감정을 형성하려는 의지는 그러한 감정의 형성을 방해하는 모든 것에 대한 분노와 적개심으로 이어지기 마련이다. 결국 인간이 이중적인 존재라는 사실은 인간이란 선을 지향할 때조차도, 아니 실은 선을 지향할 때야말로 가장 강한 정도로, 악에의 유혹에 시달리기 쉬운 역설적인 존재라는 것을 뜻한다. 그렇기에 자신과 공감할 그 누군가와 함께 있음이란 선을 향한 의지의 근거이기도 하고 악을 향한 의지의 근거이기도 하다. 공감이란 그 자체로서는, 자기 자신을 위해서나 남을 위해서나, 단순히 좋기만 한 것도 나쁘기만 한 것도 아니라는 뜻이다.

공감의 역설을 가장 극명하게 드러내는 것은 아마도 '원수를 사랑하라'는 예수의 권면일 것이다. 원수를 사랑하려면 사랑의 대상이 원래 원수임을 먼저 알아야 한다. 원수를 증오하는 자로서 나는 암묵적으로 누구든 나의 처지를 완전히 이해하면 나와 똑같이 원수를 증오하게 되리라 전제하게 된다. 증오심에 사로잡힌 자는 자신의 증오심이 어떤 정당한 근거를 지니고 있음을 믿기 마련이기 때문이다. 설령 실제로는 아무도 나의 처지를 이해하지 못해도 나는 어쩌면 나를 이해하게 될지도 모를 그 누군가와 이미 공감하고 있으며, 이러한 공감은 증오의 대상을 파괴하려는 의지 및 이러한 의지의 실현을 방해하는 모든 것을 향한—잠재적이거나 현실적인—분노와 적개심의 근거이다. 물론 이러한 경우 공감은 나에게 어떤 혼란이나 자가당착의 원인으로 작용하지 않는다. 지켜야 할 것과 파괴해야 할 것, 긍정해야 할 것과 부정해야 할 것이 분명하게 나뉘기 때문이다. 그런데 만약 내가 원수를 증오하면서, 동시에 이러한 증오심을 극복하고 원수조차 사랑해야 한다고 믿게 되었다면, 공감은 혼란과 자가당착으로 이어지기 쉽다. 내가 지켜야 할 것과 파괴해야 할 것, 긍정해야 할 것과 부정해야 할 것이 단순히 뒤섞일 뿐 아니라 어떤 의미에서는 그 관계가 전도된다. 원래 파괴와 부정의 대상이던 원수는 내가 사랑해야 할 자로서 지키고 긍정해야 할 자가 된다. 그렇지만 지금 그를 증오하는 나는, 그리고 이런 나와 공감하게 될 모든 세상 사람들은, 모두 파괴하고 부정해야 할 것이

되어 버리고 만다. 나를 비롯한 모든 사람들이 원수조차 포용해야 할 사랑에의 의지에 방해가 되기 때문이다.

그렇다면 원수를 사랑하라는 예수의 권면은 악한 것인가? 꼭 그렇다고 단언할 필요는 없다. 그것은 마치 자식이 훌륭해지기를 바라는 부모가 지금 훌륭하지 못한 자식을 증오한다고 단정할 수 없는 것과 같다. 자식이 훌륭해지려면 지금 훌륭하지 못한 자식은 지금의 자신과 다른 그 무엇이 되어야 한다. 지금의 자신은 훌륭한 자신이 되기 위해 파괴되어야 하고, 현명한 부모란 자식이 이런 의미의 자기파괴를 잘 수행해 낼 수 있도록 돕는 조력자여야 한다. 그러나 예수의 권면이 악하지 않은 것이라고 단언하기도 어렵다. 흠 없고 이상적인 인간은 아무도 없으며, 그런 점에서 어떤 이상적인 인간을 향한 의지와 바람은 모든 현실적인 인간의 존재에 대한 궁극적이고도 최종적인 부정일 수 있다. 한마디로 인간의 존재에 잇닿아 있는 모든 것은 양극단의 가능성의 유착으로부터 자유롭기 어렵다. 지고의 선을 지향하는 것이 실은 가장 끔찍스럽고도 잔혹한 악으로 이어질 수도 있다는 뜻이다.

'공감의 존재론'이 공감을 도덕의 굴레로부터 풀어 놓아야 할 이유가 바로 여기에 있다. 오직 도덕에 귀속되지 않는 그러한 의미의 공감만이 우리의 존재 그 자체로부터 연원하는 의지의 역설과 자가당착으로부터 우리를 해방시킬 수 있다. 이러한 가능성의 근거 역시 존재론적으로는 우리의 존재 그 자체이다. 우리의 존재가 그 자체로서 이미 도덕의 피안에 존재함이기 때문이다.

목차

IV. 불안과 공감

V. 공동 현존재와 공감

일러두기

독자의 이해를 돕기 위해 본문에서 다음과 같이 표기하였다.

약어 표기

Gadamer, Hans-Georg, *Hermeneutic I. Wahrheit und Methode* (GW Bd. 1), Tübingen 1990: *WM*

Heidegger, Martin, *Die Kategorien- und Bedeutungslehre des Duns Scotus*, in: ders., Frühe Schriften (GA. 1), Frankfurt a. M. 1978: *KBDS*

Heidegger, Martin, *Grundprobleme der Phänomenologie* (GA 58), Frankfurt a. M. 1993: *GPH*

Heidegger, Martin, *Phänomenologie des religiösen Lebens* (GA. 60), Frankfurt a. M. 1995: *PRL*

Heidegger, Martin, *Sein und Zeit*, Tübingen 1993: *SZ*

Hume, David, *A Treatise of Human Nature*, Oxford University Press: London, 1960: *THN*

Riesman, David, *The Lonely Crowd*, New Haven & London: Yale University Press 1989: *LC*

Sartre, Jean-Paul, *L'Être et le Néant. Essai d'ontologie phénoménologique*, Paris 1988: *EN*

Scheler, Max, *Wesen und Formen der Sympathie*, Bonn 1923: *WFS*

Schleiermacher, Friedrich, *Dialektik*, Im Auftrage der Preuβischen Akademie der Wissenschaften auf Grund bisher unveröffentlichten Materials (hrsg. von Odebrecht, R.), Berlin 1942: 『변증법』

슐라이어마허, 프리드리히, 최신한 옮김, 『기독교신앙』, 한길사, 2006: 『기독교 신앙』

슐라이어마허, 프리드리히, 최신한 옮김, 『종교론. 종교를 멸시하는 교양인을 위한 강연』, 한들, 1997: 『종교론』

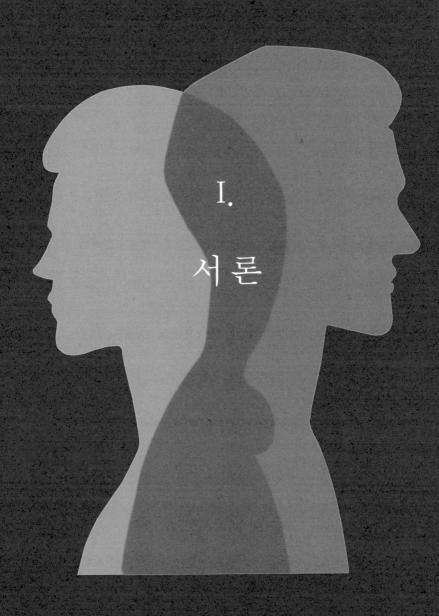

I.

서론

이 책은 공감의 존재론적 의미에 대한 철학적 성찰의 기록이다. 이 책은 철학 전공자들을 위한 전공서적으로서 기획되었다. 그러나 필자는 이 책이 비전공자들에게도 도움을 줄 수 있는 책으로 평가되기 바란다. 철학과 인문학에 진지한 관심이 있는 독자라면 이 책의 철학적 논의들을 통해 공감의 존재론의 관점에서 자신의 삶과 존재를 이해할 가능성을 발견할 수 있을 것이다.

현대인이 사회에서 직면하게 되는 문제들을 이해하게 할 키워드로 공감만큼 적절한 말을 찾기는 쉽지 않다. 이런저런 사회문제들이 생겨날 때마다 사람들은 흔히 공감의 부족을 그 원인으로 지적한다. 개인들 간의 극단적인 경쟁, 현대인들 특유의 불안과 고립감 등이 모두 공감의 부족으로 인해 생겨난다는 식이다. 그렇다면 현대 사회에서 공감은 왜 부족해지는가? 누군가 다른 사람과 서로 공감해 주는 관계를 맺을 가능성이 현대 사회에서 특히 희박한 이유는 무엇인가? 아마 이러한 물음에 대한 해명은 공감의 형성을 가능하게 하는 것이 무엇인지 먼저 해명된 연후에나 가능할 것이다. 현대 사회가 공감의 부족으로 특징지어질 수 있다면 그것은 공감의 형성을 가능하게 하는 그 무엇이 현대 사회에서는 제대로 작용하지 못하기 때문일 것이다. 이러한 문제를 풀어 나감에 있어서 반드시 선행되어야 하는 것은 공감에 대한 존재론적 성찰이다. 오직 존재론의 토대 위에서만 인간 현존재의 존재에 관한 올바른 철학적 성찰이 이루어질 수 있기 때문이다.

물론 공감의 문제를 해명하는 데 있어서 존재론 외에 다른 철학은 모두 무의미하다거나 존재론과 다른 관점에서 접근하면 안 된다는 식으로 생각할 필요는 없다. 그러나 인간 현존재의 존재에 대한 존재론적 성찰을 통해 전통 철학적 인간관의 한계가 먼저 분명하게 드러나지 않으면 공감에 대한 철학적 해명 역시 한계에 봉착할 수밖에 없다는 것은 미리 지적되어야 한다. 존재론적으로 공감에 대한 전통 철학적 논의의 한계를 드러내는 것이 공감에 대한 철학적 논의들이 올바르게 전개되는 데 필요한 선결조건이라는 뜻이다.

공감에 대한 존재론적 논의를 본격적으로 시작하기 위한 예비 작업으로 서론에서는 세 가지 주제가 간략하게 다루어질 것이다. 첫 번째 주제는 '공감에 대한 존재론적 논의가 필요한 이유'이다. 두 번째 주제는 '공감에 해당하는 서양철학의 용어는 무엇인가?'이다. 세 번째는 '공감의 존재론을 위해 프리드리히 슐라이어마허Friedrich Schleiermacher, 장 폴 사르트르Jean-Paul Sartre 그리고 마르틴 하이데거Martin Heidegger가 중요한 이유'이다.

첫 번째 주제는 데이빗 리스먼David Riesman이 『고독한 군중The Lonely Crowd』(1950)에서 제시한 '군중 속의 고독' 개념을 중심으로 설명될 것이다. 그 이유는 두 가지이다.

하나는 확장성의 확보이다. 앞서 밝힌 것처럼 필자는 이 책이 되도록 철학을 전공하지 않은 사람에게도 도움이 되기를 원한다. 아마 이러한 목적을 위해서는 공감에 대한 철학적 성찰들을 수행하기에 앞서 대중에게 친숙하면서도 공감과 밀접한 연관이 있는 개념에 관해 먼저 논의해 보는 것이 좋은 방편이 될 것이다.

『고독한 군중』이 출판된 지 꽤 오랜 시간이 지났음에도 리스먼이 제기한 '군중 속의 고독'은 현대인의 삶에 관한 다른 어떤 표현보다 더 깊숙이 우리의 뇌리에 박혀 있다. 많은 현대인들에게 '군중 속의 고독'은 일종의 자화상과도 같다. 현대인의 고독한 자화상을 독자들과 함께 들여다보고 그 철학적 의미에 관해 성찰해 보는 것이 아마 공감에 대한 철학적 논의를 시작하는 최상의 방식일 것이다. 고독에 대한 자각이야말로 공감의 의의에 대해 성찰할 가장 강력한 동기가 되기 때문이다. '고독한 군중'에 관해 서론에서 논의하는 첫 번째 이유가 바로 여기에 있다.

또 다른 이유는 '고독한 군중'에 대한 리스먼의 사회학적 논의들을 비판적으로 고찰하는 것이 '공감의 존재론의 필요성'을 잘 이해할 수 있게 한다는 점이다. 리스먼의 사회학은 당시로서는 매우 진전된 철학적 입장들을 반영하고 있다. 그럼에도 존재론의 관점에서 보면 리스먼의 논의들은 여전히 전통적 인간관의 한계에 얽매여 있는 것으로 보인다. 본론에서 지속적으로 다루어질 문제이기는 하지만 그러한 한계는 본질적으로 인간 현존재의 존재를 개별 사물의 존재처럼 고찰함으로써 생겨나는 문제라고 할 수 있다. 철학적으로만 보면 이러한 문제에 대한 설명은 전통적 인간관을 옹호하는 특정한 철학을 비판할 때 가장 분명하게 제시될 수 있을 것이다. 그러나 대중적으로 잘 알려진 표현인 '군중 속의 고독'의 바탕에 전통적 인간관의 잔재가 남아 있음을 드러내는 것은 그 자체로 의미가 있는 작업이다. 철학 전공자에게는 이러한 작업이 전통적 인간관에 대한 존재론적 비판의 필요성을 구체적 사례를 중심으로 살펴보는 계기를 제공하게 될 것이다. 비전공자들의 경우 이러한 논의가 존재론적 관점에서 삶과 존재의 의미를 돌아보게 할 사상적 동기와 근거를 마련하게 될 것이다.

주의할 점은 '고독한 군중' 개념에 대한 철학적 비판이 그 학문적 의의에 대한 부정을 뜻하지는 않는다는 것이다. 사회학적 논의의 한계를 철학적 관점에서 드러내는 것이 사회학이 부당한 학문이라는 결론으로 이어질 수는 없다. 필자의 의도는 리스먼이 수행한 사회학적 논의의 학문적 정당성을 문제 삼는 것이 아니다. 다만 필자는 리스먼 사회학의 한계에 대한 비판적 성찰을 통해 철학과 여타 학문 분야 간에 대화와 소통의 장이 열리는 계기가 하나 마련되기를 바랄 뿐이다. 서론뿐 아니라 본론에서도 기회가 될 때마다 사회학이나 여타 학문 분야와의 비판적 대화가 시도될 것이다. 역으로 다양한 학문 분야에서 공감의 존재론에 대한 비판적 성찰들이 수행된다면 필자로서는 참으로 다행스러운 일이라 하겠다. 한 권의 책을 출간함은 결코 상찬을 받기 위한 것이어서는 안 된다. 독자들이 책에 담긴 사상에 대해 스스로 치열한 성찰과 비판을 수행함으로써 보다 진일보한 사상에 도달하는 것이야말로 저자가 바랄 수 있는 최상의 결과일 것이다.

두 번째 주제는 용어 사용의 혼란에 관한 것이다. 서양철학의 맥락에서 보면 공감은 'sympathy'의 번역어일 수도 있고 'empathy'의 번역어일 수도 있다. 'sympathy'에는 동정, 연민의 뜻도 있고 공감의 뜻도 있다. 'empathy'는 원래 감정이입을 뜻하는 독일어 'Einfühlung'의 번역어로서, 20세기 이전의 영어 저술들에서는 발견되지 않는 말이다. 그럼에도 현대에는 'empathy' 역시 공감을 뜻하는 말로 사용된다. 심지어 철학을 포함한 다양한 학문 분야에서, 특히 상담심리학을 비롯한 응용심리학 분야에서는, 'sympathy'보다 'empathy'가 공감을 표현하는 말로서 더욱 선호되는 경향마저 있다.[01] 그럼에도 'empathy'를 존재론적 의미의 공감을 뜻하는 말로 선택하기는 쉽지 않다. 한스 게오르크 가다머Hans-Georg Gadamer, 아서 단토Arthur Danto 등 철학적 해석학의 관점에서 'empathy' 개념의 문제점을 맹렬하게 비판한 철학자들이 적지 않기 때문이다. 이들에 따르면 'empathy'는 나와 타자 사이의 관계를 심리학이나 의식철학의 관점에서 고찰하도록 하는 개념이고, 타자를 우선 지각되어야 할 사물적 존재자와 같은 —혹은 하이데거 식으로 표현하면 '눈앞의 존재자'와 같은— 것으로 상정함으로써 심리학주의의 한계에 봉착하게 하는 개념이다. 두 번째 주제에 관한 논의를 통해 독자들은 존재론적 의미의 공감에 해당하는 서

---

01 M. Slote, *The Ethics of Care and Empathy*, London / New York 2007, 13 이하 참조.

양철학의 용어로 어떤 것이 적절한지, 더 나아가 존재론적 관점에서 공감에 대해 논의하는 것이 철학적으로 어떤 의미를 지니는지 이해하게 될 것이다.

겉으로는 상이해 보일지라도 서론에서 다루어질 이 두 가지 주제는 내적으로 서로 긴밀하게 연결되어 있다.

『고독한 군중』에 대한 논의의 근본 쟁점은 현존재의 존재에 대한 전통적인 이해와 존재론적 이해 사이의 차이이다. 『고독한 군중』 역시 현존재를 눈앞의 존재자처럼 고찰하는 전통 철학적 관점으로부터 온전히 벗어나지 못했다는 것, 그리고 그로 인해 고독과 불안 등을 개별 인간들의 사유와 행동의 결과로 생겨나는 부정적인 감정으로만 이해하게 되었다는 것이 설명될 것이다. 이러한 설명은 —하이데거가 현존재의 근본 기조라고 정의한 불안과 마찬가지로— 존재론적 개념으로서의 공감이란 사유와 행동의 결과로 생겨나는 파생적 감정과는 근본적으로 구분되어야 하는 것임을 밝히기 위한 것이다.

공감에 해당하는 서양철학의 용어에 관한 논의 역시 동일한 문제의식에서 출발한다. 한편 'empathy'와 'sympathy'를 둘러싼 용어상의 혼란이 왜 생겼는지 설명하면서, 다른 한편 'empathy'와 'sympathy'에 관한 전통 철학적 성찰들이 공감을 주로 사유 및 행위의 관점에서 고찰한다는 것, 그리고 현존재의 존재를 눈앞의 존재자처럼 오인한 것이 그 근본 원인이라는 것 등을 밝히게 될 것이다.

마지막 세 번째 주제는 공감의 존재론의 바탕이 될 철학적 문제의식에 관한 것이다. 슐라이어마허, 사르트르 그리고 하이데거가 공감의 존재론의 확립을 위해 중요한 이유가 무엇인지 간략하게 설명될 것이다.

1. 공감에 대한 존재론적 논의가 필요한 이유: 리스먼의 『고독한 군중』에 대한 비판적 성찰

오늘날 인문학 전공자로서 『고독한 군중』을 진지하게 다루는 사람들이 얼마나 될까? 그러나 한 권의 책이 사회에 행사하는 영향력은 비단 전문가 집단의 평가에만 의존하는 것은 아니다. 리스먼이라는 이름을 알지 못하는 사람들도 『고독한 군중』이라는 책 제목이나 '군중 속의 고독'과 같은 표현에는 대개 익숙할 것이다. 출판된 지 꽤나 긴 시간이 지났음에도 불구하고 『고독한 군중』이 현대인의 자기성찰에 여전히 막강한 영향력을 행사하고 있다는 증거이다. 실제로 '데이빗 리스먼', '고독한 군중', '군중 속의 고독' 등을 키워드로 삼아 구글 같은 사이트에서 검색해 보면 관련된 내용을 다루고 있는 블로그, 인터넷 카페 등을 무수히 많이 발견할 수 있다. 인문학을 인문학 전공자들만의 전유물로 이해하면 아마 『고독한 군중』에 대해 오늘날 논의할 이유는 별로 없을 것이다. 그러나 인문학에 대한 대중의 관심에 부응하고, 더 나아가 대중들 스스로가 자신의 삶과 존재에 관해 인문학적 성찰을 하도록 돕는 것이 인문학 전공자가 감당해야 할 사명들 중 하나라고 여기면 사정은 달라진다. 전문가만이 관심을 기울일 저술이 아니라 대중의 마음속에 깊은 흔적을 남긴 그러한 저술에 관해 논하는 것이 인문학과 사회의 발전을 위해 더 바람직할 수도 있다는 뜻이다.

'군중 속의 고독'이 현대인의 자기성찰에서 중요한 역할을 담당하게 된 이유는 어디에 있을까? 왜 '군중 속의 고독'에 대한 현대인들의 관심은 식을 줄을 모르는가? 그것은 아마 별다른 인문학 교육을 받아 본 적이 없는 사람도 '군중 속의 고독'이라는 말의 의미를 직관적으로 파악할 수 있기 때문일 것이다. 솔직히 인문학 비전공자 중 임마누엘 칸트Immanuel Kant나 게오르크 빌헬름 프리드리히 헤겔Georg Wilhelm Friedrich Hegel, 에드문트 후설Edmund Husserl, 하이데거와 같은 철학자들의 사상을 직관적으로 파악할 수 있는 사람이 얼마나 되겠는가? 그들의 철학이 구체적이지 못한 것은 아니다. 철학이 추상적이고 딱딱하기만 한 학문이라는 생각은 철학에 대한 대중의 편견에 불과하다. 실은 위대한 철학자들의 사상이야말로 삶과 존재에 대한 최고도로 구체적이고 섬세한 성찰들로 가득 차 있다. 그뿐인가? 고독이나 공감, 불안 등의 문제에 대한 근본적이고도 올바른 해명 역시 철학적 성찰을 통해서만 가능하다. 실은 철학이야말로 모두에게 필요한 학문인 것이다. 그럼에도 철학이 대중과 동떨어져 있다면 그것은 철학이 어렵기 때문만은 아닐 것이다. 철학을 어렵다고 느끼는 사람이 많을수록 대중과 소통하고 공감하려는 전공자의 노력은 배가되어야만 한다. 이 책이 '군중 속의 고독'에 대한 성찰과 더불어 시작하는 이유 역시 여기에 있다.

그러나 그것만이 전부는 아니다. '군중 속의 고독'에 대한 대중의 직관적 이해의 바탕에는 현대인에게 가장 흔하고 친숙한 자기이해의 방식이 놓여 있다. 그렇기에 '군중 속의 고독'에 대한 철학적 성찰은 현대인의 자기이해의 방식의 근거와 이유를 드러내는 좋은 방편이기도 하다. 현대인으로 하여금 자신을 군중 속에 홀로 머물고 있는 자로 이해하게 만드는 것이 무엇인지 드러냄으로써 우리는 공감의 존재론을 구체적 삶의 현상 그 자체로부터 출발할 수 있게 될 것이다.

1.1 '군중 속의 고독'과 리스먼의 인간 유형론

1950년에 출간된 『고독한 군중』은 현대인에게 다른 사람과 진정으로 공감할 역량이 결여되어 있음을 알리는 선언문과도 같았다. 책은 곧 베스트셀러가 되었고, 리스먼은 얼마 지나지 않아 미국에서 가장 영향력 있는 사상가들 중 하나로 자리매김하게 되었다.[02] 아마 이 책이 대중적으로

---

02 D. Horowitz, "David Riesman: From Law to Social Criticism," in: *Buffalo Law Review* 58

큰 반향을 불러일으킨 이유는 '고독'과 '군중'이라는 말의 역설적인 결합에서 찾을 수 있을 것이다. 자신을 군중의 하나로만 간주하는 책을 즐거운 마음으로 읽을 사람은 별로 없다. 그러나 현대인이라면 누구나 군중 속에서 고독을 느껴 본 적이 있기 마련이다. 그러한 고독은 분명 주위의 군중에게 자신이 특별한 한 인간으로서가 아니라 그저 불특정한 다수 가운데 하나로 여겨지리라는 자각 때문에 생겨날 것이다. 그렇기에 현대인은 '고독한 군중'에 관한 이야기를 자기 자신의 이야기로 받아들이기 쉽다. 현대인은 대개 남들을 불특정한 군중으로 바라보는 데 익숙하고, 남들 또한 자신을 불특정한 군중의 하나로 바라본다는 것을 알고 있다. 그러나 누구나 자기 자신만은 특별했으면 한다. 아마 이것이 현대인에게 '군중 속의 고독'이 가장 전형적인 자기이해의 방식일 수 있는 이유일 것이다. 나에게는 모두가 군중이고, 또 모두가 나를 군중의 하나로 바라보지만, 정작 나 자신은 결코 군중의 하나일 수 없는 것이다.

이러한 현대인의 자기이해는 존재론적으로도 많은 것을 시사한다. 하이데거는 『존재와 시간』에서 "현사실적 홀로 있음Alleinsein은 두 번째 인간 견본이 내 '옆에' 나타나도, 심지어 인간 견본 열이 나타나도 없어지지 않는다(SZ, 120)고 말한다. 여기서 인간 견본이란 독일어 'ein Exemplar Mensch'를 번역한 말로, 현상적으로는 '무차별적인 군중의 하나일 뿐인 인간', '나와 어떤 친숙함의 관계도 맺지 못한 인간', '고유하지 못한 인간' 등과 거의 비슷한 의미를 지닐 것이다. 결국 존재론적으로 보면 사람들은 군중 속에서 고독을 느낄 수밖에 없다. 군중은 나와 친숙함의 관계를 맺지 않은 자들이고, 나와 친숙함의 관계를 맺지 않은 자는 나에게 본질적으로 무차별적이다. 그런데 인간 현존재의 홀로 있음은 사람의 많고 적음이 아니라 오직 공동 현존재의 무차별성 여부에 의존할 뿐이다.

(2010), 1005 이하 참조.

공감의 존재론

그렇다면 군중 속의 고독으로부터 벗어나기 위해 우리는 무엇을 어떻게 해야 할까? 현사실적 홀로 있음을 없애 줄 '무차별적이지 않은' 인간 현존재를 우리는 어디서 만날 수 있을까? 이러한 문제를 해명하는 데 있어서 하이데거의 존재론과 리스먼의 사회학 사이에는 대단히 커다란 차이가 있다. 하이데거의 존재론은 그 단초를 현존재의 실존에 대한 이해에서 찾는다. 반면 리스먼의 사회학은 현대 사회의 구조와 발전이 산출해 내는 현대적 삶의 방식에 대한 유형론적 분석에서 찾는다.

리스먼에 따르면 『고독한 군중』 자체가 "사회적 성격 및 상이한 지역, 시대 그리고 집단에 속한 사람들 사이의 사회적 성격 상의 차이에 관한 책"(LC, 3)이다. 하이데거와 리스먼 사이의 차이는 전자가 인간 현존재 일반을 다루는 데 비해 후자는 상이한 인간 유형들 사이의 차별성을 다룬다는 식의 설명만으로 다 드러날 수 없다. 근본적인 것은 나와 타자, 혹은 현존재와 공동 현존재 사이의 관계에 대한 이해방식의 차이이다. 하이데거에게 "현존재는 본질적으로 [이미] 그 자신에게서 함께 있음Mitsein이다."(SZ, 120)[03] 이 말은 무엇보다도 우선 남과 유리된 순수한 개별자로서의 현존재는 존재하지 않는다는 뜻이다. 반면 리스먼에게 순수한 개별자로서의 현존재의 존재는, 아마 리스먼 자신조차 인지하지 못하는 은밀한 사유의 전제로서, 감추어져 있다. 리스먼 스스로는 인간을 순수한 개별자처럼 이해하는 전통적 사고방식을 배제하려 하지만 그럼에도 그 자신 이러한 사고방식으로부터 온전히 벗어나지 못했다는 뜻이다.

---

03 이기상의 번역본에는 'Mitsein'이 '더불어 있음'으로 번역되어 있다. 그러나 'Mit'은 품사적으로 논하면 동사 'sein'을 수식하는 부사임에 반해 '더불어'는 '둘 이상의 사람이 함께하다', '무엇과 같이하다', '어떤 일이 동시에 일어나다' 등을 뜻하는 동사로, 그 원형은 '더불다'이다. '더불어'는 'Mit'과 품사적으로 맞지 않을뿐더러 의미상으로도 'Mitsein'을 표현하는 데 적합하지 않다. 'Mitsein'은 어떤 행위에 의해 비로소 이루어지는 어떤 상태로서의 '함께 있음'이 아니라 현존재의 존재로서의 '함께 있음'을 표현하는 말이기 때문이다. 다음 참조: 존재와 시간(M. 하이데거, 『존재와 시간』, 이기상 옮김, 서광사, 2007), 168 이하.

잘 알려진 대로 리스먼은 사회구조의 변화에 상응하는 세 가지의 서로 다른 인간 유형에 대해 말한다. 첫 번째 유형은 전통지향형 tradition-directed type 으로, 과거의 전통을 행위의 준거로 삼는 인간 유형이다. 주로 원시적 전통사회의 인간들이 여기에 해당된다. 두 번째는 내부지향형 inner-directed type 이다. 이것은 19세기의 초기 공업시대까지 지배적이었던 인간유형이다. 가족에 의해 어린 시절부터 개개인에게 내면화되는 어떤 도덕적 가치관이 행위의 준거로 작용하는 것이 이 유형의 특징이다. 세 번째는 타자지향형 other-directed type 으로, 특히 현대에 지배적인 인간 유형이다. 타자지향형인 현대인들은 왜 고독한가? 그것은 현대인들의 타자지향이 주변에서 발견되는 특정한 집단과 동질감을 형성하고 그 집단으로부터 분리되지 않으려는 개개인의 노력과 성향을 표현하기 때문이다. 타자들의 집단으로부터 분리되지 않으려는 개개인의 노력과 성향은 역으로 타자들의 집단으로부터 분리되고 고립될 가능성에 개개인이 눈뜨고 있음을 나타낸다. '군중 속의 고독'이란 이러한 각성으로 인해 개개인이 내면적으로 지니게 되는 불안과 고립감을 표현하는 말이다.[04]

겉으로 보기에 이러한 유형론은 인간을 순수한 개별자처럼 고찰하는 전통적 사고방식과 무관한 것처럼 보인다. 각각의 인간 유형에 해당하는 성격들 자체가 시대에 따라, 각 사회의 구조와 발전양상에 따라 변해 가는 것으로서 설명되고 있는 것이다. 리스먼은 자신의 성격 개념에 대해 "다소간 사회·역사적으로 조건지어진 개인적 충동과 만족의 조직 organization"으로 규정한다. 성격이란 개별 인간의 타고난 속성 같은 것이 아니라 한 개인이 "세상과 사람들에게 다가가는 데 사용하는 일종의 '설정 set'"이라는 것이다.(LC, 4)

---

04 LC 참조. 세 개의 인간 유형에 대한 개괄적 설명은 37쪽 이하 제2장에, 내부지향형에 대한 구체적 논의는 109쪽 이하 제4장에, 타자지향형에 대해서는 126쪽 이하 제4장에 나온다.

그러나 이러한 성격 개념은 이미 그 자체에서부터 인간 현존재를 이런 저런 사물 대상처럼 객체화함을 암묵적 전제로서 드러낸다. 사회·역사적으로 조건지어진 것인 한에서 성격은 어떤 외적 영향력을 개별자가 수동적으로 수용함으로써 형성되는 것일 수밖에 없다는 뜻이다. 이러한 의미의 개별자는 분명 자유로운 이성적 주체라는 의미의 개별자는 아니다. 그러나 사회화될 대상으로서 각각의 개별자는 우선 사회로부터 유리된 자로 상정되고 있다. 그런 점에서 성격에 대한 리스먼의 논의가 에릭 홈버거 에릭슨Erik Homberger Erikson의 발달심리학의 관점에서 출발하는 것도 결코 우연은 아니다. 리스먼은 자신의 성격 개념에 대한 구체적인 설명을 유록Yurok 인디언에 관한 에릭슨의 저술 한 구절을 인용하면서 시작한다.

> "… 아동 훈련의 체계는 인간[이라는 이름의] 원료로부터 부족이 처한 특별한 자연적 조건과 경제적-역사적 요구들에 최선인 (혹은 최선이었던) 태도들의 형성을 창조해 내려는 무의식적 시도들을 나타낸다."(LC, 5에서 재인용)

이러한 일은 비단 인디언 부족에서만 발견되지 않는다. 리스먼에 따르면 일반적으로 "성격과 사회 사이의 연결고리는 … 사회가 개인들로 하여금 일정 정도 순응conformity하도록 하는 방식에서 발견되기 마련이다. 각각의 사회에서 [개인들의] 순응을 확실히 하는 방식은 아동에게 내면화되고, 나중에 성인으로서 경험을 하는 가운데 더 강화되거나 좌절된다." 달리 말해 성격이란, 그것이 개인의 사회성을 표현하는 것인 한, 사회에 의해 이런저런 방식으로 개인 안에 내면화된 순응의 방식 혹은 체계이다. 그렇기에 "'순응의 방식'이라는 용어와 '사회적 성격'이라는 용어는 호환될 수 있다. 비록 순응이 분명 사회적 성격의 전부는 아니지만 말이다."(LC, 6 이하)

성격에 대한 이러한 논의들은 나름대로 정당하다. 개개인의 성격을 사회에 걸맞은 방식으로 변화시키려는 경향이 발견되지 않는 사회는 없을 것이다. 또한 이러한 경향 속에서 개개인의 성격이 그들이 살고 있는 사회에 특유한 방식으로 형성되고 변해 가기 마련이라는 것을 부정하기도 어렵다. 리스먼의 생각이 어떤 형이상학적 결정론에 입각해 있다는 식으로 전제하지 않는 한 섣불리 그것이 학문적으로 그릇된 것이라고 말해서는 안 된다는 뜻이다. 필자가 앞에서 밝힌 것처럼 사회학의 층위에서 전개된 논의의 한계를 철학적으로 밝히는 것이 반드시 그 논의의 학문적 정당성을 무시하거나 부정하는 결과로 이어지지는 않는 것이다.

그럼에도 리스먼의 논의가 인간 현존재의 존재에 대한 불철저한 이해에서 출발한다는 것은 간과하기 어렵다. 순응이 문제가 되는 한에서 인간은 분명 물리적 사물과 다른 존재자로서 파악되는 셈이다. 오직 저 나름의 욕망과 의지를 지니고 있는 존재자만이 그 무엇에 순응하거나 말거나 할 수 있기 때문이다. 그러나 사회적 규범과 생활양식에 순응하도록 훈련되고 내몰리는 것으로서 파악되는 한에서 인간은 사물과 마찬가지로 인위적인 조작과 변형의 잠재적·현실적 질료로서 이해되고 있는 셈이다. 여기서는 인간 현존재의 실존성으로서의 근원적 함께 있음은 조금도 드러나지 않은 채 머물러 있다. 인위적 조작과 변형의 질료에 불과한 인간이나, 사회적 규범과 생활양식에 순응하도록 내몰린 인간이나, 실은 함께 있음의 존재론적 의미에 눈뜨지 못한 채 현사실적으로 홀로 있는 자에 불과하다. 양자가 모두 무차별적 군중의 표상일 뿐이기 때문이다.

1.2. 존재론적 '함께 있음'과 '홀로 있음'의 관점에서 살펴본 리스먼의 인간 유형론의 한계

유형론은 ─비록 학문적으로 무의미한 것은 아니라고 할지라도─ 인간 현존재의 삶과 존재를 근원적으로 밝히지 못한다. 바로 여기에서도 인간 현존재에 대한 존재론적 이해와 리스먼의 사회학적 이해 사이에 놓여 있는 간극이 발견된다.

'현존재는 본질적으로 그 자신에서 이미 함께 있음'이라는 하이데거의 언명은 특별한 현존재의 유형에만 해당하는 것이 아니다. 하이데거의 언명이 철학적으로 타당함을 인정할 때 우리는 현존재에게 순수한 개별성은 허용되지 않으며, 공동 현존재와 함께 있음이 완전히 배제된 그러한 현존재는 있을 수 없다는 결론에 도달하게 된다. 하이데거에 따르면 "홀로 있음은 함께 있음의 한 결여적 양태에 불과하고, 홀로 있음의 가능성이 [실은 바로] 그 증거이다."(SZ, 120) 이 말은 ―리스먼의 『고독한 군중』에서처럼― 인간을 사회화되기를 기다리는 순수한 사물이나 개별자처럼 고찰하는 것은 철학적으로 타당하지 못하다는 뜻이기도 하다. 함께 있음의 한 결여적 양태로서, 홀로 있음은 타자로부터 공간적으로 유리되어 있음을 뜻하는 것도 아니고 타자와 아무 공통점도 없는 별난 인간으로 존재함을 뜻하는 것도 아니다. 도리어 현존재는 언제나 이미 ―하이데거가 '세계-안에-있음'이라는 말로 표현한― 실존적 상황에 처해 있으며, 현존재의 실존적 상황에는 공동 현존재와 함께 있음이 그 근원적 계기로서 포함되어 있다. 그렇기에 존재론적 의미의 함께 있음은 심지어 타자로부터 극단적으로 고립되어 있는 사람에게서도 발견된다.

존재론적으로 보면 극단적인 고립 상태에 놓여 있는 현존재의 고독감은 도리어 '현존재란 근원적으로 함께 있음'이라는 것을 더욱 극명하게 드러낼 뿐이다. 돌멩이와 같은 물리적 사물은, 설령 다른 돌멩이와 한 장소에 모여 있어도, 결코 존재론적 의미로 함께 있는 것이 아니며, 반대로 서로 떨어져 있어도 결코 홀로 있는 것이 아니다. 오직 자신의 존재를 타자와의 관계 속에서 헤아릴 수 있는 존재자만이 함께 있을 수 있고, 그러한 존재자는 실은 그 자신의 존재에서부터 언제나 이미 근원적으로 함께 있다. 또한 오직 함께 있음을 자기 존재의 근원적 규정으로서 지니고 있는 존재자만이 함께 있음의 결여적 양태인 홀로 있음에 처할 수 있다. 이런 점에서 존재론적 의미의 홀로 있음은 특정한 시대, 특정한 장소에서 발견되는 사회 현상으로서의 고독과 근본적으로 다르다. 현존재는 결국 홀로 있음의 가능성으로부터 자유로울 수 없다. 하지만 그것은 어떤 공간적·심리적 고립의 가능성과는 구분되어야 한다. 현존재의 존재 자체가 근원적으로 함께 있음이고, 홀로 있음은 존재론적으로 함께 있음의 결여적 양태 외에 다른 아무것도 아니기 때문이다.

리스먼의 사회학에서는 인간에 대한 어떤 근원적 규정 같은 것은 기대하기 어렵다. 그것은 리스먼의 사회학이 기대고 있는 유형론이 학문적으로 한계를 지니고 있기 때문이다.

유형론이란 특정한 부류의 존재자에게서 나타나는 이런저런 성향들을 분류하고 분석함으로써 그 원인이나 이유를 발견하는 방법이다. 리스먼이 심리학 및 정신분석학으로부터 큰 영향을 받았다는 점, 에릭슨, 에리히 프롬Erich Fromm 등의 이름이 리스먼의 저술에서 빈번하게 발견된다는 점 등을 고려해 보면 리스먼의 유형론은 카를 구스타프 융Carl Gustav Jung이 개발한 심리분석의 체계로서의 유형론과 무관하지 않을 것이다. 문제는 유형론적 분석을 통해 얻어진 결론들은 본질적으로 현실세계의 복잡성을 몇가지 단순한 형태들로 환원함으로써 얻어진 비과학적 가설의 성격을 벗어나기 어렵다는 점이다. 전통지향형, 내부지향형, 타자지향형 같은 리스먼의 개념들 역시 특정한 시대에 다수의 인간들에게서 발견되는 집단적 성향을 표현할 뿐이다.

'군중 속의 고독'에 대한 리스먼의 논의들도 예외는 아니다. '군중 속의 고독'은 고독과 불안의 근본 이유에 대한 학문적 성찰을 반영하는 말이 아니다. 그것은 다만 맹목적으로 주위 집단에 포함되기를 원하는 다수의 현대인들이 겪는 특유의 불안과 고립감을 표현할 뿐이다.

왜 이러한 문제가 생겨날까? 왜 리스먼의 사회학은 인간 현존재의 존재방식을 근원적으로 드러내지 못할까? 가장 손쉬운 대답은 리스먼의 사회학은 어떤 근본 학문이 되기를 추구하지 않는다고 말하는 것이다. 이러한 대답 역시 나름대로 일리가 있다. 어떤 점에서는 모든 인간에게 통용될 수 있는 결론을 도출하기 위해 '성급한 일반화의 오류'를 범하는 것보다 유형론으로 만족하는 것이 더 신중한 태도라고 볼 수도 있을 것이다. 그럼에도 이러한 문제 역시 전통 철학의 한계로부터 온전히 벗어나지 못했기 때문에 생겨나는 것임은 지적될 필요가 있다. 리스먼의 성격 개념에 대한 비판에서 설명했던 것과 마찬가지로 인간 현존재를 눈앞의 존재자처럼 취급하는 전통적인 관점이 여기서도 문제가 된다.

리스먼에게 '군중 속의 고독'은 주위의 집단에 동화되어야 한다는 압력을 느끼고 또 이러한 압력에 굴복해 스스로 동화하려는 개인의 의도적 노력에 의해 생겨나는 파생적 감정이다. 리스먼은 "타자지향적인 개인은 … 이미 그 자신에게 지나치게 가혹하다"고 말한다. 그것은 개인이 사회적 순응화의 한 대상으로서, 즉 순응화 조작의 수동적이고도 질료적인 대상으로서, 사회와 주위의 집단으로부터 분리되어 있을 뿐만 아니라 실은 사회의 이런저런 경향들에 순응하려 안간힘을 쓰는 개인으로서도 분리되어 있기 때문이다. 그렇기에 타자지향적인 인간은 자신을 그저 주위 집단의 한 구성원으로서만 여길 수 없다. 그는 자신에게 쏟아지는 사회적 압력에 굴복해서 이런저런 역할과 직분을 떠맡지만 정작 "소비자가 되도록 훈련된 아동으로서, 부모로서, 근로자이자 놀이의 참여자로서, 그가 느끼는 불안은 매우 크다. 그는 자주 집단에 자신을 적응시켜 나갈 적절한 방법을 찾기만 하면 삶이 평탄할 것이라는 환상과 그것이 실제로는 그에게 쉽지 않으리라는 떨치기 힘든 생각 사이에서 찢겨진다."(LC, 160) 이런 점에서 리스먼에게 고독은 남들과 동화되려는 의지의 좌절을 드러내는 부정적 감정의 의미를 지닌다.

결국 타자지향적인 인간이 느끼는 불안과 고독이란 사회의 압력에 순응하려는 개개인의 자발적 노력으로 인해 생겨나는 것으로서 상정되는 셈이다. 물론 리스먼이 어떤 형이상학적 자유의지 같은 것을 전제로 한다고 여길 수는 없을 것이다. 특히 그가 프롬과 한나 아렌트Hannah Arendt, 레오 뢰벤탈Leo Löwenthal 등으로부터 큰 영향을 받았고, 칼 마르크스Karl Marx와 지크문트 프로이트Sigmund Freud의 사상에도 밝았다는 점을 고려해 보면 더욱더 그러하다. 그럼에도 현대인의 타자지향을 타자들의 집단으로부터 격리되지 않으려는 개개인의 노력과 성향으로 설명하거나 타자들의 집단과 분리된 자로 자신을 이해함으로써 개개인이 내적 고독과 불안을 느끼게 된다고 설명하는 것은 형이상학적으로 개체화된 인간 개념과 무관한 것일 수 없다. 고독과 불안 등의 문제를 이해함에 있어서 리스먼 역시 개개인의 자발적 의지라는 전통적 개념을 그 출발점으로 삼는다는 뜻이다.

물론 원한다면 리스먼의 유형론에서 한 걸음 더 나아가 개개인의 자발적 의지로서 나타나는 것이 실은 어떤 사회구조나 물질적 토대에 의해 구성되는 것이라는 식으로 설명할 수도 있을 것이다. 하지만 존재론적 관점에서 보면 이러한 설명 역시 현존재를 눈앞의 존재자처럼 바라보는 전통 철학의 한계에 묶여 있기는 마찬가지이다. 사회구조나 물질적 토대에 의해 개개인의 의지가 구성되고 결정된다는 생각 자체가 그러하다. 무언가 결정되려면 영향을 받을 어떤 개체적인 것이 영향을 끼치는 것으로부터 분리되어 있어야 할 것이다. 분명 사회구조 및 물질적 토대에 의해 개개인의 의지가 구성되거나 결정된다는 생각은 사물들의 상호작용으로부터 자유로운 이성적 주체의 이념을 상정하는 전통 철학적 인간관과 구분되어야 한다. 그럼에도 이러한 생각 역시 —하이데거 식으로 표현하자면— 인간 현존재를 눈앞의 존재자처럼 오인해 온 전통 철학의 한계로부터 완전히 벗어난 것은 아니다.

그렇다면 이러한 지적이 학문적으로 무슨 의미가 있을까? 사회로부터 개개인에게 이런저런 방식으로 권력이 행사되기도 하고 개개인이 권력에 자발적으로 순응하거나 저항하기도 하는 것은 어디에서나 발견되는 현상이 아닌가? 형이상학적으로 순수한 이성이나 절대자유의 이념에 호소하는 것이 아닌 이상 인간의 사회적 삶에 대한 리스먼 식의 분석을 비판할 이유는 없는 것이 아닐까?

사실 개인에게 순응화 조작을 가하는 사회와 그러한 사회에 자발적으로 순응하거나 반발하는 개인의 관계를 사회학의 층위에서 조망하는 것은 분명 의미 있는 일이다. 또한 이러한 작업을 통해서 사회적 관계망의 구체적 작용방식들을 드러내는 것은 현존재와 그 세계-안에-있음에 대한 존재론적 성찰을 수행하는 것과는 분명 구분되어야 한다. 그러나 자신의 존재에 대한 불철저한 이해는 언젠가 자신의 삶과 존재를 위한 그릇된 선택과 결단으로 이어지기 마련이다.

앞서 밝힌 것처럼 리스먼의 유형론에 의해 산출된 개념인 '군중 속의 고독'은 현존재를 눈앞의 존재자처럼 고찰하는 전통철학의 한계로부터 온전히 벗어나지 못했다. 리스먼의 유형론에서 인간의 홀로 있음은 ─현존재의 근원적 존재인 함께 있음의 결여적 양태로서가 아니라─ 사회와 개체적 인간 사이의 상호작용의 관점에서 고찰된다. 이러한 관점에서 보면 고독과 불안은 차라리 한 개체로서 존재하면서 동시에 사회에 편입되기를 원하는 개별적 인간들의 숙명과도 같다. 그것은 사회에 완전히 편입될 수도, 사회적 삶에 연연하지 않고 홀로 초연할 수도 없는 개별적 인간들의 한계로 인해 생겨나는 부정적이고 고통스러운 감정일 뿐이다. 그런 점에서 리스먼의 사회학 속에 등장하는 불안이나 고독 같은 개념들은 그러한 감정에 대한 대중들의 통념적 이해와 통한다. 물론 통념적 의미의 불안과 고독이 왜 생겨나는지 사회학적으로 분석하는 것은 필요한 일이다. 그렇지 않으면 사람들의 불안과 고독을 다소간 해소할 구체적 방안을 찾지 못할 것이기 때문이다. 그러나 인간 현존재에 대한 불철저하거나 그릇된 이해는 결국 삶의 왜곡으로 이어지기 마련이다. 불안과 고독에 대한 통념적

이해의 한계를 철학적으로 밝혀내지 못하는 한 우리는 결코 불안과 고독의 참된 의미에 눈뜨지 못할 것이다.

인간 현존재의 고독과 불안에 대한 존재론적 분석과 사회학적·유형론적 분석은 그 방식에서뿐 아니라 고독과 불안의 본질 규정에 있어서도 크게 다르다. 잘 알려져 있듯이 하이데거가 현존재의 근본 기조로서 명명한 불안은 통념적인 의미의 불안과 같은 것이 아니다. 『존재와 시간』에서 하이데거가 밝힌 것처럼 존재론적 의미의 "불안"이란 "일상의 지성이 불안과 혼동하고 있는 두려움"과 같은 것이 아니라 "본래 오직 결단한 현존재 안에서만 피어오르는" 그러한 감정이다. 이러한 불안은 사회에 온전히 편입될 수도 없고 홀로 초연해질 수도 없는 현존재의 한계로 인해 생겨나는 두려움이나 스트레스 같은 것과는 도무지 아무 상관도 없다. 다만 "불안은 현존재를 [일상적 세계이해와 더불어 주어지는] '무성적인' 가능성**으로부터** 해방시켜 본래적인 가능성을 **위해** 자유롭게 되도록" 하는 것이기 때문이다. (*SZ*, 344, 원문에서의 강조)

1.3. 불안과 공감에 대한 유형론적 이해와 존재론적 이해의 차이

홀로 있음 및 불안에 대한 하이데거의 논의들은 공감에 대한 존재론적 논의가 나아갈 방향이 어떤 것인지 잘 알려 준다. 중요한 것은 공감에 대한 존재론적 논의는 통념적 의미의 공감에 대한 논의와 전적으로 다른 것이어야 함을 이해하는 일이다. 왜 그런지 다시 한 번 존재론적 불안 개념의 예를 통해 살펴보자.

통념적 의미의 불안이나 ―리스먼의 『고독한 군중』에서처럼― 일종의 사회현상으로서 해석된 불안은 인간의 사유와 행동의 결과로서 나타나는 감정이다. 만약 주위 집단에 성공적으로 편입된다면, 그리고 그러한 성공이 자신의 가치관과 감정, 행동양식 등이 주위 집단의 구성원들과 잘 어울리기 때문에 가능해진 것이라는 판단과 믿음이 전제가 되면, 우리는 '군중 속의 고독'을 별로 느끼지 않을 것이다. 하지만 반대의 경우에는 우리는 강렬한 불안과 고독을 느끼기 쉽다. 결국 불안과 고독은 '나의 삶이 편해 지려면 주위 집단에 성공적으로 편입되어야 하는데, 나는 그들과 이런저 런 점에서 다르고, 그 때문에 편입되기도 어렵고, 또 설령 편입된다 한들 그런 나 자신에 만족하기 어렵다'는 식의 판단에 뒤따르는 일종의 부수현 상인 셈이다. 전제가 되는 인간 개념이 형이상학적 이성의 주체인지 아니 면 생산관계 및 사회구조의 작용에 의해 구조화된 개체인지 등은 여기서 문제가 되지 않는다. 어떤 경우든 사유와 행위의 결과로서 이해되는 한에 서 불안은 우리가 우리 자신을 개별자로 인식함으로써 생겨나는 자기의 식, 자발적 의지, 자신이 행한 이런저런 선택의 결과를 언젠가 스스로 떠 안게 되리라는 판단 등을 전제할 수밖에 없다. 이러한 불안은 늘 외톨이가 되지 않으려는 판단과 행위의 직접적인 결과이거나 혹은 어떤 불가항력 적인 상황에 대한 인식의 결과이다. 그리고 어떤 경우든 불안은 자신의 무 능력이나 한계 등을 드러내는 부정적 감정으로 나타날 뿐이다.

잘 알려져 있듯이 하이데거는 불안을 현존재의 근본 기분 혹은 근본 기 조로 정의한다. 근본 기조에 관해서는 여러 가지 설명이 가능하다. 그 중 하나는 사유와 행위의 결과로서 생겨나는 기분이나 감정이 아니라 도리 어 인간 현존재가 세계에서 수행하는 사유와 행위의 근원적 출발점이라 는 것이다. 즉 존재론적 개념인 불안은 통념적 의미의 불안이나 사회학이 다루는 사회적 현상으로서의 불안과 달리 사유와 행위를 전제하는 것이 아니다. 그것은 도리어 사유와 행위의 근본 전제이다. 근본 기조로서의 불안이 구체적 실존의 상황에서 현존재가 수행하는 사유와 행위의 밑바 탕이 된다는 뜻이다. 바로 그렇기에 근본 기조로서의 불안은 어떤 부정적 인 감정 상태를 뜻하는 것일 수 없다. 부정적인 감정이란 사유하고 행위하 는 존재자의 실패와 좌절의 직접적인 결과이거나 혹은 그러한 결과에 대한 어떤 예감의 결과로서 생겨나는 것이기 때문이다.

존재론적 불안이 구체적으로 무엇을 의미하는지는 본론에서 반복해서 다루어질 것이다. 서론에서는 우선 현존재의 근본 기조로서의 불안에 대한 기본적 이해를 바탕으로 공감의 존재론을 전개해 나가는 데 필요한 기초적 공감 개념을 확보하는 것이 중요하다.

존재론적으로 공감은 무엇을 의미하는가? 이러한 물음에 대해 가능한 여러 해명들 중 가장 근본적인 것은 다음과 같다: '공감은 현존재의 근본 기조이다.' 아마 이러한 해명에 관해 이의를 제기하고 싶은 독자들도 있을 것이다. 앞에서 언급한 것처럼 하이데거에 따르면 현존재의 근본 기조는 불안이다. 그런데 과연 근본 기조로 지칭될 수 있는 기분이나 감정이 둘 이상일 수 있을까? 불안을 근본 기조로서 지니는 존재자가 어떻게 공감도 근본 기조로서 지닐 수 있다는 말인가? 이러한 물음들에 대한 구체적이고도 세세한 해명은 이 책 전체에 걸쳐 이루어져야 할 큰 작업이다. 그럼에도 이전의 논의들을 근거 삼아 다음과 같은 점은 미리 확인해 둘 수 있다.

앞에서 본 것처럼 하이데거에 따르면 '현존재는 본질적으로 이미 그 자신에게서 함께 있음'이다. 한 개체적 존재자로서의 현존재가 어떤 의식적 행위를 통해 타자와 만나고 또 존재론적으로 함께 있게 되는 것이 아니라 함께 있음이 그 자체로 현존재의 근원적인 존재규정이라는 뜻이다. 그렇다면 현존재의 근원적인 존재규정으로서의 함께 있음을 가능하게 하는 그 근거는 무엇일까? 그것은 분명 사유나 행위일 수 없다. 만약 함께 있음이 사유와 행위에 의해 비로소 가능해지는 것이라면 그것은 현존재의 근원적인 존재규정일 수 없기 때문이다. 그렇다고 사물처럼 한 물리적 공간 안에 머물고 있음을 함께 있음의 근거로 삼을 수도 없다. 존재론적으로 보면 사물들은 그저 있을 뿐 홀로 있거나 함께 있는 것이 아니기 때문이다. 그렇다면 결국 기분이나 감정이 남는 셈이다. 그런데 사유 및 행위의 결과로서 생겨나는 기분이나 감정 역시 당연히 현존재의 근원적인 존재규정인 함께 있음의 근거일 수 없다. 그렇기에 현존재의 근원적 존재규정으로서의 함께 있음은 어떤 존재론적 근본 기조에 그 근거를 두고 있을 수밖에 없다. 공감이 현존재의 근본 기조로서 이해되어야 한다는 생각은 바로 이러한 점에 착안한 것이다.

존재론적으로 불안과 공감을 별개의 기분이나 감정처럼 이해할 이유는 없다는 것 또한 미리 분명히 해 둘 필요가 있다. 하이데거의 관점에서 보면 불안은 현존재의 개별성의 가능근거이다: "실로 모든 처해 있음의 본질에는 제각각 완전한 세계-안에-있음을 그 모든 구성적 계기들에 (세계, 안에-있음, 자기 자신) 따라 열어 밝힘이 속한다. 그러나 탁월하게 열어 밝힐 가능성은 불안에만 있다. 불안은 개별화하기vereinzelt 때문이다."(SZ, 190 이하) 여기서 '개별화함'의 독일어 원어인 'vereinzeln'은 '하나씩 따로따로 떼어놓다'는 의미를 지니는 말이다. 그러니 글자 그대로 해석하는 경우 '불안이 개별화한다'는 말은 '불안에 의해 현존재가 공동 현존재로부터 고립된다'는 식으로 파악되기 쉽다. 그러나 이런 식의 해석은 '불안에 의한 개별화'를 눈앞의 존재자를 다른 눈앞의 존재자로부터 공간적으로 분리시킴과 같은 의미로 오인할 뿐이다. 게다가 그것은 함께 있음이 현존재의 근원적 존재규정이라는 것과 양립할 수도 없다. 달리 말해, 불안에 의한 개별화는 함께 있음과 양립 불가능한 것으로 이해되어서는 안 된다는 뜻이다. 도리어 불안에 의한 개별화와 함께 있음은 둘 다 현존재의 존재를 근본적으로 규정하는 것으로서, 제각각 일어나는 별개의 사건으로서가 아니라 현존재의 실존의 통일적인 계기들로서 파악되어야 할 것이다. 필자는 불안과 공감의 관계에 대해서도 이와 같은 해명이 가능하다고 여긴다. 즉, 양자는 모두 '함께 있음'과 '불안에 의한 개별화'를 근원적 존재규정으로서 지니는 현존재의 근본 기조를 표현하는 말이며, 별개의 기분이나 감정으로서 분리되어 있는 것이 아니라 실은 동전의 양면과도 같이 통일되어 있다는 것이다.

불안에 대한 전통적 논의들이 불안에 대한 통념적 이해의 한계를 넘어서지 못하는 것과 마찬가지로 공감에 대한 전통 철학적인 논의들 역시 ─ 그리고 그러한 전통 철학적 논의들에 얽매여 있는 다양한 학문 영역에서의 논의들 역시 ─ 대체로 공감에 대한 통념적 이해의 한계를 넘어서지 못한다. 즉, 공감에 대한 전통 철학적 논의들은 공감을 사유와 행위의 결과로서 바라볼 뿐 그것을 현존재의 근본적인 존재규정으로서의 함께 있음의 관점에서 고찰하지 못하는 것이다.

존재론적 의미의 공감은 통념적 의미의 공감과 엄밀히 구분되어야 한다. 오직 그런 경우에만 공감의 존재론은 공감이 현존재의 존재를 위해 지니는 의미를 온전히 밝힐 수 있다.

2. 공감에 해당하는 서양철학의 용어는 무엇인가?

공감의 존재론을 전개해 나가려면 우선 대강이나마 공감이 지칭하는 구체적 현상이나 사태가 무엇인지 확정해 두어야 한다. 존재론적 의미의 불안과 통념적 의미의 불안은 다르다. 그러나 이 다름은 불안에 대한 존재론적 성찰이 통념적 의미의 불안과 무관하다는 것을 뜻하지는 않는다. 중요한 것은 통념적 의미의 불안, 누구나 살면서 종종 겪기 마련인 불안정한 마음상태에 대한 이해를 바탕으로 그 근저에 존재론적 의미의 함께 있음과 개별화가 현존재의 근원적 존재규정으로서 동전의 양면처럼 맞물려 있음을 파악하는 일이다. 공감에 대한 존재론적 성찰 역시 통념적 의미의 공감에 대한 이해에서 출발해야 한다. 우리는 공감이라는 말로 어떤 종류의 삶의 현상을 이해하는가? 공감에 대한 존재론적 성찰의 출발점이 되어줄 구체적 체험의 영역은 어디에 있는가?

그런데 불행하게도 이러한 물음에 대해 대답하는 것 자체가 결코 간단한 일이 아니다. 공감이란, 말뜻 그대로 타자와 동일하거나 유사한 감정을 함께 느낌을 표현하는 말인가? 국립국어원의 『표준국어대사전』에 의하면 공감이란 "남의 감정, 의견, 주장 따위에 대하여 자기도 그렇다고 느낌 또는 그렇게 느끼는 기분"이다. 이러한 정의는 두 가지 상이한 현상을 하나로 녹여내고 있다. 만약 내가 '남의 감정에 대해 나도 그렇다고 느끼거나 그렇게 느끼는 기분'을 지니면 공감은 분명 실제적인 감정의 계기를 포함한다. 남의 기쁨에 대해 나도 그렇다고 느끼는 것은 그와 함께 기쁨을 나눈다는 것을 뜻하고, 남의 슬픔에 대해 나도 그렇다고 느끼는 것은 그와 함께 슬픔을 나눈다는 것을 뜻한다. 하지만 남의 의견이나 주장에 대한 느낌이나 기분은 기쁨이나 슬픔 같은 감정의 계기를 조금도 포함하지 않을 수 있다. 예컨대 물리학의 문외한이 양자역학에 관한 과학자의 설명을 TV로 시청하는 경우를 상상해 보자. 그는 과학자의 설명을 논리적으로 따라가지 못한다. 그럼에도 그는 과학자의 의견이나 주장에 대해 자기도 그렇다고 느낀다. 왜 그럴까? 그는 과학자가 양자역학을 탐구하며 느껴 본 이런저런 기쁨이나 슬픔, 좌절감 같은 것을 마치 자기의 감정처럼 느끼고 있는 것인가? 아마 그렇지는 않을 것이다. 그는 다만 TV에서 엉터리 과학이론이 저처럼 진지하게 다루어질 리 없다는 느낌, 과학자의 표정이나 어투를 보니 왠지 신뢰할 만하다는 막연한 기분에 사로잡혔을 뿐이다. 즉, 과학자와 시청자 사이에는 어떤 공통된 감정도 오간 적이 없다. 심지어 그는 과학자의 생각에 동의할 수조차 없다. 과학자의 설명을 이해하지 못하기 때문이다. 그러니 과학자의 의견이나 주장에 대해 그가 느낀 기분은 과학자의 감정이나, 기분, 학문적 신념에 관한 것이 아니라 실은 그 자신이 처한 상황에 대한 막연한 판단과 이해의 결과일 뿐이다. 이러한 기분이나 감정 역시 공감이라 할 수 있을까?

2.1. 존재론적 의미의 공감은 'sympathy'인가 'empathy'인가?

이러한 문제에 대해 구체적으로 논의하기에 앞서 필자는 우선 존재론적 공감에 해당하는 서양철학의 용어로 어떤 것이 더 적합한지 필자의 의견을 먼저 밝히고자 한다. 그렇게 하는 것이 'empathy'와 'sympathy'를 둘러싼 복잡다단한 철학적 논의들을 이해하는 데도 바람직할 것이다.

물론 아예 서양철학의 용어에 대해서는 마음 쓰지 않고 공감에 대한 존재론적 논의를 전개해 나가는 것도 생각해 볼 수 있다. 우리말 공감을 서양철학의 용어들과 비교하는 대신 그냥 한국 철학 고유의 언어로 확정하면서 말이다. 그러나 공감에 대한 이 글의 논의가 하이데거의 존재론을 바탕으로 삼고 있다는 점, 그리고 공감에 대한 한국에서의 철학적 논의들 역시 대개 관련된 서양철학의 논의들을 반영하고 있다는 점 등을 고려해 보면 대강이라도 공감에 해당하는 서양철학의 용어가 무엇인지 확인해 둘 필요가 있을 것이다.

이 책의 기본적인 출발점은 공감이란 근본적으로 현존재의 처해 있음 Befindlichkeit을 표현하는 용어의 하나로 파악되어야 한다는 것이다. 일상용어로서의 'empathy'나 'sympathy'는 둘 다 존재론적 의미의 공감을 뜻하지 않는다. 그렇다고 공감을 처해 있음의 하나라고만 말하고 공감에 상응하는 정확한 용어가 무엇인지 확정하지 않은 채 넘어갈 수는 없는 일이다. 예컨대 불안Angst은 존재론적으로 현존재의 처해 있음을 표현하는 말로서 일반적인 의미의 불안과 다르지만 아무튼 그 자체로는 일상용어의 하나일 뿐이다. 마찬가지로 존재론적으로 공감에 정확히 상응하는 말은 있지 않지만 그럼에도 공감을 뜻하는 일상용어들 중 어느 것이 존재론적 의미의 공감을 표현하는 말로 적절한지 생각해 볼 필요는 있을 것이다.

최근의 동향에 비추어 보면 대체로 공감을 'empathy'의 번역어로 삼는 경향이 우세한 편이라 할 수 있다. 그럼에도 필자는 존재론적 공감에는

'empathy'보다 'sympathy' 혹은 독일어 'Sympathie', 'Mitgefühl' 등이 훨씬 더 잘 맞는다고 생각한다.[05] 다음의 네 가지 이유 때문이다.

첫째, 하이데거는 『존재와 시간』에서 'Einfühlung'을 감정이입의 뜻으로 소개하고 있으며, 그 한계를 다음과 같이 지적한다: "'감정이입이' 먼저 함께 있음을 구성하는 것이 아니라 '감정이입이' 함께 있음에 근거해서 비로소 가능해지는 것이며, 함께 있음을 결함 있는 양태들이 지배하게 됨으로써 불가피하게 [감정이입'을 할] 동기가 부여된다." 이 인용문은 하이데거가 감정이입을 근원적인 현상으로 인정하지는 않지만 함께 있음으로부터 파생하는 것으로서는 인정한다는 뜻이 아니다. 하이데거가 감정이입에 인용부호를 달아 둔 것이 감정이입이라는 하이데거 고유의 개념이 아님을 표시하고 있는 것이다. 하이데거는 마치 어떤 의식의 작용과 이해의 과정을 통해 비로소 "타자를 향해 존재함이 가능해지고 또 구성되는 것처럼 여겨지게 하는" 현상에 대해 논하며, 이를 "적절치 못하게도 '감정이입'으로서 명명된 현상"이라고 지적한다. 즉, 하이데거에게 감정이입은 실제적인 타자의 이해를 설명하는 데 온당한 개념이 아닌 것이다. 바로 이러한 이유로 'Einfühlung'이나 그 번역어인 'empathy'를 존재론적 의미의 공감으로 사용하는 경우 학문적 혼란을 피하기 어려울 것이다.(*SZ*, 124 이하)

불행하게도 종종 영어권의 연구자들은 'empathy'의 의미를 확대해 일상세계에서 일어나는 실제적 이해의 작용으로 이해하면 'empathy' 역시 존재론적 공감을 뜻하는 말로 사용될 수 있다고 생각하는 듯하다. 예컨

---

05 제프리 헤인즈(Jeffrey Heinz)는 한 논문에서 현존재의 근본 기조로서의 "불안"을 "공감적 반감(a sympathetic antipathy)" 내지 "반감적 공감(a antipathetic sysmpathy)"으로 이해될 수 있다고 역설한다.(J. Haynes, Anxiety's ambiguity: *Being and Time* through Haufiniensis' lenses, in: D. McManus (edit.), Routledge: New York 2015, 73 이하) 이러한 논의는 현존재의 근본 기조로서의 불안을 현존재 간에 오가는 상호작용의 결과처럼 오인하게 할 위험성을 내포하고 있다. 필자가 존재론적 의미의 공감에 해당하는 말을 'empathy'가 아니라 'sympathy'로 정하자고 제안하는 것은 헤인즈의 논의와는 무관함을 미리 밝혀 둔다.

대 하이데거에 관한 한 영어 저술 속에 등장하는 다음과 같은 구절을 보자: "empathy는 인식의 형태로서 좁게 정의되는 경우 … 하나의 주체로부터 다른 주체로 향하는 다리를 놓을 수 없다. … 하지만 인간들이 감정적, 대화적, 실천적 대화의 상호관계를 맺고 있는 세계에서 살고 있음을 인정하기만 하면, empathy는 [사람들이 서로] 교제함에 있어서 [상황에 따라] 그때 그때 일어나는 실패들breakdowns을 극복하는 방법이 될 수 있을 것이다. 사회적 관계들이 왜곡되는 경우 생겨나는 비본래적인 잘못된 이해들까지도 말이다." 여기서 'empathy'를 번역하지 않고 원문 그대로 기재한 것은 저자가 그것을 감정이입의 의미로 사용하고 있는지 아니면 공감의 의미로 사용하고 있는지 분명하지 않기 때문이다. 하이데거의 번역 용어로서 이해하는 경우 'empathy'는 분명 감정이입이다. 그러나 'empathy'에 대한 저자의 설명은 그가 넓은 의미의 공감 개념으로 'empathy' 개념을 이해하고 있음을 암시한다. 저자에 따르면 현존재의 감정에 대한 "하이데거의 접근에는, 비록 언급되기는 하지만, … empathy가 결여되어 있다." 그리고 앞서의 인용문은 이러한 사정에도 불구하고 'empathy' 개념을 좀 더 폭넓게 이해하면 하이데거적 의미의 'empathy'에 관해 논하는 것이 가능하리라는 생각을 표현한다. 그러나 간과할 수 없는 것은 하이데거에게 'empathy' 혹은 'Einfühlung'이란 현존재의 함께 있음에서 결함 있는 양태들이 지배적이 됨으로써 나타나는 현상에 지나지 않는다는 것이다. 물론 현존재가 존재론적으로 일상적 존재자로서 규정됨에 착안해 'empathy'를 모든 현존재에게 일어나는 일로 파악할 수도 있을 것이다. 그러나 그런 경우에도 'empathy'가 현존재의 함께 있음에 지반을 둔 본래적이고도 근원적인 의미의 공감으로 파악되기는 어려울 것이다. 'empathy'를 인식의 형태로서 좁게 이해하느냐 마느냐가 아니라 타자의 마음과 감정을 'empathy'라 지칭되는 어떤 의식의 작용에 의해 비로소 접근 가능해지는

것으로서 상정하느냐 마느냐가 결정적인 문제라는 뜻이다.[06]

둘째, 'empathy'라는 용어가 생겨난 것은 별로 오래되지 않았지만 공감에 대한 연구는 꽤나 오랜 역사를 지니고 있다. 예컨대 데이빗 프랜시스 허치슨David Francis Hutcheson, 데이빗 흄David Hume이나 애덤 스미스Adam Smith 같은 18세기의 사상가들은 공감 개념을 대단히 중요하게 여기고 깊이 있는 연구를 수행하였다. 하지만 그들이 살던 시대에 'empathy'란 영어 단어는 아예 있지도 않았다. 그들은 'sympathy'라는 말만을 사용하였으며, 그들에게 'sympathy'는 대체로 'empathy'의 의미 역시 포괄하는 것이었다. 필자는 공감이 문제가 되는 한 'sympathy'와 'empathy'의 구분은 대단히 작위적이라고 생각한다. 예컨대 'sympathy'를 감정 내용으로, 'empathy'를 이해의 작용으로 분류하는 경우 실제로 우리가 살면서 느끼는 공감은 언제나 양자의 계기를 통합하고 있기 마련이다. 그런 점에서 ―흄과 스미스 등의 선례를 따라― 'sympathy'를 현대의 연구자들이 곧잘 'empathy'와 'sympathy'로 구분하여 고찰하는 감정의 계기들을 하나로 아우르는 통합적 공감 개념으로 받아들이는 것이 바람직할 것이다.

셋째, 필자의 소견으로는 'empathy'에 대한 20세기의 철학적 연구들은 대체로 심리학주의 및 의식철학의 관점에서 온전히 벗어나지 못했다. 'empathy'에 관해 연구한 20세기의 철학자들로 중요한 이들은 테오도르 립스Theodor Lipps, 빌헬름 딜타이Wilhelm dilthey, 후설, 막스 셸러Max Scheler 등이다. 필자에게는 이들의 연구를 평가절하하고자 하는 마음이 조금도 없다. 도리어 그 반대이다. 그들은 모두 심리학주의의 한계를 극복하는 데 크게 기여한 철학자들이다. 만약 그들의 연구가 없었다면 공감을 존재론적으로 이해할 철학적 지반 역시 마련되지 않았을 것이다. 주로 심리학적 관점에서 공감과 감정이입의 문제를 조망한 립스조차도 공감에 대한 심리

---

06 L. Agosta, *Empathy in the Context of Philosophy*, Palgrave Macmillan in U.K. 2010, 20.

학적 이해의 의의를 명확히 함으로써 공감의 철학의 발전에 적지 않은 공헌을 했다. 립스 이후 철학자들이 공감에 대한 심리학주의의 오류를 비판하는 데 있어서 립스의 이론은 늘 그 표준으로 기능해 온 것이다. 그럼에도 하이데거에 의해 마련된 20세기의 새로운 존재론의 관점에서 보면 그들의 철학은 심리학주의 및 의식철학의 한계를 완전히 극복하지 못한 것으로 여겨진다. 이와 관련된 내용들은 이 책의 제3~5장에서 상세하게 다루어지게 될 것이다. 서론에서는 이 책에서 다룰 존재론적 공감 개념은 'empathy'와 매우 다른 것이라는 점만 우선 밝혀 둔다. 그것은 하이데거가 자신의 철학을 형이상학과 구분할 목적으로 인간 대신 현존재라는 말을 사용한 것과 비슷한 맥락이다. 공감의 존재론을 공감에 대한 심리학적·의식철학적 논의와 구분하려면 존재론적 의미의 공감을 'empathy'와 명확히 구분하는 것이 좋을 것이다.

넷째, 하이데거에 관한 논의에서 언급된 것처럼 'empathy'는 원래 감정이입을 뜻하는 독일어 'Einfühlung'에 해당하는 말이다. 'empathy' 혹은 'Einfühlung'에서 중요한 것은 상대의 감정이 아니라 상대가 처한 상황에 대한 추론과 이해이다. 즉, 'empathy'는 의식의 행위인 추론과 이해를 공감 형성의 전제로서 상정하는 말이다. 하지만 앞에서 살펴보았듯이 공감의 존재론에서 중요한 것은 공감이 어떤 심리적 작용이나 정신의 역량에 의해 형성되는가를 분석하는 것이 아니라 그 존재론적 근거를 밝히는 일이다. 하나의 사물을 꽃으로서 인지함이 어떻게 가능한지 의식철학적인 방식으로 논의하면 우리는 어떤 오성적 인식도 가미되지 않은 순수한 감각질료들이 어떻게 상상력이나 오성의 작용에 의해 통일적인 관계를 맺게 되는지, 그 결과 하나의 객체적 사물의 상이 어떻게 구성되는지, 그렇게 구성된 사물의 상을 우리는 무엇을 근거로 꽃으로서 인지하게 되는지 등을 논의하는 과정을 거치게 될 것이다. 하이데거의 관점에서 보면 이러한 과정에 대한 철학적 논의는 인간 현존재의 현사실성을 드러내는 데 별로 적합하지 않다. 우리는 감각 자체로서의 소리를 듣거나 색을 보는 것이 아니다. 우리는 늘 자동차가 지나가는 소리를 듣고, 누군가 외치는 소리를 들으며, 푸른 하늘을 보고, 싱그러운 풀잎, 타는 듯이 붉은 꽃을 본다. 현존재가 처해 있는 실존적 상황에 앞서 어떤 순수한 감각이 일어나는 것이 아니라 그 무엇을 감각함 자체가 이미 현존재의 실존적 상황으로서의 세계-안에-있음을 배경으로 삼아 일어나는 하나의 사건인 것이다. 공감 역시 마찬가지이다. 먼저 감정 자체를 발견하고, 그것이 특정한 타인에게 속한 것임을 인지한 뒤, 그 감정이 어떤 상황에서 일어난 것인지, 그 감정을 통해 드러나는 타인의 의도는 무엇인지 등을 추후로 파악한 뒤에야 비로소 공감하게 되는 것이 아니다. 예컨대 누군가 알지 못하는 사람의 얼굴에 어린 슬픔과 고독을 느끼는 경우를 생각해 보자. 만약 내가 그 슬픔과 고독을 마치 자신의 것처럼 느낀다면 나는 낯선 타인의 감정에 그저 동화되었을 뿐일까? 그가 무슨 이유로 슬픔과 고독을 느끼는지 알지 못하는 경우 내가 느낀 슬픔과 고독은 상황에 대한 이해와 아무 상관도 없는 것인가? 아마 그렇지 않을 것이다. 슬픔도 고독도 오직 인간 현존재가 실존적 상황 속의 존재라는 것을 근거로 하는 경우에만 느껴질 수 있다. 슬픔이나 고독은 상황과 무관한 어떤 순수한 감정 자체로서 전달되는 것이 아니라 때로 슬픔과 고독을 감내해야만 하는 인간 현존재의 실존적 상황을 드러내는 감정으로서 느껴지는 것이기 때문이다. 슬픔이나 고독 같은 감정 자체가 이미 인간 현존재의 실존성에 대한 이해와 분리될 수 없는 것으로서 일어난다는 것이다.

게다가 가다머나 단토처럼 철학적 해석학의 관점에서 'empathy (Einfühlung)' 개념에 대해 날카롭게 비판을 가한 철학자들이 여럿 있다는 것 또한 고려되어야 한다. 『진리와 방법』에서 가다머는 딜타이와 후설이 타자에 대한 이해를 "감정이입" 개념을 통해 설명하는 것을 비판하면서 다음과 같이 지적한다.

"후설은 여러 힘겨운 연구들을 통해 ―딜타이가 순전히 심리학적으로 감정이입의 유추를 통해 해석한― 나와 너의 유비^{Analogie}를 공통 세계의 상호주관성 위로 난 길 위에서 해명해 보려 시도한다. 후설의 이러한 시도는 선험초월적 주체의 인식론적 우선성을 조금도 제한하지 않을 정도로 수미일관했다. 하지만 딜타이와 마찬가지로 후설 역시 존재론적으로 똑같은 선이해^{Vorgriff}에서 출발한다. 우선 타자는 지각될 사물로 파악되고, 그다음 감정이입을 통해 '너'가 '된다'."(WM, 254)

아마 후설과 딜타이에 대한 가다머의 비판이 타당한지 여부는 별도의 상세한 논의를 통해서만 밝혀질 수 있을 것이다. 그럼에도 가다머의 철학적 해석학이 하이데거의 존재론에서 출발한다는 점, 그렇기에 감정이입 개념에 대한 가다머의 비판 역시 넓은 의미의 존재론적 관점에서 수행된 것으로 이해되어야 한다는 점 등을 고려하면 'empathy(Einfühlung)'는 존재론적 의미의 공감을 뜻하는 말로 선정되기에 부적절하다고 볼 수 있을 것이다. 감정이입 개념에 대한 가다머의 논의가 타당한지 여부를 떠나 존재론적 공감 개념에 대해 생겨날 수 있는 불필요한 오해를 피하려면 존재론적 의미의 공감을 'empathy(Einfühlung)'와 확실하게 구분해 둘 필요가 있기 때문이다.

2.2. 통념적 공감과 학문적 개념으로서의 'sympathy'와 'empathy'

이제 다시 공감에 관한 통념적인 이해의 문제로 돌아가 보자.

공감을 ―감정이입의 의미가 강한― 'empathy'로 이해한다면 우리는 감정보다 상황에 대한 추론과 이해를 더 강조하는 셈이다. 영화에서 잔혹한 악당의 최후가 비극적으로 묘사되는 경우를 생각해 보자. 관객들이 악당을 불쌍히 여기고 눈물을 흘린다는 것을 근거로 관객들과 악당 사이에 어떤 공감대가 형성되었다고 결론을 내리기는 어려울 것이다. 비록 악당의 의도나 생각, 삶의 방식 등에는 공감할 수 없지만 관객들은 아무튼 비참하게 최후를 맞이하는 악당을 인간적으로 연민하고 동정하게 된다. 하지만 누군가는 단순히 동정하는 대신 악당에게 공감한다고 전제해 보자. 이 경우 그는 단순히 악당의 감정에 동화되거나 전염된 것이 아니라 실은 악당의 의도나 생각, 삶의 방식 등에 긍정하거나 이해할 만한 점이 있다고 판단하는 것이다. 그는 아마 다음과 같은 생각을 품고 있을 것이다: '저 사람을 악당이라고 손가락질하기는 쉽다. 하지만 그와 같은 상황에 처해 있을 때 내가 그와 달리 행동하게 되리라고 보장할 수 있을까?' 그는 악당의 상황을 이해하고, 그러한 상황에서 악당이 선택한 이런저런 결심과 행동에 공감한다.

이러한 의미의 공감은 실제적 감정이 아닌 것처럼 여겨질 수도 있다. 그는 악당의 분노와 절망을 자신의 것처럼 느끼지 않는다. 그러한 감정 자체에 그는 그저 무덤덤할 뿐이다. 그는 악당처럼 어린 시절이 불우하지도 않았고, 세상을 향한 증오심을 품어 본 적도 별로 없다. 그런 점에서 그는 악당이 아니라 악당이 증오하는 평범한 사람들에게서 더 큰 동질감을 느낀다. 다만 그는 악당이 감내해야만 했던 불행의 무게를 헤아리고, 그 무게에 짓눌려 악당의 마음이 잔혹해질 수밖에 없었음을 받아들일 뿐이다. 이러한 경우 공감이란 타자의 심정에 대한 일종의 동의를 표현하는 말일 뿐이다. 즉, 우리가 흔히 공감이라는 말로 표현하는 현상은 어떤 실제적인 감정이 아니라 추론과 이해에 뒤따르는 어떤 심정적 동의를 표현하는 말일 수 있다. 하지만 엄밀히 말하자면 여기서도 감정이 아예 수반되지 않는 것은 아니다. 악당에 대해 부정적인 평가만을 내린 사람들은 악당을 그저 미워할 뿐이지만 악당이 그렇게 될 수밖에 없었음을 인정하는 자는 악당에 대해 상대적으로 무덤덤한 감정이나 심지어 긍정적인 감정마저 느낄 수 있다. 물론 이러한 감정은 악당에 대한 긍정적 평가에 뒤

따르는 파생적 감정일 뿐 그와 악당 사이에 오가는 실제적인 교감 같은 것은 아니다.

공감을 'sympathy'의 의미로 이해하는 경우는 어떨까? 이 경우 우리는 공감을 나와 타자 사이에 형성되는 유사하거나 동일한 감정을 뜻하는 말로 여기는 셈이다. 'sympathy'는 ―'sympathy'의 몇 가지 의미들 가운데 하나인― 연민과 동정의 의미로 사용되는 경우가 많다. 하지만 꼭 그런 것은 아니다. 'sympathy'는 사람들 사이에 형성되는 어떤 공감대를 뜻하기도 한다. 예컨대 〈I have no sympathy for him, it's all his own fault〉라는 문장에서 'sympathy'는 동정이나 연민에 가깝다. 반면 〈There was no personal sympathy between them〉이라는 문장에서 'sympathy'는 동정이라기보다 개인 간에 형성되는 친밀감이나 공감대를 뜻한다.

물론 이러한 의미의 공감 역시 타자가 처한 상황에 대한 이해를 전제로 한다고 말할 수 있을 것이다. 결국 타자가 처한 상황이 어떤 것인지 알지 못하면 그와 함께 그 무엇에 대해 공감하는 일도 일어날 수 없기 때문이다. 그럼에도 이러한 의미의 공감에서는 이해보다 감정이 더욱 시원적이라는 평가가 가능하다.

예컨대 여러 여성들을 강간하고 죽인 연쇄 살인마가 불우했던 자신의 어린 시절을 이야기하며 법정에서 선처를 호소하는 경우를 생각해 보자. 혹자는 선처를 호소하는 연쇄 살인마를 더욱 가증스럽다고 여길 수도 있고 혹자는 동정하거나 연민할 수도 있다. 그러나 어떤 경우든 미움이나 동정 같은 감정은 개인 간에 형성되는 공감대와는 다르다. 살인마를 동정하는 자조차도 ―적어도 그가 살인마의 생각과 감정에 동조하는 것이 아닌 한― 살인마를 인간적으로 그저 불쌍히 여길 뿐이다. 즉, 연쇄 살인마와 법정의 참관자 사이에는 좀처럼 공감대가 형성되기 어려운 것이다. 하지만 같은 직장 동료가 회사 직원들의 월급이 삭감된 것에 분노하는 경우 그와 나 사이에는 쉽게 공감대가 형성된다. 물론 여기서도 상황에 대한 이해는 전제된다. 그가 직원들의 월급이 삭감되었다는 것 때문에 화를 내고 있음을 미리 알지 못하면 나는 그와 공감하기 어렵다. 그럼에도 내가 그와 공감하는 것은 단순한 이해에 의한 것은 아니다. 같은 직장의 동료이기 때문에 그와 나는 똑같은 상황에 처했을 때 비슷한 감정을 느끼기 쉽고, 또 서로가 그렇다는 것을 이미 알고 있다. 그와 나 사이에는 같은 처지에 놓여 있는 사람들끼리 느끼기 마련인 친밀감이 미리 형성되어 있는 것이다. 이 친밀감이 나로 하여금 그와 쉽게 공감하게 하는 원천이다.

일상용어의 측면에서 보면 'sympathy'와 'empathy' 사이에 놓인 용례상의 차이는 둘 중 어느 것이 공감에 해당하는지 결정하는 데 그리 중요하지 않다. 'sympathy'와 'empathy' 둘 다 우리말 공감에 해당하는 말로 선택될 수 있다. 하나의 말이 공감과 다른 뜻도 지니고 있다는 것을 근거로 그 말이 공감의 의미 역시 지니고 있음을 부정할 수는 없는 노릇이다. 그러니 그때그때 영어 사용자들의 용례를 따라 공감을 'sympathy'나 'empathy'의 의미로 번갈아 해석하면 된다. 물론 'sympathy'는 감정의 측면을, 'empathy'는 이해의 측면을 강하게 드러내는 차이가 있기는 하다. 그러나 아무튼 둘 다 공감의 의미를 함축하고 있음은 부정하기 어렵다.

아마 'sympathy'와 'empathy'를 둘러싼 용어상의 혼란은 용어 자체의 문제라기보다 용어에 대한 학술적인 —그리고 필자의 소견으로는 명백히 인위적인— 구분에 의해 초래되었을 것이다. 예컨대, 조정옥은 그의 훌륭한 셸러 번역서 『동감의 본질과 형태들Wesen und Formen der Sympathie』의 역자 서문에서 자신이 'Sympathie'의 번역 용어로 '동감'을 선택한 이유에 대해 다음과 같이 밝힌다.

"Sympathie 또는 Mitgefühl은 우리말로 공감 또는 동감으로 번역할 수 있다(동정이 그 대표적 예이다). 그러나 막스 셸러의 사상으로 볼 때 동감이 더 적합한 번역어라고 판단했다. 그것은 공감이 타인의 고통을 **타인과 함께 느끼는 작용**에 중심을 두는 것인 반면에 동감은 **타인과 같은 고통 내용**을 함께 느낀다는 의미로서 작용이 아닌 고통 내용에 중심을 두기 때문이다. 고통을 함께 느끼는 것, 즉 내 안에서 일어나는 고통의 재생산이나 전염은 진정한 의미의 동감이 아니다. 진정한 의미의 동감은 타인의 고통 내용을 있는 그대로 이해하고 거기에 참여하며 반작용하는 것이다."[07]

조정옥의 설명은 셸러에게 'Sympathie'는 타인과 같은 고통 내용을 함께 느낌에 방점이 있는 개념인 반면 공감이란 그 작용에 방점이 있는 개념이므로 'Sympathie'는 공감보다 동감으로 번역되는 것이 적절하다는 말로 요약된다. 'Sympathie'가 공감으로 번역될 수도 있다고 말하는 것을 보면 조정옥에게 우리말 공감이란 타자와의 교감이 배제된 단순한 감정이입과는 다른 의미를 지니고 있는 듯하다. 그럼에도 그가 선뜻 공감이라는 용어를 'Sympathie'의 번역어로 선택할 수 없었던 이유는 그것이 감정 자체보다 상대의 감정을 이해하도록 하는 감정의 작용을 더 부각시키는 용어라고 생각했기 때문일 것이다. 조정옥의 설명은 공감을 'sympathy'의 번역어로 이해해야 하는지, 아니면 'empathy'의 번역어로 이해해야 하는지 결정하기 힘든 한국 연구자들의 고심을 잘 드러낸다.

일반적으로 통용되는 용어로서의 'sympathy(Sympathie)'에 대한 조정옥의 설명은 별 무리가 없다. 사실 공감을 'empathy'로 이해하는 경향이 더 우세해진 이유가 바로 여기에 있다. 많은 연구자들이 조정옥이 설명한 것처럼 'sympathy'는 고통 내용 혹은 감정 그 자체를 강조하는 말인 반면 공감은 정신 혹은 이해의 작용에 방점이 있는 말이라고 여긴다는 뜻이다. 그

---

07 막스 셸러, 조정옥 옮김, 『동감의 본질과 형태들』, 아카넷, 2006, 7.

리고 이러한 연구자들은 대체로 조정옥과 마찬가지로 'sympathy'를 공감이 아니라 동감에 해당하는 말이라고 생각한다.

하지만 필자가 보기에는 'sympathy'를 동감으로 번역하는 것 자체가 한국의 연구자들이 공감에 관해 논의함에 있어서 얼마나 커다란 용어상의 혼란에 직면하게 되는지 알려 주는 또 하나의 방증이다. 국립국어원의 『표준국어대사전』을 보면 동감에 해당하는 한자어는 두 개이다. 하나는 '動感'이고 또 다른 하나는 '同感'이다. '動感'은 사물이 움직이는 느낌을 뜻하는 말이니 'sympathy'와 아무 상관도 없다. 하지만 그것은 '同感' 역시 마찬가지이다. 『표준국어대사전』에 기록된 '동감同感'의 정의는 '어떤 견해나 의견에 같은 생각을 가짐, 또는 그 생각'이다. '누구의 동감을 구하다', '동감을 표시하다', '나도 그의 주장에 전적으로 동감이다' 등의 문장들이 그 예시이다. 이러한 동감에 해당하는 영어 단어는 'sympathy'가 아니라 'agreement', 'agree with'이다.

물론 학문적 용어의 뜻이 그 일상적 뜻과 똑같아야 하는 것은 아니다. 연구자들 사이에 충분한 의견일치만 볼 수 있다면 '동감同感'을 'sympathy'에 해당하는 말로 사용해도 별 무리가 없을 수도 있다. 동감을 의견의 일치로 해석하는 대신 한자의 뜻 그대로 '같이 느낌', '같은 감정', '함께 느끼는 감정' 등으로 이해하면 될 것이다. 그럼에도 필자는 'sympathy'와 'empathy'를 각각 동감과 공감으로 확정하는 경우에도 학문적 혼란을 피하기는 어렵다는 것을 지적하고 싶다.

가장 커다란 이유는 'empathy' 혹은 'Einfühlung'을 공감의 의미로 사용하는 저술들도 많지만 ―이 용어의 원뜻이기도 한― 감정이입의 의미로 사용하는 저술들 또한 적지 않다는 것이다. 'Einfühlung'에 대한 가다머의 비판이 그 대표적인 사례이다. 그런데 엄밀히 말해 감정이입은 공감이 아니다. 이해의 작용에 방점을 두든 감정 내용 자체에 방점을 두든 아무튼 공감이란 내가 타자에 대해 지니는 어떤 긍정적이고도 실제적인 감정의 형성을 포함하기 마련이다.[08] 하지만 감정이입은 사실 감정도 이해도 아니다. 그것은 원래 타자의 감정이나 마음상태 등을 느끼거나 이해하는 데

---

[08] 이 말은 역으로, 공감의 의미로 해석되는 'empathy'란 실제로는 감정이입으로서의 'empathy'에 타자에 대한 긍정적 평가 및 그로 인해 형성되는 긍정적 감정을 더한 개념이라는 뜻이기도 하다. 실제로 심리학 및 다양한 응용심리학의 분야에서 'empathy'의 번역 용어로서 선택되는 '공감'은 대개 타자에 대한 긍정적 평가 및 감정의 계기를 함축하고 있다. 일례로 C. R. 로저스의 관점을 강하게 반영하는 한 상담심리학 저술에서는 '공감적 이해'에 관해 대체로 다음과 같이 설명한다: "공감적 이해란 상담자가 내담자와 함께 느낄 수 있는 능력, 내담자의 입장과 시각에서 내담자의 감정·생각·경험·주관적 세계들을 이해하는 능력, 내담자의 세계에 들어가 내담자의 내면세계를 구성하는 많은 측면들을 이해할 수 있는 능력, 그리고 내담자로 하여금 자신이 깊이 있게 정확히 이해받았다는 느낌이 들 수 있도록 상담자가 이해한 바를 정확하게 전달할 수 있는 능력들을 의미한다." 이 저서의 색인은 감정이입에 대한 별도의 항목 없이 '공감'을 'empathy'로 소개하고 있다. 또한 본문에서도 감정이입에 대한 설명은 찾을 수 없다. 하지만 엄밀히 말해 이 저서에서 '공감적 이해'에 대한 것으로 제시된 설명은 실제로는 감정이입으로서의 'empathy'에 대한 설명이라 볼 수 있다. '내담자와 함께 느낄 수 있는 능력'이라는 표현이 내담자의 감정을 마치 자신의 것처럼 느낀다는 뜻인지 아니면 내담자의 감정을 자신의 감정을 근거로 유추해 낸다는 것인지 다소 불분명하게 표현되어 있기는 하지만 전체적으로 방점은 실제적인 감정으로서의 공감이 아니라 내담자의 처지와 감정 상태에 대한 이해에 놓여 있는 것이다. 내담자에 대해 상담자가 행하는 이러한 감정이입이 마치 공감과 같은 것처럼 통용될 수 있으려면 한 가지 전제가 필요하다. 그것은, 로저스가 내담자에 대한 무조건적인 긍정적 관심을 강조한 것처럼, 상담자는 내담자를 인격적으로 존중하고 긍정적으로 평가하려 노력해야 한다는 것이다. 실제로 상담심리학의 공감적 이해는 내담자에 대한 인격적 존중을 전제로 시작된다: "상담관계의 핵심이 되는 조건은 공감적 이해와 더불어 보다 근본적인 차원에서의 내담자에 대한 존중과 관심·수용이다. 내담자의 감정이나 생각, 행동의 좋고 나쁨의 평가와 판단 없이 내담자의 가치와 잠재력에 대한 상담자의 믿음을 토대로 내담자를 인격체로서 존중하고 있는 그대로 수용하는 태도를 전달하는 상담자의 능력을 의미한다." 내담자를 존중할 필요성을 역설하는 이러한 설명은 상담심리학에서 공감으로 통용되는 것이 실은 감정이입이라는 것을 더욱 분명하게 드러낸다. '내담자의 감정이나 생각, 행동의 좋고 나쁨의 평가와 판단 없이'라는 표현이 내담자의 고통스럽고 부정적인 사고방식과 감정마저도 상담자가 자신의 것으로서 내면화해야 한다는 의미는 아닐 것이다. 그것은 도리어 내담자의 사고방식에 동조하거나 그의 고통스러운 감정 자체를 긍정적으로 평가할 수 없다손 치더라도 내담자에게 자신의 한계를 극복할 수 있는 가능성이 인격적으로 주어져 있음을 믿고 존중하라는 뜻일 것이다. 그렇다면 상담심리학의 '공감적 이해'란 실은 상담자와 내담자 사이에 오가는 어떤 실제적인 공감의 형성도 전제로 하지 않는 셈이다. 그것은 실제로는 일종의 감정이입이며, 다만 내담자의 인격을 존중함으로써 내담자 스스로 자신의 문제를 해결해 나갈 역량을 지닐 수 있도록 도와야 한다는 윤리적 전제로 인해 공감과 유사한 것으로 통용될 뿐이다.(박성수·김창대·이숙영, 「상담심리학」, 한국방송대학교출판부, 2015, 94 이하.)

필요한 마음의 작용방식을 지칭하는 말일 뿐이다.

앞에서 언급했던 물리학의 문외한이 양자역학에 대한 TV 프로그램을 시청하는 예시를 다시 한 번 떠올려 보자. 그는 자신이 과학자와 공감한다고 느끼지만 실은 TV 방송이니까 믿을 만할 것이라거나 과학자의 말투나 표정 등을 보니 신뢰할 만하다는 식의 막연한 기분에 사로잡혔을 뿐이다. 설령 이러한 기분을 공감으로 인정한다고 하더라도 아무튼 그것은 타자에 대한 긍정적인 감정의 형성에 의해 일어난 것이다. 하지만 감정이입은 실제적인 감정의 형성과는 거의 아무런 상관도 없이 일어날 수 있다. 심지어 감정이입은 내가 타자에 대해 매우 부정적인 감정을 느끼고 있는 경우에도, 즉 그의 의견이나 행동에 조금도 동의하지 않고 또 공감하지 않는 경우에도, 일어날 수 있다.

예컨대 누군가 밤길을 가다 강도를 만나 "죽고 싶어?"라는 말을 들었다고 상상해 보자. 강도의 물음에 대한 올바른 대답은 논리적으로 보면 "아니, 나는 죽고 싶지 않다" 혹은 "그래, 나는 죽고 싶다"이다. 하지만 누구도 그런 식으로 대답하지는 않는다. 대신 "가진 것 다 드릴 테니 살려만 주세요!"라는 식으로 강도에게 애원하거나 만용을 부려 강도와 다짜고짜 싸우려 들 것이다. 이러한 일이 가능한 것은 상대의 말을 논리적으로 이해하는 대신 돈을 빼앗으려는 강도의 의도와 사나운 감정을 감정이입을 통해 파악하기 때문이다. 이런 경우 강도를 만나 곤경에 처한 사람이 강도와 공감한다는 식으로 말할 수는 없는 노릇이다. 그의 마음속에서는 강도를 향한 어떤 긍정적인 감정도 형성되지 않은 것이다.

'empathy'에 관한 철학적 논의의 역사를 살펴보면 공감에 해당하는 말로 'empathy'를 선택하는 것이 학문적으로 대단히 혼란스러운 일일 수 있음을 더욱 잘 알 수 있다.

앞서 언급한 것처럼 'empathy'는 20세기 이전의 영어에는 없었던 말이다. 〈스탠포드 철학 백과사전 Stanford Encyclopaedia of philosophy〉에 수록된

'empathy' 항목에 따르면 영국의 심리학자 에드워드 티체너Edward Titchener가 1900년에 'empathy'를 감정이입을 뜻하는 독일어 'Einfühlung'의 번역 용어로서 처음 도입했다. 이것이 'empathy'라는 영어 단어의 기원이다. 사실 독일어 원어인 'Einfühlung'조차도 그리 오랜 역사를 지닌 것은 아니다. 헤르더와 노발리스 같은 낭만주의 사상가들이 자연에 대한 기계론적 이해에 맞서 자연의 생명력과 신비로움을 느낄 수 있는 인간의 가능성을 표현하는 말로 'Einfühlung'을 사용하기 시작한 것이 그 유래이다. 그 후 이 용어가 립스, 딜타이, 셸러, 후설 등의 철학에서 재해석되거나 비판되었음은 잘 알려진 사실이다.[09]

20세기 철학에서 'Einfühlung'의 의미를 결정하는 데 가장 큰 영향을 끼친 사상가는 립스이다. 립스는 자신의 감정이입 개념을 흄의 'sympathy' 개념에 대한 비판적 성찰을 통해 형성한 것으로 보인다. 자신의 주저 중 하나인 『미학』(1903)을 저술할 당시 립스는 흄의 『인간 본성에 관한 논고』 (1739-40)를 독일어로 번역했고, 1904-6년에는 립스의 번역본이 출판되었다. 흄의 『인간 본성에 관한 논고』에는 'sympathy'에 대한 상세한 분석이 수록되어 있다. 흄의 'sympathy' 개념은 오늘날의 'empathy'의 의미도 포함하는 것이었고, 립스는 공감에 있어서 타자의 마음을 추체험하려는 심리의 작용을 중요하게 여기고 이에 대한 자신의 생각을 'Einfühlung' 개념을 중심으로 정리해 나갔을 것이다. 립스가 흄의 영향하에 'Einfühlung'에 대한 심리학적 분석을 수행한 이후 후설, 셸러, 하이데거, 프로이트 등 많은 중요한 사상가들이 'Einfühlung'을 립스와 비슷한 의미로 사용한다. 이 말은 물론 이들이 립스의 'Einfühlung' 개념을 무비판적으로 수용했다는 것을 뜻하지 않는다. 그들은 대체로 립스 식의 'Einfühlung' 개념에 대해

---

09 〈스탠포드 철학 백과사전〉의 'empathy' 항목 참조. 다음의 인터넷 주소를 통해 찾아볼 수 있다: plato.stanford.edu/entries/empathy/ 논문 한 편 이상의 분량으로 작성된 글로서, 'empathy'의 유래 및 그 철학적 의미에 관한 체계적이고 상세한 설명들이 나와 있다.

비판적이었다. 그러나 그들이 'Einfühlung' 개념을 비판할 때 표준으로 삼았던 것은 분명 립스에 의해 제시된 개념이었다.

그렇다면 립스는 감정이입을 어떻게 이해하는가? 립스의 감정이입 개념은 흄의 공감sympathy 개념과 어떤 관계가 있는가? 립스에게 "감정이입Einfühlung은 [심리 내용의] 표현의 현상들을 직접적으로 이해함에 있어서 일어나는 근본과정이다. 감정이입은 다른 사람의 체험을 내적으로 함께 만들기, 상상된 모방이다."[10] 이러한 정의는 흄이 공감sympathy이 일어나는 과정에 관해 기술한 것과 내용적으로 거의 같다. 흄은 『인간 본성에 관한 논고』에서 공감에 관해 다음과 같이 말한다: "우리가 … 다른 사람의 정념과 감정에 공감할sympathize 때 이 움직임이 우선 우리의 마음속에서 단순한 관념으로 나타난 뒤 다른 사람에게 속한 것으로 파악된다는 것은 실로 분명하다. 또한 다른 사람의 애착에 대한 관념이 그것이 나타내는 바로 그러한 인상들로 바뀐다는 것과 정념이 우리가 그 관념들에 대해 형성하는 심상에 상응하는 가운데 일어난다는 것 역시 분명하다."(THN, 319)[11] 즉, 흄에게 공감은 일종의 추체험이며, 타자의 감정에 대한 관념의 형성 및 관념에 상응하는 심상의 형성을 통해 일어난다.

립스와 흄의 비교를 통해 우리는 두 가지 사실을 알 수 있다. 첫째, 립스의 감정이입은 원래 타자의 감정에 해당하는 관념을 산출하고 또 산출된 관념에 상응하는 심상을 형성해 내는 마음의 작용 및 그 과정을 뜻하는 말일 뿐 그 자체로는 감정이나 이해가 아니다. 둘째, 감정이입은 철학적 개념이라기보다 일종의 심리학적 개념으로서 이해되어야 한다. 이러한 의

---

10 Ch. Dunst, *Empathie im Wandel. Eine retrospektive Betrachtung hin zu einer Erweiterung des Terminus in der Personenzentrierten Psychotherapie durch die Erkenntnis der Neurowissenschaften*, Wien 2012, 15 이하.

11 흄의 'sympathy' 개념에 함축된 'empathy'의 의미에 관해서는 다음 참조: J. Baille, *Hume on Morality*, Routledge: London / New York 2000, 52 이하.

미의 감정이입은 우리가 구체적 상황 속에서 체험하는 공감과 엄밀하게 분리되어야 한다. 그것은 우리가 공감이라는 말로 부르는 어떤 실제적인 감정이나 타자에 대한 이해를 뜻하는 말이 아니라 그러한 감정과 이해를 가능하게 하는 마음의 작용방식으로서 가정된 것이기 때문이다.

셸러는 립스의 감정이입 개념을 비판하면서 다음과 같이 주장한다: "[타자인 자아Ich를] 수용하고 이해함은 추리(유비추리)나 (**립스**가 생각하듯) 투사적 감정이입projektive Einfühlung과 모방충동을 통해서 일어나는 일이 아니다. 우리에게 어떤 체험이 주어지는 경우 하나의 [타자인] 자아 자체가 [함께] 주어짐은 자아와 체험의 직관적 본질연관 안에서 직접적으로 정초된다. 거기에는 자신의 자아[가 수행하는] 감정이입은 필요하지 않다."**12**(WFS, 5 이하, 원문에서의 강조) 셸러의 이러한 언명에는 체험의 본질에 대한 일종의 존재론적 성찰이 함축되어 있다. 셸러의 관점에서 보면 어떤 감정의 체험은 그 자체로 이미 타자의 존재와 인격성에 대한 체험과 분리될 수 없다. 흄과 립스가 생각하는 것처럼 어떤 관념을 산출하고, 그 관념에 상응하는 심상을 형성해 내는 과정을 거쳐 비로소 타자의 감정을 이해하게 되고 또 자신의 것처럼 느끼게 되는 것이 아니라는 것이다. 이 점에 관해서는 본론에서 다시 언급될 것이다.

여기서 중요한 것은 'empathy' 혹은 'Einfühlung'을 공감에 해당하는 말로 간주하는 것이 왜 학문적 혼란을 야기할 수밖에 없는지 이해하는 일이다. 감정이입으로서의 'empathy'와 'Einfühlung'은 원래 공감과 엄밀하게 구분되어야 하는 용어이다. 공감은 실제로 일어나고 체험되는 이해와 감정의 영역에 속한 것이지만 감정이입이란 공감의 체험을 가능하게 하는

---

12 조성옥의 훌륭한 번역본이 있음에도 필자가 셸러의 원저를 직접 인용하는 이유는 공감 등 몇몇 용어들에 대한 이해가 맞지 않기 때문이다. 같은 이유로 필자는 다른 외국어 저술들을 역시 특별한 경우가 아니면 원 저서를 직접 번역해 인용하고자 한다. 물론 용어들에 대한 이해의 불일치가 문제되지 않는 경우에는 번역본을 사용할 수도 있다.

마음의 작용방식으로서 가정된 것에 지나지 않는다. 더욱이 셸러처럼 흄과 립스의 심리학적 분석의 타당성을 받아들이지 않는 경우 감정이입이라는 용어가 지칭하는 마음의 작용은 실제로는 일어나지도 않는 셈이다.

아마 철학에서 공감을 뜻하는 말로 'empathy'를 선호하는 경향이 생겨난 것은 애초에 흄 때문에 비롯된 일일 것이다. 『인간 본성에 관한 논고』에서 흄은 'sympathy'를 단순한 동정과 엄밀하게 구분한다. 흄에 따르면 "공감sympathy은 상상력에 의해 관념이 인상impression으로 전환되는 것 외에 다른 아무것도 아니다."(THN, 429) 이러한 정의는 그 자체만으로 보면 립스가 생각한 감정이입과 같다. 즉, 여기서 'sympathy'는 '다른 사람의 체험을 내적으로 함께 만들기, 상상된 모방'의 의미로 제시되고 있는 것이다. 그러나 이러한 사실로부터 흄의 'sympathy'가 현대의 감정이입과 같은 것이라는 결론을 내려서는 안 된다. 앞에서도 살펴보았듯이 흄은 관념이 인상으로 전환되는 과정을 '다른 사람의 정열과 감정에 공감할sympathize 때' 일어나는 일로 이해한다. 책의 전체 문맥에서 보면 'sympathy'를 '상상력에 의한 관념의 인상으로의 전환'으로 흄이 정의한 것은 'sympathy'가 구체적으로 형성된 감정과 무관한 것이라는 뜻이 아니라 'sympathy'로서의 감정이 일어나는 과정을 강조하는 뜻으로 이해되어야 한다는 것이다.

흄이 'sympathy'에 대한 분석에서 형성된 감정보다 상상력 및 감정이입의 계기를 강조하는 이유는 여러 가지가 있을 수 있다. 그중 하나는 분명 도덕과 연관되어 있다. 잘 알려져 있듯이 흄에게는 'sympathy'가 도덕의 원천 가운데 하나이다. 주위의 인간들과 친근한 관계를 맺고 동료의식이나 공감대를 형성하는 것이 인간으로 하여금 도덕적 존재가 되게 하는 데 필수적이라고 여긴 것이다. 흄을 괴롭힌 문제 중 하나는 'sympathy'에 의거한 판단은 불공평하기 쉽다는 것이었다. 나와 가까운 친구나 가족, 애인 등이 병에 걸리면 그 병이 심각하지 않더라도 우리의 마음은 그를 염려하는 마음으로 가득 차게 된다. 그러나 아무 친분이 없는 사람이 병에 걸리면 설령 그 병이 심각해도 별로 마음 쓰지 않는다. 흄에 따르면 "이러한 편파성은, 그리고 그로부터 생겨나는 불공평한 애착^{affection}은, 사회에서의 우리의 행동과 행위에만 영향을 끼치지 않는다. 그것은 심지어 악덕과 덕에 대한 우리의 관념에도 영향을 끼친다. 우리가 지닌 편파성의 정도를 넘어서는 것은 어떤 것이든, 그것이 우리의 애착이 지나치게 커져서 그러한 것이든 아니면 지나치게 작아져서 그런 것이든, 악하고 비도덕적인 것으로 여겨지게 된다."(*THN*, 488) 그렇다면 'sympathy'의 경험에서 나타나는 편파성의 한계를 극복하는 데 필요한 것은 무엇일까? 그것은 도덕적 판단에서 가깝거나 먼 타자에 대해 느끼는 실제적 감정의 역할은 작게 하고 타자의 감정과 상황에 대한 상상력과 이해의 역할은 크게 하는 것이다. 즉, 도덕의 원천들 중 하나인 'sympathy'에서 가까운 사람이나 먼 사람에 대해 우리가 품는 감정의 역할보다 상상력과 이해의 역할이 더 강조되어야 한다. 오직 그런 경우에만 우리는 "무관심한 관점^{Disinterested view}"(*THN*, 519)을 지닐 수 있고, 편향되지 않은 심판자로서 타자의 행동에 대해 도덕적으로 올바른 평가를 내릴 수 있는 것이다. 그러나 흄이 'sympathy'를 감정과 아예 무관한 것으로 파악하려 했다거나, 흄이 말하는 '무관심한 관점'이 아무 감정도 느껴 본 적이 없는 냉정한 인간의 관점이라는 식으로 오인해서는 안 된다. '무관심한 관점'이란 동류의 인간에 대한 '공감^{sympathy}'을 결여하는 관점이 아니라 '편향되게 하는 애착'으로부터 벗어난 관점을 뜻하는 것이다.

『인간 본성에 관한 논고』 이후 'sympathy'에 대한 흄의 설명방식은 조금씩 변해 간다. 그것은 'sympathy'란 —『인간 본성에 관한 논고』에서 흄 자신이 강조하듯이— 친근한 사람과의 사이에서 더욱 강하게 형성되기 마련이기 때문에 일어난 변화이다. 'sympathy'에 근거한 도덕적 판단이 어떻게 공정할 수 있는지 수미일관하게 설명하기가 어려운 것이다. 1751년 『도덕 원리에 관한 논고』에서 흄은 'sympathy'를 자주 감정의 전염에 의해 형성되는 것처럼 언급한다. 이제 도덕의 원천이 되는 감정으로서

'sympathy'보다 '박애심benevolence'이 더욱 강조된다. 박애심은 감정의 발로 이면서도 'sympathy'와 달리 친근한 사람을 향한 애착으로부터 자유롭다 는 것이 그 이유이다. 물론 이러한 설명이 'sympathy'를 도덕의 원천이 되 는 감정으로서 설명한 『인간 본성에 관한 논고』의 입장과 근본적으로 모 순되는 것이라고 보기는 어렵다. 흄의 관점에서 보면 박애심 역시 주위 인 간들을 향한 'sympathy'와 무관한 것일 수 없기 때문이다.[13]

『인간 본성에 관한 논고』에서 흄이 'sympathy'의 감정 내용보다 상 상력과 이해를 강조한 것이나 종종 'sympathy'를 감정의 전염이나 동 정심에 의해 형성되는 것처럼 설명한 것은 분명 공감을 표현하는 말로 'sympathy'보다 'empathy'가 더 적절하다고 여기는 경향이 생기게 한 주 요 원인들 가운데 하나였을 것이다. 그러나 'empathy'가 원래 감정이입을 뜻하는 말인 'Einfühlung'의 번역어로서 도입된 말이라는 점, 그리고 감정 이입이란 원래 구체적 상황 속에서 형성되는 실제적 감정과 이해를 표현 하는 말이 아니라 그러한 감정과 이해를 가능하게 하는 마음의 작용방식 으로서 가정된 개념임을 기억해 둘 필요가 있다. 'sympathy'에 대한 흄의 설명이 점차 공감 개념에 대한 오늘날의 이해와 큰 차이를 보이게 되었다 는 것을 지적하는 것이 'empathy'를 공감으로 이해하는 경우 생겨날 학문 적 혼란을 막아 주지는 못하는 것이다.

2.3. 현존재의 근원적 처해 있음과 공감

공감을 'empathy'와 같은 것으로 이해하는 경향은 근본적으로 존 재를 눈앞의 존재자와도 같은 것으로 오인하는 전통 철학의 영향으로부

---

13 D. Hume, *An Inquary Concerning the Principles of Morals*, in: The Philosophical Works of David Hume Vol. 4 (4 Vols.), Boston / Edinburgh 1828, 237 이하 참조. B. Stroud, *Hume*, Routledge: London / New York 1977, 196 이하 및 217 이하 참조.

터 벗어나기가 얼마나 어려운지 잘 알려 준다. 앞에서 살펴본 것처럼 흄에게 'sympathy'란 어떤 감정에 대한 관념이 형성되고 또 그러한 관념이 타자에 속한 것으로 파악됨으로써 생겨나는 것이다. 이러한 생각은 흄의 인식론을 반영한다. 관념의 밑바탕에 감각적 인상이 있고, 사물에 대한 지식이란 이러한 관념의 연합에 의해 생겨난다는 것이 흄의 'sympathy' 개념의 전제라는 뜻이다. '다른 사람의 정념과 감정에 공감할sympathize 때 이 움직임이 우선 우리의 마음속에서 단순한 관념으로 나타난다'는 흄의 설명은 감각적 인상과 무관한 관념이 공감의 출발점이라는 뜻이 아니라 그 관념이 관계하는 타자의 감정에 대해서는 어떤 실제적인 인상도 주어지지 않는다는 뜻이다. 타자의 감정 자체에 대한 인상이 아니라 내가 이전에 느껴본 이런저런 감정에 대한 인상들이 관념의 밑바탕에 깔려 있는 것이다.

흄의 'sympathy'론에서는 마치 하나의 사물처럼 감각적 인상 및 관념의 연합에 의해 구체적 감정의 상이 형성되는 것처럼 상정된다. 마찬가지로 공감은 곧 'empathy'라는 생각 역시 타자의 감정에 대한 이해를 마치 사물적 존재자에 대한 지식의 형성과도 같은 것으로 이해하는 전통 철학적 사유방식을 반영한다. 립스가 '다른 사람의 체험을 내적으로 함께 만들기, 상상된 모방'이라는 말로 정의한 감정이입 개념은 타자에 대한 이해를 사물에 대한 지식의 형성과정과의 유비를 통해 설명하는 경험론적 인식론을 반영한다. 마찬가지로 공감을 내가 아닌 타자의 입장에서 타자의 감정과 사유방식 등을 유비적으로 이해하고 더 나아가 내적으로 재구성하려는 의식의 작용에 의해 일어나는 것처럼 상정하는 것 역시 인간 현존재를 눈앞의 사물과도 같은 것으로 오인해 온 전통 철학의 한계를 반영한다. 딜타이와 후설을 비판하며 가다머가 함축적으로 표현한 것처럼 'empathy'로서의 공감 개념에서는 '타자는 우선 지각될 사물로 파악되고, 그다음 감정이입을 통해 '너'가 된 연후에나 비로소 공감할 존재자로 이해되는 셈이다.

아마 'empathy' 개념에 대한 이러한 비판을 선뜻 수용하지 못하는 독자들도 있을 것이다. 그들은 아마 다음과 같이 물을 것이다: '다른 사람의 감정을 이해하려고 자신이 마치 그의 처지에 놓여 있는 것처럼 생각하는 것은 실제로 일어나는 일 아닌가? 역지사지易地思之의 심정으로 상대방을 이해하려고 노력하는 것이 헛된 일에 불과하다는 것인가?' 그러나 역지사지의 심정으로 타자의 마음을 헤아림은 그가 처한 상황이나 그의 생각, 감정 등을 어떤 의식의 작용을 통해 객관적으로 재구성하고 평가함과 같은 것을 뜻하지 않는다. 누군가 슬픔에 잠긴 표정으로 자신이 자살로 생을 마감할 것임을 암시한다고 생각해 보자. 그의 슬픔을 이해하기 위해, 그리고 단순한 연민이나 동정 대신 그의 슬픔에 공감하기 위해, 우리는 그가 처한 상황, 그의 생각, 감정 등을 마음속으로 먼저 헤아리고 재구성해야 하는가? 한 인간을 객관화하고, 이를 토대로 긍정적이거나 부정적인 평가를 내리고 난 뒤에야 비로소 우리는 그와 공감할 것인지 말 것인지 결정할 수 있다는 말인가? 하이데거 식으로 표현하면 이러한 태도는 오직 함께 있음의 결여적 양태로서의 홀로 있음Alleinsein에 빠져 있는 현존재의 궁핍함을 표현할 뿐이다. 그러한 태도는 그 자체로 타인과 공감할 수 있는 역량의 부재 외에 다른 아무것도 드러내지 못한다는 것이다.

역지사지란 원래 『맹자孟子』의 '이루편離婁編' 상(上)에 나오는 '역지즉개연易地則皆然'이라는 말에서 비롯되었다. 그 뜻은 원래 '똑같이 어진 사람이라도 태평성대를 사느냐 난세를 사느냐에 따라 다르게 행동할 수밖에 없음을 이해하게 된다'는 것으로, 오늘날 우리가 알고 있는 남의 처지에서 생각해 본다는 의미의 역지사지와는 조금 다르다. 맹자는 역지즉개연을 설명하는 곳에서 혹시라도 누군가 물에 빠지면 자기가 치수를 잘못해서 생긴 일이라고 여겼던 우 임금과 누구든 굶주리면 그것은 자기의 잘못 때문이라고 생각하고 백성의 구제를 최우선시했던 후직에 관해 논한다. 이것이 '다른 사람의 고통을 자기의 고통처럼 여긴다'는 뜻의 '인익기익人溺己溺', '인기기기人飢己飢'라는 말의 유래이다.

이 이야기에는 공감의 참된 근거가 무엇인지 잘 표현되어 있다. 우 임금과 후직의 태도는 그가 세상의 모든 인간을 그저 불쌍히 여겼음을 뜻하는가? 왜 그들은 재난을 당한 자가 실제로 어떤 상황에서 무슨 이유로 그리되었는지 묻지도 않고서 그 책임을 무조건적으로 자신에게 돌렸는가? 아마 그것은 그들이 자신과 타자가 어떤 공통된 실존적 상황에 처해 있음을 자각하고 있었기 때문일 것이다. 존재론적으로 말하면 오직 자신의 존재를 근원적 함께 있음으로서 받아들이는 자만이 타자의 처지를 헤아릴 수 있고, 그의 감정과 울부짖음에 공명할 수 있다. 이러한 자는 실은 언제나 이미 타자와 공감하고 있는 자이다. 타자에 대한 어떤 객관적 이해가 공감의 가능근거인 것이 아니라 실은 공동 현존재와 언제나 이미 공감하고 있음이 함께 있음으로서의 현존재를 가능하게 하는 것이며, 우리로 하여금 역지사지의 심정으로 상대의 처지를 헤아리고 그를 위해 마음 쓰도록 한다는 뜻이다.

필자의 소견에 따르면 이러한 의미의 공감, 상황에 따라 생겨나거나 없어지는 개별적 감정으로서의 공감과 달리 함께 있음으로서의 현존재를 가능하게 하는 그러한 공감은 현존재의 근원적 처해 있음(독: Befindlichkeit, 영: disposedness) 혹은 근본 기조(독: Stimmung, 영: mood, 혹은 attunement)로서 이해되어야 한다. 이 점에 대한 상세한 논의는 ―특히 존재론적 불안 개념과의 연관 속에서― 본문 전체에 걸쳐 여러 차례 제시될 것이다. 서론에서 우선적으로 밝혀야 하는 문제는 현존재의 근본 기조로서의 공감은 특별한 현존재에게서만 발견되는 것이어서는 안 된다는 점이다. 『맹자』에 등장하는 우 임금이나 후직 같은 성인군자들뿐 아니라 모든 현존재에게서 발견되는 그러한 것만이 현존재의 근본 기조로서 파악될 수 있기 때문이다.

영화를 통해 잔인한 악당의 삶을 들여다보며 그에게 공감을 느끼는 사람의 예로 돌아가 보자. 만약 악당이 아니라 아무 이유 없이 인간들을 공격하고 죽이는 무시무시한 괴물이 등장했더라면 그 역시 괴물과 공감하지 못했을 것이다. 그는 다른 관객들과 마찬가지로 괴물은 죽어야 한다고 생각하고, 결국 죽임을 당하는 괴물을 보며 통쾌해 하거나 다소간 불쌍하다고 느낄 뿐이다. 그것은 인간이 아닌 괴물은 나와 존재론적인 의미로 함께 있는 존재자가 아니기 때문이다. 악당을 증오하고 또 비난하기만 할 뿐 악당을 불쌍히 여기지도 않고 악당에게 공감할 만한 어떤 것도 느끼지 못하는 사람의 경우는 어떨까? 이것 역시 악당을 향한 증오와 비난은 존재론적 의미의 함께 있음을 근거로 일어나는 일이다. 다른 사람들과 함께 살아가는 인간적 존재자로서 마땅히 서로를 위해 마음 쓰는 법을 배워야 하는데, 그러기는커녕 자기밖에 모르는 괴물이 되었다는 생각이 그를 향한 증오와 비난의 이유이기 때문이다. 달리 말해 타자를 향한 긍정적인 감정뿐 아니라 실은 부정적인 감정조차도 존재론적 의미의 공감을 배경으로 삼아 일어나는 일이다. 더 나아가 타자에 대한 —그 역시 한 인간으로서 서로를 위해 마음 쓰는 법을 배워야 한다는 식의— 윤리적 판단 역시 존재론적 의미의 공감이 전제가 되지 않으면 일어나지 않을 것이다.

상대에 대한 긍정적이거나 부정적인 감정이 전혀 전제되지 않는 경우에도 타자와 나의 관계는 존재론적 함께 있음과 공감에 의거해 맺어진 것일 수밖에 없다. 자신이 위협적인 한 존재자와 마주하고 있는 경우를 생각해 보자. 만약 나를 위협하는 것이 로봇이라면 나는 로봇의 감정이나 의향을 이해하려는 어리석은 마음은 품지 않을 것이다. 로봇에게는 감정도 의지도 없기 때문이다. 그것은 다만 인간을 제거하도록 설정되었을 뿐이다. 나를 위협하는 것이 맹수라면 나는 아마 눈앞의 맹수가 나를 공격할 만큼 사납고 힘센 짐승인지, 또 굶주려서 실제로 나를 공격하지는 않을지 등을 판단하려 할 것이다. 이러한 성향은 인간과 달리 맹수는 나와 함께 있는 존재자가 아니기에 생긴다. 즉, 그것은 로봇에게 위협당할 때와 달리 눈앞의 맹수가 그냥 사물적 존재자로 있는 것도 아니고 동류의 인간처럼 나와 함께 있는 자도 아님을 직감함을 전제로 한다. 짐승의 마음이나 감정을 헤아려 보는 일 역시 존재론적 의미의 함께 있음 및 공감을 배경으로 삼아 일어나는 일이라는 뜻이다. 나를 위협하는 자가 강도라면 나는 강도에 대해 부정적인 감정을 지니게 될 수도 있고 경우에 따라서는 긍정적인 감정을 지니게 될 수도 있다. 강도가 잔인하고 이기적인 인간이라는 느낌이 들면 강도에 대한 부정적인 감정이 생겨날 것이고, 반대로 비록 강도이기는 하지만 어딘지 강도짓을 할 수밖에 없는 자신의 처지 때문에 스스로 괴로워하는 듯한 느낌이 들면 강도를 한 인간으로서 평가하고 존중하는 마음 역시 생겨나게 될 것이다. 그러나 때로 강도에 대한 평가는 완전히 유보될 수도 있다. 나는 강도의 감정이 어떤 상태인지, 강도의 인격성이 어느 정도로 타락했는지 등에 관해서는 관심도 없고 관심 둘 마음의 여유도 없다. 나의 마음은 어떻게 하면 이 위급한 상황에서 벗어날 것인지에 대한 근심으로 가득 차 있을 뿐이다. 그러나 아무튼 나는 그에게 말을 걸어 본다. 그가 원하는 것이 무엇인지 묻기도 하고, 사람이 사람을 해쳐서는 안 되는 것 아니냐고 호소하기도 한다. 이러한 말걸음은 그의 감정이나 마음에 대한 어떤 이해와 판단에 근거해 있는 것이 아니다. 나는 그의 감정과 마음을 헤아려 본 적이 없는 것이다. 다만 나는 그가 한 인간으로서, 나의 공동 현존재로서, 나와 존재론적 의미로 함께 있는 존재자임을 알고 있을 뿐이다. 그와 나의 관계는 어떤 의식적 사유나 행위에 의해 결정되기에 앞서 공동 현존재로서 함께 있음의 기분에 의해 맺어져 있다. 그렇지 않다면 나는 그를 로봇이나 맹수와 달리 대할 어떤 이유도 지니지 못할 것이다.

이러한 기분은 분명 그때그때 상황에 따라 생겨나거나 없어지는 감정과 다르다. 그러나 그것은 막연한 느낌으로서의 기분, 왠지 오늘 날씨가 좋을 것 같은 기분, 무언가 좋은 일 혹은 나쁜 일이 생길 것 같은 기분과 같은 것일 수도 없다. 이러한 기분은 서로를 위해 마음 쓰며 존재함의 근거일 수 없기 때문이다. 그렇기에 현존재의 근본 기조의 하나인 공감은 감정의 계기를 함축하는 것이거나 그 자체 일종의 감정인 셈이다. 이러한 의미의 기분은 대체 어떻게 가능할까? 그 기분 속에서 드러나는 현존재의 존재는 무엇을 위한 존재로서 파악되어야 하는가? 이러한 기분은 하이데거가 현존재의 근본 기조로서 명명한 불안과 어떤 관계에 있는가? 이 책에 담긴 철학적 성찰은 바로 이러한 문제들을 향해 있다.

3. 공감의 존재론을 위해 슐라이어마허, 사르트르 그리고 하이데거가 중요한 이유

공감의 존재론은 서론에서 제기된 여러 문제들에 대한 존재론적 분석과 해명을 통해서만 확립될 수 있다. 이러한 문제들은 본론에서 슐라이어마허, 사르트르 및 하이데거에 대한 철학적 성찰을 중심으로 다루어질 것이다. 특히 제4장에서 집중적으로 논의될 불안과 공감의 관계에 대한 문제는 공감의 존재론에서 가장 핵심적이고도 까다로운 문제들 중 하나이다. 이 문제는 책 전체에 걸쳐 지속적으로 논의될 것이다.

슐라이어마허와 사르트르, 그리고 하이데거가 공감의 존재론의 확립을 위해 중요한 철학자로 선정된 이유는 다음과 같다.

첫째, 이 세 철학자의 철학은 모두 사유와 행위의 관점만으로는 포착할 수 없는 인간 현존재의 근원적인 존재방식에 관한 성찰에서 출발한다. 공감에 대한 전통 철학적 논의의 한계는 근본적으로 공감을 인간 현존재의 사유와 행위의 결과로서 파악한다는 점에 기인하는 것이다. 바로 이러한 이유로 공감의 존재론의 확립을 위해 슐라이어마허와 사르트르, 그리고 하이데거의 철학에 특히 세심한 주의를 기울일 필요가 있다.

둘째, 이들이 현존재의 근원적 존재방식을 분석하고 해명하는 방식은 제각각 고유하다. 자기의식에 대한 슐라이어마허 특유의 현상학적 성찰, 의식과 존재의 근원적 무성 및 실존의 부조리에 대한 사르트르의 실존론적 분석, 그리고 현존재의 존재에서 발견되는 비본래성과 본래성의 역동적 관계에 대한 하이데거의 존재론적 해명이 공감의 존재론의 확립을 위해 특히 중요하다.

물론 각각의 철학이 지닌 고유함은 상이한 철학 사이의 대립과 갈등의 표지로 오인되어서는 안 된다. 또한 각각의 철학 속에서 집중적으로 분석되는 탐구의 영역이 다른 철학과는 무관하다는 식으로 생각할 이유도 없다. 이 책을 통해 독자들은 슐라이어마허, 사르트르, 그리고 하이데거의 철학이 모두 인간 현존재의 존재구조에 대한 철학적 성찰을 통해 삶과 존재의 근원적 의미를 밝히기를 시도하는 현상학적 존재론으로서 그 성격이 규정될 수 있음을 알게 될 것이다. 각각의 철학에서 발견되는 고유함과 특수성에도 불구하고 슐라이어마허, 사르트르, 그리고 하이데거의 철학은 전통 형이상학의 한계를 현상학적 존재론의 관점에서 극복해 나간다는 점에서 커다란 공통점을 지닌다.

셋째, 이 세 철학자에게서 공통적으로 발견되는 중요한 철학적 문제의식 중 하나는 형이상학에 대한 철학적 비판을 통해 초월의 의미를 존재론적으로 새롭게 재정립해야 한다는 것이다. 필자는 존재론적 의미의 초월을 '절대적이고도 순수한 내재로서의 초월'로서 이해하며, 바로 이러한 초월 개념이야말로 공감의 존재론의 확립을 위해 결정적으로 중요하다고 여긴다. 이 점에 대한 집중적인 논의는 제5장에서 이루어질 것이다. 어떤 의미에서 제2-4장의 논의들은 제5장의 논의를 위한 준비 작업이라고 할 수 있다. 그렇다고 제2-4장의 논의들이 제5장의 논의에 종속되었다고 여길 필요는 없다. 원한다면 관심이 가는 장을 먼저 읽어도 좋을 것이다. 다만 제5장의 핵심 개념인 존재론적 초월에 대한 논의들을 온전히 이해하려면 제2-4장의 내용을 먼저 숙지할 필요가 있다는 점은 미리 밝혀 두고자 한다.

마지막으로 필자는 공감의 존재론을 위해 중요한 의미가 있는 후속 연구에 관해 미리 알리고 싶다. 공감에 대한 존재론적 탐구에서 유의미한 과제 중 하나는 현존재의 몸과 공감의 관계에 대한 분석과 해명이다. 이러한 과제는 단기간의 연구만으로 완수되기에는 너무 어렵고 까다로운 작업이다. 그 때문에 필자는 되도록 많은 연구자들이 관심을 갖고 관련된 연구를 수행해 주기를 희망해 본다.

몸과 공감의 관계에 대한 존재론적 논의를 위해서는 하이데거가 마르부르크 시절 수행한 현상학과 논리학에 대한 강의, 1959-69년 사이의 졸리콘 세미나에서 몸과 지각의 현상에 대해 하이데거가 남긴 존재론적 언명들이 특히 중요하다. 하지만 잘 알려져 있듯이 하이데거는 몸에 대해 상세한 분석을 수행한 적은 없다. 최근에 이르러 졸리콘 세미나의 강의 내용들을 중심으로 몸에 대한 하이데거의 존재론적 관점들을 밝히려 시도하는 연구들이 간혹 발표되고 있지만 대개 개괄적인 설명에 머물고 있는 실정이다. 필자의 소견으로는 몸에 대한 하이데거의 존재론적 입장은 메를로-퐁티의 입장과 대단히 유사하다. 그럼에도 양자 사이에는 결코 간과할 수 없는 차이도 존재한다. 메를로-퐁티와 하이데거 사이에 어떤 공통점과 차이가 있는지, 그 차이의 원인은 무엇인지, 몸에 대한 하이데거의 성찰들은 『존재와 시간』의 현존재 분석과 어떤 관계에 있는지 등등 여러 가지 까다로운 문제들이 선결되지 않으면 몸과 공감의 관계를 존재론적으로 분석함에 있어서 결국 한계에 봉착하게 될 것이다.

이 책이 몸과 공감의 관계를 다루지 않는 것은 아니다. 슐라이어마허와 사르트르의 철학에서는 몸과 지각에 관한 중요한 철학적 성찰들이 많이 발견된다. 이러한 성찰들을 바탕으로 삼아 이 책 역시 몸과 공감의 관계를 존재론적으로 밝히게 될 것이다. 필자는 이러한 해명이 존재론적으로 몸이 어떤 의미를 지닐 수 있는지, 또 몸과 공감, 불안 등의 관계는 어떤 것인지 궁금해 할 독자들에게 큰 도움이 되기를 바란다. 그러나 이러한 연구는 하이데거의 존재론의 관점에서 몸과 공감의 관계가 어떻게 이해되어야 할지 단지 유비적으로만 밝힐 수 있다. 필자는 이 책이 하나의 시작이 되기를 바란다. 여러 연구자들이 이 책을 통해 하이데거의 존재론의 관점에서 몸과 공감의 관계에 대해 성찰해 볼 동기를 얻게 된다면 필자는 최상의 보람을 느끼게 될 것이다.

II.

자기의식과 공감

"각자가 우주에 더 가까워질수록, 그리고 각자가 다른 사람에게 자신을 더 많이 전달할수록, 이들은 더욱 완전하게 하나가 된다. 어느 누구도 자기만의 의식을 갖지 않는다. 그는 동시에 타자에 대한 의식을 갖는다. 이들은 더 이상 인간이 아니라 오히려 인간성이다. 자기 자신으로부터 나와서 자신을 이겨 내는 이들은 진정한 불멸성과 영원성을 향한 도정에 있는 것이다."(『종교론』, 195 이하)

게오르크 짐멜Georg Zimmel은 괴테의 두 성장소설 『빌헬름 마이스터의 수업시대』와 『빌헬름 마이스터의 편력시대』의 주인공에 관해 논하며 괴테와 슐라이어마허의 정신이 본질적으로 동일하다고 지적한다. "괴테가 예술적으로 직관한 것을 슐라이어마허는 추상적으로 형성했다"는 것이다. 짐멜에 따르면 빌헬름 마이스터는 "'순수하게 인간적인 것'을 인간의 모든 운명, 교양, 내면성을 통해 명시하고 관철한다." 다른 말로 표현하자면, 빌헬름 마이스터는 "모든 존재는 세계존재의 표현이자 거울이며, 모든 개별 인간은 전 인류의 개요"임을 알리는 하나의 상징이다. 짐멜의 생각이 옳다면 슐라이어마허는 괴테가 예술적 직관의 대상으로서 상징화한 이러한 인간관을 철학적으로 밝히고 또 형성한 사상가이다. 슐라이어마허와 괴테의 정신이 "가장 정열적으로 적대한 상대는 모든 사람에게서 '보편적인 인간'을 보았던 18세기의 개인주의이다." 슐라이어마허와 괴테의 정신에 비추어 보면 '보편적인 인간'의 이념은 그들이 드러내고자 했던 '순수하게

인간적인 것'에 상반된다.[14]

짐멜의 유명한 구분을 따르자면 '보편적인 인간'의 이념을 표방한 18세기 칸트와 피히테 등의 개인주의는 '양적 개인주의'이고 괴테와 슐라이어마허의 '순수하게 인간적인 것'을 드러내고자 하는 개인주의는 '질적 개인주의'이다. 개인을 보편적 이성의 구현으로 보는 양적 개인주의와 달리, 질적 개인주의는 '순수하게 인간적인 것'을 각 개인의 고유성에서 발견한다. 질적 개인주의가 '보편적인 인간'의 이념에 적대적인 까닭은 "한 인간이 되고자 원하지만 이러저러한 특별한 인간이 되는 데 저항하는 사람은 삶 자체에 대해서도 저항할 것"이기 때문이다. 각 개인에게는 "그에게만 고유한 의미, 그리고 그에 의해서만 해결되는 과제"가 주어져 있으며, 이것은 곧 그 자체로 '순수하게 인간적인 것'의 표지가 된다. 자신에게만 고유한 의미를 지닌 한 개인으로서 각자에 의해서만 해결되는 과제는 실은 "모든 사람에게" 주어지는 것이기 때문이다.[15]

아마 오늘날 슐라이어마허의 철학을 개인주의라는 말로 지칭하는 것은 별로 현명하지 못한 일일 것이다. 개인주의를 주로 자본주의적 혁신과 경쟁의 관점에서 이해하는 시대에는 짐멜이 생각했던 것과 같은 의미의 개인주의는 거의 망각되어 버렸기 때문이다. 그럼에도 '특별한 인간이 되는 데 저항하는 사람은 삶 자체에 대해서도 저항할 것이며, 한 개인에게 주어져 있고 또 그에 의해서만 해결되는 과제가 실은 모든 사람에게 주어져 있는 것'이라는 짐멜의 지적은 슐라이어마허 사상의 본질을 놀라울 정도로 예리하게 드러낸다. 슐라이어마허에게 근본적인 것은 모든 인간의 삶 속에서 구현되는 인간성의 이념이며, 각 개인의 고유성은 오직 순수한 인간성의 개별적 표현으로서만 가능한 것이기 때문이다. 슐라이어마허의 철

---

14 게오르크 짐멜, 김덕영 옮김, 『근대 세계관의 역사. 칸트·괴테·니체』, 길, 2007, 122 이하.
15 같은 책, 123.

학이 공감의 존재론을 위해 중요한 이유가 바로 여기에 있다. 슐라이어마허의 관점에서 보면 특별한 인간이 되는 것을 두려워하지 않으면서 동시에 자신의 존재를 모든 존재자와의 근원적 함께 있음으로서 이해하는 자만이 순수한 인간일 수 있다. 그에게는 어떤 보편적인 인간의 이념이 아니라 존재론적 함께 있음과 그 근거로서의 공감이 순수한 인간의 가능근거이다.

1. 슐라이어마허의 종교 개념과 공감

현대 해석학의 창시자이자 개신교 신학의 아버지로 불리는 슐라이어마허는 종교에 대해 다음과 같이 정의한다: "종교는 우주에 대한 직관과 감정이다."(『종교론』, 55) 종교를 기독교나 불교, 이슬람 같은 실정종교의 의미로 이해하는 경우 이러한 정의는 난센스에 불과하다. 직관과 감정은 개개인이 행하거나 느끼는 것이다. 설령 직관과 감정의 대상이 우주라 한들 그것이 어떻게 기독교나 불교 같은 종교일 수 있다는 말인가? 이러한 문제를 회피할 수 있는 간단한 방법은 종교를 인간의 종교심이나 종교적 성향 같은 것으로 이해하는 것이다. 그런 경우 '종교는 우주에 대한 직관과 감정'이라는 슐라이어마허의 명제는 '인간의 종교심이나 종교적 성향은 우주에 대한 직관과 감정을 통해 생겨나고 또 고양된다'는 의미로 해석될 수 있을 것이다. 실제로 슐라이어마허는 종교적 성향이란 인간에게 타고나는 것이라고 본다: "인간은 다른 모든 성향과 마찬가지로 종교적 성향을 가지고 태어난다. 인간의 감각이 강압적으로 억압되지만 않는다면, 그리고 종교의 요소로 인정된 이 감각과 우주 간의 모든 공통성이 방해되고 차단되지만 않는다면, 종교적 성향은 틀림없이 모든 사람의 독자적인 방식으로 발전할 것이다."(『종교론』, 128)

1.1. 인간 현존재의 두 가지 역량: 행위 및 사유의 역량과 수용의 역량

그렇다면 인간의 종교적 성향은 어떻게 생겨나는 것인가? 위의 인용문에서 알 수 있듯이 슐라이어마허에게 인간의 종교적 성향은 타고나는 것이다. 그런데 인간에게 타고나는 것으로서 삶 속에서 구현되는 것은 두 가지로 나뉠 수 있다.

하나는 특정한 방식의 사유와 행위를 가능하게 하는 어떤 역량으로서 인간에게 속한 것이다. 예컨대 장사를 하려면 셈을 할 줄 알아야 하고, 셈을 할 줄 알려면 사물의 관계를 수의 관계로 치환할 수 있는 선천적인 역량이 있어야 한다. 또한 살아남는 데 필요한 정신적·육체적 역량도 개개인에게 타고나는 경우가 많다. 무술을 연마해서 자기보다 튼튼한 몸을 지닌 자를 제압할 수는 있다. 그러나 아무리 무술을 연마해도 사람이 맨몸으로 사자를 이기기는 어렵다. 타고난 육체적 역량의 한계 때문이다. 공부를 열심히 해서 자기보다 똑똑한 친구보다 더 좋은 성적을 받을 수는 있다. 그러나 아무리 공부를 열심히 해도 IQ가 무한정 높아지는 것은 아니다. 개개인이 타고나는 정신적 역량에 분명 한계가 있는 것이다.

또 다른 하나는 사물의 작용을 수용할 역량으로서 인간에게 속한 것이다. 우리는 흔히 '사물을 본다'고 말하지만 사물을 보려면 먼저 사물이 보여야 한다. 사물이 내게 작용해 오지 않으면 나는 그것을 감각적으로 수용할 수 없고, 감각적으로 수용되지 않은 것은 한 사물로서 지각되지 않는다는 뜻이다.

이러한 관점에서 보면 나와 사물의 관계는 능동적 주체와 수동적 객체의 관계가 아니다. 내가 가만히 있는 사물에게 주체적으로 다가가 그 속성들을 낱낱이 파악하고 드러내는 것이 아니라 오직 사물이 내게 작용해 오는 한에서만 나는 사물의 존재에 대해 알게 되는 것이다. 이러한 생각을 슐라이어마허는 다음과 같이 표현한다: "여러분이 이같이 직관하고 지각한 것은 사물의 본성이 아니라 여러분에 대한 사물의 행위이다. 여러분이 이 사물에 대해 알거나 믿는 바의 것은 직관의 영역을 훨씬 넘어선 곳에 있다."

그러나 사물의 어떤 작용도 그 작용을 적절하게 수용할 수 있는 역량을 타고나지 않은 사람에게는 수용될 수 없다. 정상적인 눈을 지닌 사람이라면 붉게 볼 장미꽃을 중증의 색맹 환자는 회색으로 지각한다. 또한 타고난 맹인은 빛과 색, 사물의 시각적 형상 같은 것이 어떤 것인지 아예 알지 못할 것이다. 사물의 작용을 빛과 색, 그리고 형상으로서 수용할 선천적 역량이 부재하기 때문이다. 그러므로 사물의 작용이 나의 지각과 판단에 우선한다는 것을 받아들인다고 해도 아무튼 내게 사물의 존재가 알려지는 것은 사물의 작용을 수용할 수 있는 특별한 역량이 내게 주어져 있기 때문이다: "모든 직관은 직관되는 존재가 직관하는 존재에 끼치는 영향으로부터 출발하며, 직관하는 존재의 본성에 따라 받아들여지고 종합되며 파악되는, 직관되는 존재의 근원적이고 독립적인 행위로부터 출발한다." 결국 나와 사물의 관계는 주체와 객체의 관계가 아니다. 능동적이고 독립적인 것은 내가 아니라 도리어 사물이다. 모든 지각의 시발점은 그러한 사물의 행위이다. 그러나 사물의 작용과 행위를 수용함에 있어서 내가 아무런 역할도 담당하지 않는 것은 아니다. 사물의 작용과 행위를 받아들인다는 점에서 나는 분명 수동적이다. 그러나 나의 고유한 본성과 역량이 전제되지 않는다면 사물의 작용과 행위는 내게 수용되지 않을 것이고, 사물의 존재는 나에게 알려지지 않은 채 남아 있게 될 것이다.

그렇다면 이 두 가지 역량의 관계는 어떤 것일까? 사물의 작용을 수용하는 역량이 그 자체로 사유하고 행위할 역량이 발휘되도록 하는 그 가능 근거이다. 셈을 하고 물건의 가치를 돈으로 환산하는 것은 분명 능동적으로 사물의 관계를 수의 관계로 치환할 수 있는 인간의 역량의 발휘이다. 그러나 이러한 역량이 발휘되려면 우선 셈할 물건이 보여야 한다. 사물의 작용을 먼저 적절한 방식으로 수용하지 않으면 사물의 존재와 속성을 알 수 없고, 사물의 존재와 속성을 알지 못하면 그 사물과 관련된 어떤 사유나 행동도 할 수 없는 것이다.

1.2. 종교적 직관과 감정을 통해 드러나는 현존재의 '안에 있음'과 공감

인간에게 타고난 성향으로서의 종교는 인간의 수용적 역량을 뜻하거나 그러한 역량에 의해 생겨나는 어떤 것이다. 우선 직관은 독일어 "Anschauung"을 번역한 말로, 그 의미는 어떤 것을 '직접 봄'이다. 앞에서도 설명했듯이 어떤 것을 직접 보려면 그것이 우선 보여야 한다. 그러나 한 사물이 내게 작용해 올 때 그 작용을 빛과 색, 그리고 형상으로서 수용하지 못하면 나는 그것을 보지 못할 것이다. 또한 감정은, 그것이 어떤 대상을 향한 것인 한, 그 대상의 작용을 수용함을 전제로 하는 경우에만 생길 수 있다. 따라서 우주에 대한 직관과 감정으로서의 종교를 가능하게 하는 인간의 역량은 사유와 행위를 가능하게 하는 어떤 역량으로서 인간에게 속한 것이 아니라 우주의 작용을 수용할 역량으로서 그러한 것이다. 그런데 여기서 한 가지 문제가 생긴다. 대체 우주의 작용을 인간이 어떻게 수용한다는 말인가? 우주에 대한 직관과 감정이라니, 우주가 마치 한 송이의 꽃이나 나무처럼 눈앞에 존재하기라도 한다는 것인가?

바로 이러한 문제들에 대한 슐라이어마허의 성찰과 해명 속에서 우리는 공감의 존재론을 위해 결정적으로 중요한 존재이해의 방식을 발견하게 된다. 그것은 인간 현존재는 ―슐라이어마허가 우주라고 부른― 무한한 전체로서의 존재 안의 존재자이며, 이러한 '안에 있음'은 사유와 행위의 관점에서는 파악할 수 없는 현존재의 근원적 존재방식을 드러낸다는 것이다.

우선 우주에 대한 직관과 감정이 무엇을 뜻하는 말인지 살펴보자. 우주에 대한 직관과 감정이란 전체로서의 우주를 그 자체로서 직접 본다거나 우주 자체로부터의 작용을 직접 느낀다거나 하는 뜻을 지니지 않는다. 그러한 일은 분명 불가능하다. 우리가 지각하고 또 이런저런 감정이나 느낌을 갖는 직접적인 대상은 늘 이런저런 구체적인 존재자들이다. 그러나 한 존재자의 존재는 하나의 전체 안에서의 존재로서 지각되고 또 알려지는 법이다. 한 송이의 꽃을 바라봄은 그 꽃을 한 정원 안에 있는 존재자로서, 한 마을 안에, 도시 안에, 더 나아가 우주 안에 있는 존재자로서 바라봄을 뜻한다. 즉, 어떤 존재자를 바라봄은 늘 슐라이어마허가 우주라는 말로 표현하는 전체 존재에의 의식과 더불어 일어날 수밖에 없는 것이다. 결국 유한한 존재자의 존재는 무한한 우주의 존재를 통해 알려지고, 무한한 우주의 존재는 유한한 존재자의 존재를 통해 알려지는 셈이다. 그럼에도 우주의 존재가 어떤 사유나 행위에 의해 추후로, 간접적으로 알려지는 것은 아니다. 전체 존재로서의 우주를 의식함 없이 하나의 존재자만 독립적으로 지각하고 의식하는 일은 일어날 수 없고, 어떤 존재자의 존재도 알려지지 않은 상태에서는 사유도 행위도 불가능하기 때문이다. 그러므로 무한한 우주는, 비록 유한한 존재자의 존재를 통해 알려지는 것이어도, 간접적으로 알려지는 것이 아니라 언제나 유한한 존재자의 존재와 더불어 직접적으로 알려지는 것이다. 이것이 우주에 대한 직관과 감정의 의미이다.

한마디로 우주에 대한 직관과 감정으로서의 종교란 자신을 비롯해 존재하는 모든 것을 우주 안의 존재자로서 직관함을 뜻하는 말이다. 우주는 유한한 개별자를 직관함 없이는 직관되지 않고, 유한한 개별자는 무한한 우주를 존재자의 '안에 있음'을 가능하게 하는 근원적 존재로서 직관함 없이는 직관되지 않는다는 것이다.

결론부터 말해 이러한 의미의 종교는 인간 현존재의 존재론적 함께 있음과 공감의 가능근거로서 사념된 것이다. 현존재의 존재론적 함께 있음과 공감은 슐라이어마허가 종교라는 말로 표현하기를 시도한 현존재의 근원적 존재방식으로 인해 비로소 가능해지는 것이라는 뜻이다. 슐라이어마허에게 종교란 인간으로 하여금 사회를 지배하는 이런저런 체계의 한계로부터 벗어나 스스로 고유해지도록 하는 존재론적 근거이다. 이 점을 이해하려면 우리는 우선 존재론적 함께 있음과 공감의 관계를 먼저 분명히 해 둘 필요가 있다.

서론에서 살펴본 것처럼 존재론적 의미의 공감은 인간의 사유와 행위의 결과로서 생겨나는 감정이나 이해를 뜻하는 말일 수 없다. 그것은 현존재의 근원적 존재로서의 함께 있음의 드러남이기도 하고 그 자체로 함께 있음의 가능근거이기도 하다. 함께 있음과 공감의 관계는 하나에 의해 다른 하나가 비로소 가능해지는 그러한 관계일 수 없다. 함께 있음에 의해 근거 지어져 있지 않은 공감은 불가능하고, 공감에 의해 근거 지어져 있지 않은 함께 있음 역시 불가능하다는 뜻이다. 그것은 마치 아름다움 속에서 드러나는 나와 세상의 관계와도 같다. 불현듯 한 송이 꽃을 보며 느끼는 아름다움은 응당 그 꽃이 특정한 장소에서 나와 함께 있었기에 발견된 아름다움이다. 그러나 나와 세계가 단순한 물리적 관계를 맺고 있는 경우 나는 어떤 상황에서도 꽃의 아름다움을 발견하지 못할 것이다. 내가 발견하는 꽃의 아름다움은 세계 및 세계 안의 이런저런 존재자들과 이미 심미적 관계를 맺고 있는 특별한 존재자로서 나의 존재를 드러낸다. 나의 존재가 그러한 경우에만 나는 꽃과 존재론적 의미로 함께 있을 수 있다. 물론 세계 안의 이런저런 존재자들과 이미 심미적 관계를 맺고 있는 나의 존재는 고립된 실체와 같은 것일 수는 없다. 나는 다른 존재자들과 언제나 이미 심미적으로 함께 있다. 오직 그런 경우에만 나는 존재자의 아름다움이나 추함을 발견할 수 있고, 또 아름다움과 추함의 관점에서 나와 세계의 관계를 헤아릴 수 있는 것이다.

결국 존재론적 의미의 함께 있음과 공감은 서로가 서로에게 가능근거인 셈이다. 그런데 존재론적 함께 있음이란 대체 무엇을 뜻하는 말일까?

그것은 사회적 존재로서의 공동 현존재들과 하나의 사회 안에서 더불어 있음과도 같은 것일까?

분명 존재론적 함께 있음에는 이러한 의미 역시 함축되어 있다. 하이데거에 따르면 일상적 현존재로서의 **"세인**das Man**은 실존범주의 하나이며, 근원적 현상으로서 현존재의 실증적이고 확고한 구성틀에 속한다."**(SZ, 129, 원문에서의 강조)**16** 그런데 세인이 삶을 영위하는 일상세계란 현상적으로 사회세계를 뜻하는 말일 수밖에 없을 것이다. 그러나 함께 있음이 하나의 사회세계 혹은 일상세계 안에 있음과 똑같은 것이라고 여겨서는 안 된다. 현존재의 존재에는 일상성과 비본래성뿐 아니라 본래성의 회복을 위해 결단할 가능성 또한 포함되어 있다. 물론 본래성의 회복이란 존재론적으로 공동 현존재로부터 떨어져 나와 고립된 실체처럼 되는 것을 의미하지 않는다. 그러나 그것은 자신의 존재를 단순한 일상적 존재자의 존재 이상으로 이해함을 전제로 한다. 오직 그런 경우에만 현존재는 무차별적이지 않을 수 있고, 오직 무차별적이지 않은 현존재만이 공동 현존재와 본래적인 의미로 함께 있을 수 있는 것이다.

우주에 대한 직관과 감정이 어떻게 가능한지 따지기 전에 우선 이러한

---

16 이기상의 번역본에는 다음과 같이 번역되어 있다: "'그들'은 실존범주의 하나이며 근원적인 현상으로서 현존재의 긍정적인 구성틀에 속한다." (『존재와 시간』, 179.) 여기서 '긍정적인'은 'positiv'의 번역어이다. 관점에 따라서는 'positiv'를 '긍정적'의 의미로 이해할 수 있을 것이다. 결국 현존재의 본래성 역시 세인으로서의 존재, 혹은 '그들'로서의 존재의 단순한 부정으로서 회복되는 것이 아니라 그 변경에 의해 회복되는 것이기 때문이다: **"본래적인 자기 존재는 세인을 떼어 냄에 있는 것이 아니라 세인을 실존적으로 변경함에 있다."** (SZ, 130, 원문에서의 강조) 그러나 필자는 'positiv'의 다른 의미들인 '실증적', '확고한' 등이 더 적합한 번역어라고 여긴다. '긍정적'은 일종의 가치판단의 개념이다. 그러나 세인이 실존범주의 하나라는 것은 긍정적이냐, 부정적이냐의 판단을 넘어 세인으로서 존재함이 그 자체로 확고부동하고도 실증적인 현존재의 존재방식의 하나임을 뜻할 것이다. 물론 여기서의 '실증적'이란 경험론적 탐구 대상과도 같은 것을 지시하는 말일 수 없다. 그것은 다만 어떤 이론적 추론을 통해서가 아니라 현존재의 현사실적 삶 속에서 구체적이고도 확고한 체험연관의 계기로서 발견됨을 뜻할 뿐이다.

의미의 직관과 감정은 자신의 존재를 우주 '안에 있는' 존재로서 받아들이는 자에게만 가능한 것임을 먼저 분명히 해 두자. 세상의 모든 것들은, 심지어 거대한 산과 바다조차도, 눈앞의 존재자로서 객관적 대상처럼 바라볼 수 있는 존재자들이다. 그러나 누구든 우주를 의식하는 자는 우주를 바라볼 대상으로서 의식하는 것이 아니라 자신의 존재가 그 '안'에 머물고 있는 전체로서의 존재로서 의식하는 것이다. 하이데거의 관점과 슐라이어마허의 관점을 결합하는 경우 현존재의 존재는 이중의 '안에 있음'의 구조를 지니는 셈이다. 하나는 일상세계 혹은 사회세계 '안에 있음'이고 또 다른 하나는 우주 '안에 있음'이다. 물론 우주 '안에 있음'은 사회세계 '안에 있음'과 같은 것일 수 없다. 우주란 사회세계의 한계를 무한히 넘어서 있는 것이기 때문이다. 유비적으로 표현하자면 자신이 우주 안에 있는 존재임을 의식함은 이런저런 사물적 존재자의 존재나 도구적 의미연관으로 환원될 수 없는 존재 자체에의 물음을 던짐과 같다. 하이데거가 말하는 존재 자체가 우주와 동일한 것이라는 의미가 아니라 현존재로 하여금 자신의 존재를 세인인 일상적 자기로 환원될 수 없는 것으로서 이해하게 한다는 점에서 둘이 같다는 뜻이다.

그렇다면 우주 안에 있는 자로서 존재하는 것과 사회세계 안에서 존재하는 것은 구체적으로 서로 어떻게 다른가? 자신의 존재를 우주의 '안에 있음'으로서 이해하는 것과 사회세계의 '안에 있음'으로서 이해하는 것 사이에는 어떤 차이가 있을까? 둘 사이의 가장 커다란 차이는 아마 상호작용이라는 말로 설명될 수 있을 것이다.

자신의 존재를 사회세계의 안에 있음으로서 이해하는 자는 자신과 세계의 관계를 상호작용의 관점에서 이해하는 자이다. 물론 존재론적으로 보면 현존재와 세계, 그리고 세계 안에 있는 이런저런 존재자들 사이의 관계는 물리적 사물들의 작용연관과 같은 것일 수 없다. 그러나 아무튼 하나의 사회적 세계 안에서 현존재는 자신의 존재를 다른 존재자에 의해 영향

공감의 존재론

을 받기도 하고 다른 존재자에 대해 스스로 영향력을 행사하기도 하는 상호관계의 관점에서 이해할 수밖에 없다. 존재론적으로 이런저런 도구들은 나와 분리된 물리적 사물이 아니라 이미 손 안의 존재자로서 내 존재의 구성적 계기를 이루고 있다. 일상적 존재자로서의 나의 존재 자체가 일상 세계를 지배하는 도구적 의미연관과 분리될 수 없다는 뜻이다. 그럼에도 나는 망치를 들어 나무에 못을 박기도 하고, 톱으로 나무를 자르기도 하며, 가시에 찔리거나 바람에 날린 톱밥이 눈에 들어가는 일이 생기지 않도록 조심한다. 나는 나 자신을 다른 존재자에게 영향력을 행사할 수도 있고 다른 존재자로부터 영향을 받을 수도 있는 그러한 존재자로 이해하고 있는 것이다. 그러나 자신의 존재를 우주 안의 존재로서 이해하는 자는 자신의 존재를 상호작용의 관점에서는 원리적으로 파악 불가능한 것으로서 받아들이는 셈이다. 물론 우주 안의 유한한 사물과 나의 관계는 상호작용의 관계로서 파악되기 마련이다. 그러나 우주와 나의 관계는 상호작용의 관계일 수 없다. 우주는 무한하고, 상호작용이란 본래 유한한 존재자들 사이의 관계를 표현하는 말이기 때문이다. 슐라이어마허가 종교를 우주에 대한 직관과 감정으로서 정의한 이유가 바로 여기에 있다. 슐라이어마허에게 사유와 행위는 유한한 사물들 및 그 체계의 영향을 수용함으로써 가능해지는 인간의 능동적 반작용을 표현한다. 그러나 전체 존재로서의 우주에 대해 인간은 어떤 반작용도 수행하지 못하고 그저 수동적으로 수용하며 존재할 뿐이다: "종교는 형이상학과 같이 우주를 그 본성에 따라 규정하고 설명하기를 원치 않으며, 도덕과 같이 자유와 인간의 신적인 자의(자의)가 갖는 힘으로부터 우주를 더 형성하고 완성하기를 또한 원치 않는다. 종교의 본질은 사유나 행위가 아니라 직관과 감정이다. 종교는 우주를 직관하려 하며 우주의 고유한 서술과 행위 속에서 그에게 경건히 귀 기울여 들으려 하고 스스로 어린 아이의 수동성으로 우주의 직접적인 영향에 사로잡히고 충만하게 채워질 수 있으려고 한다."(『종교론』, 56)

종교 속에서 나타나는 인간 현존재의 '경건함'과 '어린아이의 수동성'은 무엇보다도 우선 자신이 알고 있는 지식과 신념의 체계를 고수하지 않고 다시 순수한 어린아이의 상태로 돌아가 모든 것을 새롭게 수용하고 이해하려 함을 뜻한다. 이러한 일은 어떻게 가능할까? 그것은 자신의 존재의 '안에 있음'을 사회세계의 '안에 있음'으로 한정하지 않음으로써 가능해진다. 하나의 사회세계는 저 나름의 지식과 신념의 체계들을 지니고 있기 마련이다. 자신의 존재의 '안에 있음'을 사회세계 '안에 있음'으로 한정하는 순간 우리는 사회세계에서 통용되는 이런저런 지식과 신념의 체계들을 자신의 것으로서 받아들여야만 한다는 거부하기 힘든 압력에 시달리게 된다. 하나의 사회에서 통용되는 지식과 신념의 체계들이 지배하고 있는 것은 그 구성원들이며, 나는 그 구성원들과 더불어 살아야 하는 또 하나의 구성원에 불과하기 때문이다.

리스먼의 '군중 속의 고독'을 예로 삼아 생각해 보자. 서론에서 밝힌 것처럼 '군중 속의 고독'이란 사회로부터 주변에서 발견되는 특정한 집단과 동질감을 형성하고 그 집단으로부터 분리되지 않으려는 개개인의 노력과 성향으로 인해 생겨나는 현상이다. 리스먼은 에릭슨의 발달심리학 관점을 받아들여 '인간이라는 이름의 원료'에 사회로부터 가해지는 순응화 압력을 그 근본 원인으로 상정한다. 이러한 가정은 인간에게 주위 사람들과 친밀감을 형성함으로써 자신의 삶을 편안하게 하려는 성향이 있음을 전제한다. 결국 주위의 군중 자체가 사회로부터 가해지는 순응화 압력에 의해 사회에 지배적인 이런저런 지식과 신념의 체계를 자신의 것으로서 내면화하게 된 자들의 집합이다. 그런데 나의 편안한 삶을 보증하는 것은 그들과의 융화이다. 왜 나는 군중 속에서 고독을 느끼는가? 그것은 타자들의 집단으로부터 분리되고 고립될 가능성을 내가 의식하고 있기 때문이다. 타자들의 집단과 잘 융화하려는 나의 노력과 성향이 역으로 내가 그러한 가능성에 이미 눈뜨고 있음을 드러낸다.

겉으로 보기에 '군중 속의 고독'은 자신의 존재를 사회세계의 밖에 있는 것으로서 받아들이기 때문에 생겨나는 것처럼 여겨지기 쉽다. 그것은 결국 자신을 군중과 다를 수 있는 존재자로 자각하기 때문에 생겨나는 것이다. 그러나 실은 그 반대이다. 그것은 자신의 존재를 자신이 속한 사회세계의 안에 있음으로밖에는 이해할 수 없는 개개인의 궁핍함을 표현하는 말일 뿐이다. 군중 속의 고독을 느끼는 자에게 주위의 인간 현존재는 모두 무차별적이다. 그들이 군중인 이유가 바로 여기에 있다. 그렇다면 고독을 느끼는 나 자신은 어떠한가? 나는 자신이 주위의 군중과 다르다는 막연한 느낌 외에 자신에 대한 다른 어떤 의식도 지니고 있지 못하다. 자신과 사회, 혹은 자신과 무차별적인 군중 사이의 관계가 내가 아는 관계의 전부이기 때문이다. 그런 점에서 군중 속의 고독은 순연한 무의미의 드러남이다. 주위의 군중이 내게 무차별적일 뿐 아니라 실은 나 자신도 나에게 무차별적이다. 나는 나 자신이 군중으로부터 유리될 수 있다는 것과 그러한 예감이 초래한 고독과 불안 외에 다른 어떤 자기의식도 지니고 있지 못한 것이다.

자신의 존재를 사회세계의 안에 있음으로서만 이해하는 것은 결국 자신에게 속한 모든 특성들을 사회와의 관계 속에서 주어지는 것으로서 받아들이는 것과 같다. 물론 우리는 자신의 타고난 기질에 대해 생각해 볼 수도 있고, 이러한 기질이 사회와 잘 맞지 않는다고 생각할 수도 있다. 나는 격한 기질을 갖고 있고, 사회적 규범에 반항적이다. 그러나 사회세계의 안에 머무는 나에게 나의 격한 기질과 반항심은 사회세계에 잘 포섭되지 못하는 인간성의 거칢, 사회로부터 나에게 가해지는 이런저런 훈육에 의해 적절하게 가공되지 못한 —에릭슨이 인간 원료라는 말로 표현한— 자연적 인간성의 조야함을 뜻할 뿐이다. 리스먼의 인간 유형론이 이러한 생각을 잘 표현한다. 그 자신의 존재를 사회세계 안에 있음으로서만 이해할 수 있는 인간 현존재에게 성격이란 사회의 순응화 작용에 의해 형성된 사회성을 뜻할 뿐이다. 그 밖의 내 모든 기질들은 아직 사회화되지 못한, 그렇기에 사회에서 부정적으로 평가되고 배제될, 나 자신의 부정적인 측면으로 이해된다. 주위의 군중의 대열에 기꺼이 합류하지 못하는 자는 부정적 감정으로서의 고독과 불안에 휩싸일 뿐 자신의 고독과 불안을 긍정적으로 평가하는 법을 배우기 어렵다.

자신을 우주 안의 존재로서 이해하는 경우 우리는 사회화되지 않은 자신의 개인적 기질을 전혀 다른 관점에서 이해할 수 있게 된다. 종교적 직관과 감정을 통해 드러나는 나의 존재의 우주 안에 있음은 무엇보다도 우선 나 자신을 우주의 작품으로서 이해하게 됨을 뜻한다. 그것은 우주에 대한 직관과 감정이 나의 능동적이고 주체적인 행위 같은 것을 뜻하지 않기 때문이다. 앞에서 밝혔듯이 슐라이어마허에게 지각이란 인간 현존재의 능동적 행위가 아니라 어떤 사물의 작용을 인간이 수용함으로써 일어나는 일종의 사건이다. 지각되는 사물이 시원적 행위자이고, 지각하는 인간은 실은 수용자에 불과한 것이다. 그렇다면 우주에 대한 직관과 감정으로서의 종교 역시 나 자신의 존재에 행사되는 우주의 행위를 수용함으로써 일어나는 하나의 사건이다. 종교는 나로 하여금 자신을 우주의 작품으로 이해하게 할 뿐만 아니라 도처에서 오직 우주의 작품만을 발견하게 한다. 나와 우주의 관계는 나와 사물들의 관계와 달리 상호작용의 관계가 아니기 때문이다. 전체 존재로서의 무한한 우주와의 관계 속에서 유한한 모든 존재자들은 오직 우주의 행위를 수용함으로써 우주의 작품이 되는 것 외에 다른 어떤 가능성도 지니지 못한다: "우주는 끊임없는 활동 가운데 있으며 매 순간 우리에게 계시된다. 우주가 산출하는 모든 형식, 삶의 충만에 따라 각별하게 현존하는 모든 존재자들, 우주가 그 충만하고 늘 풍성한 품에서 쏟아내 놓는 모든 사건들, 이것이 곧 우리를 향한 우주의 행위이다. 이렇듯 종교는 모든 개별자를 전체의 부분으로, 모든 제약자를 무한자의 표현과 서술로서 받아들이는 것이다."(『종교론』, 61)

모든 개별자를 무한자의 표현과 서술로서 받아들이는 자는 이미 두 가지 방식으로 사회세계 안에 있음의 한계를 넘어서 있다. 첫째, 그는 그 자신의 존재를 무한자의 표현과 서술로서 받아들임으로써 자신을 사회적 존재 이상의 존재자로서 이해할 존재론적 근거를 지니게 된다. 하이데거식으로 표현하면 그는 일상적 자아의 비본래성을 자각하고 일상성으로 환원될 수 없는 자신의 본래성을 회복할 가능성을 지니게 된 것이다. 둘째, 그는 동류의 인간들을 무한자의 표현과 서술로서 받아들임으로써 주위의 모든 인간들을 사회적 존재 이상의 존재자로서 이해할 존재론적 근거를 지니게 된다. 하이데거 식으로 표현하면 그에게 주위의 공동 현존재는 더 이상 무차별적이지 않다. 그 자신과 마찬가지로 그들은 일상성으로 환원될 수 없는 본래적 현존재로서 거기 있는 자들이고, 일상세계를 지배하는 어떤 지식과 신념의 체계로도 환원될 수 없는 무한자의 표현과 서술로서 존속하는 자들이다.

결국 슐라이어마허적 의미의 종교는 존재론적 의미의 함께 있음의 본래적 가능성을 뜻하는 셈이다. 서론에서 살펴보았듯이 함께 있음은 존재론적으로 두 가지 근거에 의해서만 가능한 존재방식이다. 첫째, 현존재는 그 자신에게 무차별적이어서는 안 된다. 자신에게 무차별적인 현존재는 자기 존재의 본래성을 자각할 수 없고, 자기 존재의 본래성을 자각할 수 없는 현존재는 공동 현존재에게도 무차별적으로 남을 수밖에 없기 때문이다. 둘째, 주위의 공동 현존재가 현존재에게 무차별적이어서는 안 된다. 함께 있음이란 결국 복수의 현존재의 존재를 전제로 하는 말일 수밖에 없다. 주위의 모든 공동 현존재가 실제적으로 무차별적이거나 주위의 공동 현존재에게서 오직 무차별성만을 발견하는 현존재는 결코 함께 있음의 존재자가 아니다. 물론 엄밀히 말해 현존재도 공동 현존재도 완전히 무차별적일 수는 없다. 현존재 자체가 그 근본적인 성격규정에서 이미 함께 있음이기 때문이다. 슐라이어마허 식으로 표현하면 종교를 향한 성향은 모든 인간에게 타고나는 것이어야 한다. 인간이란 도처에서 무차별적이지 않은 인간들, 사회의 이런저런 체계로 환원될 수 없는 인간들, 그 자신을 무한한 우주의 특별한 서술과 표현으로서 받아들이는 인간들을 발견해야만 하고, 또 발견할 수밖에 없는 것이다.

1.3. 종교의 교화와 공감

다섯 개의 강연으로 이루어진 슐라이어마허의 『종교론』에서 가장 중요한 부분은 종교의 본질에 대한 두 번째 강연이다. 그러나 슐라이어마허의 종교 개념에 존재론적 의미의 함께 있음과 공감에 대한 성찰이 함축되어 있음을 이해하려면 눈길을 세 번째 강연으로 돌릴 필요가 있다. '종교의 교화에 대하여'라고 이름 붙여진 이 강연은 존재론적 의미의 공감과 함께 있음의 관계가 구체적으로 어떤 것인지 슐라이어마허 특유의 어법으로 서술하는 강연이라 할 수 있다.

공감은 원래 슐라이어마허에게서 자주 발견되는 말이 아니다. 그러나 다음의 인용문은 슐라이어마허가 종교를 일상적 삶의 비본래성에 눈뜬 자에게만 가능한 존재론적 공감의 근거로서 이해했다는 것을 잘 드러낸다:

"다른 능력이 부당하게 권리를 주장하는 것에 대해 감각을 어느 정도 보호하기 위해서, 모든 사람에게는 이따금씩 다른 모든 활동을 중지시키고 모든 기관을 인상들에 의해 채워질 수 있도록 개방하는 고유한 충동이 심겨져 있다. 일반적인 삶은 자기만의 심정과 이것을 에워싸고 있는 주변 세계에서 가장 두드러지게 나타난다면, 이러한 충동은 선행을 베푸는 비밀스런 최고의 공감과 동정을 통해 가장 강하게 작용한다. 그러나 아늑한 무위적 고요로 이 충동에 몰두하는 것은 허용되지 않을 수 있는 유일한 것이다. 시민적 삶의 관점에서 볼 때 무위적 고요함으로 충동에 몰두한다는 것은 곧 태만과 게으름이기 때문이다. 의도와 목적은 모든 사람에게 있어야 하며 늘 무엇인가를 성취해야 한다. 정신이 더 이상 활동할 수 없을 때, 사람들은 육체를 훈련시킬 수 있다. 이것은 노동과 놀이일지언정 조용히 몰두하는 명상이 아니다."(『종교론』, 131)

인용문의 첫 문장에 등장하는 '다른 능력'은 문맥상 형이상학적으로 사유하고 도덕적으로 심판할 인간의 능력을 뜻한다고 볼 수 있다. 여기서 형이상학이란 기본적으로 지식을 추구하는 인간의 사유를 대변하는 말이고, 도덕은 올바른 실천의 원칙을 추구하는 인간의 행위를 대변하는 말이다. 그 때문에 슐라이어마허는 두 번째 강연에서 "종교의 본질은 사유나 행위가 아니라 직관과 감정"이라고 지적하면서 동시에 "종교는 그 본질이 형성하는 모든 것에서뿐 아니라 그 작용이 특징짓는 모든 것에서 형이상학 및 도덕과 대립한다"(『종교론』, 56)고 주장한다. 그렇다면 '감각을 보호하기 위해서 다른 모든 활동을 중지시키고 모든 기관을 인상들에 의해 채워질 수 있도록 개방함'은 어떤 지적·도덕적 판단으로 마음을 흐려 놓음 없이 어린아이와도 같은 순수함으로 사물과 우주의 작용을 수용함을 뜻하는 말일 것이다. 인용문에서도 알 수 있듯이 이러한 상태에 접어들고자 하는 충동은 모두에게 있으며, 그 '충동은 선행을 베푸는 비밀스런 최고의 공감과 동정을 통해 가장 강하게 작용한다.' 사유와 행위의 중지라는 점에서 이러한 충동에 자신을 내맡김은 '무위적 고요함' 혹은 '명상'에 잠김을 뜻하고, 이러한 상태는 사회적으로 허용되기 어렵다. '시민적 삶의 관점'에서 볼 때 그것은 '태만과 게으름'에 불과하기 때문이다.

우리의 지적·도덕적 판단을 가능하게 하는 것은 무엇일까? 형이상학적 관점에서 보면 그것은 이성이다. 그러나 형이상학적 이성이 실제로 존재하느냐의 문제를 떠나 일상적 삶 속에서 지적·도덕적 판단을 가능하게 하는 것은 결국 일상세계를 지배하는 이런저런 지식과 도덕적 관념의 체계일 수밖에 없다. 판단과 심판은 구체적인 삶의 경험 속에서 이루어지는 것이고, 형이상학적 이성 역시 구체적 삶의 경험에 관한 지식과 도덕적 관념의 체계를 형성하는 경우에만 실제적인 판단의 심급으로서 작용할 수 있기 때문이다.(『종교론』, 31) 슐라이어마허처럼 모든 존재자를 무한한 우주의 표현과 서술로서 이해하는 경우 존재자에 대한 모든 지적·도덕적 판단은 본질적으로 부당한 판단이다. 사물적 존재자에 대한 지적 판단이든 개별 인간의 행위에 대한 도덕적 판단이든 결국 판단이란 지식과 도덕적 관념의 체계로 환원될 수 없는 것을 부당하게 환원시킴으로써 가능해지는 것이기 때문이다. 그 때문에 슐라이어마허는 두 번째 강연에서 우리가 "사물에 대해 알거나 믿는 바의 것은 직관의 영역을 훨씬 넘어선 곳에 있다"(『종교론』, 31)고 말한다. 우리 자신이 능동적 주체로서 사물에게 다가가 사물의 본성과 속성을 파악함으로써 사물에 대해 알게 되는 것이 아니라 무한한 우주의 표현과 서술인 개별적 존재자가 우리에게 작용하고 행위함으로써 그 존재와 특성이 우리에게 비로소 알려진다. 그러므로 우리에게 직접적으로, 그리고 의심의 여지없이 확실하게 주어지는 것은 언제나 감각과 인상뿐이다. 감각과 인상은 우리가 알고 있는 지적·도덕적 판단의 체계에 의해 왜곡됨 없이 존재자의 작용과 행위를 우리가 순수하게 수용함으로써 주어지는 것이기 때문이다. 그 밖에 우리가 알거나 믿고 있는 모든 것은 무한자의 서술과 표현으로 존재하는 것을 유한한 지식과 관념의 체계에 가두어 둠으로써 형성된 편견들에 불과하다.

이러한 관점이 현존재의 존재론적 함께 있음과 공감을 위해 무엇을 의미하는지 살펴보기 전에 괴테의 『빌헬름 마이스터의 수업시대』에 관해 생각해 보자. 짐멜이 지적한 것처럼 괴테가 창조한 빌헬름 마이스터야말로 괴테와 슐라이어마허가 어떤 이유에서 정신적으로 동일한 사상가로 평가될 수 있는지 가장 잘 알려 준다.

이 성장소설의 줄거리는 복잡하지 않다. 부유한 상인의 아들인 주인공 빌헬름은 순회연극단의 일원이 된다. 연극을 통해 참다운 삶을 실현할 수 있다고 여겼기 때문이다. 그러나 그는 배우생활을 하며 갖가지 인간관계에 휘말려 방황과 좌절을 거듭하게 되고, 결국 환멸 속에서 극단을 떠난다. 그러한 그에게 삶을 다시 긍정할 수 있게 한 것은 다름 아닌 사람이다. 고통에 굴하지 않고 순수하고 진실하게 살아가는 몇몇 인간들의 삶이 그로 하여금 인간을 긍정하고 사랑할 힘을 회복하게 한 것이다. 그는 자신의 마음속에 감추어져 있던 그리스도적 사랑의 힘에 눈뜨고 순수하게 수용함으로써 이 세상을 하나님의 나라로 만들 결의를 품게 된다. 후일 그는 자신과 같은 목적을 추구하는 '탑^塔의 결사'에 가입하고, 이 결사에서 중심적인 위치를 차지하고 있는 '아름다운 영혼의 일족'의 장녀와 약혼한다. 이것이 이 소설의 결말이다.

빌헬름은 처음부터 자신의 본래성을 회복하기 위해 결단한 자로 설정된다. 그가 일상세계를 떠난 것은 순회연극단의 일원이 되어 배우생활을 하는 것이 자신에게 타고난 천성과 기질에 충실한 삶이리라는 기대와 믿음 때문이었다. 그러나 그가 배우생활을 하며 발견한 것은 남들을 도덕적으로 심판하기를 일삼는 속물들이나 욕망을 이기지 못해 증오와 반목의 씨앗만 뿌리는 타락한 인간 군상이었다. 존재론적으로 표현하자면 그들은 모두 빌헬름에게 무차별적인 자들이었다. 도덕의 체계에 구속되거나 동물적인 욕망과 충동에 사로잡혀 서로 반목하는 자들은 한 개인으로서 고유하지 못한 자들이고, 고유하지 못한 모든 자들은 존재론적으로 무차별적이라는 뜻이다. 그러나 어떤 점에서는 그들에게 환멸을 느끼는 빌헬름 역시 무차별적이기는 마찬가지였다. 환멸을 느낌은 도덕적으로 심판함에 의해 일어나는 일이며, 도덕적으로 이웃을 심판하는 자는 그 자신도 도덕적 관념의 체계에 구속되어 있는 자이기 때문이다. 그러한 그를 순수한 한 인간으로 만들어 준 것은 그의 주체적 역량이 아니라 그의 주위에 이웃으로서 머물고 있던 아름다운 인간들의 작용과 행위였다. 빌헬름은 아름답고 순수한 마음을 지닌 이웃의 행위가 자기에게 끼치는 감화를 도덕적으로 심판하거나 지적으로 헤아리는 일 없이 어린아이와도 같이 순수하게 수용했으며, 그럼으로써 아름다운 이웃의 행위가 남긴 순수한 감각적 인상을 그리스도의 이름으로 상징화된 우주적 사랑의 인상으로 받아들인다. 그로 하여금 모든 인간들의 이웃이 될 결의를 품게 한 것은 바로 이러한 순수하고도 수동적인 수용의 순간이다. 그럼으로써 —남들을 함부로 심판하거나 사적인 욕망을 극복하지 못하고 서로 증오하던, 이전의 빌헬름에게는 추악하고 무차별적인 인간들로 여겨졌던 자들까지 포함해서— 모든 인간이 그에게는 순수한 사랑에의 가능성을 지닌 이웃이 된 것이다.

『빌헬름 마이스터의 수업시대』는 지식과 도덕의 관념에 물들지 않고 감각의 순수함에 자신을 내맡기는 자만이 자신과 이웃, 더 나아가 자신과 인류의 관계를 올바로 설정할 수 있음을 잘 알려 준다. 일상세계를 지배하는 지식과 도덕적 관념의 체계에 얽매인 자는 감각의 순수함에 자신을 내맡길 수 없다. 그가 경험하는 모든 것이 늘 그의 정신을 지배하는 지식과 도덕적 관념의 체계에 따라 심판되기 때문이다. 그렇다면 도덕의 기준에 비추어 보았을 때는 분명 선한 인간도 실은 선한 인간이 아닐 수 있다. 그가 도덕의 체계에 사로잡혀 있다면 그는 한 인간의 행위가 자신에게 끼쳐 오는 영향을 순수하게 수용하지 못하고 왜곡시킬 것이기 때문이다. 심지어 슐라이어마허는 세 번째 강연에서 선한 자의 믿음이 실은 끔찍스러운 악일 수도 있음을 지적한다:

"선한 사람들이 감히 자신의 행위가 보편적이며 바로 여기서 인간성이 남김없이 보여진다고 생각한다면, 이것이야말로 크나큰 악이다. 이들이 행한 것을 만약 일반 사람들이 행한다면, 일반 사람들 역시 이들이 행한 것에 대한 감각 이상의 어떤 감각도 필요하지 않을 것이다. 따라서 지성인들은 모든 것을 자신의 척도에 따라 재단하며, 종교 현상이 될 수 있는 근원적인 사실이 나타나게 하는 데에는 단 한 번의 예외도 인장하지 않을 정도로 인색하다. 이들의 안목에 보여지고 파악될 수 있는 것, 즉 이들이 기꺼이 인정하려는 모든 것은 학문과 도덕과 예술과 사랑과 정신이 없는, 참으로 철자조차 없는, 조그맣고 무익한 영역이다.”(『종교론』, 123 이하)

자신의 행위가 보편적이라는 선한 자의 생각은 왜 크나큰 악일까? 이러한 생각을 지닌 자가 자신의 행위에 대해 지니는 감각이란 대체 어떤 것일까? 참으로 선한 자가 되기 위해 우리는 왜 그 이상의 감각을 필요로 하는가? 이러한 감각은 대체 어떠한 감각인가? 요한복음 속에 등장하는 '간음한 여인과 예수'의 이야기를 조금 각색해서 이러한 의문들을 구체적으로 풀어보자.

자신이, 간음한 여인을 어떻게 처벌할지 예수에게 묻는 바리사이파 사람들 가운데 하나라고 상정해 보자. 나의 마음은 여인을 율법에 따라 돌로 쳐 죽여야 한다는 생각과 여인이 불쌍하다는 생각 사이에서 찢겨 있다. 여인은 나의 이웃이고, 비록 간음을 했다고는 하나 여인이 부드럽고 따스한 마음을 지니고 있음을 나는 알고 있다. 게다가 그녀의 남편은 인간미라고는 조금도 없는 무정한 인간이다. 그렇기에 나는 인간적으로는 여인을 미워하지 않는다. 그럼에도 나는 여인을 돌로 쳐 죽여야 한다는 것에는 조금도 의문을 품지 않는다. 그것이 율법에 따라 간음한 여인에게 내려져야 할 마땅한 처벌이기 때문이다. 그러나 나는 결코 강퍅하고 냉정한 사람이 아니다. 그렇지 않다면 나는 여인을 불쌍히 여기지 않을 것이다. 주위를 돌아보니 나와 같은 바리사이파 사람들은 무섭고 화난 표정으로 여인을 노려볼 뿐, 인간적인 연민 같은 것은 조금도 비치지 않는다. 그들 사이에서 나는 문득 고독과 불안을 느낀다. 비록 그들과 도덕적 신념을 같이하고 있다고는 하지만 그래도 나는 그들처럼 간음한 여인을 증오하기는 어렵다. 그들은 나와 전혀 다른 기질과 품성을 지닌 것처럼 보인다. 내가 여인을 불쌍히 여긴다는 것을 알면 그들은 아마 나 역시 비난할 것이다. 그런데 죄인을 불쌍히 여긴다는 것은 죄인의 행위에 조금이라도 동조한다는 것을 뜻하지 않을까? 그러니 아마 그들이 옳을 것이다. 나 역시 실은 여인을 미워해야 한다. 그것이 도덕을 존중하는 선한 자가 마땅히 품어야 하는 마음인 것이다.

리스먼의 인간 유형론의 관점에서 보면 여인을 불쌍히 여기는 나는 일종의 '군중 속의 고독'에 사로잡힌 셈이다. 간음한 여인을 돌로 쳐 죽이는 것이 모든 사회에서 통용될 보편타당함을 확보하고 있다고 전제하지 않는 한 나는 보편타당한 도덕적 이성의 소유자가 아니라 바리사이파 사회에서 살아가는 동안 바리사이파 사회의 전통과 규범들을 내면화하도록 길들여지고 유형화된 인간에 불과한 것이다. 여인을 불쌍히 여기는 나의 마음은 여인이 내게 남긴 이런저런 인상들을 도덕적 체계와 무관하게 그저 순수한 한 인간으로서 받아들이고 있었음을 드러낸다. 바로 그러한 이유로 나는 바리사이파 사람들 사이에서 문득 '군중 속의 고독'을 느끼게 된 것이다. 그러나 나는 스스로 여인을 향한 나의 부드러운 마음을 짓눌러 버렸다. 그것은 한편 여인을 향한 나의 부드러운 마음이 주위의 바리사이파 사람들로부터 동감을 얻지 못하게 되리라는 불안 때문이었다. 그러나 다른 한편 나는 간음한 여인을 돌로 쳐 죽이는 것이 선한 인간이 마땅히 해야 하는 일이라는 나의 내적 신념으로 인해 스스로 자신의 부드러운 마음을 짓눌러 버렸다. 나는 도덕적으로 살기를 원하는 선한 인간이고 또 늘 도덕적으로, 내가 알고 있는 도덕의 체계에 상응하는 방식으로, 삶을 영위한다. 그러한 이유로 나는 나의 행위가 그 자체로 늘 보편적으로 타당하다고 믿는다. 그런데 바로 이러한 신념이 나로 하여금 타인의 기쁨과 고통에 공명할 줄 아는 자신의 부드러운 감성을 죽이도록 한 것이다.

공감의 존재론

'간음한 여인과 예수'의 이야기는 특정한 도덕의 체계를 절대화하는 경우 인간들은 서로를 향한 부드러운 마음을 잃어버리게 됨을 알린다. 타인을 향한 부드러운 마음을 잃어버린 인간들은 본질적으로 서로에게 무차별적이다. 그들에게 타자란 자신이 알고 있는 도덕의 체계에 비추어 의인이나 악당으로 분류되기를 기다리는 인간 견본에 불과하다. 또한 도덕의 체계를 절대화하는 자는 필연적으로 자신이 삶과 존재에 대한 절대적이고도 보편타당한 지식을 소유하고 있다고 여기기 마련이다. 오직 그러한 지식을 통해서만 도덕의 체계는 절대화될 수 있기 때문이다. 지식의 근거가 창조주인 인격신에 있는 것으로 상정되든 혹은 어떤 보편타당한 이성에 있는 것으로 상정되든 결과는 마찬가지이다. 신을 믿는 자는 신의 이름으로 자신의 지식과 도덕을 절대화할 것이고, 보편타당한 이성의 존재를 믿고 또한 자신이 그러한 이성의 담지자라고 여기는 자는 이성의 이름으로 자신의 지식과 도덕을 절대화할 것이다.

짐멜이 잘 지적한 것처럼 슐라이어마허는 ─짐멜이 양적 개인주의라는 말로 표현한─ 칸트와 피히테 등의 계몽주의적 인간관에 반대한다. 슐라이어마허는 이러한 인간관이 전제하는 이성의 절대성과 보편성에 대한 믿음이 지식의 체계 및 도덕의 체계의 형이상학적·형식주의적 절대화로 이어지게 된다고 생각하는 것이다. 슐라이어마허에게 지식과 도덕의 절대화는 인간을 일상세계의 한계 안에 가두어 두는 결과로 이어질 뿐이다.

"지성인들은 그의 시민적 삶의 한계 안에서 이 안에 들어 있는 모든 것에 붙들려 있어야 한다. 모든 행위는 바로 이 한계 안의 것에 관계해야 하며, 따라서 칭송받았던 인간의 내적 조화도 다름 아니라 모든 것이 다시금 인간의 행위에 관계한다는 사실에 있다고 생각된다. 지성인들은, 인간이 비록 그 입점과 추축인 이런 관점을 전혀 벗어나지 않는다고 하더라도 인간 자신의 감각을 위한 충분한 재료와 풍부한 그림을 가지고 있다고 생각한다. 결국 아무것에도 관계하지 않는 모든 느낌이란 무익한 지출에 불과하다. 이것을 통해 사람들은 완전히 소진하게 되므로, 심정은 가능한 한 합목적적인 활동을 통해 이러한 지출로부터 방어되어야 한다. 그러므로 시와 예술을 향한 순수한 사랑은 사람들이 오로지 인내해 온 탈선인데, 이것은 다른 것과 같이 전적으로 사악한 것이 아니기 때문이다. … 자신이 명하는 실천적 필연성에 의해 제어되지 않으려는 감정이 있다는 것과, 이러한 과정에서 많은 사람들이 시민적으로 불행하거나 비도덕적으로 된다는 것은 이들에게 진정으로 유감스럽게 생각되는 것이다. 왜냐하면 이러한 계층에 속하는 사람들은 조금도 산업사회를 떠나려고 하지 않으며 이들에게는 시민 생활의 도덕적 부분이 전부이기 때문이다. 나는 이들이 이것을 인간성의 가장 깊은 손상으로 보고 이러한 손상이 가능한 한 빨리 치유되는 것을 보기 원한다."(LC, 160)

어떤 면에서 슐라이어마허가 비판하는 지식인은 리스먼이 『고독한 군중』에서 논의한 군중과 대척점에 서 있다. 리스먼이 말하는 군중은 지식인이 아니라 "소비자가 되도록 훈련된 아동으로서, 부모로서, 근로자이자 놀이의 참여자로서"(LC, 160) 존재하는 자들이다. 뿐만 아니라 슐라이어마허가 『종교론』에서 비판하는 지식인이 자기 시대의 대중을 무비판적인 소비자로 길들이려는 목적을 지니고 있었다고 믿기도 힘들다. 그러나 인용문에서도 알 수 있듯이 슐라이어마허가 비판하는 지식인은 '산업사회'를 떠나려 하지 않는 자이다. 그는 근대화된 산업사회를 지배하는 지식과 도덕의 체계의 옹호자이며, 대중으로 하여금 그 체계를 내면화하도록 몰아세움으로써 산업사회 안에 감금되도록 하는 자이다.

자신의 존재를 단지 하나의 사회 혹은 일상세계 안의 존재로만 이해하는 자는 무엇을 잃어버렸는가? 슐라이어마허에게 그것은 두 가지로 나뉜다. 하나는 자신의 우주 안에 있음이다. 자신이 우주 안에 있는 존재자라는 사실을 망각하고 단지 사회적인 존재자로서만 자신을 고찰함으로써 그는 사회의 이런저런 지식과 도덕의 체계로부터 벗어나 진정한 개성과 고유함을 발현할 기회를 상실한다. 그는 단지 사회가 요구하는 자로 유형화될 뿐이다. 또 다른 하나는 공동 현존재의 우주 안에 있음이다. 자신을 사회적 존재자로서만 이해하는 자는 이웃 또한 사회적 존재자로서 고찰하는 법이다. 그럼으로써 그는 이웃의 우주 안에 있음을 발견하고, 사회가 요구하는 이런저런 인간 유형으로 환원될 수 없는 그의 개성과 고유함에 눈뜰 기회를 상실한다. 즉, 그는 존재론적으로 이웃과 함께 있음의 관계를 맺고, 존재론적 공감의 근본 기조 위에서 이웃과 서로 돕고 사랑하는 가운데 참으로 친숙하고 친근한 세계를 함께 열어 갈 기회를 잃어버린 것이다.

슐라이어마허에게 이러한 상실은 모두 존재자가 남기는 순수한 감각을 수용함으로써 존재자 고유의 인상을 획득할 가능성의 상실에 기인한다. 지식과 도덕의 체계를 사용해서 존재자에 대해 예리하게 판단할 수 있는 자, 즉 사회적 삶의 관점에서 보면 현명한 자일수록 존재자가 남기는 순수한 감각을 수용할 가능성은 더욱 적게 지니는 법이다. 그러므로 종교적 "직관의 범위와 진리는 감각의 예민함과 그 폭에 달려 있으며, 감각이 결여된 가장 지혜로운 사람은 올바른 시선을 가진 가장 바보스런 사람보다 종교에 더 가까이 있지 못한다." 그렇다면 모든 존재자를 무한자인 우주의 서술과 표현으로 받아들일 수 있게 하는 종교적 직관과 감정을 회복하기 위해 우리는 무엇을 어떻게 해야 할까? 존재자가 남기는 순수한 감각을 수용함으로써 지식과 관념의 체계에 의해 왜곡되지 않는 존재자 고유의 인상을 획득하는 것은 우리에게 어떻게 가능해지는가? 우리는 무엇보다도 지식과 도덕의 체계를 절대화하는 것이 나와 공동 현존재의 예속 외에 다른 아무것도 아님을 먼저 깨달아야 한다. 슐라이어마허는 다음과 같이 말한다: "그러므로 모든 것은 노예 상태의 종식과 함께 시작되어야 한다. 아무것도 훈련시키지 못하는 오성 훈련과 어떤 것도 해명하지 못하는 설명, 그리고 어떤 것도 해소하지 못하는 분석을 위하여 저지되어 왔던 인간 감각의 해방과 함께 시작되어야 하는 것이다."(『종교론』, 142 이하)

아마 '간음한 여인과 예수'의 이야기는 지식과 도덕의 절대화가 왜 인간의 예속을 뜻할 수밖에 없는지, 이러한 예속으로부터 해방되는 것이 어떻게 존재자의 고유함에 눈뜨게 하는지 가장 잘 알려 주는 이야기일 것이다. 간음할 여인을 어떻게 해야 할지 바리사이파 사람들이 자신에게 묻자 예수는 아무 말도 하지 않고 몸을 굽혀 땅에 손가락으로 무엇인가 쓰기 시작한다. 그들이 재촉하자 예수는 고개를 들고 '너희 중 죄 없는 자가 먼저 돌을 들어 던져라!'고 말한다. 아마 예수의 대답을 '너희도 죄인인 처지에 감히 누굴 심판하려 드느냐'는 비난의 의미로 이해하는 것이야말로 예수의 정신으로부터 가장 멀리 벗어나는 일일 것이다. 그것은 도리어 '너희가 심판하려는 이 여인을 고난받는 순수한 인간성의 표지로 받아들이라'는 청유였을 것이다. '이 여인과 마찬가지로 너희 모두 도덕의 체계에 갇혀 있음을, 그럼으로써 서로가 서로를 어떤 체계의 이념으로도 한정할 수 없는 고유한 인격적 존재자로서 발견할 역량을 상실해 버렸음을 자각하라!'는 것이 예수가 바리사이파 군중에게 전하는 구원의 메시지였다는 것이다.

예수의 말을 들은 바리사이파 군중은 왜 여인에게 돌을 던지는 대신 뿔뿔이 흩어져 집으로 돌아갔는가? 그것은 분명 고독과 불안 때문이었을 것이다. 예수의 말을 통해 자신을 바리사이파 군중의 하나로 만들어 주던 도덕의 체계에 의문을 품게 됨으로써 그들은 자신이 바리사이파 군중 이상의 존재임을, 군중으로부터 벗어나 홀로 존재하는 자임을 불안 속에서 직감했을 것이다. 이러한 고독과 불안은 결코 부정적인 감정이 아니다. 오직 그러한 감정에 사로잡힌 자만이 예속으로부터 벗어날 결의를 품을 수 있고, 주위의 이웃을 존중받을 의인과 단죄할 죄인으로 구분하고 유형화하는 대신 오직 고유한 인간으로서, 체계의 이념을 훌쩍 넘어서는 어떤 위대하고 신비로운 존재의 서술과 표현으로서 이해할 수 있는 것이다. 도덕

체계의 예속으로부터 벗어나자 그들은 죄인 대신 살과 피를 지닌 한 여성을, 순수한 한 인간을 발견한다. 슐라이어마허의 관점에서 보면 이러한 발견은 결코 바리사이파 군중들이 주체적으로 여인의 존재와 속성을 관찰하고 파헤침으로써 이루어진 것이 아니다. 모든 지각은 지각 대상의 행위로부터 출발하는 것이고, 지각하는 자는 오직 그러한 행위만을 수용할 수 있기 때문이다. 결국 그들은 한 존재자인 여인이 그들 자신에게 전해 온 어떤 감각을 지식과 도덕의 체계로 왜곡되지 않고 순수하게 받아들였으며, 그럼으로써 여인을 순수한 인간의 인상 속에서 바라볼 수 있게 된 것이다.

그러므로 우주에 대한 직관과 감정으로서의 종교가 가능하게 하는 것은 무엇보다도 우선 심판하는 자로서의 나와 심판할 대상으로서의 너 사이의 구분을 없애는 일이다. 나의 타자인 공동 현존재에게서 나는 사회 속에서 유형화된 이런저런 인간들의 견본을 보는 대신 나 자신을 본다. 그들은 순수한 인간이며, 그들을 순수한 인간으로 발견함으로써 나 또한 나 자신에게 순수한 인간으로 발견되는 것이다. 체계의 예속으로부터 해방됨으로써 일어나는 이러한 발견에 대해 슐라이어마허는 다음과 같이 말한다: "걱정스럽던 칸막이는 허물어졌다. 인간 바깥에 존재하는 모든 것은 인간 가운데 있는 타자에 불과하다. 그의 정신이 모든 것의 복제인 것처럼 모든 것은 그의 정신의 반영이다. 그는 자신을 잃거나 자기로부터 빠져나오지 않고도 이러한 반영 가운데서 자신을 추구할 수 있으며, 모든 것이 그에게 주어져 있기 때문에 자기 자신을 직관하는 일에 결코 지치지 않는다."

왜 인간 바깥에 존재하는 모든 것은 인간 가운데 있는 타자에 불과한가? 그것은 자신의 존재를 우주 안에 있음으로서 받아들이는 순간 나 자신을 비롯한 모든 존재자가 무한한 우주의 서술과 표현이 되기 때문이다. 그러므로 체계의 예속으로부터 해방됨은 결코 공동 현존재와의 함께 있음의 회복만을 뜻하지 않는다. 이전에는 물리학적 탐구의 대상으로서 한 낱 물질적 사물에 불과하던 존재자들조차 이제는 체계의 이념을 넘어선 무한한 우주의 서술과 표현으로서, 우주의 특별하고 개별적인 드러남으로서 발견된다. 이러한 발견은 결국 현존재로 하여금 모든 존재자들과 함께 있게 한다. 괴테의 빌헬름 마이스터가 그리스도의 이름으로 상징화한 우주적 사랑의 인상을 그는 이제 도처에서 발견하게 되는 것이다.

이러한 자를 지배하는 함께 있음의 기분과 감정은 존재론적 공감으로 밖에는 표현될 수 없을 것이다. 그것은 타자와의 관계 속에서 이루어지는 이런저런 행위와 사유의 결과로서 생겨나는 감정이 아니라 인간 현존재가 주위의 모든 존재자와의 관계 속에서 느끼는 현존함의 근본 기조이기 때문이다. 이러한 가능성에 눈뜬 현존재는 존재론적 공감을 자기로서 존재함의 근원적 조건으로서 받아들이기 마련이다. 우주에 대한 직관과 감정으로서의 종교에 눈뜬 자에게 모든 개별자는 언제나 이미 무한한 우주의 서술과 표현으로 존재하는 것이기 때문이다.

2. 직접적 자기의식으로서의 종교와 실존

1799년 『종교론』 초판이 출간된 지 22년이 지난 뒤 슐라이어마허의 대표 저서 가운데 하나인 『기독교신앙』(1821/22)이 출간된다. 『기독교신앙』은 원래 기독교 교의학에 관한 책으로, 순수한 철학적 저술이라고 보기는 어렵다. 그러나 『기독교신앙』의 제1부 '경건한 자기의식의 전개'는 인간의 의식과 실존에 관한 심오하고도 독창적인 철학적 성찰로 가득 차 있다. 그 내용은 기본적으로 젊은 날의 슐라이어마허가 『종교론』에서 전개한 종교의 본질에 관한 내용들을 보다 체계적이고 세밀하게 정리한 것이라고 볼 수 있다. 그러나 슐라이어마허가 어떤 철학적 체계를 추구했다고 오인해서는 안 된다. 슐라이어마허 철학의 근본적인 성격은 인간 현존재의 의식과 실존에 대한 현상학적·존재론적 탐구에 있다.[17] 슐라이어마허는 인간 현존재의 의식과 실존에 대한 현상학적 기술을 바탕으로 그 존재론적 의의를 밝히려 했을 뿐 삶과 존재를 지식과 관념의 체계로 환원하는 것은 끝내 거부했던 것이다.

2.1. 직접적 자기의식 및 절대적 의존감정으로서의 종교

『기독교신앙』에서 슐라이어마허는 종교를 두 가지로 규정한다. 첫

---

17 직접적 자기의식으로서의 종교에 대한 슐라이어마허의 입장들을 설명하면서 이 책은 슐라이어마허의 철학이 일종의 현상학적 존재론임을 밝히게 될 것이다. 그러나 이러한 문제에 대한 상세하고 체계적인 구명은 별도의 저술을 통해 다루어질 문제이다. 이 책은 슐라이어마허의 철학을 현상학적 존재론으로 만들어 주는 그 기본적인 특성들을 드러내면서 이를 토대로 공감의 존재론적 본질을 해명하는 것에 집중할 것이다. 슐라이어마허의 철학에 대한 현상학적 존재론으로서의 성격 규정에 대해 보다 자세하게 알고 싶은 독자들은 다음의 논문들을 일독해 보기 바란다: 한상연, 「종교와 실존: 하이데거의 둔스 스코투스 및 슐라이어마허 연구」, 『하이데거 연구』, 제13집, 2006; 「사유와 존재 — 헤르더와 슐라이어마허의 존재론」, 『해석학연구』, 제21집, 2008; 「종교와 몸. 슐라이어마허의 '살/몸' 존재론에 관하여」, 『해석학연구』, 제26집, 2010; 「살/몸과 해석. 슐라이어마허 해석학의 존재론적 근거에 관한 성찰」, 『해석학연구』, 제35집, 2014; 「존재론적 당위성의 토대로서의 초월. 슐라이어마허의 존재론적 윤리학」, 『현대유럽철학연구』 제39집, 2015. 슐라이어마허 철학의 현상학으로서의 혹은 현상학적 존재론으로서의 성격에 관해서는 이미 외국의 몇몇 저명한 연구자들에 의해서도 밝혀진 바 있다. 이러한 연구에 대해서는 국내외를 막론하고 아직 어떤 주목할 만한 비판도 제시된 적이 없다. 슐라이어마허의 철학이 일종의 현상학적 존재론으로서 이해될 수 있다는 것이 이를 통해서도 방증된다. 관련된 외국어 저술들은 다음과 같다: S.-Y. Han, *Schleiermachers Religionsbegriff und die Philosophie des jungen Heideggers,* Bochum 2005; M. Simon, *La philosophie de la religion dans l'œuvre de Schleiermacher,* Paris 1974; R. R. Williams, "Immediacy and Determinacy in Schleiermacher's Phenomenology of Self-conciousness," in: K.-V. Selge (Hrsg.), *Internationales Schleiermacher-Kongreß Berlin 1984,* Berlin / New York 1985; Ders., *Schleiermacher The Theologian. The Construction Of The Doctrine Of God,* Philadelphia 1978; H. Ott, *Martin Heidegger. Unterwegs zu seiner Biographie,* Frankfurt a. M. / New York 1988; O. Pöggeler, *Heidegger in seiner Zeit,* München 1999; Ders., *Heidegger und die hermeneutische Philosophie,* Freiburg / München 1983.

째, 종교는 '직접적 자기의식으로서의 경건한 감정'이다. 둘째, 종교는 '절대적 의존감정'이다.

첫 번째 규정은 종교적 경건함에 대한 슐라이어마허의 설명에서 나타난다. 슐라이어마허에 따르면 종교적 **"경건 자체는 지식이나 행위가 아니라 감정의 경향과 규정성이다."** 이러한 설명은 『종교론』에서 슐라이어마허가 종교를 '우주에 대한 직관과 감정'으로 규정한 것에 상응한다. 인간의 종교적 성향은 사유와 행위를 통해 발현되는 것으로서 이해될 수 없다. 우주는 사유와 행위의 한계를 넘어서 있기 때문이다. 따라서 사유나 행위가 아니라 "감정이 **경건의 자리**"일 수밖에 없다. 또한 종교로서의 "감정"은 일종의 "직접적 자기의식"일 수밖에 없는데, 그것은 인간 현존재의 우주 안에 있음이 사유나 행위를 매개로 삼아 알려지는 것이 아니라 모든 사유와 행위의 근거로서 인간 현존재에게 언제나 이미 직접적으로 알려져 있는 것이기 때문이다. 즉, 존재론적으로 표현하자면 종교로서의 감정이란 현존재의 근본 기조인 것이다.(『기독교 신앙』, 59 이하)**[18]**

두 번째 규정은 종교적 감정을 신에의 의존감정으로 표현한다. 슐라이어마허는 **"모든 경건한 자극이 갖는 공통적인 것, 즉 경건의 본질"**에 관해 논하며, 그것을 **"우리가 우리 자신을 절대의존적으로 느끼는 것, 다시 말해서 우리가 신에게 의존하고 있음을 느끼는 것"**이라고 설명한다.(『기독교 신앙』, 65)

---

18 원문에서의 강조. 종교로서의 감정이 현존재의 근본 기조라는 생각이 공감이 현존재의 근본 기조라는 생각과 모순된다고 여길 필요는 없다. 이전에 설명된 것처럼 자신을 우주 안에 있는 자로서 받아들이는 자만이 존재하는 모든 것을 무한한 우주의 서술과 표현으로서 받아들일 수 있고, 동시에 오직 주위의 존재자들과 존재론적으로 함께 있는 현존재만이 우주 안에 있음의 참된 의미를 헤아릴 수 있다. 종교로서의 감정과 존재론적 공감은 동전의 양면처럼 맞물려 있다는 것이다. 또한 인간 현존재가 언제나 이미 하나의 일상세계 안에 존재한다는 점, 그리고 우주 안에 있음의 자각은 자신의 일상적 자아의 비본래성을 일깨울 수밖에 없다는 점에서 보면 종교로서의 감정과 공감은 존재론적 의미의 불안과 별개의 감정일 수 없다.

이러한 규정들에 관해서는 전통적으로 두 가지 문제가 제기되어 왔다. 첫째, 『종교론』의 종교 개념과 『기독교신앙』의 종교 개념은 다르지 않은가? 둘째, 종교적 감정을 직접적 자기의식으로 정의하는 것과 절대적 의존감정으로 정의하는 것은 서로 모순이 아닌가?

첫 번째 문제제기는 우주 개념과 신 개념으로 인해 제기된 것이다. 위에 언급된 것과 같이 『기독교신앙』에 따르면 종교란 '절대적 의존감정'이며 그 의존의 대상은 신이다. 이와 달리 『종교론』은 종교적 감정을 우주와의 관계를 통해 설명할 뿐 아니라 신 개념을 우주 개념에 비해 부정적으로 언급하기까지 한다. 종교의 본질을 다루는 두 번째 강연의 마지막 부분에서 슐라이어마허는 "신은 종교 속에 있는 전체가 아니며 하나에 불과하다"고 지적한다. "우주가 신보다 더 많은 존재"라는 것이다.(『종교론』, 120) 많은 슐라이어마허 연구자들은 『종교론』이 스피노자류의 범신론적 세계관을 담고 있다는 비판에 시달려 온 점에 착안해 슐라이어마허가 자신의 종교 사상과 범신론을 구분할 목적으로 점차 우주 개념을 멀리하고 신 개념을 선호하게 되었다고 지적한다. 실제로 1821년 『종교론』의 마지막 네 번째 판이 출판될 때까지 슐라이어마허는 새로운 판이 출간될 때마다 우주라는 단어의 사용은 줄이고 신이라는 단어의 사용은 늘린다. 그리고 결코 적지 않은 연구자들이 그러한 시도의 결과로 후기 슐라이어마허의 종교 개념과 『종교론』 초판에서의 종교 개념이 서로 불일치하게 되었다고 주장한다.[19]

그러나 이러한 주장은 단어의 구체적 용례를 불철저하게 분석함으로써 비롯된 그릇된 주장이다. 슐라이어마허가 『종교론』 초판에서 '우주가 신보다 더 많은 존재'라고 할 때의 신은 이슬람이나 기독교와도 같은 실정종

---

19 이 점에 대한 논구에 대해서는 다음 참조: E. Huber, *Die Entwicklung des Religionsbegriffs bei Schleiermacher,* Leipzig 1972, 59 이하; Han, S.-Y., *Schleiermachers Religionsbegriff und die Philosophie des jungen Heideggers,* a.a.O., 144 이하.

교들에서 상정되는 이념적 신을 뜻하는 말이다. 예컨대 슐라이마허는 "종교는 존재하며 명령하는 신을 도구로 해서 어떤 것도 만들어서는 안 된다"(『종교론』, 118)고 지적한다. 인격신과 같은 것은 우주에 대한 직관과 감정으로서의 종교로부터 산출될 수 있는 하나의 개념에 불과할 뿐 아니라 신의 명령의 형식으로 주어지는 도덕규범의 절대화로 이어짐으로써 종교의 자유롭고도 풍부한 발현에 해가 된다는 것이다. 그러나 『종교론』 초판에서 신이 이러한 의미로만 사용되는 것은 아니다. 슐라이어마허는 우주의 "신적인 통일성"에 대해 말하는가 하면 "인간성은 오로지 개별자와 일자 사이의 중간자이며 무한자에 이르는 휴식처"라고 주장하기도 한다.(『종교론』, 82; 99) 『종교론』 초판은 전체 존재로서의 우주를 개별 존재자들의 단순한 총합이 아니라 하나의 무한자이자 일자로서 제시하고 있는 것이다.

『기독교신앙』에서 절대적 의존감정의 대상으로서 상정된 신 역시 바로 이러한 의미의 신이다. 슐라이어마허는 자기의식과 세계, 그리고 신의 관계에 관해 『기독교신앙』에서 다음과 같이 설명한다.

"… 모든 육체적, 정신적 유한 존재의 총체성인 … 세계에 의해 함께 규정되는 인간의 자기의식은 물론 자유의 의식이다. 인간은 모든 부분에 대해 동일한 반작용을 행사할 수 있다는 것을 통해 모든 것에 영향을 미치기 때문이다. 따라서 완전하고 항구적이며 그렇기 때문에 어떤 종류의 상호작용에도 제약되거나 절단되지 않는 의존성이 경건한 자극을 특별하게 그려 내면서 주어져 있는 가운데 동반규정자의 무한성이 필연적으로 함께 정립되어 있다면, 이것은 내적으로 분리되고 유한하게 형태화된 세계의 무한성이 아니라 단순하고 절대적인 무한성이다. 이것이 바로 절대의존적으로 느끼는 것과 신에 대해 의존적으로 느끼는 것이 하나라는 위의 표현이 함축하고 있는 뜻이다."(『기독교 신앙』, 67)

이 인용문은 다음과 같은 뜻이다.

우리는 세계를 자신과 개별 존재자들의 상호작용이 일어나는 자리로 이해한다. 따라서 우리가 우리 자신의 존재를 세계 '안에 있음'으로 이해하는 경우 우리는 우리 자신을 세계에 의존하는 존재로 의식하는 동시에 세계 안에서 우리가 행사할 우리 자신의 자유를 함께 의식하고 있는 셈이다. 그러나 우리는 세계의 무한성과 단일함 또한 의식할 수밖에 없는데, 그렇게 의식된 세계에 대해서는 우리는 어떤 자유의 의식도 지닐 수 없다. 그것은 세계의 무한성과 단일함이 나 자신의 존재 역시 포괄하고 있기 때문이다. 바로 이것이 신에의 절대적 의존감정이라는 말의 의미이다.

아마 이러한 해석에 대해서는 실제로 슐라이어마허의 종교사상이 범신론적인 것이 아닌가라는 의문이 제기될 수 있을 것이다. 신이 어떤 초월자로서가 아니라 세계의 단일성과 통일성의 표현으로서 제기되었으니 말이다. 이러한 의문에 대해서는 나중에 논의가 될 것이다. 우선 『종교론』이 비판하는 신은 특정한 종교적 이념으로서의 신일 뿐 무한한 우주의 절대적인 단일성과 통일성의 이념으로서의 신에 대한 비판은 아니었다는 점을 기억하자. 『종교론』의 이러한 입장을 우리는 『기독교신앙』에서도 발견할 수 있다.

"그러나 순수한 의존성의 특징은 우리가 경건한 자극의 상태에서 의존적으로 느끼는 대상이 결코 외적인 방식으로 우리에게 마주 서 있는 것으로 주어질 수 없다는 사실과 연관되어 있다. 왜냐하면 우리에게 이렇게 주어져 있는 것에 대해서는 우리가 자의적으로 밖으로 나아가는 외화를 통해서만 반작용할 수 있기 때문이다. 감각적으로 작용하는 것은 또한 감각적인 반작용을 수용할 수 있어야 하기 때문에 반작용 자체는 항상 가능하다. 이러한 외화를 산출하기 위해서는 이에 앞서 경건이 전제되어 있어야 한다. 따라서 낮은 등급의 경건에서, 그리고 불완전한 의미의 다신론에서 나타나는 모종의 현상은 자의적인 인정을 통해 신의 현현Theophanie으로 변할 수 있다."(『기독교 신앙』, 68)

우선 '경건한 자극의 상태에서 의존적으로 느끼는 대상이 결코 외적인 방식으로 우리에게 마주 서 있는 것으로 주어질 수 없다'는 것은 '우리는 전체로서의 존재인 우주 혹은 세계 안에 있는 존재자이지 그것에 맞서는 존재가 아니라는 것'을 전제하는 주장이다. 우리가 자신의 존재를 세계 안에 있음으로서 받아들일 때 이 '안에 있음'은 우리 자신의 존재 근거로서의 안에 있음이다. 그렇기에 우리는 자신과 세계를 절대적인 단일성과 통일성의 관점에서 이해할 수 있을 뿐이다. 슐라이어마허가 절대적 의존감정을 신에의 의존감정이라 부를 때 그는 신을 바로 이러한 절대적 단일성과 통일성을 표현하는 말로 사용하고 있다. 반면 우리가 우리 자신에 대해 외적으로 존재하는 것으로서 정립할 수 있는 신은 '낮은 등급의 경건'에서나 형성될 수 있는 불완전한 종교적 이념으로서의 신일 뿐이다. 『종교론』이 출판된 1799년과 『기독교신앙』이 출판된 1821-22년 사이에 신과 우주에 대한 슐라이어마허의 입장에 어떤 근본적인 변화도 없었다는 것이 이로써 확인된다.

두 번째 문제제기, 즉 '종교적 감정을 직접적 자기의식으로 정의하는 것과 절대적 의존감정으로 정의하는 것은 서로 모순이 아닌가?'라는 물음은 『기독교신앙』이 출판된 직후부터 현대에 이르기까지 지속적으로 제기되어 온 문제로, 그 세부적인 논의들은 꽤 복잡다단하다.[20] 그러나 이러한

---

20 Han, S.-Y., *Schleiermachers Religionsbegriff und die Philosophie des jungen Heideggers*,

문제제기는 모두 의존감정이란 직접적 자기의식일 수 없다는 생각에서 출발한다. 의존감정이란 자신이 의존하고 있는 어떤 존재자에 대한 의식을 통해 매개될 수밖에 없다는 뜻이다. 예컨대 부모에 대한 의존감정은 부모의 존재에 대한 의식을 통하지 않으면 생기지 않을 것이다. 이웃에 대한 의존감정 역시 이웃의 존재에 대한 의식을 전제로 하고, 국가에 대한 의존감정 역시 국가의 존재에 대한 의식을 전제로 한다. 이렇듯 의존감정이란 대개 자신이 의존하고 있는 어떤 존재자와 자신의 관계에 대한 반성적 성찰을 매개로 생기는 감정이기 때문에 직접적 자기의식이기 어렵다.

유감스럽게도 이러한 비판에 대해 슐라이어마허는 어떤 상세한 해명도 내놓은 적이 없다. 다만 자신의 친구 뤼케에게 보내는 한 편지에서 다음과 같이 주장할 뿐이다: "내가 경건한 감정이라는 말로 이해하는 것은 [개별 존재자들에 대한] 표상으로부터 연원하는 것이 전혀 아니다. 도리어 그 근원적 언명은 어떤 직접적 실존관계에 관한 것이다."[21]

---

a.a.O., 101 이하 및 401 이하 참조. 슐라이어마허의 직접적 자기의식 개념에 대한 비판 중 가장 중요한 것은 슐라이어마허의 종교철학을 비판적으로 계승한 R. 오토의 비판이다. 오토의 비판은 다음에 수록되어 있다: R. Otto, *Das Heilige*, München 1971, 23 이하.

21 F. Schleiermacher, *Über die Glaubenslehre. Zwei Sendschreiben an Lücke, in: ders.,* *Theologisch-dogmatische Abhandlungen und Gelegenheitsschriften* (KGA 1. Abt. 10), Berlin / New York 1990, 317. 경건한 의존감정이 인간 현존재의 '직접적 실존관계'의 표현이라는 슐라이어마허의 설명은 슐라이어마허의 종교 개념을 비기독교적인 어떤 신비주의적 관점의 표현으로 오인해 온 여러 신학적 비판들에 대한 강력한 반박으로 읽힐 수도 있다. 존재론적으로 슐라이어마허의 신 개념은 인간 현존재의 근원적 존재방식인 '안에-있음'을 상호작용하는 개별자들의 세계-안에-있음을 넘어 전체 존재의 절대적 통일성의 관점에서 고찰해야 함을 표현한다. 그것은 어떤 신비주의적인 선입견에 의해 미리부터 전제된 개념이나 지식이 아니라 인간 현존재의 존재 그 자체에서 발견되는 실존적 관계에 대한 현상학적 기술인 것이다. 슐라이어마허의 신 개념을 신비주의적 관점에서 해석하는 대표적인 주장들에 관해서는 다음 참조: Brunner, E., *Die Mystik und das Wort. Der Gegensatz zwischen moderner Religionsauffassung und christlichem Glauben dargestellt an der Theologie Schleiermachers,* Tübingen 1924, 33 이하 및 42 이하; W. Schultz, *Schleiermacher und der Protestantismus,* Hamburg / Bergstedt 1957, 39 이하. 흥미로운 것은 E. 브루너가 『종교론』 제2판부터 슐라이어마허의 종교 철학이 점점 "주관주의적"이 되어 갔다고 보는 반면 W. 슐

비록 구체적인 해명은 아니지만 이러한 진술은 슐라이어마허의 철학이 일종의 현상학적 존재론임을 알리는 중요한 단초이다. 경건한 감정 혹은 직접적 자기의식으로서의 종교가 지칭하는 직접적 실존관계란 과연 무엇을 뜻할까? 이러한 물음에 대한 분명한 해명은 슐라이어마허가 『기독교신앙』의 두 번째 판에서 "우리의 자기의식"을 "우리의 세계 안에 있음의 의식으로서" 규정한 곳에서 발견된다.[22] 여기서 세계란 생활세계나 지구가 아니라 우주를 뜻하는 말이다. 자신의 종교론이 스피노자주의적 범신론이라는 비판으로부터 벗어나기 위해 슐라이어마허는 『기독교신앙』의 초판과 재판에서 우주 대신 세계라는 말을 사용하게 된 것이다.

『종교론』에서 슐라이어마허가 개별자와 우주의 관계에 관해 설명한 것이 여기서도 통용된다. 분명 전체 존재로서의 세계를 그 자체로 직관하거나 의식의 대상으로 삼는 일은 일어나지 않는다. 개별자를 직관함 없이 세계를 의식하거나 개별자를 의식함 없이 세계를 의식하는 것은 불가능하다는 뜻이다. 그러나 세계가 개별자를 매개로 직관되거나 의식되는 것이라고 여겨서도 안 된다. 개별자는 늘 세계 안의 존재자로서 직관되고 또 의식되는 것이기 때문이다. 그러므로 전체 존재로서의 세계에 관한 의존감정이나 무한한 세계의 절대적 단일성과 통일성의 이념인 신에의 의존감정이 개별자의 존재를 통해 매개된 일종의 반성적 의식이라고 여겨

츠는 거꾸로 『종교론』 제2판부터 종교를 "객관성"과 "지식"의 관점에서 고찰하는 경향이 점점 더 강하게 나타나기 시작했다고 본다는 점이다. 두 가지 해석 모두 슐라이어마허의 종교 개념이 함축하고 있는 존재론적 실존성의 의미를 미처 파악하지 못했기 때문에 생겨난 잘못된 해석이다. R. 슈탈더 역시 "슐라이어마허의 신학"이 본질적으로 "현상학적" 성격을 띠고 있음을 지적하면서, 슐라이어마허의 종교 개념이 "실존"의 표현이라고 밝힌다.(R. Stalder, *Grundlinien der Theologie Schleiermachers I. Zur Fundamentaltheologie*, Wiesbaden 1969, 25 이하, 59 이하 및 74 이하 참조.) 슈탈더는 동시에 슐라이마허가 스피노자의 추종자가 아니었음을 밝히면서 슐라이어마허의 철학을 아우구스티누스의 신학과 연결시키기를 시도한다.(같은 책, 3 이하, 330 이하 및 395 이하 참조.)

22 F. Schleiermacher, *Der christliche Glaube.* Zweite Auflage. Nach den Grundsätzen der evangelischen Kirche im Zusammenhange dargestellt, Berlin 1960, 126.

서는 안 된다. 그것은 세계 및 신 안에 있음을 자신의 근원적인 존재방식
으로서 지니는 인간 현존재의 직접적 실존관계를 표현하는 말이기 때문
이다.

2.2. 자기의식의 구조와 함께 있음

자기의식이란 무엇인가? 자기의식을 가능하게 하는 것은 무엇인
가? 앞에서 우리는 『종교론』이 슐라이어마허 특유의 지각이론에서 출발한
다는 것을 살펴보았다. 슐라이어마허에 의하면 지각이란 우리 자신의 주
체적 역량에 의해 능동적으로 일어나는 일이 아니다. 능동적인 것은 오히
려 지각 대상이다. 사물이 우리에게 작용해 오지 않으면 우리는 사물의 존
재조차 알 수 없을 것이다. 자기의식에 대해서도 슐라이어마허는 똑같은
입장을 견지한다. 슐라이어마허의 관점에서 보면 자기의식이란 어떤 실
체적인 정신의 능동적 행위에 의해 가능해지는 것이 아니라 실은 우리에
대한 존재자의 작용과 행위에 의해 비로소 가능해지는 것이다. 그것은 의
식이란 의식하는 행위로서 존재하는 것이며, 의식하는 행위는 늘 어떤 감
각으로부터 비롯되는 것이라는 사실로부터 비롯되는 결론이다.

슐라이어마허는 『기독교신앙』에서 자기의식에 대해 다음과 같이 설명
한다.

"사람들이 오로지 자신의 순수한 자아 자체만을 의식하게 되는, 시간을
충족시키면서 등장하는 순수한 자기의식이 있는가 하면, 하나이든 여럿
이든, 규정적으로 총괄되어 있든 무규정적이든 항상 어떤 것과 관계하
는 의식이 있다. 왜냐하면 특별한 계기에는 우리가 항상 동일한 계기로
서의 우리 자신에 대한 자기의식을 가지며 특별한 계기에는 다시금 한
순간에 다른 순간으로 변화하는 계기로서의 우리 자신에 대한 다른 자

기의식을 갖는 것이 아니라, 각각의 의식은 인간이 변화하는 자신에 대해 갖는 직접적 의식이므로 이 둘은 각각의 규정적 자기의식을 구성하는 요소에 지나지 않기 때문이다."(『기독교 신앙』, 65 이하)

자기의식의 문제를 전통 철학적으로 고찰하는 것에 익숙한 독자에게는 위의 인용문이 꽤 혼란스럽게 여겨지기 쉽다. '시간을 충족시키면서 등장하는 순수한 자기의식'이란 이성이나 영혼처럼 초시간적인 자아의 이념을 통해서만 가능한 것이 아닐까? 그러한 의식은 시간의 흐름 속에서 늘 변화해 가는 경험적 의식과는 구분되어야 하지 않을까? 초시간적인 순수한 자기의식이 변화하는 자신에 대한 의식과 함께 규정적 자기의식을 구성하는 요소에 지나지 않는다는 것은 대체 무슨 말인가? 게다가 인간이 변화하는 자신에 대해 갖는 직접적 의식이란 무엇을 뜻하는 말인가? 변화하는 자신에 대한 의식은 늘 변화의 감각을 매개로 일어나는 어떤 반성적 의식일 수밖에 없는 것이 아닐까?

이러한 의문들은 대체로 인식의 가능근거로서 상정된 동일성의 이념을 존재자의 현실적 동일성과 혼동함으로써 생겨나는 의문들이다.

자신이 어린 시절을 보낸 마을의 산기슭에 상수리나무가 한 그루 서 있다고 상상해 보자. 상수리나무가 있는 곳은 특히 경치가 좋아 나는 어린 시절 틈날 때마다 그곳으로 갔다. 성인이 될 때까지 늘 똑같은 상수리나무를 반복해서 보았다. 상수리나무는 내가 어렸을 때 이미 다 자란 나무였다. 그 때문에 나는 상수리나무가 이전과 달라졌다고는 한 번도 느껴 보지 못했다. 나에게 상수리나무는 늘 변함없이 그대로였던 것이다. 그러나 성인이 되어 마을을 떠난 지 20년쯤 지나고 나서 다시 상수리나무를 찾아보니 나무는 이전과 사뭇 달라져 있었다. 벼락이라도 맞았는지 부러지고 불에 그슬린 처참한 모습이었다. 나는 슬픔에 잠긴 채 죽은 나무를 어루만지며 주위를 둘러보았다. 분명 어린 시절 즐겨 찾던 바로 그 산이었지만 산의 모습마저도 너무나도 달라져 있었다. 나무들이 빼곡히 서 있던 자리에는 잔디가 곱게 자란 골프장이 있었고, 산 아래 한가로운 마을이 있던 곳은 대형 리조트가 들어서 있었다.

벼락 맞은 나무를 보며 슬픔에 잠긴 나의 마음에 가장 크게 와 닿는 것은 바로 변화이다. 나무도 변했고, 산도 변했으며, 마을마저 사라져 버렸다. 나는 어린 시절의 추억이 뿌리째 뽑힌 듯한 상실감에 시달린다. 이러한 상실감은 내가 동일성의 의식에 사로잡혀 있었음을 알려 준다. 내게 나무와 산과 마을은 늘 한결같은 것이었고, 또 한결같아야 하는 것이었다. 그러나 20년이라는 긴 시간이 흐른 뒤 나는 내게 소중한 모든 것들이 이전과는 너무나도 많이 달라져 버렸다는 것을 깨달아야만 했다. 이러한 깨달음이 내게 슬픔의 원인이 된 까닭은 나무와 산과 마을이 내 마음속에서는 늘 똑같은 것이었기 때문이다.

그러나 엄밀히 말해 경험적 사물로서 변하지 않는 것은 아무것도 없다. 내 어린 시절에도 나무와 산과 마을은 끊임없이 변해 가고 있었으며, 다만 그 변화가 너무 더뎌 내게 별다른 차이가 느껴지지 않았을 뿐이다. 만약 내가 아주 작은 변화라도 민감하게 포착해 낼 뿐만 아니라 오직 변화만을 인지할 뿐 시간의 흐름 속에서 늘 동일하게 남는 어떤 존재자의 존재를 상정하지 않는다면 나는 사물에 대한 어떤 동일성의 의식이나 심지어 사물의 의식 자체를 지니지 못할 것이다. 즉, 내게 나무와 산과 마을의 추억이 남아 있다는 사실 자체가 나 자신의 나무와 산과 마을을 동일한 어떤 존재자로서 상정해 왔음을 드러낸다. 그러나 그것이 나무와 산과 마을이 늘 변해 가는 것이었다는 사실을 바꾸지는 못한다. 내가 의식하는 그들의 동일성은 나로 하여금 그들을 인식하고 또 기억하게 할 그 가능근거로서 상정된 것이지 그들 자체의 현실적 동일성을 뜻하지는 않는 것이다.

이제 슐라이어마허가 말하는 두 종류의 의식에 관해 논해 보자. 하나는 우리가 '오로지 자신의 순수한 자아 자체만을 의식하게 되는, 시간을 충족시키면서 등장하는 순수한 자기의식'이다. 또 다른 하나는 '하나이든 여럿이든, 규정적으로 총괄되어 있든 무규정적이든 간에 항상 어떤 것과 관계하는 의식'이다. 그리고 이 둘은 별개의 의식이 아니라 '각각 인간이 변화하는 자신에 대해 갖는 직접적 의식'이며, 그렇기에 실은 '규정적 자기의식의 구성적 요소'로서 파악되어야 한다.[23]

자기의식의 두 구성요소에 대한 슐라이어마허의 설명이 무엇을 뜻하는지 이해하려면 무엇보다도 우선 자기의식을 어떤 독립적인 존재자인 자기에 대한 의식과 같은 것으로 상정해서는 안 된다는 점을 분명히 해야 한다. 바로 그렇기에 슐라이어마허는 '순수한 자기의식'과 '항상 어떤 것과 관계하는 의식'이 모두 '변화하는 자신에 대해 갖는 직접적 의식'이라고 주장하는 것이다. 그렇다면 두 번째의 의식을 가능하게 하는 것은 무엇일까? 무엇이 우리로 하여금 자신이 아닌 그 어떤 것과 관계하는 의식을 지니게 하는가? 우리가 『종교론』에서 확인한 슐라이어마허 특유의 지각이론이 여기에서도 중요한 역할을 수행한다. 자신이 아닌 그 어떤 것과 관계하는 우리의 의식은 우리 자신의 능동적 행위에 의해서 형성되는 의식이 아니다. 실은 자신이 아닌 한 존재자의 작용과 행위가 최우선적이며, 그 작용과 행위를 수용함으로써 우리는 비로소 그 존재자와 관계하는 의식을 지니게 된다.

---

23 자기의식에 대한 슐라이어마허의 관점은 명백히 현상학적 성격을 띠고 있는 것으로 보인다. 슐라이어마허의 자기의식의 현상학의 유래는 크게 세 가지 기원을 지니는 것으로 판단된다. 1. 슐라이어마허의 할레 시절 스승이었던 J. A. 에버하르트의 경험론적 칸트 비판에 대한 학습, 2. 칸트의 선험초월론에 대한 슐라이어마허의 비판적 수용, 3. 라이프니츠와 야코비의 개인 개념에 함축되어 있는 형이상학적 실체론의 한계에 대한 비판적 성찰. 이 점에 관한 상세한 논의는 다음 참조: E. Herms, *Herkunft, Entfaltung und erste Gestalt des Systems der Wissenschaften bei Schleiermacher*, Gütersloh 1974, 44 이하 및 141 이하; Han, S.-Y., *Schleiermachers Religionsbegriff und die Philosophie des jungen Heideggers*, a.a.O., 177 이하.

"그러나 우리는 두 번째 구성요소를 우리 자신에 의해 산출되고 본이 떠진 것으로 의식하지 않는다. 오히려 규정적 자기의식과 직접적으로 결합되어 있는 것이 존재한다. 이것은 우리의 상존常存, Sosein을 함께 작용하는 원인과 같은 것으로, 다시 말해서 그것이 없이는 우리의 자기의식이 지금 이렇게 존재할 수so sein 없을지 모르는 의식109 —이것이 우리 자신과 구별되는 것이든 상관없이— 으로 회부하는 의식이다. 그런데도 자기의식은 이런 이유로 대상의식으로 변모하지 않으며 자기의식으로 머문다. 자기의식의 첫 번째 구성요소는 개별자의 대자對自존재를 표현하지만, 두 번째 구성요소는 개별자가 타자와 공존하는 것을 표현한다."(『기독교 신앙』, 66)

자기의식의 두 번째 구성요소, 즉 자신이 아닌 그 어떤 것과 관계하는 우리의 의식은 우리의 규정적 자기의식과 직접적으로 결합되어 있는 그 어떤 존재에 의해 생기는 것이다. 인용문의 '상존'의 원어인 'Sosein'은 '그렇게 있음'을 뜻하는 말로, 우리의 존재가 항상 어떤 특정한 상태 속에 있음을 표현한다. 달리 말해 우리의 이런저런 상태는 자신이 아닌 한 존재자로서 우리의 자기의식과 직접적으로 결합되어 있는 어떤 존재의 작용을 한 원인으로 삼아 결정된다. 그럼에도 그것이 대상의식이 아니라 자기의식인 까닭은 그 의식이 그러한 존재의 작용에 의해 일어나는 '자신의 변화'에 대한 의식이기 때문이다.[24] 물론 자신의 변화에 대한 의식은 자신이 아닌 어떤 타자와 함께 공존함을 드러내는 의식이다. 변화 자체가 자신이 아닌 타자에 의해 일어난 것이기 때문이다. 이에 반해 자기의식의 첫 번째

---

24 대상의식과 자기의식에 대한 슐라이어마허의 관점에 대해서는 다음 참조: G. Meckenstock, *Deterministische Ethik und kritische Theologie. Die Auseinandersetzung des frühen Schleiermacher mit Kant und Spinoya 1789-1794*, Berlin 1988, 156 이하 및 165 이하. G. 메켄슈톡 역시 슐라이어마허의 자기의식 개념을 현상학적 분석의 결과로서 이해한다.

구성요소, 즉 순수한 자기의식은 내가 대자적으로 존재함을 표현한다. 즉, 여기서의 순수는 타자와 무관하게 순수한 자기로서 머묾을 뜻하는 말이 아니다. 그것은 경험과 의식의 한 축으로서 타자와 언제나 이미 관계를 맺고 있는 그러한 자기에 대한 의식이 자기의식의 구성적 요소임을 뜻할 뿐이다.

이제 자기의식에 대한 슐라이어마허의 입장을 구체적 예시를 통해 살펴보자. 죽은 나무를 어루만지며 나는 어린 시절을 회상한다. 파란 하늘을 향해 우뚝 솟은 상수리나무를 보며 감동을 받는 회상 속의 어린아이는 누구인가? 회상하는 나에게 그 어린아이는 바로 나 자신이다. 그렇다면 회상 속의 어린아이와 성인이 된 지금의 나는 정말 똑같은 존재인가? 물론 그렇지는 않다. 나무와 마찬가지로 나 역시 끊임없이 변해 왔으며, 회상 속의 어린아이와 달리 지금의 내가 성인이라는 것이 그 증거이다. 나무와 산과 마을의 동일성에 대한 이전의 설명이 바로 나 자신의 동일성에 대해서도 통한다. 만약 나의 의식이 자신에게서 일어나는 변화만을 느낄 뿐 그 변화를 자기의 것으로서 지니는 한 존재자의 존재를 상정하지 않는다면, 그리고 그렇게 상정된 존재자를 시간의 흐름 속에서 언제나 동일하게 남는 자기 자신으로서 의식하지 않는다면, 자기의식은 결코 생기지 않을 것이다. 즉, 자기의식의 전제인 순수한 자아의 동일성은 자기를 의식함의 가능근거일 뿐 자아의 현실적인 동일성을 뜻하지 않는다. 우리가 늘 똑같은 나무를 본다고 생각해도 나무 자체는 늘 시간의 흐름 속에서 변해 가는 것이듯이 우리가 우리 자신을 언제나 똑같은 자아로 여겨도 우리의 현실적 자아는 늘 무상한 존재자로서 존재할 뿐인 것이다.

이제 어른인 내 머릿속에 떠오르는 어린 아이의 기억이 바로 그 증거이다. 나는 그 어린 아이를 지금의 나와 똑같은, 시간이 흘러도 변하지 않을 그러한 존재자로서 기억한다. 하지만, 실상 그 아이는 상수리나무를 보며 아름다움을 느끼는 아이로서, 산과 마을을 보며 안온함을 느끼는 아이로서, 파란 하늘과 구름을 바라보며 청명한 기운에 사로잡힌 아이로서 기억될 뿐이다. 즉 그는 그 자신이 아닌 그 어떤 것과의 관계 속에서만 기억될 수 있으며, 그 관계 속에서 그는 무엇보다도 우선 수동적인 존재자로, 자신이 아닌 그 어떤 존재자에 의해 일어나는 이런저런 감각을 느끼고, 그로 인해 일어나는 자신의 변화를 의식하는 존재자로 기억되는 것이다. 자신이 아닌 그 어떤 존재자에 의해 자신이 변해 감을 의식하는 존재자인 한 그는 타자와 공존하는 자로서, 감각과 감정을 나누며 함께 있는 자로서 기억되는 셈이다. 만약 그가 늘 동일한 자기를 의식하며 그러한 자기를 자신과 관계 맺는 모든 존재자들의 대척점에 서 있는 자로 기억하는 경우 그는 대자적인 존재자로서의 자신을 경험하고 있는 것이다. 그러나 대자적인 존재자로서의 자신 역시 실은 늘 자신이 아닌 어떤 존재자와의 관계 속에서 머물고 있다. 결국 자기의식의 두 구성적 요소인 '순수한 자기의식'과 '항상 어떤 것과 관계하는 의식'은 모두 함께 있음의 의식이다. 자기의식이란 인간 현존재의 근원적 존재로서의 함께 있음을 드러내는 것일 뿐 거기에는 함께 있음에 대립적인 '고립된 개체로서 홀로 있음' 같은 것은 전혀 함축되어 있지 않은 것이다.

2.3. 절대의존 감정과 공감

혹시 하이데거와 후설의 철학적 관계에 대해 면밀히 공부해 본 독자라면 하이데거가 후설의 지향성 개념에 대해 비판한 이유가 무엇인지 알고 있을 것이다. 하이데거에 따르면 후설은 감각적 지각을 "현재화 Gegenwärtigen"의 관점에서 파악함으로써 지각으로부터 시간의 계기를 사상해 버렸다. 이것은 곧 후설이 의식의 근본 구조로서의 지향성을 눈앞의 대상과 의식의 관계의 관점에서 고찰했음을 드러낸다.(SZ, 363)

하이데거의 후설 비판이 타당한지에 관해서는 지금까지 많은 논의들이 있어 왔다. 이러한 논의들에 관한 상세한 분석은 이 글의 목적과 맞지 않는다. 이러한 문제는 차치하고서, 우선 두 가지 점을 확인해 두자. 첫째, 의식의 지향적 구조란 의식이 언제나 그 어떤 것과의 관계 속에서 존재함을 표현하는 말이다. 둘째, 하이데거의 존재론적 관점에서 보면 의식의 지향적 구조를 의식과 눈앞의 존재자와의 관계의 관점에서 고찰하는 것은 지각 경험으로부터 시간의 계기를 사상해 버리는 결과로 이어지게 된다. 자기의식에 대한 슐라이어마허의 설명들은 그가 의식을 그 지향적 구조의 관점에서 고찰하고 있을 뿐만 아니라 감각에 의한 변화의 관점을 도입함으로써 의식의 지향적 구조가 시간의 계기를 함축하고 있음을 잘 드러낸다. 앞에서 살펴본 것처럼 슐라이어마허에 의하면 자기의식의 두 번째 구성요소, 즉 자신이 아닌 그 어떤 것과 관계하는 우리의 의식은 변화하는 자기에 대한 의식일 뿐만 아니라 자기의식의 구성적 요소이기도 하다.

슐라이어마허의 철학이 의식의 지향적 구조에 시간의 계기를 접목할 수 있었던 것은 그가 의식을 우리 자신에 대한 존재자의 행위와 작용의 관점에서 고찰했기 때문이다. 참으로 흥미로운 것은 직접적 자기의식에 대한 슐라이어마허의 성찰에서 인간 현존재의 근원적 존재로서의 '안에 있음'과 존재론적 공감의 관계에 대한 분석이 발견된다는 것이다. 이러한 분석은 특히 슐라이어마허가 자기의식의 구조를 감각적 감정과 경건의 관계에 대한 분석을 통해 설명하는 곳에서 잘 나타난다.

"모든 감각적 감정에는 상호작용 관계의 가능성이 본질적인 것처럼, 경건한 감정frommes Gefühl에는 [우리가 경건에서 배제한] 의존관계의 불가능성이 본질적이다. 다른 한편으로 모든 감각적 감정에서 본질적인 것은 자기의식적인 것이 유한자로서 다른 유한자에 맞서며 다른 유한자에 부분적으로 대립한다는 사실이다. … 그러나 경건에서는 모든 유한적인 것에 대한 모든 대립이 필연적으로 지양된다. 왜냐하면 경건은 개인이 자신을 전체 세계의 한 부분으로 고찰할 때, 그리고 자신의 자기의식 가운데 모든 유한자의 통일성을 받아들인 이후 신에게 의존적임을 느낄 때 비로소 올바로 등장하기 때문이다. … 그러나 경건함 감정 속에 있는 함께 규정하는 존재, 즉 최고 존재가 외적인 방식으로 항상 주어져 있지 않으며 주어질 수도 없고 오로지 내적으로만 존재한다면, 그것이 어떻게 한순간에는 주어질 수 있고 다른 순간에는 그럴 수 없는지 파악될 수 없다. 왜냐하면 한순간에는 일어나다가 다른 순간에는 일어나지 않는 특정한 개별 작용을 통해서는 최고 존재가 우리에게 현존할 수 없기 때문이다. 그 이유는 내적이고 시간적인 모든 작용도 시간적인 원인으로 환원되어야 하기 때문이다. 오히려 최고 존재는 선천적인 것으로 간주되어야 하며 항상 함께 숨 쉬는 것으로 간주되어야 한다. 여기서 실제로 경건한 자극이 존재하며 이것이 기술한 바와 같다면 전체 의식은 중단 없는 일련의 경건한 자극이어야 한다는 사실을 추론할 수 있을 것이다."(『기독교 신앙』, 70 이하)

이 인용문을 이해하려면 우선 두 가지가 분명해져야 한다. 첫째, 슐라이어마허에게 신 혹은 최고 존재란 ―앞에서 이미 몇 차례 언급했듯이― 무한한 세계 혹은 우주의 근원적 단일성과 통일성을 뜻한다. 둘째, 경건한 감정이란 이러한 신에의 절대적 의존감정이다. 이제 인용문의 논지는 다음과 같이 명료하게 정리될 수 있다.

감각적 감정은 나에 대한 개별자의 작용과 행위에 의해 일어나는 것이기에 상호작용의 가능성에 대한 의식을 수반한다. 이때 생겨날 수 있는 의존감정은 내가 능동적으로 반작용할 가능성을 배제하지 못하므로 절대적 의존감정이 아니라 상대적 의존감정이다. 그러나 경건한 감정은 전체 존재의 절대적 단일성과 통일성에의 의존감정이기에 상대적 의존

감정과 달리 자아가 수행할 어떤 능동적 반작용의 가능성도 전제하지 않는다. 의존감정의 대상이 내게 외적으로 대립해 있는 유한한 개별자가 아니라 나의 존재까지 포괄하는 무한자이기에 나는 나의 존재를 오직 무한자의 안에 있음으로서 의식할 수밖에 없는 것이다. 그런데 이러한 절대적 의존감정에서는 나와 단순히 외적으로 대립하고 있는 개별자의 존재는 불가능하다. 나뿐 아니라 모든 존재자들이 무한자의 안에 있고, 무한자의 서술과 표현으로서 존재하기 때문이다. 게다가 전체 존재의 절대적 단일성과 통일성을 의식함 없이, 즉 존재자의 무한자 안에 있음을 의식함 없이 개별자에 대한 감정이나 의식을 지닐 수는 없다. 따라서 경건한 감정이 고양된 자에게는 개별자의 작용과 행위에 의해 일어나는 모든 자극이 경건한 자극일 수밖에 없다. 그러한 자극에 의해 매 순간 나의 무한자 안에 있음이 자각되기 때문이다. 즉, 나의 의식은 경건한 자극의 부단한 흐름과도 같다.

나의 의식이 경건한 자극의 부단한 흐름과도 같다는 것은 무엇을 뜻할까? 이 세상의 모든 인간들이 경건한 삶을 꾸려가는 것은 아니다. 그들 또한 경건한 감정의 고양을 경험할 수 있다면, 그것은 어떻게 가능해지는가? 이러한 문제 역시 생생한 예시와 함께 살펴보는 것이 최선일 것이다. '간음한 여인과 예수'의 이야기로 다시 돌아가 보자.

간음한 여인에게 바리사이파 군중은 왜 분노했는가? 그 이유는 세 가지로 나뉜다. 첫째, 여인의 행위가 자신들의 삶에 부정적인 영향을 끼쳤다고 여겼기 때문이다. 둘째, 여인이 마땅히 다르게 행동했어야 하는데 그렇게 했다는 생각 때문이다. 셋째, 여인은 마땅히 벌을 받아야 하며, 그 벌의 시행에 자신들이 영향을 끼치고 싶다고 생각했기 때문이다. 한마디로 바리사이파 군중은 자신들과 여인의 관계를 상호작용하는 관계로서 받아들였다. 그들의 분노는 여인의 행위가 자신에게 해로운 영향을 끼쳤다는 생각과 자신 또한 그 반작용으로 여인에게 영향을 끼칠 수 있으며, 또 할 수 만 있다면 끼쳐야 한다는 생각에 의해 일어난 것이다. 슐라이어마허 식으로 표현하면 분노에 사로잡힌 바리사이파 군중에게는 경건한 자극에 의한 감정의 경건한 고양이 최소한으로 일어난 셈이다. 그들은 서로의 관계를 상호작용의 관점에서 이해했으며, 그들이 품은 의존감정은 자신이 상대의 자극과 영향에 대해 능동적으로 반작용할 수 있으리라는 기대를 수반하는 상대적 의존감정에 지나지 않았다.

'너희 중 죄 없는 자가 먼저 돌을 들어 던져라!'는 예수의 말을 들은 뒤 바리사이파 군중에게는 무슨 변화가 일어났을까? 예수의 말을 듣고 간음한 여인을 더 이상 죄인이 아니라 고난받는 순수한 인간성의 표지로 받아들이기 시작한 자의 마음을 사로잡은 감정은 어떤 것이었을까? 심판자로서 분노할 때 바리사이파 군중은 여인과 외적으로 대립해 있는 자로서 자신의 존재를 이해하고 있었던 셈이다. 그러나 간음한 여인을 고난받는 순수한 인간성의 표지로 받아들이고 나면 누구도 여인과 자신의 관계를 외적 대립의 관점에서 이해할 수 없게 된다. 만약 여인이 무한자의 성스러움에 어긋나는 행위를 함으로써 죄를 범했다면 그것은 자신이 무한자의 안에 머물며 무한자의 서술과 표현으로서 존재함을 이해하지 못하고 다른 존재자들과 외적으로 대립해 있었기 때문일 것이다. 그렇다면 여인의 죄는 동시에 나의 탓이기도 하다. 나 역시 여인과 외적으로 대립하고 있는 자로서 살고 있었으며, 여인을 향한 나의 분노와 그를 심판하고 단죄하려는 나의 의지가 그러한 사실을 증명하고 있는 것이다. 결국 여인의 죄는 여인 자신의 죄일 뿐 아니라 그를 향해 분노하는 모든 심판자의 죄이기도 하다. 타자에 대한 심판은 무한자의 서술과 표현으로서 나와 근원적으로 함께 있는 존재자를 배제하는 것이고, 감정의 경건한 고양으로부터 벗어나 자신과 공동 현존재의 관계를 외적 대립의 관점에서 고찰함인 것이다. 이러한 깨달음은 간음한 여인의 행위마저 감정의 경건한 고양을 가능케 하는 경건한 자극으로서 받아들이게 한다. 나는 본래 분주한 일상적 존재자로서 살며, 자신의 존재를 늘 타자와의 외적 대립의 관점에서 이해해왔다. 그러나 여인의 죄를 나의 탓으로 돌림으로써 나는 순수한 한 인간의 자격으로 여인과 하나가 되었을 뿐만 아니라 경건하게 고양된 감정 속에서 무한자와 하나가 된다. 여인의 행위가 내게 행사한 영향력은 나로 하여금 무한자와의 통일성을 회복하게 하거나 계속 분열 속에 머물거나 선택하게 할 하나의 계기 외에 다른 아무것도 아니었던 것이다.

슐라이어마허가 말한 것처럼 경건하게 고양된 감정 속에서 우리의 '전체 의식은 경건한 자극의 연속'이 된다. 개별자로부터 전달되는 모든 자극을 우리는 무한한 전체 존재의 절대적 단일성과 통일성의 표현으로서 받아들이게 되는 것이다. 이러한 전체 의식에 대해 슐라이어마허는 다음과 같이 말한다.

"이 전체 의식은 아주 자주 요구로서 언설되고 경험으로 언급되지만 어디에서도 증명되지 않는다. 이에 반해 모든 경험에서 [최고 존재가] 입증될 수 있다. 왜냐하면 우리의 전체 삶은 다른 유한자와의 중단 없는 공존이기 때문이다. 자명한 것은 우리가 감각적 감정 없이는 한순간도 존재할 수 없다는 사실이다. 말하자면 감각적 감정은 우리의 자기의식의 지속적인 내용이다. 자기의식은 인식과 행위의 결정적인 순간에 아주 물러나 있지만 그런데도 한 번도 영(零)이 될 수는 없다. 자기의식이 완전히 물러나 있다면 우리 현존의 연관은 우리 자신에게 되돌릴 수 없는 것으로 파괴될 것이기 때문이다. 그러므로 이중의 근거에서 경건한 자기의식은 감각적 자기의식과의 틈새를 메울 수 없다. 경건한 자기의식에는 아무런 틈새가 없다는 것이 한 이유이며, 그것 자체가 중단된 것일 수 없다는 것이 다른 이유이다."(『기독교 신앙』, 72)

인용문의 마지막 두 문장은 경건한 자기의식과 감각적 자기의식이 각각 별개의 의식이라는 의미로 오인되어서는 안 된다. 개별자의 직관 없이 전제 존재의 안에 있음이 직관될 수 없듯이 무한자의 안에 있음으로 인해 일어나는 경건한 자기의식 역시 개별자의 작용과 행위에 의해 일어나는 감각적 자기의식 없이 생기지 않을 것이기 때문이다. 즉, 경건한 자기의식과 감각적 자기의식은 하나의 자기의식을 이루는 두 구성적 요소라는 뜻이다. 그러므로 자기의식은 늘 '무한한 전체 존재의 안에서 타자와 함께 있음'의 의식으로서 형성되는 것일 수밖에 없다. 우리의 자기의식 자체가 일상세계로 환원될 수 없는 존재론적 함께 있음의 의식 외에 다른 아무것도 아니라는 뜻이다.

아마 이것으로부터 우리는 자신의 존재를 타자와의 외적인 대립 속에서 파악하는 자의 심정마저도 경건한 자극 및 절대적 의존감정과 아주 무관한 것일 수는 없다는 결론을 끄집어낼 수 있을 것이다. 타자와 극단적으로 대립하는 그 순간에도 나는 나의 존재를 '무한한 전체 존재의 안에서 타자와 함께 있음'으로서 의식할 수밖에 없기 때문이다. 만약 하나의 존재자가 나와 하나의 전체 존재 안에서 함께 있는 존재자로서 의식되지 않는다면 나는 내가 그로부터 영향을 받을 수 있다는 생각도, 내가 그에게 영향을 끼칠 수 있다는 생각도 하지 못할 것이다. 더군다나 그가 심판받아야 한다는 나의 생각은 그와 내가 전체로서의 존재를 지배하는 어떤 절대적이고도 신성한 원칙의 규제를 받아야 한다는 암묵적 믿음의 표현일 것이다. 그러므로 타자와의 외적 대립이란 존재론적 함께 있음의 한 결여적 양태일 뿐 그 자체로 독립적인 별도의 존재방식인 것은 아니다.

슐라이어마허의 사상은 범신론적인가? 만약 전체 존재의 근원적 단일성에 대한 믿음, 무한자로서의 신과 세계의 절대적 통일성에 대한 믿음이 범신론의 표지라면 슐라이어마허의 사상은 분명 범신론적이다. 형이상학적 초월자로서의 신만큼 슐라이어마허의 신 개념으로부터 멀리 떨어져 있는 것은 없는 것이다. 그러나 스피노자주의와 같이 신과 연장적 세계로서의 자연을 하나의 실체가 지닌 두 상이한 양태로서 고찰하는 것과 같은 의미의 범신론은 슐라이어마허의 사상과 양립할 수 없다. 세계에서 발견되는 모든 개별 존재자들은 그 자체 무한자의 서술과 표현이며, 그 함께 있음은 형이상학적 실체론이나 자연세계를 지배하는 어떤 인과관계의 체계로 환원될 수 없는 성스러움의 표지이기 때문이다.

3. 슐라이어마허의 변증법과 공감

존재론적으로 현존재의 함께 있음은 말^Rede과 불가분의 관계에 있다. 하이데거에 따르면 **"언어의 실존론적-존재론적 기초는 말"**이며, **"말은 처해 있음과 이해와 실존론적으로 동근원적이다."**(SZ, 160 이하, 원문에서의 강조) 아마 하이데거의 이러한 주장은 존재론적으로 공감이 현존재의 근본 기조의 하나로 평가될 수 있음을 알리는 또 하나의 방증일 것이다. 말은 복수의 현존재의 존재를 전제로 하는 것이고, 아무 감정의 계기도 없이 서로 고립된 개체 간에 오가는 논리적 의미전달의 과정을 뜻하는 것이 아니기 때문이다.

　슐라이어마허에게서도 말의 존재론적 성격에 대한 생각이 발견된다. 슐라이어마허의 『변증법』이 그 탁월한 사례이다.

3.1. 대화의 세 구성적 계기: 순수 사유, 예술적 사유, 업무적 사유

　슐라이어마허는 변증법을 **"순수 사유의 영역에서 기술적**^kunstmäßig**으로 대화를 이끄는 데 필요한 원칙들에 대한 설명"**(『변증법』, 5)이라고 정의한다. 여기서 '순수 사유'는 어떤 선험적 인식의 체계 같은 것을 전제로 하는 말이 아니다. 슐라이어마허는 **"순수 사유란 어떤 사유하는 개체에서 비로소 시작되는 것이 아니라 어떤 특별한 구체적 존재자**Dasein**에 도달하기 이전에 이미 모든 개별자들 안에 이미 들어 있는 것이고 다른 사유에도 현존하는 것이다"**(『변증법』, 25, 원문에서의 강조)라고 지적한다. 이 수수께끼 같은 말의 의미를 이해하려면 순수 사유란 사유의 근원적 존재연관성을 표현하는 말임을 먼저 분명히 해야 한다.

만약 대화 상대자 간에 의견의 불일치가 일어나지 않고 또 일어날 가능성도 없다면 '기술적인 대화의 원칙들' 같은 것을 알아내려고 고민할 필요는 없을 것이다. 자신이 정원에 있는 한 사물을 놓고 친구와 다투고 있다고 생각해 보자. 나는 사물이 붉은 꽃이라고 여기고 친구는 그것이 주황색 공이라고 여긴다. 나의 생각과 친구의 생각은 양립할 수 없다. 하나의 사물이 붉은 꽃이면서 동시에 주황색 공일 수는 없기 때문이다. 즉, 나와 친구의 입장은 서로 모순관계에 있다. 그런데 그것은 어떤 논리 때문에 그러한 것이 아니다. 만약 나와 친구가 서로 각각 다른 것에 대해 생각하고 있다고 전제하는 경우 다툼은 아예 생겨나지도 않았을 것이고, 나와 친구의 입장이 모순관계에 있다거나 혹은 양립가능하다거나 하는 식의 생각은 아예 불필요할 것이다.

결국 나와 친구가 서로 다투게 하는 모순은 어떤 논리적 규칙 때문이 아니라 나와 친구가 모두 존재한다고 여기는 한 사물에 대한 의견의 차이 때문에 생겨난다. 실제적인 다툼의 원인은 늘 존재에 있기 마련이고, 논리란 동일한 것으로서 상정된 한 존재에 관해 복수의 인간들이 상이한 의견을 지님으로써 생겨난 다툼을 해소하기 위해 추후로 고안되거나 적용되는 규칙에 불과한 것이다. 이와 달리 사유가 완전한 비존재를 향해 있는 경우에는 다툼이 일어날 리 없다. 친구와 나는 용을 신화적인 동물에 불과하다고 여기면서도 어떤 소설 속의 용에 관해서는 다툴 수 있다. 용은 실재하는 동물이 아니지만 출판된 한 소설 속의 용은 작가에 의한 창조물로서는 존재하는 것이다. 그러나 실재적인 것으로서나 창안된 것으로서나 전혀 존재하지 않는 그 어떤 것에 관한 다툼은 무의미할 뿐 아니라 실제로 일어날 리도 만무하다. 결국 "사유에 관한 다툼은 사유가 존재와 연관 지어져 있는 경우에만 일어난다." 그런데 다툼의 원인인 그 어떤 것이 존재한다고 상정되는 한에서 우리는 그것이 나의 개인적인 신념이나 가치관, 사고방식 등과 무관하게 그 자체로서 존재하는 것임을 받아들이지 않을 수 없다. 바로 그 때문에 다툼을 해소하는 데 작용하는 우리의 사유는 우리의 개인적 의도나 목적과 무관하게 전개되는 순수 사유의 계기를 지닐 수밖에 없는 것이다.(『변증법』, 34 이하)

이렇듯 순수 사유는 대화의 근본 전제이다.[25] 순수 사유 없이 이루어지는 대화는 없는 것이다. 그러나 대화는 순수 사유만으로 이루어지지는 않는다. 대화를 하면서 우리는 대화 상대자를 만족시키고, 그가 나와 지속적으로 대화하기를 원하도록 하려고 이런저런 흥미를 유발하기도 하며, 가능하다면 나와의 대화 자체를 그가 즐거운 경험으로 받아들이게끔 하려고 노력한다. 이때 작용하는 사유를 슐라이어마허는 예술적 사유라고 부른다. 또한 대화는 대화에 참여하는 자들이 함께 풀어야 할 어떤 일이 공동의 과제로서 걸려 있음을 전제로 하기 마련이다. 사업 때문에 대화를 나누는 자들에게는 공동의 사업이 그러한 과제이고, 문학과 예술에 관해 논하려고 대화를 나누는 자들에게는 문학과 예술에 대한 만족할 만한 사상

---

25 '순수 사유가 대화의 근본 전제'라는 것은 순수 사유가 어떤 인식론적 이념으로서 도입된 것이 아니라 구체적 대화상황에 대한 현상학적 탐구의 결과로서 도입된 것임을 뜻한다. 필자가 아는 한 슐라이어마허의 철학에 대한 가장 섬세하고 정확한 분석을 수행한 이는 바로 G. 숄츠이다. 숄츠는 한 저술에서 슐라이어마허의 "변증법은 어떤 절대적인 철학적 관점[에서 출발하기]을 포기한다"고 적시한다.(G. Scholtz, *Die Philosophie Schleiermachers*, Darmstadt 1984, 106.) 어떤 철학적 선입견도 거부하고 구체적 대화 상황 그 자체에 대한 면밀한 탐구와 기술에서 출발하는 슐라이어마허의 변증법은 '언어와 대화의 현상학'이라는 칭호에 잘 어울릴 것이다.

의 확립이 그러한 과제이며, 하나의 사물이 붉은색 꽃인지 아니면 주황색 공인지 판정하려고 대화를 나누는 자들에게는 쌍방이 만족할 수 있는 결론에 도달하는 것이 그러한 과제이다. 결국 모든 대화는 어떤 목적을 달성하려는 의지 때문에 이루어진다. 겉으로 보기에는 개인적 이익과 무관한 것처럼 보이는 대화조차도 대화에 참여함으로써 무언가 자신을 위해 바람직한 결과가 산출될 수 있으리라는 기대가 전제되지 않는다면 아무도 대화에 참여하지 않을 것이다. 이렇듯 어떤 바람직한 결과를 산출하려는 의지와 목적 때문에 작동되는 사유를 슐라이어마허는 업무적 사유라고 부른다. 슐라이어마허에 따르면 순수 사유와 예술적 사유, 그리고 업무적 사유는 동근원적이다. 정도의 차이는 있지만 인간 현존재가 수행하는 모든 대화는 이 세 종류의 사유를 구성적 요소로서 지니기 마련이라는 것이다.(『변증법』, 5 이하)

변증법은 왜 대화의 구성적 요소인 순수 사유, 예술적 사유, 그리고 업무적 사유 중 특히 순수 사유의 영역에서 작용하는 대화의 원칙들을 향해 있는가? 그것은 순수 사유만이 인간 현존재의 개인적인 신념이나 가치관, 사고방식 등과 무관한 존재 자체의 영역을 향해 있기 때문이다. 그러나 이로부터 변증법이 어떤 순수하고 이상적인 담론에서 출발한다는 결론을 내려서는 안 된다. 도리어 그 반대이다. 다툼에서 출발하는 것인 한에서 변증법적 사유는 인간 현존재의 개인적인 신념이나 가치관, 사고방식 등이 형성되는 구체적인 삶의 자리에서 발휘되지 않으면 안 된다. 슐라이어마허는 **"변증법은 어떤 하나의 동일한 형태 안에서 일반적으로 통용될 수 있는 것으로서 형성될 수 있는 것이 아니라 우선 어떤 특정한 언어권을 위한 [특수한] 것으로서 세워져야 한다"**고 지적한다. 뿐만 아니라 그것은 **"각각의 개인을 위해 상이한 척도 안에서 다르게 나타나야 하는 것으로서 미리 인정되어야 한다."** 달리 말해 존재의 동일성은 대화 및 변증법적 사유의 가능근거로서 상정된 것일 뿐 존재(자)의 관점에서 보거나 언어의 관점에서 보거나 대화의 실제적이고 현실적인 요소로서 상정된 것은 아니다. 그것은 무엇보다도 우선 "모든 인간들이 똑같은 언어를 말하던 시대로의 역사적 회귀는 있지 않다"는 점에서 확인된다. 언어에 관해 인간이 알고 있는 역사적 사실들 중 "가장 오랜 것은 언어의 상이함으로 인해 인간들이 갈라져 존재한다는 것이기에 대화의 나눔은 원래 특정한 언어공동체의 구성원들 사이에서 일어난다"는 것이다. 각각의 "언어는 자기 안에 체결된 전체로서 발전하고, 그 안에서 일어나는 지식에의 방향, 우리가 여기서 다루는 [대화에서의] 다툼 … 역시 그러한 것으로서 발전한다." 따라서 대화의 출발점은 언어 및 사유형식의 형이상학적 동일성이 아니라 도리어 역사 속에서 형성된 언어 및 개인 간의 차이이다. 물론 여기서의 차이는 어떤 형이상학적 절대성의 의미를 지니는 차이가 아니라 구체적 언어공동체 안에서 형성되는 역사적이고 구체적인 언어 및 의식구조의 유사성 및 공통성을 전제로 하는 차이이다.(『변증법』, 15 이하)

순수 사유의 '순수'가 현존재의 성향과 무관한 존재 자체와의 연관성을 표현하는 말이라는 전제와 대화의 출발점이 개별 언어 및 각 개인 간의 다양성과 차이라는 전제로부터 우리는 두 가지의 결론을 도출해 낼 수 있다. 하나는 대화의 전제인 존재의 동일성은 체계적 인식의 결과로서 주어지는 지식이 아니라 지식의 가능근거로서 상정된 일종의 이념이라는 것이다. 다툼의 근거인 한 존재자에 대한 상이한 이해가 완전히 해소되면 우리는 그 존재자에 대한 완전한 지식을 얻은 셈이다. 따라서 대화에 참여하는 자에게 지식이란 이미 완성된 것으로서 주어져 있는 것이 아니라 대화의 근본 목적으로서 상정된 것이다. 즉, "모든 순수 사유는 그 자체로 지식이 되려 한다." 한마디로, 존재의 동일성은 대화의 근본 전제일 뿐 아니라 지식의 형태로 획득될 대화의 목적이기도 하다. 또 다른 하나는 ―존재의 동일성뿐 아니라― 대화에 참여하는 모든 인간 현존재의 사유의 동일성 역시 대화의 가능근거로서 상정되어야 한다는 것이다. 사유가 삶의 상황에

공감의 존재론

따라 각각 다른 하나의 전체를 형성하는 언어에 의존하는 것인 한에서 각 개인의 사유방식은 저마다의 고유성을 지닐 수밖에 없다. 그럼에도 대화에 참여하는 자들이 외견상의 차이에도 불구하고 어떤 동일한 사유의 원리에 의존하고 있다는 것을 받아들이지 않는 경우 대화를 통해 다툼을 해소하리라 기대하기는 어렵다. 게다가 다툼의 해소는 동일한 존재에 대해 서로 다르게 사유하는 자들이 의견일치를 보고 같게 사유하게 됨을 뜻한다는 점에서 모든 사유의 동일성은 대화의 근본 목적이기도 하다. 한 마디로 존재의 동일성과 마찬가지로 사유의 동일성 또한 대화의 근본 전제일 뿐만 아니라 지식의 획득을 통해 비로소 도달하게 될 대화의 근본 목적이기도 하다.(「변증법」, 7 이하)

대화의 이러한 근본 특성들은 모두 순수 사유가 대화의 근원적 요소이기 때문에 생겨난다. 슐라이어마허에 따르면 "한편 순수 사유는 다른 어떤 목적을 위해서가 아니라 사유 자체를 위해 전개된다는 점에서 업무적 사유와 다르다. 다른 한편 순수 사유는 사유하는 개별자인 주체의 순간적 행위에 한정되지도 않고 또한 개별자의 요구를 한시적으로 충족시켜 줌으로써 만족을 얻게 하는 것을 척도로 삼지 않는다는 점에서 예술적 사유와도 구별된다. 도리어, 사유 자체를 위한 것으로서, 순수 사유는 이러한 만족이 동일한 주체의 모든 사유행위들에서 지속하는 것뿐 아니라 이 주체 안에서의 사유가 다른 모든 주체 안에서의 사유와 함께 존속하는 것을 자신의 척도로 삼는다." 결국 대화란 각 개인마다 고유하게 형성되는 삶의 상황 속에서 각 개인마다 고유하게 형성되는 사유의 다양한 방향들을 한편 긍정하면서, 다른 한편 존재의 동일성 및 사유의 동일성을 상정하고 또 지향함으로써 그 다양한 방향들이 한 곳에서 모이도록 하려는 일종의 존재사유의 방식이다. 대화상황 속에서 물음이 향해 있는 것은 존재 자체이며, 물음이 존재 자체를 지향하도록 하는 것은 모두에게 동일한 사유의 방식이나 어떤 보편타당한 지식이 아니라 도리어 차이와 다양성이다.(「변

증법」, 6 이하)

물론 존재의 동일성 및 사유의 동일성에 대한 의견의 일치는 대화의 목적이나 성격, 대화 참여자들의 지적·감성적 수준 등에 따라 달라질 것이다. 마당에 있는 한 사물이 붉은 꽃인가 아니면 주황색 공인가의 문제를 놓고 나누는 대화에서는 그 사물 가까이로 가서 직접 확인해 보면 대개 의견의 일치를 이루기 마련이다. 그러나 색에 대한 광학적 정의 및 세분화, 꽃의 식물학적 학명에 대한 정의 등 보다 높은 지적 수준의 대화에서는 의견의 일치를 보기가 훨씬 더 까다로울 것이다. 뿐만 아니라 이러한 대화에서는 사물에 대한 이런저런 정의란 특정한 시대 특정한 장소에서 형성된 지식의 체계에 의존하고 있는 것으로서, 어떤 자연적이고 절대적인 정의로 오인되어서는 안 된다는 것이 보다 분명하게 드러나게 될 것이다.

그러나 대화의 주제가 비단 사물의 본질 및 속성 등에 대한 인식의 문제인 경우에만 존재와 사유의 동일성이 대화의 가능근거이자 그 목적으로 상정된다고 여겨서는 안 된다. 대화가 문화적, 종교적, 윤리적 주제에 관한 경우에도 존재와 사유의 동일성은 늘 대화의 가능근거이자 그 목적으로 상정되기 마련이다.[26]

자신이 간음죄에 관해 동료들과 격론을 벌이게 되었다고 생각해 보자. 설령 법적·도덕적 심판의 대상이 될 어떤 구체적인 개인을 염두에 두지 않고 간음죄의 문제에 관해 대화를 하더라도 아무튼 대화는 현실세계에

---

26 슐라이어마허의 변증법에서 발견되는 존재와 사유의 동일성에 관한 언명들을 문화적, 종교적, 윤리적 주제에 관한 대화에서도 마찬가지로 적용할 수 있다는 것은 필자의 자의적 판단에 의거한 것이 아니다. 슐라이어마허에게 언어는 역사 속에서 공동체에 고유한 방식으로 형성되어 가는 덕의(Sittlichkeit)와 분리 불가능한 것이기 때문이다. 필자 역시 이러한 관점에서 존재에 대한 언어적 이해가 어떻게 공동체에 고유한 덕의에 상응하는 방식으로 이루어지게 되는지, 그러한 고유함이 인간 현존재의 실존성을 어떻게 규정하게 되는지 구체적 예시를 통해 밝히고자 한다. 언어와 덕의의 관계에 대한 슐라이어마허의 관점에 대해서는 다음 참조: G. Scholtz, *Ethik und Hermeneutik. Schleiermachers Grundlegung der Geisteswissenschaft*, Frankfurt a. M. 1995, 133 이하.

서 실제로 통용되거나 통용될 가능성이 있는 구체적 법적·도덕적 규범의 존재를 전제로 할 수밖에 없다. 그렇지 않은 경우 토론 자체가 무의미할 것이다. 뿐만 아니라 간음죄에 관한 법적·도덕적 규범으로 인해 처벌을 당하거나 사회적 비판의 대상이 될 그 누군가가 실제로 존재하리라는 전제가 없는 경우 간음죄에 대한 대화는 무의미하거나 아예 성립이 불가능할 것이다.

또한 토론에 참여하는 자들은 간음죄가 통용되는 세계 및 간음죄를 범한 자로서 파악될 구체적 인간 현존재를 자신의 개인적 가치관이나 인생관과 무관하게 그 자체로 존재하는 것으로서 받아들이지 않으면 안 된다. 설령 간음죄란 인위적 규범에 의해 인공적으로 만들어진 죄명일 뿐 어떤 절대적 단죄의 대상으로 판단될 수 없다고 생각하는 경우라도 결과는 마찬가지이다. 이러한 생각조차도 간음죄를 인정하지 않는 자신의 입장이나 가치관과 무관하게 간음죄의 명목으로 단죄를 당하는 사람들이 존재한다는 것을 부정하는 것은 아니기 때문이다. 결국 어떤 경우라도 존재자의 존재 및 그 동일성이 법적·도덕적 주제에 관한 대화의 가능근거이자 그 목적인 셈이다.

간음죄에 관해서는 크게 세 가지의 입장이 가능하다. 첫째, 간음한 자는 마땅히 처벌받아야 한다는 입장이 있을 수 있다. 이러한 입장은 물론 간음죄를 법적·도덕적 단죄의 이유로 삼는 것이 정당한 일이라는 생각을 표현한다. 둘째, 간음한 자를 처벌하는 것은 부당하거나 불필요한 일이라는 입장이 있을 수 있다. 이러한 입장은 간음죄에 대한 법적·도덕적 규범은 정당성이 없는 규범이거나 나름대로 정당하기는 하지만 이미 사회적 실효성을 상실한 규범이라는 생각을 표현한다. 셋째, 간음한 자를 처벌하는 것은 법적·도덕적 정당성의 문제가 아니라 사회적 효용성의 문제라는 입장이 있을 수 있다. 이러한 입장은 간음죄에 관한 규범은 사회의 질서를 유지하려는 목적으로 도입된 것이므로, 그 정당성은 법적·도덕적 관점에서가 아니라 사회적 효용성의 관점에서만 판단될 수 있다는 생각을 표현한다. 간음죄를 처벌하는 것이 사회를 위해 유리하면 그렇게 하는 것이 좋고, 유리하지 않다면 그렇게 하지 않는 것이 좋다는 식이다.

간음죄에 대해 대화 참여자들이 상이한 입장을 지니고 있는 경우 오랜 격론조차도 끝내 의견의 일치로 이어지지 않을 수 있다. 그럼에도 만약 그들이 자신의 생각이나 남들의 생각, 혹은 자신과 남들이 대화를 하는 가운데 새롭게 발견하게 될 어떤 미지의 생각이 모든 사람이 동의할 수 있는 생각으로서 판단되고 인정될 수 있다는 것을 전제로 하지 않으면 대화는 무의미하거나 아예 성립이 불가능할 것이다. 심지어 대화를 시작할 때 나타난 의견의 불일치에도 불구하고 그들은 '현실적인 삶의 상황을 잘 이해하고 올바르게 생각할 줄 아는 사람이라면 누구나 결국 똑같은 방식으로 생각하게 될 것'이라는 것을 전제로 대화에 참여할 것이다. 즉, 사유의 근원적 동일성이 법적·도덕적 주제에 관한 대화에서도 대화의 가능근거이자 그 목적으로 작용하는 것이다.

아마 어떤 사람들은 상대주의적 입장을 취하는 사람은 사유의 근원적 동일성을 상정하지 않는다고 여길지도 모르겠다. 그러나 상대주의적 입장이 인식과 판단의 상대성에 대한 신념을 수반하는 한에서 상대주의자는 결국 모든 사람이 옳게 생각할 줄만 알면 자신과 똑같은 방식의 상대주의적 사유를 하게 될 것이라고 생각하는 셈이다. 누군가 철저한 회의주의자로서 상대주의에 대해서도 회의적인 입장을 취하는 경우 그는 실질적인 대화의 참여자이기 어렵다. 그는 다툼을 실질적으로 해결할 어떤 실천적 방안에 대해서도 늘 유보적인 입장만을 표명할 것이기 때문이다. 그럼에도 그가 사유의 근원적 동일성을 상정하지 않는다고 볼 수는 없다. 그가 늘 유보적인 입장만을 표명하는 것 역시 옳게 생각할 줄만 알면 누구나 자신처럼 유보적인 입장을 취하게 되리라는 생각을 전제할 수밖에 없기 때문이다.

공감의 존재론

3.2. 대화의 존재론적 근거로서의 자기의식과 몸

사유는 개념을 전제하기 마련이다. 개념 없는 사유는 불가능하기 때문이다. 그렇기에 사유의 근원적 동일성을 상정함이 대화의 가능근거이자 목적이라는 말은 모든 인간 현존재에게서 동일한 존재에 대한 동일한 개념이 형성될 수 있음을 상정함과 같다. 동일한 존재에 대해 형성된 동일한 개념이 그 동일한 존재 자체의 드러남인 경우 우리는 그 개념을 존재에 대한 올바른 지식 내지 진리라고 부를 수 있을 것이다. 그렇다면, 현존재가 대화적 존재자라는 것과 대화의 근거가 존재론적 공감에 있다는 것을 전제로, 우리는 존재론적 공감이 최소한 세 가지의 상이한 계기로 나뉘어 고찰될 수 있다는 결론을 도출할 수 있다. 존재의 동일성에 대한 느낌이 그 하나이고, 사유의 동일성에 대한 느낌이 또 다른 하나이며, 개념 및 지식의 동일성에 대한 느낌이 마지막 하나이다.

이 세 가지의 느낌이 지식이나 개념일 수 없는 이유는 그것이 대화 속에서 작용하는 사유의 가능근거이자 목적으로서 상정된 것일 뿐 구체적 개념과 지식의 형태로 확립된 것이 아니기 때문이다. 또한 그것은 현존재로 하여금 타인과 대화를 나누게 할 현실적인 충동으로 작용한다는 점에서 그 자체 하나의 감정으로서 파악될 수 있는, 혹은 적어도 어떤 감정과 불가분의 관계에 있는 느낌으로서 파악되어야 한다. 무언가 좋은 일이 생길 것 같다는 느낌 자체는, 그것이 단순한 예감에 불과한 경우, 어떤 행위도 불러일으키지 않을 것이다. 그러나 그러한 예감이 즐겁거나 기쁜 감정과 하나인 경우 그것은 소풍을 가거나 복권을 사도록 할 현실적인 충동으로서 작용한다.

그렇다면 개념은 어떻게 형성되는 것일까? 마당에 있는 한 사물을 보며 그것이 둥글고 붉은 것이라고 판단하는 경우를 생각해 보자. 이 경우 구체적인 개념으로 형성된 것은 둥긂과 붉음이다. 나는 그 무엇인가를 둥글고 붉은 것으로서 개념 파악했다는 뜻이다. 그런데 둥글음과 붉음은 두 가지의 층위로 나뉘어 고찰될 수 있다. 하나는 언어의 층위이다. 둥글음과 붉음은 결국 말이다. 그것은 구체적 일상세계에서 역사적으로 형성되어 온 특정한 언어에 속해 있다. 내가 한 사물을 보며 그것을 둥글고 붉은 것으로 판단했다는 것은 나의 의식이 일상적 언어를 통해 사유한다는 것을 드러낸다. 또 다른 하나는 지각의 층위이다. 나는 둥글음과 붉음을 나의 의식을 구성하는 일상적인 언어로서 파악한 것이 아니라 지각된 사물의 속성으로서 파악한 것이다.

이제 『종교론』과 『기독교신앙』에 관한 논의에서 살펴본 두 가지 사실을 상기해 보자. 첫째, 슐라이어마허에게 지각이란 수동적인 객체에 대한 능동적 주체의 행위를 뜻하지 않는다. 지각을 가능하게 하는 최초의 행위는 도리어 지각의 대상인 한 존재자로부터 비롯된다. 현존재에 대한 한 존재자의 작용과 행위가 현존재에 의해 수용됨으로써 그 존재자를 한 대상으로서 지각함이 일어난다는 뜻이다. 둘째, 슐라이어마허에게 의식이란 늘 감각에 의해 일깨워지고 고양된 것으로 존재하는 것으로서, 의식으로 환원될 수 없는 그 어떤 것에 의해 자기에게서 일어나는 변화에 대한 의식을 반드시 수반할 수밖에 없다. 객체적 사물과 유리된 주체로서의 의식이 따로 있는 것이 아니라 의식 자체가 어떤 존재자의 작용과 행위를 수용함으로써 일깨워진 지향적 의식으로서 존재한다는 뜻이다.

그렇다면 지각은 자기의식과 대상의식의 통일로서 일어나는 셈이다. 실제로 슐라이어마허는 "우리의 자기의식과 대상적 의식이 그 안에서 하나가 아닌 지각은 존재하지 않는다"고 주장한다. 이 말은 존재론적으로 자기의식이란 한 존재자의 작용과 행위를 현존재가 수용함으로써 일어나는 일종의 존재사건으로서, 그 안에서 현존재의 자기 존재와 어떤 존재자의 존재가 하나의 통일적인 감각적 상호규정의 관계를 이룬다는 것과 같다. 한 사물의 붉음이 지각되려면 한 현실적 존재자의 작용에 의해 현존재의 자기가 붉음을 의식하고 있는 존재로서 규정되어야 하며, 작용하는 존재자 역시 현존재에 의해 붉은 것으로서 규정되어야 한다는 뜻이다. 지각이 함축하는 자기의식의 계기와 대상지각의 계기를 슐라이어마허는 각각 이념적인 것das Ideale과 실재적인 것das Reale이라는 말로 표현한다: "자기의식은 사유의 의식으로서 이념적인 것이고, 대상적 의식은 실재적인 것이다." 여기서 이념적인 것과 실재적인 것을 어떤 관념론적 혹은 유물론적 존재규정과 같은 것으로 생각할 이유는 없다. 그것은 다만 하나의 지각현상에서 발견될 수 있는 자기의식의 계기와 대상지각의 계기를 표현하는 슐라이어마허 고유의 용어일 뿐이다.(『변증법』, 178)

이제 지각현상에서 발견되는 자기의식과 대상의식의 통일성에 대한 성찰을 바탕으로 하나의 사물에 관해 복수의 현존재가 대화를 나누는 것이 무엇을 전제로 하는지 조금 더 살펴보자. 앞서 살펴보았듯이 대화적 존재자로서의 현존재에게 공감은 최소한 세 가지의 계기로 나뉘어 고찰될 수 있다. 존재의 동일성에 대한 느낌, 사유의 동일성에 대한 느낌, 그리고 개념 및 지식의 동일성에 대한 느낌이 그것이다. 존재연관성을 지니는 개념 및 지식의 형성이 지각을 전제로 한다는 것을 근거로 이제 우리는 또 하나의 느낌을 존재론적 공감 속에 함축된 계기로서 덧붙일 수 있다. 몸의 동일성에 대한 느낌이 그것이다.

자신이 마당에 있는 한 사물을 보며 '저기 붉은 꽃이 한 송이 피어 있다'고 판단하는 경우를 살펴보자. 이러한 생각은 분명 내가 붉은 꽃으로서 파악될 하나의 현상을 실제로 지각했음을 나타낸다. 붉은 꽃으로서 파악될 하나의 현상을 지각하지 않고서 한 송이의 붉은 꽃이 실제로 존재한다는 판단할 수는 없기 때문이다. 그때 곁에 있던 친구가 똑같은 사물을 가리키며 "저기 주황색 공이 하나 놓여 있군!" 하고 말한다면 나는 '나와 달리 이 친구는 저것을 주황색 공으로 보았구나'라고 생각할 것이다. 설령 친구의 말을 듣고 자신이 붉은 꽃이라고 지각한 것이 실제로는 주황색 공일지도 모른다는 의심을 품은 경우라도 나는 자신이 붉은 꽃으로서 파악될 하나의 현상을 지각했었음을 의심할 수는 없다. 하나의 사물을 나는 붉은 꽃으로 보았고 친구는 주황색 공으로 보았다는 것이 자신의 판단에 대한 의심의 전제이기도 하고 —사물의 정체성과 속성에 대해 친구와 나 사이에 형성된— 의견의 차이를 해소하려는 대화의 전제이기도 한 것이다.

그런데 친구가 말하는 주황색이 내가 생각하는 주황색과 같은 것임을 나는 어떻게 알 수 있을까? 또한 내가 말하는 붉은색이 친구가 생각하는 붉은색과 같은 것임을 나는 어떻게 알 수 있을까? 두 가지 조건이 충족되어야 한다. 첫째, 나와 친구가 하나의 공동 세계에서 함께 있는 공동 현존재로서 하나의 개념체계를 공유하고 있음이 전제가 되어야 한다. 만약 색에 대한 나의 개념체계와 친구의 개념체계가 완전히 달라 하나의 색명이 지칭하는 실제적 색의 범위와 종류가 각각 상이하다면 나는 친구가 말하는 색이 어떤 색인지 판단하기 어려울 것이다. 이런 경우 나는 친구와 다양한 사물의 색에 대한 대화를 나누어 본 경험을 바탕으로 단지 유비적으로만 친구가 말하는 색명이 실제로 지칭하는 색이 무엇인지 판단할 수 있을 것이다. 슐라이어마허의 관점에서 보면 이러한 경우 심지어 색에 대한 지각 자체가 각각 다르게 일어날 수 있다: "만약 인간이 완전히 고립되어서 다른 사람들과 동일한 개념체계를 성취하지 못한다면 [몸의] 유기체적 기능organische funktion 역시 각자의 위치에서 [제각기] 상이하게 [작동할] 것이다." 둘째, 나의 몸과 친구의 몸이 사물의 동일한 작용을 동일한 방식으로 수용해서 의식으로 하여금 동일한 지각현상을 구성해 내도록 한다는 것이 전제가 되어야 한다. 동일한 사물의 색을 나와 친구가 똑같이 붉은색이라고 표현하지만 실제로 친구는 내가 파란색이라고 지칭하는 색을 지각하고 있다고 가정해 보자. 만약 나와 친구가 언제나 수미일관하게 여러 사물들의 색을 동일한 말로 표현한다면 나와 친구는 서로가 실은 다른 색을 지각하고 있다는 것을 확인할 수 없을 것이다. 그렇다면 "다른 사람의 감각적 자극을 나에게로 옮겨 놓을 권리는 어디에 기인할까?" 그것은 "유기체적 기능의 동일성"을 상정함에 기인한다. 친구의 몸과 나의 몸이 동일한 속성과 기능을 지니고 있어 친구와 내가 동일한 자극으로부터 동일한 것을 지각하게 되리라는 것을 전제로 하지 않으면 나는 친구와 하나의 존재자에 관해 대화다운 대화를 나눌 수도 없고, 다툼이 일어날 때 다툼을 해소하려 노력할 수도 없는 것이다.(『변증법』, 234)

대화적 존재인 한에서 인간은 자신이 지각하고 경험한 것을 타자와 나누는 현실적·잠재적 대화 속에서 획득한 것으로 받아들일 수밖에 없다. 나는 내가 지각한 것을 나에게만 존재하는 것으로서 받아들이지 않고 타인에게도 존재하는 것으로서 받아들이기 마련이다. 심지어 꿈과 환상마저도 나는 타인에게 전달 가능한 것으로서 지각하게 되는 것이다. 바로 이러한 느낌과 감정이 나의 존재를 함께 있음으로 규정할 수 있도록 하는 것이고, 나로 하여금 대화적 존재자로서 존속하게 하는 것이다. 결국 대화의 가능근거인 존재론적 공감의 네 가지 계기, 즉 존재의 동일성에 대한 느낌, 사유의 동일성에 대한 느낌, 개념 및 지식의 동일성에 대한 느낌, 몸의 동일성에 대한 느낌은 현존재와 공동 현존재의 존재를 각각 그 전체에서 규정하는 셈이다. 대화적 존재로서 나는 이 네 가지의 동일성의 느낌들을 나의 사유와 행위의 시발점이자 그 근원적 목적지로서 언제나 이미 받아들이고 있다. 나로 하여금 사유하고 행위하도록 하는 것 역시 공감의 네 계기요, 나의 사유와 행위가 지향하는 곳 역시 공감의 네 계기가 완전히 충족되는 그러한 상태일 수밖에 없다는 뜻이다.

단순한 지각 체험은 지각의 실제 대상을 복수의 현존재가 함께 보고 의견의 일치를 봄으로써 공감의 네 계기에 의해 일어난 대화의 과정이 종결된다. 지각 체험이 대화의 동기로 작용할 수 있는 까닭은 바로 존재, 사유, 개념 및 지식, 그리고 몸의 동일성에 대한 느낌이 지각 체험을 수반하기 때문이다. 대화의 종결은 대화에 참여한 모든 현존재의 긍정과 동의를 통해 지각의 대상에 대한 실제적인 지식의 획득이 공인됨으로써 가능해진다. 이러한 공인은 공감의 계기들인 그 네 가지의 느낌이 현존재들 사이의 대화를 통해 구체화되었음을 뜻한다.

그렇다면 지각 체험이 존재에 대한 어떤 정신적 이해와 더불어 일어나는 경우는 어떨까? 자신이 바리사이파 사람으로서 이웃의 여인이 낯선 남자와 정분을 나누는 광경을 목격했다고 상상해 보자. 나는 즉각 분노의 심정에 사로잡히게 되었고, 내가 느낀 분노는 내가 단순한 지각 체험이 아니라 정신적 이해와 해석을 수반하는 특별한 지각 체험을 했음을 드러낸다. 결국 '간음은 죄이다'라는 도덕적 신념이 없었더라면 나는 분노하지 않았을 것이다.

여인을 향한 나의 분노는 무엇보다도 우선 존재의 동일성에 대한 느낌에 의해 일어난 것이다. 실제로 존재하고 또 나뿐 아니라 다른 사람들 역시 존재하는 것으로서 받아들이지 않을 가상의 존재자에 대해 분노할 이유는 없는 것이다. 또한 도덕이란 복수의 인간들의 함께 있음을 가능하게 하고 또 규정하는 것으로서 작용하는 것이기에 여인을 향한 나의 도덕적 분노는 다른 사람들 역시 여인이 간음한 사실을 알면 나와 마찬가지로 분노하게 되리라는 믿음과 느낌을 전제로 하기 마련이다. 이러한 믿음의 전제는 물론 다른 사람들 역시 여인에 대해 나와 똑같은 생각을 하게 되리라는 생각이다. 즉, 나를 비롯한 모든 사람들이 똑같은 존재자에 대해 똑같은 사유를 하게 되리라는 예감이 분노의 원인으로 작용한 것이다. 그렇다면 모든 사람들이 여인에 대해 똑같은 사유를 하게 되리라는 생각의 원인은 무엇일까? 그것은 여인에 대해 모든 사람들이 똑같은 개념과 지식을 형성하리라는 생각이다. 누구든 결혼한 여인이 낯선 남자와 정분을 나누는 장면을 목격하면 '이 여자는 죄인이다'라고 생각하지 않을 수 없으리라는 생각, 즉 여인을 죄인으로서 개념 파악하리라는 생각이 바로 그것이다. 그리고 이 모든 느낌들과 감정들, 사유들은 몸의 동일성에 대한 느낌을 전제로 할 수밖에 없다. 결국 스스로 정욕을 느껴본 자만이, 정욕으로 인해 이성에 대한 강렬한 소유욕에 사로잡혀 본 자만이, 간음이 참으로 무엇을 의미하는지 이해할 수 있다. 오직 그런 자만이 자신의 소유라고 생각했던 한 여성의 혼외정사가 남자에게 커다란 분노와 증오를 불러일으키게 되리라는 것을 예감할 수 있는 것이다.

위의 문단에서 사용된 '생각', '예감', '믿음' 같은 말들은 대개 공감의 계기인 네 가지의 느낌이 구체적인 상황 속에서 사유의 동기와 근거로 작용하게 됨을 표현한다. 예컨대, 간음한 여인을 보면 모든 사람들이 그를 죄인으로서 개념 파악하게 되리라는 생각은 모든 사람들의 몸의 동일성, 사유의 동일성 등의 느낌으로 인해 일어나는 생각이다.

어떤 의미에서 사유의 동일성에의 느낌은 개념 및 지식의 동일성에 대한 느낌과 거의 분리 불가능하다. 앞서 말한 것처럼 개념 없는 사유는 불가능하기 때문이다. 사유의 동일성이란 존재에 대한 동일한 개념들의 형성을 전제로 하고, 모든 사람들의 "지적 기능intellektuelle Funktion 혹은 이성 Vernunft이 … 그 본성에 따라 그러한 개념들을 산출하도록 예정되어 있음"을 뜻한다. 또한 이성에 의한 동일한 개념의 산출은 오직 몸의 동일성을 전제로 해서만 가능하다. "이성이 형성하도록 예정되어 있는 개념들은 언제나 [몸의] 유기체적 기능에 의해 유발됨으로써 전개되는 것"이기 때문이다. 더 나아가 사유의 동일성에의 느낌, 모든 사람들이 동일한 이성을 지니고 있어 결국 똑같은 개념들을 산출하게 되리라는 느낌은 모든 사람들이 경험할 수 있는 감각적 경험의 전체를 향해 있다. "모든 사람들이 각자 유기체적 자극들의 전체를 관통해 동일한 개념들을 산출함"이 그 느낌의 전제이자 귀결인 것이다.(『변증법』, 233)

'이성이 동일한 개념들을 산출하도록 예정되어 있다'는 슐라이어마허의 설명을 어떤 형이상학적 인식론의 표현으로 오인할 필요는 없다. 우선 인용문에서도 나타난 것처럼 슐라이어마허에게 이성이란 인간의 지적 기능을 표현하는 말일 뿐 어떤 형이상학적 실체로서 상정된 개념이 아니다. 또한 슐라이어마허의 변증법은 다툼을 해소하기 위해 대화에 참여하는 사람들이 원하든 원하지 않든 필연적으로 전제하게 되는 대화의 가능조건들과 원리들에 대한 기술일 뿐이다. 인식의 형이상학적 근거로서가 아니라 대화의 가능조건으로서 이성의 동일성이 제기되었을 뿐이라는 뜻이다. 그렇기에 슐라이어마허는 "모든 개념들을 한결같이 혼자서 형성해 낼 수 있는 사람은 없다"고 지적하면서, 개념의 동일성에 대한 느낌을 실제적인 개념의 형성과 전달의 과정이 일어나도록 할 그 전제로서 묘사한다: "그러나 어떤 개념을 처음 개발한 사람은 누구나 마치 발명자가 모방자를 대하듯 다른 사람과 관계 맺지 않고 동료 중 으뜸인 자primus inter pares처럼 관계 맺는다."(『변증법』, 233)

누군가 자신의 아내가 다른 남자와 정분을 나누는 것을 보고 분노한 나머지 그러한 행위는 간음이라 불려야 하며, 간음은 벌을 받아 마땅한 죄라는 것을 처음으로 생각해 낸 사람이 있다고 가정해 보자. 슐라이어마허의 관점에서 보면 그는 자신이 아내를 간음죄의 명목으로 단죄하는 것을 다른 사람들이 아무 확신도 없이 그저 흉내만 내 주기를 바라지 않는다. 그는 도리어 다른 사람들 역시 자신과 똑같은 사람으로서 '간음은 곧 죄'라는 확신을 품기를 바라고 또 누군가 간음하면 분노하게 되기를 바란다. 결국 그는 자신을 그저 남들보다 먼저 간음죄라는 개념을 발견한 최초의 사람으로서 여길 뿐, 혹시라도 누군가 다른 사람이 자신과 같은 상황에 처하게 되면 그 역시 간음죄라는 개념을 발견하게 되리라고 여기는 셈이다.

현실적으로 보면 모든 인간들, 즉 인류 공동체 전체가 간음죄라는 개념에 동의하게 되리라고 기대하기는 어렵다. 세상에는 간음을 죄로 여기는 나라도 있지만 그렇지 않은 나라도 있고, 또 간음을 죄로 여기는 나라마다 제각기 다른 처벌의 방식을 지니고 있는 것이다. 만약 국민마다 제각각 혼외정사에 대한 상이한 개념들을 지니고 있고, 또 각각의 국민들은 모두 제나라 안에서 동일한 개념을 지니고 있다는 것을 가정하는 경우 사유의 동일성이란 기껏해야 각각의 나라에 특유한 방식으로 절대화된 상대적 개념들만을 산출할 수 있을 뿐이다. 또한 그것은 현실 속에서는 충족될 수 없는 그릇된 느낌과 믿음 이상도 이하도 아닐 것이다.

이것은 공감의 존재론을 위해 결코 간과할 수 없는 문제이다. 만약 공감의 네 가지 계기들 중 하나인 사유의 동일성에의 느낌이 상대적 사유들만을 산출할 수 있다면 개념 및 지식의 동일성에의 느낌 역시 상대적인 것이 되고 만다. 또한 개념과 지식이 몸의 지각기능과 무관한 것일 수 없다는 점을 고려해 보면 개념 및 지식의 동일성에의 느낌이 상대화되는 경우 몸의 동일성에의 느낌 역시 상대화될 수밖에 없다. 이 경우 우리는 심지어 존재의 동일성에의 느낌마저도 상대적인 것임을 인정해야 할 것이다. 존재란 결국 지각 및 사유와 무관하게 알려지는 것일 수 없기 때문이다. 역설적이게도 공감의 근본 계기들인 네 가지 동일성에의 느낌을 상대주의의 위험으로부터 구해 주는 것은 슐라이어마허의 철학 속에서 존재의 시간성 내지 역사성의 관점으로부터 발견된다. 존재와 사유의 동일성을 초시간적인 어떤 이념적 존재에 호소함으로써 확보해 온 전통 형이상학과 달리 슐라이어마허의 철학에서는 도리어 시간성과 역사성이 존재와 사유의 근원적 동일성을 확보하게 할 결정적인 근거가 되는 것이다.

3.3. 동일성에 대한 느낌의 두 층위와 역사성

슐라이어마허에게 사유의 동일성에 대한 느낌은 개념의 동일성에 대한 느낌과 분리 불가능하고, 개념의 형성은 몸의 지각 작용과 지성의 작용이 통일됨으로써 가능해진다. 그렇다면 모든 사유와 개념은 —공공연한 방식으로든 잠재적인 방식으로든— 자기의식의 계기를 지니기 마련이다. 제2장에서 보았듯이 지각 자체가 자기의식의 계기와 대상의식의 계기의 통일로서 일어나는 것이기 때문이다.

이미 우리는 슐라이어마허가 『기독교신앙』에서 자기의식을 두 가지로 나누어 고찰한다는 것을 살펴보았다. 하나는 '자신의 순수한 자아 자체만을 의식하게 되는, 시간을 충족시키면서 등장하는 순수한 자기의식'이다. 또 다른 하나는 '자신이 아닌 어떤 것과 관계하는 의식으로서의 자기의식'이다. 그리고 이 둘은 모두 인간이 '변화하는 자신에 대해 갖는 직접적 의식'이다. 자신의 변화는 어떻게 일어나는가? 그것은 한 존재자의 작용과 행위를 감각하고 지각하는 몸이 수용함으로써 일어난다. 시간을 충족시키면서 등장하는 순수한 자기의식은 무엇을 의미하는가? 그것은 어떤 현실적인 자기의 동일성에의 의식이 아니라 인식과 사념의 가능근거로서 상정된 자기의 동일성에의 의식이다. 그렇기에 그것은 시간을 충족시키면서 등장하는 것임에도 불구하고 불변하는 자기에 대한 의식이 아니라 변화하는 자기에 대한 의식인 것이다. 순수한 자기의식을 슐라이어마허는 『변증법』에서 다음과 같이 표현한다: **"동일한 것으로 정립된 유기체적인 것과 지적인 것이 자기의식, 즉 자아**das Ich**이며, [여기서] 역사적인 것으로서 그 안에 정립된 것은 도외시된다."**(『변증법』, 234, 원문에서의 강조)

슐라이어마허는 순수한 자기의식을 자아로서 이해하고 있으며, 여기서 자아는 고립된 실체 같은 것이 아니라 그 자체로 변화하는 자기에 대한 의식이다. 그럼에도 그것은 자기 안에 정립된 역사적인 것을 도외시함으로써 얻어진 자기의식이다. 그렇다면 자기 안에 정립된 역사적인 것은 어떻게 도외시되는가?

다시 한 번 자신이 바리사이파 사람으로서 이웃의 여인이 혼외정사를 벌이는 장면을 목격했다고 상상해 보자. 그때는 밤이었고, 나는 밤하늘의 별들과 밤공기의 기분 좋은 서늘함에 마음을 빼앗긴 채 그저 별 생각 없이 유유자적 거리를 헤맬 뿐이었다. 그러다 문득 우물 근처 덤불을 헤치며 이웃의 여인이 낯선 남자와 함께 걸어 나오는 것을 보고 나는 형언하기 힘든 충격과 당혹감을 느꼈다. 나는 나의 심장이 뛰는 것과 얼굴이 달아오르는 것을 느꼈다. 이러한 경우 내가 의식하는 나 자신은 분명 지각에 의해 변화하는 자신에 대한 의식이다. 아직 나의 자기 안에 정립된 시간적인 것은 도외시되지 않았다. 나는 나 자신을 여인과의 관계 속에서 부단히 변하는 자로서 의식하고 있는 것이다.

자신에게 일어나는 변화에 대한 의식에서 자기로서 존재함의 시간성이 사상되는 것은 자신과 타자의 개념화를 통해서이다. 다시 바리사이파 사람의 심정으로 돌아가 자신의 가슴속에서 분노가 치밀어 올랐다고 상상해 보자. 나는 '간음은 신에 대한 반역이 아닌가?' 하고 생각한다. '신은 분명 우리에게 간음하지 말라는 계명을 내려 주시지 않았는가?' 이러한 생각과 분노는 자기 자신과 여인에 대한 개념 파악으로 이어지기 마련이다. '간음은 곧 죄'라는 판단을 통해 여인은 단죄받을 죄인으로서 개념 파악된다. 또한 여인을 향한 분노와 더불어 내가 자신을 도덕적이고 종교적인 인간으로서 개념 파악하고 있음 역시 드러난다. 이러한 개념 파악은 여인과 나를 어떤 초시간적인 존재자로 이해함을 뜻하지는 않는다. 결국 변화해 가는 인간만이 악의 유혹에 흔들릴 수 있는 법이고 또 악에 대해 분노할 수 있는 법이다. 죄인으로서 여인은 시간적인 존재자이며 나 역시 분노하는 자로서 시간적인 존재자인 것이다. 그러나 신을 믿는 자에게 신의 명령을 어긴 자는 죄인이며, 심지어 신으로부터 용서를 받은 경우에도 그는 오직 죄 사함받은 죄인으로 남을 뿐이다. 또한 그는 영원히 악을 미워해야 할 도덕적 의무 가운데 머물고 있는 자이고, 늘 도덕적 존재자로서 존속해야만 하는 자이다. 결국 여인을 죄인으로서 개념 파악함은 여인에게 죄인이라는 초시간적 동일성을 덧입히는 일이고, 자신에게는 도덕적 존재자로서의 초시간적 동일성을 덧입히는 일이다. 한 존재자에 대한 개념 파악을 통해 현존재의 자기의식으로부터 시간성의 계기가 도외시되는 결과가 찾아오는 것이다.

순수한 감각적 자극에 의해 자기에게 일어나는 변화만을 의식하는 경우를 생각해 보아도 결론은 다르지 않다. 유기체적인 것과 지적인 것이 동일한 것으로서 정립됨이 자기의식 혹은 자아와 같다는 슐라이어마허의 주장은 어떤 감각적 자극도 의식하지 않고 존재하는 자아는 없다는 뜻이기도 하다. 어떤 동일성의 발견도 허용하지 않는 순간순간의 감각적 자극들이 마치 바람처럼 끊임없이 흘러가고 있다고 가정해 보자. 감각적 자극들이 끊임없이 흘러감에 따라 나 자신도 끊임없이 변해 간다. 결국 자극이란 자신에게 일어나는 변화로서 주어지는 것이다. 그럼에도 만약 내가 나 자신을 의식하고 있다면 그것은 오직 내가 그 모든 감각적 자극들을 자기 외적인 것으로서 정립하고, 그 대척점에 존재하는 자로서 자기를 정립했기 때문이다. 그것들은 내게서 일어나는 자극들이며, 나는 자극들과 동일한 존재자로서가 아니라 그것들을 나의 자극들로 경험하는 존재자로서 존재하는 것이다. 슐라이어마허는 "만약 내가 나의 유기체[나의 몸]와 외적 존재의 대립을 형성한다면 나는 이미 카오스를 무너뜨린 것이다"(『변증법』, 410)라고 지적한다. 이러한 대립을 통해 나의 몸과 외부세계가 독립적인 존재자처럼 정립되기 때문이다. 그런데 이것은 어떤 외부세계도 전제로 하지 않고 나와 감각적 자극 사이의 관계에 관해서만 생각해도 마찬가지이다. 감각적 자극을 나의 자극으로서 경험하는 경우 이미 감각적 자극과 나 자신이 마치 별개의 존재영역처럼 정립되는 것이다. 이러한 정립이 감각적 자극과 나를 어떤 초시간적인 것으로 만들어 주는 것은 물론 아니다. 자극은 변화이며, 자극을 느끼는 자도 변하는 자이고, 모든 변화는 결국 시간적이다. 또한 자극과 나 사이에 어떤 실제적인 외적 대립의 관계가 형성된 것도 아니다. 내가 느끼는 자극은 나의 자극으로서만 주어질 수 있으며, 나는 나의 자극을 내가 아닌 어떤 타인이 느끼는 자극으로 전이시킬 수 없는 것이다. 그럼에도 자극은 외적인 것으로서 개념 파악되었다. 자기를 의식하는 자는 모든 자극을 늘 자기 자신과는 구분되는 것으로서 의식할 것이기 때문이다. 또한 자기를 의식하는 자는 자기를 늘 모든 외적인 것에 대립하고 있는 자로 의식하기 마련이다. 자기 외의 모든 것에, 심지어는 자신에게서 일어나는 감각적 자극에 대해서마저도, 대립하고 있는 한 존재자로서 자아가 개념 파악된 것이다.

현존재의 의식이 인식과 행위의 층위에 머물러 있는 경우 존재자의 동일성으로부터 시간성의 계기가 사상됨은 피할 수 없는 일이다. 예컨대, 바리사이파 사람인 나는 이웃의 여인을 죄인으로서 개념 파악하고, 그러한 개념 파악을 지속하는 여인의 정체성으로 받아들이는 한에서만 그를 향해 분노를 품을 수 있고 또 단죄할 수 있다. 만약 그가 이미 새사람이 되었다고 믿는 경우 그를 향한 분노는 온당한 감정일 수 없는 것이다. 엄밀히 말해 인식과 행위의 층위에서 사상되는 존재자의 시간성은 시간성 일반이 아니라 역사성을 뜻할 뿐이다. 앞서 살펴본 대로 슐라이어마허에게 인간은 저 나름의 고유한 전통을 확립해 나가는 일상세계 속의 존재자이기 때문이다.

나는 이웃의 여인을 왜 죄인으로서 개념 파악하게 되었는가? 존재론적으로 그 이유는 현존함이 일상세계 안에서 일어나는 근원적 존재사건을 뜻하는 말이기 때문이다. 일상세계란 역사 속에서 형성되는 것이기에 현존재는 언제나 이미 역사 속에 던져져 있다. 현존재의 존재를 가능하게 하는 근원적 존재사건으로서의 '그때-거기Da'는 역사적으로 형성되어 온 의미연관의 전체 속에서 사유하고 행위할 자로 존속하게 됨을 뜻하는 것이다. 따라서 존재자의 동일성으로부터 시간성의 계기가 사상됨은 역설적이게도 현존재의 역사성으로 인해 일어나는 일이다. 의미연관의 전체성을 특유의 방식으로 구성해 나가는 가운데 혼외정사를 하나의 죄로 정립한 한 세계의 역사성이 현존재에게 한 인간을 심판할 죄인으로서 개념 파악함을 가능하게 한다는 뜻이다.

한 존재자를 '~로서'의 구조 안에서 개념 파악함이 존재자의 역사성의 사상으로 이어진다는 것은 존재론적 공감이 함축하는 동일성의 계기들이 현존재가 존재자의 동일성에 대해 늘 모순된 이해와 더불어 존재할 수밖에 없음을 드러낸다. 인식과 행위의 층위에서 존재자는 늘 역사성이 사상된 존재자로서 파악된다. 대화가 대화의 참여자들이 공통되게 인정할 수 있는 지식을 추구하는 한에서 대화의 근본 전제인 네 가지 동일성에 대한 느낌들은 대화의 대상인 존재자를 역사성이 사상된 존재자로서 이미 정립하고 있는 셈이다. 그러나 존재자는 역사성을 실제로 결여하는 존재자로서 체험될 수 없다. 슐라이어마허의 관점에서 보면 그 이유는 자명하다. 존재자의 존재가 나에게 알려지는 것은 그 작용과 행위가 유기체인 나의 몸의 지각 작용을 통해 수용되기 때문이다. 즉 존재자의 존재가 드러남은 존재자와 내가 모두 하나의 통일된 작용연관 속에 머물고 있는 시간적 존재자임이 드러남과 같은 것이다. 그런데 나의 존재에 대해 행사되는 한 존재자의 작용과 행위는 어떤 중립적인 인식의 작용에 의해 알려지는 것이 아니다. 앞에서 살펴보았듯이 슐라이어마허에게는 지각 자체가 일상 세계에서 형성된 의미연관의 전체성과 무관하게 일어나는 것일 수 없기 때문이다.

결국 현존재에게 존재자의 동일성에 대한 느낌은 언제나 두 가지 상반된 느낌으로 갈라져 있는 셈이다. 하나는 역사성을 결여한 존재자의 동일성에 대한 느낌이고, 또 다른 하나는 역사적인 자로서의 존재자의 동일성이다. 첫 번째의 동일성이 존재자의 지속적이고 불변하는 정체성을 의미하는 데 반해 두 번째의 동일성은 존재자의 존재의 근원적 역사성 외에 다른 아무것도 지시하지 않는다. 이러한 생각을 근거로 필자는 존재론적 의미의 공감이란 그 자체로 현존재의 근본 기조로서의 불안과 동일한 것이거나 적어도 불가분의 관계에 있는 것이라는 잠정적 결론을 내려 본다. 잘 알려져 있듯이 하이데거에게 불안이란 본래성의 자각과 그 자각이 함축하는 일상적 존재이해의 비본래성의 드러남이라는 두 가지 상이한 계기를 함축한다. 슐라이어마허의 철학에서 존재이해의 본래성과 비본래성은 존재자의 존재를 그 '근원적 역사성과 더불어 이해함'과 '역사성의 결여와 더불어 이해함'의 형식으로 표현된다.

존재자의 존재를 그 '역사성의 결여와 더불어 이해함'은 존재자의 존재가 언제나 이미 일상적인 방식으로 해석되어 있음으로 인해 일어나는 일이고, 이때 현존재의 존재이해는 일상적으로 해석된 존재자의 존재와 일치한다. 예컨대, 이웃의 여인을 내가 죄인으로 여김은 내가 속한 유태 세계에서 혼외정사를 한 사람들이 간음죄를 범한 죄인으로서 미리 규정되어 있음과 일치한다. 그의 존재 자체가 내가 속한 세계에서는 이미 죄인으로서의 존재인 것이다. 반면 존재자의 존재를 그 '근원적 역사성과 더불어 이해함'은 현존재의 이해가 일상적으로 해석된 존재자의 존재와 상이함을 전제로 한다. 예컨대, 내가 한 유태인으로서 이웃의 여인에게서 고난받는 순수한 인간성을 발견하는 경우 나의 이해는 그를 단죄할 죄인으로서 규정하는 일상적인 이해와 일치하지 않는다. 슐라이어마허는 존재에 대한 사유의 일치와 불일치를 다음과 같이 규정한다: **"사유의 동일성은 인간이 그가 살고 있는 장소에서 존재와 일치함을, [사유의] 차이는 그의 사유가 그 장소에서 존재와 상이함을 표현한다."**(『변증법』, 377, 원문에서의 강조) 한 존재자의 존재에 대한 나의 사유가 내 일상세계에서 '~로서' 규정된 존재와 상이함은 크게 두 가지 방식으로 일어날 수 있다. 하나는 주위 사람들과 내가 각각 서로 다른 의미연관의 체계에 따라 존재자를 이해하는 경우이다. 예컨대 만약 내가 이방인이라면, 그리고 내가 나고 자란 나라에서는 간음이 법적으로 처벌할 죄라는 관념이 형성되어 있지 않다면, 나는 주위의 유태인들과 달리 혼외정사를 빌미삼아 한 여인을 죄인으로 간주하지 않을 것이다. 여인에 대한 나의 사유가 여인이 바로 지금 여기의 일상세계에서 간음죄를 저지른 죄인으로서 존재함과 일치하지 않는 것이다. 또 다른 하나는 존재자에 대한 이해를 가능하게 하는 의미연관 체계의 본질적 한계를 자각한 자로서 존재자를 이해하는 경우이다. 예컨대, '너희 중 죄 없는 자가 먼저 돌을 들어 던져라!'는 예수의 말을 듣고 문득 불안과 의심에 사로잡힌 자들이 그러하다. 만약 그들이 예수의 청유를 따라 여인을 한 죄인으로 인지하는 대신 무한한 우주 안의 존재자이자 이 땅에서 고난받는 순수한 인간성의 표지로 받아들였다면 그들은 여인에 대한 심판을 가능하게 할 어떤 체계의 이념도 이미 버린 자들이다. 무한한 우주의 서술과 표현으로서 존재하는 존재자를 체계의 이념에 가두는 것은 그 존재자의 본래적이고도 고유한 동일성으로서의 역사성의 훼손 외에 다른 아무것도 아니기 때문이다.

존재자의 존재를 역사성을 결여한 동일성의 관점에서 고찰하면서 동시에 존재자의 근원적 역사성에 대한 자각으로 인해 불안 속에 머묾은 누구도 회피할 수 없는 근원적 현존함의 방식이다. 결국 "모든 인간은 존재의 총체성Totalität des Seins 안에 자리에서 잡고 있으며, 그의 사유는 존재를 표현하지만 자신의 자리에서 그렇게 하는 것이다."(『변증법』, 377) 존재를 표현할 인간 현존재의 자리는 늘 일상세계이다. 그렇기에 그는 우선 일상세계를 지배하는 의미연관의 체계 안에서 존재를 이해하게 되는 것이다. 그러나 그러한 사실이 그가 전체 존재로서의 우주 안에 머물고 있는 자로서, 우주의 서술과 표현으로서, 존재함을 바꿀 수는 없다. 일상세계 역시 그 자체가 실은 우주의 표현과 서술로서 존속하면서 변화해 가는 역사적인 삶의 자리이기 때문이다.

우리로 하여금 일상적 존재이해의 비본래성을 자각하도록 할 구체적인 가능성을 슐라이어마허는 두 가지의 초월자의 이념을 통해 설명한다. 세계의 이념과 신의 이념이 그것이다. 여기서 초월자란 어떤 형이상학적 존재자를 지칭하는 말이 아니다. 슐라이어마허는 "'**초월적**transzendent'이라는 표현을 무언가 익숙한 사유를 넘어서는 것이라는 의미로 받아들이는" 것이라고 본다. 여기서 익숙한 사유는 물론 일상세계를 지배하는 의미연관의 체계 안에서 진행되는 사유를 뜻한다. 그렇다면 세계와 신은 어떻게 우리의 익숙한 사유를 넘어서는 것으로서 알려지는가? 그것은 양자가 각기 전체 존재의 무한성과 단일성을 표현하는 말이기 때문이다. 『종교론』과 『기독교신앙』에서 살펴본 것처럼 우리는 개별자를 직관하면서 그 세계 안에 있음을 함께 의식하지 않을 수 없다. 개별자를 직관함으로써 우리는 동시에 세계를 직관하는 것이다. 전체 존재의 무한성과 단일성을 개별자들의 상호작용의 관점에서 직관함이 세계의 이념이다. 개별 존재자를 직관함 없이 전체로서의 존재를 직관하는 것은 불가능하다는 점에서, 그리고 개별 존재자에 대한 현존재의 모든 사유와 행위가 모든 개별자들의 세계 '안에 있음'을 전제로 한다는 점에서 세계의 이념은 존재 이해의 근거이다. 그리고 세계의 무한성과 단일성은 우리의 익숙한 사고를 가능하게 하는 일상적 의미연관의 체계를 넘어서 있는 것이라는 점에서 세계의 이념은 존재이해의 초월적 근거이다. 신의 이념은 세계와 분리된 것으로서 초월적인 것이 아니라 존재의 절대적 내면성을 고지하는 이념으로서 초월적이다. 무한하고 단일한 전체로서의 존재는 유한한 존재자들과 결코 외적 대립의 관계를 맺지 않는다. 모든 유한자는 무한자의 안에 있는 존재자이며, 무한자와 상호작용의 관계를 맺고 있는 존재자가 아니라 오직 무한자의 서술과 표현으로서 존재하는 존재자이기 때문이다. 신의 이념은 존재의 "기점terminus a quo"이자 "목적점terminus ad quem"이다. 모든 유한자는 무한자로부터 오는 것이며, 유한성의 한계로부터 벗어나 무한자를 향해 가는 도상에 있는 자로서 존재하는 것이기 때문이다.(『변증법』, 304)

누군가 한 인간을 심판하는 자는 자신과 타자 모두에게서 저마다의 고유한 역사성을 빼앗는 자이다. 그는 일상적 의미연관의 체계 안에 존재를 가두고, 우주의 무한성과 절대적 내면성을 외면하려 한다. 그러나 한 인간을 심판하기보다 그를 고난받는 인간성의 표지로서 이해하고 모든 것을 자기의 탓으로 받아들이는 자는 애통해하는 자가 아니라 실은 존재의 근원적 동일성을 기쁜 마음으로 긍정하고 수용하는 자이다. 그에게 존재자의 존재는 언제나 동일한 존재의 귀환이다. 모든 존재자가 결국 무한자의 서술과 표현으로서, 근원적으로 역사적인 존재자로서, 존재하는 것이기 때문이다.

III.

실존과 공감

"우리는 자유란 자유로이 자유롭지 않을 수 있는 것이 아니라는 것과 자유로이 실존하지 않을 수 있는 것이 아니라는 것을 말했다. 그것은 자유롭지 않을 수 없다는 사실이 자유의 **현사실성**이고, 실존하지 않을 수 없다는 사실이 그 **우연성**이기 때문이다. 우연성과 현사실성은 하나이다. 자유를 **존재-아님**(즉 무화하기)의 형식 안에 있는 것으로서 가지는 한 존재가 있다. 자유의 **현사실성**으로 실존함이나 하나의 세계 안의 존재로서 있어야 함은 똑같은 것이며, 그것은 자유란 원래 **주어진 것과의 관계**라는 것을 뜻한다."*(EN, 543, 원문에서의 강조)*

사르트르의 실존주의에 대한 한 비판적 에세이에서 헤르베르트 마르쿠제Herbert Marcuse는 다음과 같이 묻는다: "[『존재와 무』에 따르면] 자유는 인간의 구조 자체이고 아무리 상황이 불리해도 절멸될 수 없다. 인간은 사형 집행자의 손 안에서도 자유롭다는 것이다. 이것은 기독교적 자유에 대한 루터의 달콤한 전언[과 같은 것]이 아닐까?" 아마 이러한 지적만큼 사르트르 철학에 대한 비판의 전형이 될 만한 것도 찾기 어려울 것이다. 자유의 절대성에 대한 성찰에서 ―『존재와 무』의 부제이기도 한 '현상학적 존재론에의 시도'에 어울리지 않게도― 사르트르가 자유에 대한 어떤 형이상학적 선입견에서 출발한다는 결론을 내린 사상가들은 적지 않다. 이러한 사상가들은 곧잘 다음과 같이 묻는다: 어떤 경우에도 절멸되지 않을 절대적 자유란 전통 형이상학의 영혼 실체 개념에나 어울리는 것이 아닌가? 오직 전지전능한 신이 존재한다는 신학적·형이상학적 전제하에서만 인간에게 절대적 자유가 허용될 수 있는 것이 아닐까? 실제로 마르쿠제는 사르트르의 실존주의를 일종의 도착된 형이상학적 신학으로서 이해한다. 그에 따르면 "사르트르의 실존적 분석은 경험적 구체성을 구성하는 역사적 요인들을 사상해 버린다는 의미에서 순전히 철학적이다. [사르트르의 실존주의에서] 경험적 구체성은 사르트르의 형이상학적이고 초역사적인 신념을 표현하는 삽화일 뿐이다."[27]

과연 사르트르의 실존주의는 형이상학적일까? 그것은 마르쿠제가 지적한 것처럼 인간 현존재의 삶과 존재로부터 경험적 구체성과 역사성을 사상해 버린 추상적인 철학에 불과한가? 솔직히 이러한 의구심은 대체로 사르트르 본인이 자초한 것이다. 사르트르의 대표 저술인 『존재와 무』의 철학적 논의방식은 현상학과 존재론으로부터 멀리 벗어나 있는 것처럼 보이는 경우가 많다. 자유와 선택을 강조하는 사르트르는 후설이나 하이데거보다 데카르트나 칸트에 더 가까워 보이고, 즉자 존재와 대자 존재, 혹은 그 자체로 있음과 자기를 위해 있음의 대립에 관해 논하는 사르트르는 거의 헤겔주의자처럼 보이기도 한다. 게다가 사르트르가 논하는 절대적 자유가 개별 현존재의 자유라는 점을 고려해 보면 그의 사상은 데카르트적 영혼 실체론에 고착되어 있는 것이 아닐까 하는 의구심마저 불러일으키기 쉽다. 그럼에도 불구하고 사르트르의 자유 개념이 경험적 구체성을 결여하는 형이상학적 개념이라는 평가는 철학적으로 온당하지 않다. 사르트르의 자유 개념에 얽혀 있는 많은 의혹에도 불구하고 그것은 어떤 형이상학적 선입견에 의해 무비판적으로 도입된 개념이 아니라 인간 현존재의 근원적 존재방식에 대한 존재론적 성찰로부터 비롯된 개념인 것이다.

사르트르가 왜 자유를 인간 현존재의 숙명과도 같은 것으로 설명하는

---

27 H. Marcuse, "Existentialism: Remarks on Jean-paul Sartre's *L'Être et le Néant*," in: *Philosophy and Phenemenological Research. A quarterly Journal* Vol. VIII, No.3 (March 1948), 311.

지 이해하려면 사르트르에게 자유란 원래 현사실적인 것으로서 어떤 의식적 사유나 행위의 층위에서 논의될 수 있는 것이 아니라는 점을 먼저 분명히 해야 한다. 자유에 대한 통념적인 이해는 대개 두 가지로 나뉠 수 있다. 하나는 자유를 '구속되어 있지 않음'의 의미로 이해하는 것이다. 또 다른 하나는 '선택할 수 있음'의 의미로 이해하는 것이다.

첫 번째 의미의 자유는 하나의 상태를 표현하는 말일 뿐 어떤 경우에도 절대적 자유로서 평가될 수 없다. 전지전능한 신이 아닌 이상 지금 구속되어 있지 않다는 것이 앞으로도 계속 구속되지 않으리라는 것을 보증해 주지는 못한다는 뜻이다. 두 번째 의미의 자유 역시 그 통념적인 의미에서는 절대적 자유로서 평가될 수 없다. 어떤 음식을 먹을 것인지 선택할 자유는 음식을 먹어야 삶을 유지할 수 있는 내 육체의 한계에 의해, 그리고 선천적으로나 후천적으로 형성된 나의 이런저런 기호에 의해 한정되어 있다. 이러한 의미의 선택의 자유는 실은 어떤 맹목적인 욕망과 의지에 의해 나 자신이 특정한 선택과 행위를 하게끔 내몰리고 있음을 드러낼 뿐이다.

도덕의 층위에서 선택의 자유에 관해 논하는 경우 자유는 언제나 이미 어떤 도덕적 규범에 의해 한정되어 있다. 도덕적 규범의 타당성이 신의 이념에 의해 확보되든가 아니면 칸트 식으로 스스로 행위의 규칙을 산출해 내는 이성의 절대적 자율성의 이념에 의해 확보되든가 하는 것은 현사실적 자유의 한정성을 논함에 있어서 부차적인 의미밖에는 지니지 못한다. 신이 명령한 것이든 절대적으로 자율적인 이성에 의해 산출된 것이든 아무튼 인간 현존재는 결국 두 가지의 자기규정성을 지닐 수 있을 뿐이다. 도덕적으로 올바르지 못한 선택을 하는 인간은 욕망과 물리적 세계를 지배하는 인과율적 상호작용으로부터 자유롭지 못한 자로 규정된다. 반면 도덕적으로 올바른 선택을 하는 인간은 이성의 명령에 순응하는 자로 규정된다. 이성적 규범의 보편타당함이 인간으로 하여금 욕망을 이겨 내게 할 어떤 도덕적 좌표로서 작용하지 않는다면, 이성의 본성에 의해 그의 현사실적 삶이 규정되고 있지 않다면, 인간은 결코 도덕적 삶을 영위할 수 없을 것이다.

어떤 경우든 의식과 행위의 층위에서 이루어지는 선택의 자유는 인간 현존재가 자신이 아닌 그 어떤 것에 의해 이미 한정되어 있음을 전제로 나타나는 것일 수밖에 없다. 우리는 욕망에 의해 한정된 자로, 욕망을 부추기거나 제약하는 물리적 상황에 의해 한정된 자로, 우리 자신의 이성적 본성에 의해 한정된 자로, 이런저런 생각을 하고 행동을 한다. 자유롭게 선택하는 것 같지만 내가 누리는 모든 현사실적 삶에서의 자유는 나로 하여금 그러한 선택을 하게끔 하는 어떤 필연성의 원리에 의해 나 자신이 내몰리고 있음을 드러낼 뿐이다. 욕망에 의해 무너져 내릴 때 나는 육체적·물리적 세계를 지배하는 필연성의 법칙을 이겨 낼 힘이 없는 자로 드러나는 셈이다. 도덕적으로 올바른 선택을 할 때 나는 이성에 의해 미리 정해진 올바른 행위의 규칙에 순응해야 하는 자로 드러나는 셈이다.

사르트르 역시 선택의 자유에 관해 말한다. 그러나 사르트르가 말하는 선택의 자유는 통념적 의미의 선택의 자유와는 근본적으로 다르다. 그것은 한마디로, '모든 선택의 가능성을 자신을 향한 청유와 명령으로서 이해할 수 있는 그러한 존재자의 숙명적 존재방식으로서의 자유'이다. 『구토』의 주인공 로캉탱이 어느 날 공원 벤치에 앉아 있다 문득 깨달은 실존의 부조리는 '선택해야 할 근본적인 이유의 존재 부정' 외에 다른 아무것도 아니다. 모든 것은 그저 있을 뿐이다. 존재하는 자에게 그 무엇이 되어야 한다거나 그 어떤 행위를 해야 한다고 규정할 근본 이유 같은 것은 있지 않다. 전통 철학자들이 심각하게 설명해 온 삶의 이런저런 의미들은 모두 기망과 위선의 표현에 불과하다. 세상이 알고 있는 모든 선택의 이유는, 그리고 이런저런 선택을 합리화할 삶의 의미는, 나로 하여금 특정한 방식의 삶을 살도록 유혹하는 것일 뿐 있는 그대로의 나 자신의 존재에 대해서는 아무것도 알려 주지 않는다. 그것은 나의 존재 자체가 근원적으로 부조리하기 때문이다. 있는 그대로의 나 자신의 존재는 원래 사람들이 알고 있는 모든 삶의 의미를, 모든 행위의 이유를, 넘어서 있다.

살려면 먹어야 한다. 무엇을 먹을지 근심하는 나의 사유와 행위는 오직 '살아야 함'의 자명성에 근거해서만 실제적인 선택의 자유로 이어질 수 있다. 그러나 나는 먹지 않을 수도 있다. '살아야 함'은 내게 주어지는 청유일 수도 있고 강권일 수도 있으며, 심지어 어떤 윤리적 명령일 수도 있다. 그러나 내가 동의하지 않을 수 있음을 전제로 하지 않는다면 그러한 청유와 강권, 명령은 생겨나지 않을 것이다. 만약 내가 '살아야 함'을 무조건적인 명령으로서 수령하고 그 명령에 얽매인다면 나는 실존하기를 거부하고 있는 셈이다. 실존이란 그러한 명령보다 우선적인 것이기 때문이다. 그러나 그러한 명령을 거부할 실존적 선택의 가능성을 무화시킬 수 있는 사람은 아무도 없다. 나는 언제나 삶보다 죽음을 선호할 수 있는 자로 여기 있는 것이다. 그렇기에 나는 실존하기를 거부할 수 없고, 자유롭지 않기를 선택할 수도 없다. 실존의 현사실성과 자유의 현사실성은 본래 하나인 것이다.

그것은 도덕 역시 마찬가지이다. '도덕적으로 살아야 함'은 언제나 나를 향한 청유나 강권, 명령으로서 작용하는 법이고, 내가 동의하지 않을 수 있음을 전제로 하지 않는다면 아예 생겨나지도 않았을 것이다. 그렇다면 나는 나로 하여금 이런저런 선택을 하도록 강제하는 어떤 필연성의 법칙에 의해 한정되지 않은 자로서 여기 있는 셈이다. 나는 나 자신을 모든 행위의 준칙들을 거부할 수 있는 자로서, 모든 청유와 강권, 명령들을 무시하고 아직 아무것에도 한정되지 않은 나 자신의 근원적이고 본래적인 존재를 향해 눈길을 돌릴 수 있는 그러한 존재자로서 이해할 수 있는 것이다. 물론 나는 강고한 도덕주의자가 될 수도 있다. 도덕주의자로서 나는 나의 삶을 도덕적 규범의 한계 안에서만 꾸려 나가기를 선택한다. 그러나 그렇다고 내가 도덕을 거부할 수 있는 자로 실존한다는 사실이 바뀌는 것은 아니다. 자유가 내 실존의 현사실적 규정의 하나라는 존재론적 진실을 부정할 수 있는 방법은 내게 없다. 그것은 나의 실존이 본래 부조리한 것으로서 주어져 있기 때문이다. 존재에 대해 세상이 알고 있는 어떤 이유나 의미보다 나의 실존이 더욱 근원적이라는 뜻이다.

무조건적이고도 절대적인 자유를 자신의 실존의 근본 규정으로서 떠안을 수밖에 없는 인간 현존재는 늘 존재론적 선택의 기로에 서 있다. 그것은 인간 현존재란 세계 안의 존재자로서 세계 안에 주어져 있는 존재자들과 언제나 이미 관계를 맺고 있기 때문이다. 나는 나로 하여금 이런저런 선택을 하도록 요청하거나 강제하는 행위의 준칙들을 문제 삼지 않고 그러한 준칙들에 의해 지배되는 세상 안으로 나 자신 그러한 준칙들에 의해 지배되는 존재자로서 뛰어들 수 있다. 그러나 동시에 나는 거부할 수도 있다. 모든 행위의 준칙들은 나 자신을 향한 청유와 명령이기에, 나는 자신이 세상을 지배하는 행위의 준칙들에 의해 지배되는 존재자로서 남을 것인지 말 것인지 선택해야 하는 것이다.

1. 몸과 일상세계

겉으로 보기에 사르트르의 실존주의는 공감의 존재론과 양립할 수 없는 것처럼 보이기 쉽다. 공감이란 공동 현존재와의 관계 속에서 자신의 존재의 의미를 헤아릴 줄 아는 존재자에게서나 발견될 수 있는 감정과 기분이다. 그러나 실존의 부조리와 자유의 절대성에 대한 사르트르의 언명들은 그가 현존재의 존재를 공동 현존재와의 관계 속에서 고찰하기보다 어떤 고립된 개체처럼 고찰한다는 느낌을 준다. 게다가 『존재와 무』에서 사르트르가 현존재의 존재를 '그 자체로 있음(즉자 존재)'과 '자기를 위해 있음(대자 존재)'의 이분법적인 도식을 사용해 설명하는 것을 보면 그의 철학은 하

이데거의 존재론보다 헤겔의 관념론으로부터 더 많은 영향을 받은 것처럼 보이기도 한다.[28]

이 같은 의문을 풀기 위해서는 두 가지 문제에 대한 분석과 해명이 수행되어야 한다. 첫째, 현존재의 존재를 그 자체로 있음과 자기를 위해 있음의 이분법적 도식을 통해 분석하는 사르트르의 철학은 현존재의 근원적 존재로서의 함께 있음에 대한 존재론적 성찰과 양립 가능한가? 둘째, 사르트르의 현존재 이해는 현존재의 존재에서 발견되는 비본래성과 본래성의 역동적 관계에 대한 존재론적 성찰을 함축하고 있는가? 이 두 가지 문제에 대한 분석과 해명이 중요한 까닭은 '함께 있음'을 현존재의 근원적 존재로서 확립하는 것과 현존재의 존재를 비본래성과 본래성의 역동적 관계 속에서 성찰하는 것이 공감의 존재론을 위해 필수적이기 때문이다. 제1장에서 우리는 슐라이어마허의 철학이 이 두 가지 조건을 충족시킨다는 것을 확인할 수 있었다. 사르트르의 철학 역시 그러한지 확인하는 것이 사르트르의 철학에서 공감에 대한 존재론적 성찰의 가능성을 발견하는 데 필요한 선결조건이다.

1.1. 하이데거의 '함께 있음' 개념에 대한 사르트르의 비판

사르트르는 『존재와 무』에서 하이데거의 '함께 있음' 개념을 강하게 비판한다. 사르트르에 따르면 하이데거는 현존재와 현존재 사이의 관계를 갈등과 투쟁의 관점이 아니라 **"함께 있음"**의 관점에서 고찰한다. 그러나 갈등과 투쟁의 관점이 사상된 "함께-있음은 이 세계의 착취를 위한 존

---

28 사르트르의 철학의 방법론적 토대로서의 '그 자체로 있음(즉자성)'과 '자기를 위해 있음(대자성)'의 날카로운 대립에 관해서는 다음 참조: U. Pothast, *Die Unzulänglichkeit der Freiheitsbeweise*, Frankfurt a. M. 1987, 91 이하; H. H. Holz, *Jean-Paul Sartre*, Meisenheim / Glan 1951, 91 이하.

재론적 유대성의 한 종류를 표현"할 뿐이다. 현존재의 존재에 대한 "하이데거의 직관을 상징적으로 가장 잘 드러낼 만한 경험적 이미지는 싸움이 아니라 패거리의 이미지"이다. 그런 점에서 하이데거의 현존재는 개별자로서 실존하는 존재자가 아니라 전체성에 의해 개개인의 자유와 개성이 함몰된 집단의 구성원일 뿐이다.(*EN*, 291, 원문에서의 강조)

하이데거의 '함께 있음'에 대한 사르트르의 비판은 별로 온당하지 못하다. 하이데거의 철학에서 현존재 간의 갈등과 다툼에 대한 분석이 거의 보이지 않는 것은 의심의 여지 없는 사실이다. 그러나 하이데거의 함께 있음이 반드시 갈등과 다툼에 대립적인 것 또한 아니다. 존재론적으로 갈등과 다툼이란 존재론적 의미의 함께 있음에 근거해 있는, 그 자체로 함께 있음의 한 특별한 양태에 불과한 것이다. 게다가 함께 있음을 '세계의 착취를 위한 존재론적 유대성의 한 종류를 표현'하는 말로 설명하는 것을 보면 사르트르는 '함께 있음'을 '일상적인 존재자로서 남들과 함께 협력하며 존재함'이라는 의미로 한정해서 이해하는 듯하다. 그러나 서론과 제1장에서 밝혀진 것처럼 존재론적 의미의 함께 있음은 두 가지의 상이한 층위를 지닌다. 하나는 사르트르가 이해한 바와 같이 '일상세계에서 비본래적인 방식으로 함께 있음'이다. 또 다른 하나는 현존재의 근원적 존재규정으로서의 함께 있음이다. 하이데거는 "현존재는 무조건 언제나 함께 있음"이라고 지적하는가 하면, ―감정이입 개념을 비판하면서― "타인과 관계하고 있음은 독자적이고 제거될 수 없는 존재관계^{Seinsbezug}일 뿐만 아니라 이러한 존재관계는 함께 있음으로서 현존재의 존재와 이미 함께 있다"고 말한다. 만약 사르트르가 생각하는 것처럼 함께 있음이 '세계의 착취를 위한 존재론적 유대성의 한 종류를 표현'하는 말에 불과하다면 일상세계의 비본래성을 자각한 본래적 현존재의 존재는 함께 있음으로서 규정될 수 없을 것이다. 착취를 가능하게 하는 존재론적 유대성이란 결국 일상세계를 지배하는 도구적 의미연관에 의해 점철된 것일 수밖에 없기 때문이다.(*SZ*,

120; 125)

그러나 하이데거의 '함께 있음' 개념에 대한 사르트르의 불철저한 이해나 거부감을 근거로 사르트르의 철학이 공감과는 무관하다는 식의 결론을 내려서는 안 된다. 존재론적 의미의 공감은 일상세계에서 비본래적 현존재들 사이에 형성되는 유대감과는 비교도 할 수 없을 정도로 근원적인 것이기 때문이다. 만약 사르트르가 현존재 간의 관계를 주로 갈등과 투쟁의 관점에서 고찰한다는 것을 근거로 사르트르의 철학이 공감과 무관하다는 결론을 내리는 사람이 있다면 그는 실은 사르트르가 하이데거의 함께 있음을 비판하며 저지른 것과 똑같은 오류를 범하는 셈이다. 그 역시 사르트르와 마찬가지로 존재론적 의미의 함께 있음과 공감을 비본래적 현존재들 사이에 형성되는 일종의 도구적 협력관계 및 유대감 같은 것으로 오인하고 있다는 뜻이다. 그러나 공감이 꼭 사람들 사이의 유대감을 전제하는 법이라고 여길 이유도 없고, 사람들 사이의 갈등과 투쟁이 공감의 형성을 가로막기만 한다고 여길 이유도 없다. 아마 이러한 사실에 주목하고 사람들 사이의 경쟁과 공감의 관계를 체계적으로 밝힌 최초의 사상가는 애덤 스미스일 것이다.

주지하다시피 스미스는 『도덕감정론』에서 공감의 이유를 공동의 이익을 위한 효용성 내지 '공동 이익에 대한 일반 감각'의 관점에서 설명하는 흄의 입장을 우회적으로 비판하면서 공감은 효용성이 아니라 적정성 propriety을 매개로 한다고 주장한다. 이러한 관점에서 보면 인간의 이기심은 공감의 형성에 하등의 방해가 되지 않는다. 쉽게 말해 자신이 이기적임을 이해하는 사람만이 타인 역시 자기의 이익을 추구함을 이해할 수 있고, 이러한 이해는 자기의 이익과 권리가 침해를 당해 슬퍼하거나 분노하는 타인의 심정에 공감할 근거가 된다는 것이다.[29]

---

29 A. Smith, *The Theory of Moral Sentiments*, Indianapolis 1984, 16 이하, 43 이하 및 267 이

마찬가지로 사르트르가 기술하는 현존재 사이의 갈등과 투쟁의 관계를 공감의 근거로 이해하는 것이 꼭 불합리할 이유는 없을 것이다. 오직 남들과 갈등하고 투쟁해 본 자만이 남들과의 갈등과 투쟁으로 인해 괴로워하거나 잔혹해진 자의 심정을 이해하고 그에 공감할 수 있을 것이다. 우리의 공감이 꼭 이성적인 성찰이나 선량한 자들 사이에 형성된 어떤 동질감 같은 것에 바탕을 두고 있는 것은 아니다. 때로 우리는 악당의 냉정하고 잔혹한 감정마저도 긍정적으로 평가하고 공감을 느끼기도 한다. 게다가 맹목적인 갈등과 투쟁으로 인해 생겨나는 악을 극복하기 위해 노력하는 자에게 공감을 표할 수 있는 것 또한 스스로 갈등과 투쟁의 한가운데 내몰려 본 사람만이 할 수 있는 일일 것이다.

갈등과 투쟁의 관계가 공감의 근거일 수 있다는 것을 전제로 우리는 공감의 존재론을 위해 두 가지 문제를 해결해야 한다. 첫째, 현존재 사이의 갈등과 투쟁에 대한 사르트르의 실존론적 분석이 현존재의 근원적 존재방식에 대한 이해에 바탕을 두고 있는지 밝혀져야 한다. 인간의 이기심이 공감 형성의 한 근거일 수 있음을 밝힌 스미스의 논의는 어디까지나 ─이익을 위한 투쟁이 벌어지는─ 일상세계에서 형성되는 공감에 관한 논의일 뿐이다. 존재론적으로 보면, 공감에 대한 스미스의 논의는 현존재의 비본래적 존재방식에 대한 인식과 이해에서 출발하는 것이다. 만약 현존재 사이의 갈등과 투쟁의 관계에 대한 사르트르의 이해 역시 현존재의 비본래적 존재방식에 대한 인식과 이해에서 출발한다면 사르트르의 철학은 공감의 존재론을 위해 제한적인 의미만을 지닐 것이다. 둘째, 만약 현존재 사이의 갈등과 투쟁의 관계에 대한 사르트르의 실존론적 분석이 현존재의 근원적 존재방식에 대한 이해에 바탕을 두고 있는 경우, 현존재 사이

하 참조; F. Forman-Barzilai, *Adam Smith and the Circle of Sympathy. Cosmopolitanism and Moral Theory*, New York: Cambridge University Press, 2009, 97 이하 참조.

의 갈등과 투쟁의 관계가 존재론적 의미의 공감과 어떤 관계에 있는 것인지 해명되어야 한다. 비록 하이데거가 본격적으로 공감의 문제를 다룬 적은 없지만 우리는 하이데거의 함께 있음이 존재론적 의미의 공감과 불가분의 관계에 있을 뿐 아니라 동근원적이라는 것을 이전의 논의들을 통해 확인할 수 있었다. 사르트르의 철학에 대해서도 이와 비슷한 논의를 할 수 있을까?

1.2. 몸과 타자의 시선

첫 번째 물음에 관해 긍정적인 답변을 하기는 쉽지 않다. 심지어 갈등과 투쟁에 대한 사르트르의 관점이 존재론적 의미의 일상성에 대한 명확한 이해에 바탕을 두고 있는 것인지조차 의심스러워 보이기도 한다. 사르트르는 『존재와 무』에서 현존재 사이의 갈등과 투쟁을 거의 일방적으로 직접적인 마주대함의 관계에서만 분석한다. 우리가 경험하는 세계의 갈등과 투쟁은 가치관과 세계관의 차이, 정치적·경제적 이익 충돌, 무례함 등 대단히 다양한 원인들 때문에 일어난다. 그럼에도 사르트르는 '몸으로 인해 서로가 서로를 객체처럼 마주 봄'이라는 단순한 주체-객체 도식에서 갈등과 투쟁의 문제를 해명하려 한다. 사르트르는 몸으로 인해 서로에게 대상화됨이 현존재들 간의 관계를 갈등과 투쟁의 관계로 만드는 그 존재론적 원인이라고 여기는 것이다.

사르트르는 인간 현존재의 몸에 세 가지의 존재론적 차원이 있음을 역설한다:

"나는 나의 몸을 실존한다. 이것이 몸의 첫 번째 존재 차원이다. 나의 몸은 타자에 의해 이용되고 인지된다. 이것이 두 번째 차원이다. 그러나 **내가 타자를 위해 존재**하는 한, 타자는 나에게 그를 위해 내가 객체인 주체로서 드러나는 것이다. 이미 살펴본 것처럼, 여기서도 내가 타자와 맺고 있는 근본적 관계가 문제가 된다. 그러므로 나는 나에게 타자에 의해 인지되는 것으로서 실존한다. 특히 나의 현사실성 자체 안에서 그러하다. 나는 몸의 자격으로 타자에 의해 인지되는 것으로서 나를 위해 실존한다. 이것이 내 몸의 세 번째 존재론적 존재 차원이다."(*EN*, 585 이하, 원문에서의 강조)

인용문에서 가장 먼저 눈에 뜨이는 것은 '나는 나의 몸을 실존한다'는 어색한 문장이다. 원문은 'J'existe mon corps'로, 동사 'exister'가 '있음'을 뜻하는 'être'와 마찬가지로 자동사라는 것을 고려해 보면 문법적으로 맞지 않는다. 하지만 우리말의 '살다'를 떠올려 보면 그 의미가 와닿지 않는 것은 아니다. '나는 한국에 산다'는 문장에서 '살다'는 자동사이다. 그러나 '그는 청빈한 삶을 산다', '그는 살인미수로 감옥에서 5년 형을 살다 나왔다'는 등의 문장에서 '살다'는 목적어를 갖는 타동사이다. 물론 엄밀한 의미에서 삶이나 형벌 같은 것은 사물처럼 객체화되고 대상화될 수 있는 것이 아니다. '그는 청빈한 삶을 산다'는 말의 실제 의미는 '그는 청빈하게 산다'이며, '그는 감옥에서 형을 살다 나왔다'는 '그는 감옥에서 감금형을 받으며 살다 나왔다'를 뜻한다. '나는 나의 몸을 실존한다'는 말 역시 일상언어의 관점에서 보면 '나는 몸을 지닌 자로 존재한다' 혹은 '나는 나의 몸으로서 실존한다'는 뜻으로 해석되어야 할 것이다.

사르트르의 철학에서는 사정이 조금 다르다. 필자는 이 문장의 뜻이 '나는 의식적 존재자로서 자신의 몸과의 존재론적 관계 속에서 실존하는 자이다'라고 본다. 몸은 내가 지닐 수 있는 사물이 아니다. 몸과 나는 서로 분리될 수 없다. 그럼에도 내가 한 의식적 존재자로서 존재하는 한, 나는 엄밀한 의미에서 '몸으로서' 존재하는 것도 아니다. 나는 몸과 동일한 존재자로서 존재하는 것이 아니라 자신의 존재를 몸과의 관계 속에서 헤아릴 줄 아는 의식적 존재자로서 존재한다는 뜻이다.

몸과 나는 서로 분리될 수 없지만 그럼에도 나는 나의 몸을 대상화할 수 있다. 그것은 내가 몸 자체로서가 아니라 몸과 관계를 맺고 있는 의식적 존재지로서 존재하기 때문이다. 사르트르가 몸의 첫 번째 존재론적 차원으로 설명한 '나는 나의 몸을 실존한다'는 말의 의미가 바로 이것이다.

몸의 두 번째 존재론적 차원에 관한 설명에서 사르트르는 '내가 타자를 위한 존재자로서 존재'하는 데 필요한 조건을 '타자가 나의 몸을 이용하고 인지할 수 있다'는 것에서 찾는다. '~을 위한'에 해당하는 원어는 전치사 'pour'로서, '~에 대한'으로 해석해도 큰 무리는 없다. 이 경우 '나는 타자에 대한 존재자로서 존재한다' 혹은 '나는 타자에 대해 존재한다' 등의 번역이 가능할 것이다. 그러나 인용문의 '이용한다'는 표현에서도 알 수 있듯이 사르트르가 'pour'라는 전치사를 통해 표현하는 것은 '타자가 자신을 위해 나의 몸을 대상처럼 사용함'이다. 앞으로의 논의를 통해 밝혀지겠지만 보통 '대자 존재'라고 번역되는 사르트르의 'pour soi' 역시 실은 '자기를 위함'의 의미를 강하게 함축하고 있다.

전치사 'pour'의 의미에 관한 설명이 중요한 까닭은 그것이 자아와 타자의 관계에 대한 사르트르의 성찰을 이해하는 데 있어서 결정적인 관건이 되기 때문이다. 사르트르에게 타자의 존재는 우선 대상적 존재로서 정립된 뒤 어떤 의식의 작용에 의해 추후로 하나의 주체로서 인식되는 것이 아니다. 사르트르는 자아와 타자의 관계를 반성적 의식의 관점에서 밝히려는 헤겔의 시도가 "실패"로 돌아갔음을 선언하면서, 헤겔의 철학에서는 "대상-타자와 자아-주체 사이에 [양자를 연결시킬] 어떤 공통된 척도도 존재하지 않으며, 자기의 의식과 타자의 의식 사이에서는 더욱더 그러한 척도가 존재하지 않는다"고 주장한다.(*EN*, 288) 사르트르의 관점에서 보면 나의 존재를 객체화하는 타자의 시선은 처음부터 나의 존재를 '자신을 위해 유용한 주체-대상'으로서 인지하고 있으며, 나 역시 자신을 바라보는 타자의 시선을 통해 그러한 사정을 직감한다. 사르트르의 헤겔 비판은 헤겔의 반성적 의식의 모델을 통해서는 이러한 상호인지가 어떻게 가능한지 설명하기 어렵다는 것을 전제한다.[30]

반성적 의식의 모델에 대한 사르트르의 비판이 가장 잘 나타나는 것은 '수치감'에 대한 사르트르의 존재론적 해명에서이다. 사르트르에 따르면 자신을 바라보는 타자의 시선은 우리에게 수치감을 불러일으키기 마련이다. 그것은 주로 몸의 두 번째 존재론적 차원과 세 번째 존재론적 차원의 복합작용 때문에 일어나는 일이다. 앞서 본 것처럼 사르트르에 의하면 나의 몸을 향한 타자의 시선은 자신이 타자를 위해 유용한 주체-객체로서 인지되고 있음을 깨닫게 하고, 이것이 몸의 두 번째 존재론적 차원이다. 타자의 시선이 우리로 하여금 수치감을 느끼게 하는 최초의 원인은 바로 여기에 있다. 그런데, 왜 그런 것일까? 왜 우리는 타자에 의해 자신이 타자를 위해 유용한 주체-객체로서 인지되고 있음을 깨달으면 부끄러움을 느끼게 되는 것일까? 그 이유는 몸의 세 번째 존재론적 차원 때문이다. 나는 타자에 의해 타자를 위해 유용한 주체-객체로서 인지되고 있음을 단순히 인식론적으로 깨닫는 것이 아니다. 나는 '몸의 자격으로 타자에 의해 타자를 위해 유용한 존재자로서 인지되는 나'를 위해 실존한다. 나를 위해 실존하는 한, 나는 객체가 아니다. 그러므로 나를 위해 실존하는 나는 타자를 위해 유용한 객체로 전락해 버린 자신을 있는 그대로 긍정할 수 없다. 자신을 위해 실존하는 존재자의 존재는 타자를 위한 객체적 존재자로서의 존재와 대립적일 수밖에 없기 때문이다. 그런데 이러한 대립은 원래 오직 하나의 세계를 자신과 타자의 공통된 존재지반으로서 가지는 자의 존재에서만 발견될 수 있는 대립이다. 그 이유는 아마 현존재가 동물과 맺는 관계를 현존재가 공동 현존재와 맺는 관계와 비교해 보는 경우 잘 드러날

---

30 변광배, 『장 폴 사르트르(시선과 타자)』, 살림, 2004, 43 이하 참조.

수 있을 것이다. 두 가지 경우를 생각해 보자.[31]

우선 자신이 벌거벗은 채 인적이 드문 공원의 풀밭 위에 누워 있다고 상상해 보자. 문득 햇살이 눈을 찔러 와 낮잠에서 깨어나 보니 사슴 한 마리가 멀리서 한가로이 노닐고 있다. 어딘가 먼 곳을 바라보던 사슴은 내가 일어나는 기척을 느꼈는지 고개를 돌려 나를 쳐다본다. 이러한 경우 우리 마음에서는 수치감이 일어나지 않을 수도 있고 일어날 수도 있다. 수치감이 일어나지 않는 것은 '사슴은 인간과 달리 벌거벗은 몸을 부끄럽게 여기지 않는다'는 생각 때문일 것이다. 만약 수치감이 일어난다면 그것은 사슴을 인간처럼 여기기 때문이다. 사슴의 시선을 인간의 시선과 혼동함으로써 불필요한 수치감을 느끼게 된다는 뜻이다. 즉, 나의 벗은 몸을 향한 모든 시선이 나를 부끄럽게 하는 것이 아니라 나와 같은 인간의 시선만이 나를 부끄럽게 한다.

이번에는 자신이 배우자가 아닌 이성과 성행위를 하고 있다고 상상해 보자. 이 경우 나는 자신을 바라보는 것이 동물이라도 부끄러움을 느끼기 쉽다. 물론 여기서도 수치감은 불필요한 감정일 수 있다. 동물은 인간과 달리 정조의식도 없고 남들 앞에서 성행위를 하는 것을 부끄럽게 여기지도 않는다고 전제하면 그러하다. 그러나 인간에게 성행위란 대개 성애를 나누는 당사자들 간의 내밀한 행위이기에 인간은 성행위를 하는 자신을 바라보는 것이 설령 동물이라도 부끄러움을 느끼기 쉽다. 이러한 부끄러

---

31 베른하르트 발덴펠스(Bernhard Waldenfels)는 사르트르의 현존재의 "함께-있음"에 대한 사르트르의 이해를 "사회성은 간-개인성(Interindividualität)을 넘어서지 않는다"는 말로 함축한다.(B. Waldenfels, *Phänomenologie in Frankreich*, Frankfurt 1987, 94 이하.) 발덴펠스는 몸에 대한 사르트르의 분석이 주체-객체 도식의 측면에서 이루어지지 않는 것이 현존재의 존재가 우선 타자와 유리된 고립된 존재로서 파악되어야 함을 뜻하는 것이 아니라는 것을 옳게 지적한다. 그것은 도리어 현존재의 존재란 사회성 혹은 일상성으로 환원될 수 없음을 드러내는 사르트르 고유의 존재론적 방식으로서 이해되어야 할 것이다. 이에 관해서는 다음 참조: 같은 책, 88 이하.

움 역시 동물의 시선을 인간의 시선과 혼동함으로써 느끼게 된 불필요한 감정이라고 볼 수 있을 것이다. 혹은 동물의 존재에 어떤 인격성 같은 것을 덧입힘으로써 동물의 시선을 부끄러움의 원인으로 삼게 된다는 설명도 가능할 것이다. 여기서 주목할 점은 인간이나 그 밖의 어떤 인격적 존재의 시선은 우리에게 부끄러움의 정당한 원인이 된다는 사실이다. 예컨대 누군가 자신의 외동장면을 목격하는 경우, 설령 그가 나와 일면식도 없는 남이라고 하더라도, 나는 크나큰 부끄러움과 당혹감을 느끼게 된다. 이러한 감정은 결코 아무 이유 없이 불필요하게 일어나는 감정이 아니다. 그것은 내가 이미 하나의 세계 안에서 존재하는 자이기 때문에 생겨나는 감정이다.

나를 목격한 자의 가치관이나 성향이 어떤지 나는 아직 모른다. 그는 도덕적으로 완고한 사람일 수도 있고, 반대로 성적으로 자유분방한 사람일 수도 있다. 그럼에도 나는 부끄러움과 당혹감을 피할 수 없다. 결국 이 세계에는 외도를 터부시하는 사람들이 다수이다. 도덕적으로 완고한 사람이라면 그는 나를 비난할 것이다. 그러나 설령 그가 성적으로 자유분방한 사람이라고 하더라도 나는 세상으로부터 비난받을 가능성으로부터 자유롭지 못하다. 아무튼 그는 '세상에서 비난받을 만한 일을 범한 자로서 나를 발견'한 것이다. 그가 나를 곤경에 빠뜨릴 요량으로 내가 외도를 한 사실을 세상에 알리면 나는 난처해질 수밖에 없다. 즉, 그가 외도를 하는 나를 목격함으로써 나는 더 이상 주체적으로 나와 세상의 관계를 확립해 나갈 수 없게 되었다. 내가 세상으로부터 비난을 받을지 어떨지의 문제가 그의 자의에 내맡겨지게 된 것이다.

위에 언급된 두 가지 경우 모두 겉으로 보기에는 '타자를 위한 나의 유용성'과는 아무 상관도 없는 것처럼 보인다. 나의 벗은 몸이나 외도 장면을 보는 것이 타자에게 어떤 희극적인 감정이나 불쾌감, 분노 등을 불러일으킬 수는 있다. 그런데 그런 감정으로 인해 타자가 돈을 벌거나 일용할 양식을 얻는 것은 아니다. 그렇다면 나를 바라보는 타자의 시선이 나를 그가 이용하고 인지할 대상으로서 객체화한다는 사르트르의 생각은 너무 일면적인 것이 아닐까? 타자의 시선이 유용성과는 아무 상관도 없는 경우가 분명히 존재하지 않는가? 그러나 누구나 세계를 자신의 삶의 터전으로서 이해하기 마련이라는 것을 고려해 보면 우리는 전혀 다른 결론에 도달하게 된다. 현존재의 존재를 세계 안의 존재자로 이해하면 나를 향한 타자의 시선은 언제나 나를 유용한 대상으로서 객체화한다고 볼 수 있다는 뜻이다.

만약 누군가 나의 벗은 몸을 보고 화를 낸다면 그는 비록 인적이 드문 공원이라고 하더라도 인간은 결코 공공장소에서 알몸을 보여서는 안 된다고 여기는 사람일 것이다. 그는 어떤 식으로든 나를 단죄할 필요성을 느낀다. 나 같은 사람을 단죄함으로써 그는 자신의 세계가 살기 좋은 도덕적 세계로서 유지되기를 바라는 것이다. 반대로 그가 희극적인 감정을 얻는 경우 그는 나의 벗은 몸을 일상의 딱딱한 규칙으로부터 잠시 일탈해 즐거움을 얻을 수단으로 삼는 셈이다. 결국 나는 어떤 경우에도 그를 위해 유용한 도구로서 존재하면서 그의 시선을 받는다. 외도장면을 남에게 들킨 경우도 물론 마찬가지이다. 누군가는 분노를 느낄 수도 있고 누군가는 낄낄거리며 웃을 수도 있다. 전자는 나를 세계의 도덕적 질서를 유지하기 위해 단죄할 객체로서 도구화하는 자이고, 후자는 일상적 규범으로부터 일탈해 즐거움을 얻을 요량으로 나의 몸을 도구화하는 자이다.

여기서 일단 지금까지의 논의를 간단하게 정리해 보자. 타자의 시선이 나로 하여금 수치감을 느끼게 하는 직접적인 이유는 두 가지로 나뉜다. 첫째, 타자가 나의 존재를 그를 위해 유용한 객체로서 인지하고 있음을 나는 의식한다. 즉, 몸의 두 번째 존재론적 차원이 수치감의 직접적 이유 중 하나이다. 둘째, 타자의 시선에 의해 그를 위해 유용한 객체로 전락해 버린 나 자신을 위해 나는 실존한다. 즉, 몸의 세 번째 존재론적 차원 역시 수치감의 직접적 이유 중 하나이다. 물론 몸의 두 번째와 세 번째 존재론적 차원을 가능하게 하는 것은 몸의 첫 번째 존재론적 차원, 즉 '나는 나의 몸을 실존한다'는 현존재의 현사실성이다. 실존하는 나는 몸으로 인해 타자에 의해 대상화되고 객체화된 자신의 존재를 수긍할 수 없다. 나는 객체적 존재자가 아니라 자유로운 주체적 존재자인 것이다. 그런데 나의 몸이 대상화되고 객체화되는 것은 하나의 세계 안에서 일어나는 일이다. 몸을 둘러싼 이 세계의 이런저런 도구적 활용방식이나 규범 등등이 객체화된 내 몸의 존재방식을 타율적으로 결정하게 할 근거로 작용하기 때문이다. 결국 나의 몸을 실존함이 수치감의 근본 원인이 되는 까닭은 그것이 나와 타자가 공통된 존재지반으로서 지니는 세계 안에서 일어나는 일이기 때문이다.

실제로 사르트르는 바로 이러한 존재론적 관점에서 자아와 타자의 관계를 해명한다. 이 말은, 사르트르에게 인간 현존재의 존재는 자신과 타자의 관계를 주체-객체의 관계로 정립하는 반성적 의식의 활동에 의해 규정될 수 없다는 뜻이기도 하다. 타자를 바라보거나 타자의 시선을 받거나 상관없이, 나의 의식은 언제나 이미 하나의 세계와의 관계 속에서 존재하는 구체적 의식이며, 세계를 지배하는 유의미성의 연관은 어떤 가치중립적인 의식의 활동에 의해 획득될 지식의 체계처럼 '거기' 있는 것이 아니라 이미 나의 의식 자체를 선반성적으로 규정하고 있다. 나는 타자를 세계 안의 존재자로서 바라보는 것이며, 나를 향한 타자의 시선은 나에게 세계 안의 한 존재자로부터 역시 세계 안의 한 존재자로서 존재하는 나를 향한 시선으로서 인지되는 것이다.

사르트르는 수치감에 대해 다음과 같이 설명한다:

"수치감은 **일종의 원죄**^{chute originelle}의 감정이다. 그것은 내가 이런저런 실수를 범했기 때문이 아니라 단지 내가 세계 안으로 '떨어져 버렸다'는,

즉 사물들 사이에서 [존재하게 되었다는], 그리고 나 자신인 그러한 존재가 되기 위해 내가 타자의 중재를 필요로 한다는 그러한 이유 때문에 생겨난다."(*EN*, 336, 원문에서의 강조)

　아마 독자들 중에서는 위의 인용문이 일상세계 및 일상세계를 지배하는 유의미성의 연관에 대한 하이데거적 성찰과는 거리가 멀다고 느끼는 이들도 있을 것이다. 그러한 느낌이 드는 것도 무리는 아니다. 예컨대 '나 자신인 그러한 존재가 되기 위해 나는 타자의 중재를 필요로 한다'는 설명은 전통 형이상학의 주체-객체 도식에 지나치게 얽매여 있는 것처럼 보인다. 결국 존재론이란 주체와 객체, 의식과 신체 등 눈앞에 있음(현전성) 중심의 형이상학적 사유방식의 한계를 넘어서야 하는 것 아닌가? 존재론적으로 나는 타자에 의해 중재되어 비로소 나 자신인 그러한 존재가 되는 것이 아니다. 모든 현존재는 세인으로 존재하는 자로서, 나의 존재와 공동현존재의 존재는 모두 '언제나 이미 세인으로서 함께 있음'의 관계를 맺고 있다는 뜻이다. 이러한 관점에서 보면 주체나 객체 같은 개념들을 사용해 실존의 본질구조를 설명하는 사르트르의 철학은 존재론과 형이상학을 기묘하게 혼합하고 있는 것처럼 보이기도 한다.

　그러나 사르트르의 철학이 일상성 및 일상세계를 지배하는 유의미성 연관에 대한 존재론적 성찰과 무관하다고 성급하게 결론을 내려서는 안 된다. 다음 절에서 밝혀지게 되겠지만 『존재와 무』에서 사르트르가 시도한 '현상학적 존재론'의 근본 전제들 중 하나는 현존재의 존재의 근원적 일상성이다. 특히 『존재와 무』 제1부의 두 번째 장에서 주제화된 '자기기만la mauvaise foi'에 대한 사르트르의 분석은 그가 현존재의 존재를 무엇보다도 우선 일상세계의 유의미성 연관에 의해 지배되는 일상적 존재자로서 이해하고 있음을 잘 드러낸다.

　이러한 문제는 이어지는 다음 절에서 본격적으로 다루기로 하고 우선

'주체', '객체', '타자의 중재' 같은 표현들이 존재론적으로 유의미한 표현일 수 있는지 먼저 생각해 보자. 전통 철학적인 의미로 사용하는 경우 이러한 개념들은 존재론에 이질적이기만 할 뿐이다. 그 사용은 존재의 의미를 존재론적으로 밝히는 데 혼란이나 초래할 뿐 어떤 유의미한 결과도 산출해 내지 못하기 쉽다. 그러나 일상세계에서 현존재들 사이에 오가는 구체적 상호작용의 관점에서 이러한 개념들을 규정하는 경우 그 사용은 존재론적으로 유의미할 수 있다. 실제로 현존재가 타자를 이런저런 목적을 위해 객체화된 사물처럼 사용하기도 하고 또 거꾸로 타자에 의해 사용되기도 하는 것은 부정하기 어렵기 때문이다. 게다가 일상세계를 지배하는 도구적 의미연관이 현존재의 존재 역시 규정하는 것으로서 이해되려면 현존재와 현존재 사이를 서로가 서로를 도구화하는 그러한 관계로서, 서로가 서로를 사용하고 또 서로에 의해 사용되기도 하는 그러한 관계로서, 이해하지 않을 수 없을 것이다.

어떤 점에서는 이러한 개념들의 사용이 하이데거의 존재론에 대한 철학적 보충이 될 수도 있다. 사르트르가 지적한 것처럼 하이데거의 철학은 현존재 간의 관계를 서로 갈등하고 투쟁하는 개별자들 간의 상호작용의 관점에서 해명하지 않는다. 분명 사르트르가 오인한 것과 달리 하이데거의 '함께 있음'은 일상적 유대관계의 의미로 한정되지 않는다. 그럼에도 아무튼 하이데거의 철학에 현존재 간의 상호작용에 대한 구체적 해명이 결여되어 있다는 것은 부정하기 어렵다.

사르트르처럼 인간 현존재들 간의 관계를 '서로 객체화하고 도구로서 사용하는 관계', 그러한 관계로 인해 종종 '수치감을 느끼고 객체나 도구가 아닌 순연한 주체로서 존재하기를 원하는 그러한 자들의 관계'로서 해명하는 것이 공감의 존재론을 위해 유의미한 이유 역시 바로 여기에 있다. 현존재들 사이의 관계는 서로 협력하는 조화로운 관계일 수도 있지만 서로 갈등하고 투쟁하는 관계일 수도 있다. 만약 공감이 현존재의 근본 기조의 하나로 파악될 수 있으려면 공감은 두 가지의 관계 모두에서 현존재의 함께 있음을 규정하는 것이어야 한다. 갈등과 투쟁의 층위에서도 현존재의 존재를 함께 있음으로서 규정하게 할 존재론적 공감의 의미가 무엇인지 우리는 '자기기만'의 현상에 대한 사르트르의 분석에서 그 해답을 찾을 수 있을 것이다.

1.3. 자기기만과 자기 존재에 대한 믿음의 의식

인간 현존재의 일상적 존재방식에 대한 사르트르의 성찰이 집중적으로 나타나는 것은 '자기기만'의 문제를 다룬 『존재와 무』 제1부의 두 번째 장이다. 사르트르의 자기기만 개념을 우리는 한마디로 다음과 같이 설명할 수 있다: '자기기만이란 자기의 존재가 일상적 존재자로서의 자기와 다름을 외면함이다.' 사르트르의 논의는 자기기만에 대한 명확한 정의에서 출발하지 않는다. 사르트르는 먼저 자기기만을 둘러싼 이런저런 철학적 관점들이나 자기기만과 유사한 일상적 현상들에 관해 꽤나 길고 복잡하게 설명한다. 자기기만에 대한 존재론적 정의라 할 만한 것은 논의의 끝부분에 나타난다. 그것은 다음과 같다.

"자기기만은 자기 자체[l'en soi; 즉자]를 피해 내 존재의 친밀한 분열 속에 머물려고 한다. 그러나 자기기만은 자신이 자기기만이라는 것을 부정하기 때문에 이 분열 자체를 부정한다. '자기인 것이 아닌 존재le non-être-ce qu'on est'를 통해 자기 아닌 것으로 있음être ce qu'on n'est pas의 양태를 거쳐 내가 그것이 아니게 된 자기 자체를 피하면서, 자기기만은, 자신이 자기기만임을 부인하면서, '자기가 아닌 것이 아닌 존재le non-être-ce qu'on n'est pas'의 양태를 거쳐 내가 그것이 아닌 자기 자체가 되려고 한다."(EN, 107)

이 수수께끼 같은 말의 의미를 헤아리려면 무엇보다도 우선 '내 존재의 친밀한 분열'이 무엇을 뜻하는지 먼저 밝혀져야 한다. 사르트르는 우리가 자신의 존재에 대해 지니는 이런저런 "믿음은 믿지 않음"(EN, 108)이라고 지적한다. 이 역설적인 말의 의미는 별로 어렵지 않다. 자신이 회사원이라고 상상해 보자. 어느 날 나는 자신이 때가 되었음에도 승진하지 못하게 되었다는 것을 발견하고 "나는 회사원으로서 지금보다 더 성실해져야 한다"고 다짐한다. 이러한 다짐은 '나는 회사원으로 존재한다'라는 자기정체성과 '나는 지금보다 더욱 성실한 회사원이 될 수 있다'는 믿음을 전제로 한다. 그런데 이러한 믿음은 이미 그 자체로서 '나는 지금보다 더욱 불성실한 회사원이 될 수도 있다'는 생각과, 더 나아가, '나는 회사원이 아닐 수도 있다'는 생각을 전제로 한다. 만약 이러한 반反-믿음이 전제가 되지 않는다면 나는 자신이 회사원으로서 존재하고 또 장차 더 성실한 회사원이 될 수 있음을 애써 믿을 이유가 없을 것이다. 자신의 믿음과 상반되는 자신의 존재에 대한 이해가 전제되지 않으면 나는 아무것도 믿을 필요가 없고 또 믿을 수도 없다. 대신 나는 그저 회사원으로 존재할 뿐이고, 또 저절로 더욱 성실한 회사원이 될 뿐이다. 즉, 모든 믿음은 그 믿음에 상반되는 자신의 존재에 대한 이해를 전제로 하기 마련이다.

'나는 회사원으로 존재한다', '나는 지금보다 더욱 성실한 회사원이 되어야 한다'는 등의 믿음이 확고부동해질수록 나는 이러한 믿음에 상반되는 자신의 존재에 대한 이해로부터 멀어지는 셈이다. 자신의 회사원으로서의 존재에 대한 모든 믿음은 자신의 존재에 함축되어 있는 '회사원이 아님', '회사원이 아닐 수 있음'에 대한 외면과 기망으로서 형성된 것임에도 불구하고 나는 그러한 사실을 인지하지 못하고 자신의 '회사원으로서 존재함'에만 매달린다. 사르트르가 말하는 자기기만은 바로 이러한 것이다. 그것은 '회사원으로서의 존재'와 '회사원이 아닌 존재'로 자기의 존재가 분열되어 있음을 부정하고 다만 '회사원으로서의 존재'만 되고자 한다. '회사원으로서의 존재'는 나의 '자기인 것이 아닌 존재'이다. 나 자신이 그 자체로서 회사원인 것이 아니라 회사와 나 사이에 맺어진 계약에 의해서만 나는 회사원이기 때문이다. 결국 나는 '회사원으로 존재하면서', 즉 '자기 아닌 것으로 있음'의 양태를 거쳐, 나 자신의 '자기 자체가 아닌 것'이 될 뿐만 아니라 실은 자기 자체로부터 점점 더 멀어져 버리는 셈이다. 나는 온전히 회사원이 됨으로써, 즉 나의 존재와 회사원으로서의 존재가 완전히 하나가 되어 회사원으로 존재함이 나에게 더 이상 '자기가 아닌 것이 아닌 존재'의 의미를 지니게 될 때까지, 자신의 자기 자체를 회사원 자체로 만들려고 한다. 나의 자기 자체는 결코 회사원 자체일 수 없음에도 불구하고 말이다.

자기기만에 대한 사르트르의 설명에서 가장 눈에 뜨이는 것은 사르트르가 현존재를 '자기 자체', '그 자체로 있음' 등으로 규정한다는 점이다. 존재론적 관점에서 보면 이러한 규정은 꽤나 의심스러운 것으로 여겨지기 십상이다. 더군다나 사르트르가 현존재의 '자기 자체로 있음'을 의식의 관점에서 고찰하고 있음을 고려해 보면 더욱더 그러하다.

사르트르에게 자기기만이란 자기 자체가 아닌 그 어떤 것이 되도록 우리로 하여금 자신을 스스로 몰아세우도록 하는 믿음과 같다. 일종의 믿음이기에 자기기만은 자신이 자기기만이라는 것을 부정하는 것이다. 그런데 사르트르의 논의를 면밀히 살펴보면 여기서의 '믿음'은 단순한 믿음이 아니라 '믿음의 의식', 혹은 '자신의 믿음을 의식하는 의식'을 뜻한다는 것을 알 수 있다. 믿음과 반-믿음이 동시에 가능하도록 자신의 존재가 두 상반된 계기로 찢겨져 있다는 것을 우리가 스스로 의식하고 있음을 전제하지 않고서는 자기기만에 관해 논의할 수 없기 때문이다.

사르트르는 "선반성적 코기토의 법칙 자체는 믿음의 존재가 믿음의 의식이어야 한다는 것을 함축한다"(*EN*, 106)고 주장한다. '자신이 회사원으로 존재함', '자신이 회사원으로 존재해야 함' 등에 대한 믿음은 자신에 대한 어떤 반성적 성찰을 통해 자신을 회사원으로 정립함으로써 형성되는 것이 아니다. 나는 자신에 대한 어떤 반성적 성찰을 수행하기 이전에 이미 회사원으로서 존재하고 있고, 회사원으로서의 의식을 지니고 있으며, 그런 한에서 회사원으로서의 자기 존재에 대한 나의 모든 믿음들은 선반성적 의식의 계기들로서 언제나 이미 존재하고 있는 셈이다.

이런 점을 보면 자기기만으로서의 믿음에 대한 사르트르의 성찰이 인간 현존재를 일상적 존재자로서 규정하는 하이데거의 존재론과 똑같은 것이라는 느낌이 들 수도 있다. 우리가 하나의 일상적 존재자라는 것은 하이데거의 존재론적 관점에서 보더라도 어떤 반성적 성찰의 결과로서 얻어지는 것이 아니다. 그것은 그 자체로 우리의 근원적인 존재 규정인 것이다. 그리고 바로 그런 점에서 우리 자신의 존재에 대한 우리의 일상적 의식과 이해는 존재론적으로도 선반성적인 것일 수밖에 없다.

그럼에도 '믿음의 존재는 믿음의 의식이어야 한다'는 사르트르의 주장은, 적어도 우리의 근원적 존재 규정으로서의 일상성에 대한 언명으로서는, 존재론적으로 선뜻 수용하기 어렵다. 현상적으로 보면 믿음은 의식적 현상이고, 따라서 믿음의 존재는 믿음의 의식이어야 한다는 주장 자체에는 아무 문제도 없어 보인다. 그런데, 그러한 자명한 사실을 왜 강조할까? 인간은 이런저런 믿음들과 더불어 삶을 꾸려 가기 마련이다. 선반성적 의식의 층위에서 보면 나는 대체로 자신의 믿음이 믿음이라는 것 자체를 의식함 없이 그저 그 믿음에 따라 이런저런 판단과 행위를 수행해 나갈 뿐이다. 그런 점에서 믿음의 존재는 믿음의 의식이어야 한다는 주장은 믿음의 현사실성을 흐려 놓기나 하는 것처럼 보인다. 그저 믿음으로써 행할 뿐인 인간적 삶의 방식을 설명하면서 '믿음이 믿음의 의식으로서 존재함'을 강조할 필요가 있을까? 사실 사르트르가 말하는 '믿음의 의식'이란 '믿음은 일종의 의식'이라는 뜻으로 사용되지 않았다. 그것은 자신의 믿음을 '의식하는 의식'이라는 뜻으로 사용된 말이다. 하이데거의 관점에서 보면 현존재가 자신의 일상적 자기정체성을 새삼 의식하는 일은 그 믿음이 흐트러지는 어떤 특별한 상황에서나 일어나는 일이다. 나는 그저 회사원으로 하루하루 생활할 뿐이다. 특별한 계기가 있지 않은 이상 나는 자신이 회사원으로 존재함을 믿는다는 것을 별도로 의식하지 않는다. 실은 일상 세계에 빠져 있는 한 현존재로서의 나는 자신이 회사원으로 존재함을 믿을 이유도 없다. 나는 이미 회사원이다. 회사원, 그것이 바로 나다. 평소에 나는 자신이 회사원이라는 것을 의식하지도 않고, 믿으려고 애쓰지도 않으면서 그저 회사원으로서 살 뿐이다. 즉, 하이데거의 관점에서 보면 자신의 존재에 대한 어떤 믿음을 품음 자체가 평소와 다른 어떤 특별한 상황에서나 벌어지는 일이다.

사르트르는 "믿음이란 자신의 고유한 존재 안에서 자신을 문제 삼는 존재"(EN, 106)라고 주장한다. 결국 사르트르는 하이데거가 『존재와 시간』에서 현존재의 존재자적 탁월함에 관해 논한 것을 '믿음의 의식'이라는 말로 설명하는 셈이다. 주지하다시피 하이데거는 "그것[현존재]은 자신의 존재에서 이 존재 자체가 문제가 된다는 점에서 존재자적으로 탁월하다"(SZ, 12)고 주장한다. 사르트르의 관점에서 보면 현존재의 존재자적 탁월성은 바로 믿음의 현상에서 발견된다. 앞서 본 것처럼 믿음이란 그 자체로 반-믿음이다. 즉, 믿음 안에서 현존재의 존재는 믿음의 존재와 반-믿음의 존재로서 분열되어 있는 것이다. 그런데 믿음이 '자신의 고유한 존재 안에서 자신을 문제 삼는' 그러한 것이려면 믿음은 곧 믿음의 의식이 되지 않으면 안 된다. 단지 믿을 뿐 아니라 그러한 믿음이 반-믿음을 전제하고 있음을 의식하지 않으면 믿음은 자신의 존재를 문제 삼지 못할 것이기 때문이다.

그럼에도 여전히 의문은 가시지 않는다. 하이데거가 『존재와 시간』에서 자신의 비본래성을 자각할 현존재의 가능성을 불안 개념을 통해 설명하는 것은 결코 우연이 아니다. 존재론적으로 존재 자체에의 물음은 사유하는 의식이나 행위하는 의식으로부터 비롯되는 것이 아니다. 사유와 행위는 언제나 이미 이런저런 존재자에 정향되어 있기 마련인 데 반해 존재 자체는 존재자로 환원될 수 있는 것이 아니기 때문이다. 바로 그 때문에 하이데거는 현존재의 사유나 행위가 아니라 그 근본 기조로서의 불안에서 일상세계에 빠져 있는 자신의 비본래성을 자각할 현존재의 가능성을 찾는다. 의식이란 그 자체로 이미 존재를 개별화하는 것일 수밖에 없다. 예컨대 사르트르가 말하는 '믿음의 의식'이란 결국 한 개별 존재자로서의 나의 존재에 대한 의식이다. 즉, 그것은 개별자로서의 나를 의식함인 것이다. 개별화된 존재자에 대한 의식은 대상의식이며, 자신의 존재를 대상으로 삼는 의식은 결국 자기 존재의 객체화를 통해서 일어나는 것이다. 결국 몸에 관한 사르트르의 성찰과 마찬가지로 자기기만에 대한 사르트르의 성찰 역시 주체-객체 도식에 의존하고 있다는 것이 여기서도 드러난다. 자기기만은 자기를 대상화하고 객체화할 수 있는 의식적 존재자로서의 인간이 자신의 존재에 대해 지니는 믿음의 의식에 의해 생겨나는 것이다.

아마 하이데거의 존재론을 적극적으로 수용하는 사람들은 대개 주체나 객체 같은 용어를 긍정적으로 평가하지 않을 것이다. 필자 역시 그러하다. 이러한 용어들은 존재론과 어울리기에는 지나치게 전통 철학적이다. 하이데거의 관점에서 보면 현존재의 존재를 주체-객체 도식을 통해 고찰하는 관념론적 방식은 여전히 형이상학의 한계 내에 머물러 있다. 비록 사르트르가 관념론과 달리 의식을 그 선반성적 차원에서 고찰한다고 해도 현존재의 존재를 주체-객체 도식을 사용해 표현하는 것은 존재론적으로 결코 좋은 방식은 아닐 것이다. 그러나 현존재의 존재에 대한 사르트르의 철학적 성찰에 담긴 의미를 이해하려면 우리는 우선 특정한 용어에 대한 거부감으로 인해 우리의 판단력이 흐려지지 않도록 조심해야 한다. '주체-객체 도식을 사용하는 것을 보니 사르트르의 철학은 존재론과 양립할 수 없다'는 식으로 성급하게 결론을 내려서는 안 된다는 뜻이다. 중요한 것은 사르트르의 주체-객체 도식의 철학적 전제가 어떤 것인지 먼저 세밀하게 살펴보는 일이다.

앞에서 살펴본 것처럼 우리는 보통 자신의 믿음에 대해 특별히 의식하지 않는다. 우리는 그저 우리가 믿는 대로 생각하고 행동할 뿐이다. 나는 회사원이고, 회사원으로서 생각하고 행동한다. 그뿐 아니라 주위의 모든 사람들 역시 나를 회사원으로 인지하고 회사원으로 대한다. 그 때문에 나는 평상시에는 나의 존재에 대해 나 자신이 품고 있는 믿음을 의문시하지도 않을뿐더러 심지어 그 믿음 자체를 특별히 의식하지도 않는다. 자신의 믿음을 흔들어 놓는 일이 일어나는 어떤 비정상적인 상황이 아니라면 내게는 자신의 믿음에 대해 별도로 의식할 이유가 없는 것이다.

그런데 여기서 '비정상적인 상황'이란 어떤 상황을 뜻할까? 그것은 물론 '보통이 아닌 상황'이다. 그렇다면 어떤 상황이 우리에게는 보통인가? 만약 모든 것이 일상적인 방식으로 잘 운영되고 나와 남 사이에 별다른 마찰도 없는 상태가 보통 상황이라면 나와 남 사이에 마찰이 일어나는 상황은 보통이 아닌 상황이 된다. 즉, 비정상적인 상황이란 결국 갈등과 투쟁이 일어나는 상황을 뜻하고, 내적으로나 외적으로 갈등과 투쟁이 일어나지 않는 상황을 정상적인 상황으로 규정함이 그 전제가 된다.

여기서 사르트르가 하이데거의 함께 있음을 현존재 간에 형성되는 일종의 도구적 유대관계 같은 것으로 여긴다는 것에 대해 다시 한 번 생각해 보자. 사르트르가 그렇게 생각하는 이유들 중 하나는 일상성에 대한 하이데거의 논의가 '일상적인 자기의 존재에 대해 의식적으로 의문을 품을 필요가 없는 상황을 정상으로 상정'한다고 여기기 때문이다. 사람들이 잘 협력하는 세상은 사람들 사이에 도구적 유대관계가 잘 맺어진 세상이고, 그러한 세상에서 사람들은 대개 자신의 일상적 자기정체성에 의문을 품지 않는다. 그러나 모든 세상이 다 그런 것은 아니다. 사람들 사이에 마찰과 갈등이 빈번한 사회도 있고, 표면적으로는 마찰과 갈등이 빈번하지 않더라도 사람들이 자신의 자기정체성에 대해 의문을 품게 하는 일들이 끊임없이 벌어지는 사회 또한 얼마든지 가능하다. 예컨대 우리가 살고 있는 자본주의 사회가 그러하다.

전통적인 신분제 사회에서라면 한번 노예로 태어난 사람은 죽을 때까지 노예이기 쉽다. 대부분의 사람은 자신의 타고난 신분에 걸맞은 자기정체성을 지닌 채 평생 살아가기 마련이고, 전쟁이나 폭동 같은 특별한 상황이라도 찾아오지 않는 이상 자신의 존재에 대해 자신이 품고 있는 일상적 믿음은 전혀 흔들리지 않는다. 그러나 자본주의 사회에서는 다르다. 비록 먹고살기 위해 회사원이 되었다고는 하지만 나는 마음만 먹으면 언제고 사표를 쓸 수 있다. 그뿐인가? 직장의 상사들 역시 내가 사표를 쓸 가능성을 배제하지 않으며, 내가 해고될 가능성도 배제하지 않는다. 신분제 사회의 노예는 노예가 아니기 어렵지만 자본주의 사회의 회사원은 회사원이 아니기 어렵지 않다. 직장 내에서 나와 동료들 사이의 관계가 좋든 나쁘든 회사원인 나는 내가 회사원이 아닐 수 있음을 늘 의식하지 않을 수 없는 것이다. 즉, 자본주의 사회는 자신의 자기정체성에 의문을 품을 비정상적인 상황이 이미 상식이 된 세상이다. 나는 지금의 나와 달리 이전에는 회사원이 아니었고, 언젠가는 결국 회사원 아닌 자로 돌아갈 것이다. 아니, 나는 마음만 먹으면 지금 당장 회사원 아닌 자로 돌아갈 수 있다.

그렇다면 '회사원이 아닐 수 있는 나', 비록 계약에 의해 회사원이 되었지만 그 자체로는 회사원이 아닌 그러한 자신을 나는 어떤 존재로서 이해하게 될까? 전통 철학적 용어를 사용하는 경우 나는 나 자신을 주체로서 이해한다고 볼 수 있다. 결국 회사원이 된 것도 나의 주체적 결정에 의해 일어난 일이고, 내가 회사원으로 남거나 회사원이기를 그만두거나 하는 문제 역시 나의 주체적 판단과 의지에 의해 결정될 문제이기 때문이다. 그렇다면 그러한 나를 남들은 어떻게 볼까? 만약 내가 회사원으로 살 수밖에 없는 사람이라고 생각한다면 남들 역시 나를 회사원으로만 보기 쉽다. 그러나 내가 언제고 회사원이기를 그칠 수 있다고 생각한다면 남들은 나를 회사원으로 보기도 하고 회사원이 아닌, 그저 한 인간으로만 보기도 할 것이다. 말하자면 그들은 나를 '아직 어떤 것으로도 규정되지 않은 객체'처럼 본다. 물론 사람은 단순한 객체일 수 없다. 사람은 주체적 역량을 발휘해서 삶을 꾸려 기기 마련이다. 그러나 남들이 보는 나는 이미 대상화된 존재자이고, 대상화된 존재자는 순수한 주체일 수 없다. 대상화된 존재자로서 나는 남에게 객체인 것이다.

필자는 사르트르의 주체-객체 도식이 담고 있는 의미가 바로 이러한 것이라고 본다. 사르트르에게 현존재와 현존재의 관계는 서로 협력하는 관계라기보다 서로 갈등하고 투쟁하는 관계이다. 그러한 존재자들의 세계는 자신의 일상적 존재방식에 스스로 의문을 품게 할 비정상적인 상황이 이미 정상이 된 그러한 세계라고 볼 수 있다. 물론 관점에 따라서는 이러한 세계가 정상적인 세계이고 자신의 일상적 존재방식이 늘 자명하기만 한 세계가 실은 비정상적인 세계라고 볼 수도 있다. 아무튼 중요한 것은, 사르트르가 현존재의 존재를 주체-객체의 도식을 통해 설명하는 것은 그가 어떤 형이상학적 관념론에 사로잡혀 있기 때문이라기보다 사르트르가 생각하는 일상세계가 자신의 일상적 존재방식에 대한 의문이 이미 그 자체 일상적인 것이 되어 버린 세계이기 때문임을 이해하는 일이다. 비록 주체나 객체 같은 용어들이 존재론적으로 온당하게 사용될 수 있는 용어들은 아니라고 해도, 이것을 빌미로 사르트르의 진의 자체를 외면할 필요는 없다는 뜻이다.

사르트르에게 일상세계는 도구적 유의미성 연관에 의해 지배되기만 하는 세계가 아니고, 일상적 존재자로서의 현존재 역시 자신의 존재에 대한 도구적 이해에만 사로잡혀 있지 않다. 사르트르의 일상세계는 현존재로 하여금 자신의 도구적 존재 이해를 문제시할 가능성이 상시화된 갈등과 투쟁의 장인 것이다. 그렇다면 일상세계에서 현존재의 함께 있음을 가능하게 하는 공감 역시 현존재의 도구적으로 함께 있음에만 지반을 두고 있지는 않은 셈이다. 현존재의 일상적 존재 자체가 도구로서의 존재와 도구-아님으로서의 존재 사이에서 갈가리 찢겨 있기 때문이다.

1.4. 자기기만의 품행들과 실존

사르트르는 현존재가 도구적 의미연관이 지배하는 일상세계에 매몰되어 있을 가능성을 배제하지 않는다. 즉, 사르트르의 관점에서 보더라도 자신과 타자의 관계를 거의 일방적으로 도구적 협력관계 및 유대성의 관점에서만 이해하는 그러한 현존재는 존재할 수 있다는 뜻이다. 그것은 '자기기만의 품행들'에 관한 사르트르의 분석에서 가장 잘 드러난다.

카페 웨이터의 품행들에 관해 사르트르가 남긴 유명한 분석을 한번 살펴보자.

"그의 움직임은 활기차고 확고하며, 약간 지나치게 정확하고, 약간 지나치게 빠르다. 그는 약간 지나치게 활기찬 걸음걸이로 손님들에게 간다. 그는 약간 지나칠 정도로 공손하게 허리를 숙이고, 그의 목소리와 눈빛은 그가 손님의 주문에 대해 약간 지나칠 정도로 주의와 관심을 기울인다는 것을 보인다. 마침내 그가 다시 돌아오는 모습을 보라. 그는 자동 기계에서나 볼 것 같은 딱딱하고 엄격한 움직임을 흉내 내는 듯이 행진하면서 동시에 줄타기 곡예사의 만용이라도 부리듯 아슬아슬하게 쟁반을 나르는데, 자꾸만 흔들거리고 떨어질 것만 같은 쟁반의 균형을 그는 손과 팔의 가벼운 움직임으로 반복해서 되잡는다. 그의 모든 품행은 우리에게 놀이처럼 보인다. 그는 그의 움직임들이 서로가 서로를 다잡아 주는 기계적 운동들처럼 맞물리도록 노력하며, 그의 동작과 심지어 목소리조차 기계 같은 느낌을 풍긴다. 그는 자신이 감정의 동요 없는 물리적 사물들처럼 민첩하고 신속하게 움직이도록 하는 것이다. 그는 놀이를 하며 즐긴다. 그러나 그는 무슨 놀이를 하는가? 그것을 이해할 때까지 그를 오랫동안 관찰할 필요는 없다: 그는 카페의 웨이터로 존재하기 놀이를 하는 것이다."(EN, 95)

인용문에 담긴 존재론적 성찰의 의미를 헤아리려면 우선 '카페의 웨이터로 존재하기 놀이'란 '자동기계처럼 존재하기 놀이' 외에 다른 아무것도 아니라는 것을 먼저 분명히 해야 한다. 그것은 즐거운 놀이가 아니라 현존재로 하여금 '감정의 동요 없는 물리적 사물들처럼 민첩하고 신속하게 움직이도록 하는' 놀이이다. 자동기계처럼, 감정의 동요와 무관한 물리적 사물처럼, 존재하며, 현존재는 자신이 해야 할 일들을 그저 정해진 규칙과 방식에 따라 수행해 나갈 뿐이다. 사물이 아닌 사람조차도 그는 익숙한 규칙과 방식에 따라 자동적으로 대할 뿐이다. 그는 한 인간이 아니라 손님을 본다. 그는 손님을 보통 사람이 보통 사람을 대하듯 해서는 안 된다. 그는 손님에게 보통 사람의 기준으로는 약간 지나칠 정도로 고개를 숙여야 하며, 약간 지나칠 정도로 주의와 관심을 기울여야 하고, 업무 수행을 위해 카페에서 장소이동을 할 때는 약간 지나칠 정도로 활기 있게 걸어야 한다.

무엇이 한 인간으로 하여금 카페의 웨이터로 존재하도록 할까? 이러한 물음을 풀어 가는 통념적인 방식은 크게 두 가지로 나뉠 수 있다. 하나는 인간을 그가 살고 있는 세계의 산물처럼 기술하는 방식이다. 바리사이파 사람은 왜 간음한 여인을 돌로 쳐서 죽일 죄인으로 여길까? 그것은 그가 그러한 도덕의식을 지니고서 태어났기 때문이 아니라 바리사이파의 세계에서 나서 바리사이파의 세계에서 자랐기 때문이다. 바리사이파 사람의 사고방식과 행동양식은 바로 그가 나고 자란 바리사이파 세계의 산물이다. 또 다른 하나는 개개인의 사회성이나 사고방식, 행동양식 등을 세계에 적응하려는 개별 인간의 의지와 노력의 결과로서 기술하는 것이다. 세상에 처음부터 웨이터가 되기를 원했던 사람이 누가 있겠는가? 누구나 기왕이면 남들로부터 존경받을 수 있는 사람으로 살기를 원하고, 많은 부와 권력을 바라기 마련이다. 한 인간이 웨이터가 된 것은 그가 자신의 현실을 직시하고 현실에 순응하려고 노력해 온 결과이다. 두 가지 방식의 사례를 바꾸어도 마찬가지 이야기를 할 수 있다. '한 인간이 웨이터로서의 의식과 행위를 하게 된 것은 그가 이런저런 환경적 요소로 인해 웨이터로 만들어졌기 때문'이라고 말하는 경우 웨이터의 예는 첫 번째 방식에 대한 사례가 된다. '바리사이파 사람이 강퍅해진 것은 주위 바리사이파 사람들과 융화하기 위해 그가 어린 시절부터 의식적으로나 무의식적으로 부단히 시도해 왔기 때문'이라고 말하는 경우 바리사이파 사람의 예는 두 번째 방식에 대한 사례가 된다.

존재론적으로 보면 두 가지 방식 모두 만족할 만한 방식은 아니다. 첫 번째 방식은 인간 현존재를 인과율의 지배를 받는 사물처럼 다룰 뿐이다. 인간은 사회의 생산물로 취급되며, 인간의 정신이나 의식은 사회세계의 작용을 원인으로 삼아 형성된 그 결과물로 파악된다. 두 번째 방식은 현존재와 인과율의 지배를 받는 사물 사이의 차이를 무시하지 않는다는 점에서 분명 첫 번째 방식보다 낫다. 첫 번째 방식은 인과율의 관념을 형이상학적으로 절대화함을 전제로 하는 것으로서, 존재론과는 결코 양립할 수 없다. 두 번째 방식에서는 어떤 의지의 개념이 인간 현존재의 존재를 본질적으로 규정할 당연한 개념으로서 미리 전제되어 있다. 만약 인간이 살기 위해 어떤 의지를 발휘해서 현실에 순응하거나 혹은 반대로 반발하는 것이라면 인간은 결국 자신의 삶을 만족할 만한 것으로 만들어 줄 어떤 현실적인 상태를 향한 의지의 결과물로서 존재하는 셈이다. 이 경우 의지는 만족할 만한 삶에 대한 이해와 정의에 의해 파악될 것이고, 만족할 만한 삶이란 결국 인간의 존재에 대한 이해와 정의에 의해 파악될 것이다. 만약 인간을 육체적 욕망과 쾌락의 원리에 의해 지배되는 존재자로 정의한다면 만족할 만한 삶이란 육체적 욕망이 최대한 충족되어 쾌락을 잘 누리게 되는 삶일 것이고, 의지 역시 그러한 삶을 향한 의지로서 현실화될 것이다. 반면 인간을 정신적·윤리적 존재로 이해한다면 의지는 인간의 정신적·윤리적 자기실현을 가능하게 할 이성적 의지로서 파악될 것이다. 결국 두 번째 방식은 인간을 욕망과 쾌락의 원리에 의해 지배되는 육체적 존재로 규정하거나 이성에 의해 지배되는 정신적·윤리적 존재로 규정함을 전제로 하는 셈이다. 이러한 결정은 인간의 초시간적 본질에 대한 규정으로, 그 자체 형이상학적일 수밖에 없다. 그런 점에서 두 번째 방식 역시 엄밀한 의미에서는 존재론과 양립하기 어렵다.

사르트르 역시 이와 유사한 문제의식을 지니고 있었던 것으로 보인다. '실존은 본질에 앞선다'는 사르트르의 유명한 명제가 그 증거이다. 인간을 물질적 존재자로 규정하든 어떤 정신적·윤리적 존재자로 규정하든 인간에 대한 모든 본질 규정은 인간을 어떤 현실원리에 순응해야 할 종속적 존재자가 되도록 몰아세울 뿐이다. 인간의 삶을 움직여 나가는 근원적인 힘을 의지에서 찾는 것 또한 인간의 본질을 그 물질성 및 육체성에서 찾느냐 혹은 정신성 및 윤리성에서 찾느냐의 문제로부터 자유로울 수 없다는 점에서 결국 인간 현존재에 대한 형이상학적 본질 규정으로부터 자유로울 수 없다.

인간을 의지의 개념을 통해 규정하는 것에 대해 사르트르가 부정적이라는 것은 그의 프로이트 비판에서 잘 나타난다. 사르트르는 프로이트의 "정신분석학은 검열[개념]을 통해 의식과 무의식을 나누었지만, 행위의 두 가지 위상을 분리하는 데는 성공하지 못했다"고 지적한다. 정신분석은 다만 "리비도는 의식적 표현을 향한 맹목적 코나투스conatus; 힘, 의지이고, 의식 현상은 수동적이고 기만당한 결과"라고 전제할 뿐이다.(*EN*, 89) 양자를 분리하지 못했음이 왜 문제가 되는가? 사르트르가 프로이트를 비판하는 가장 커다란 이유는 정신분석학이 '자기기만'의 문제를 풀 수 없다고 보기 때문이다. 사르트르에게 '자기기만'이란 '자신이 일상적 존재자 이상의 존재자임을 외면함'이다. 물론 프로이트 식으로, '현실원칙과 수행원리에 의해 억압되는 본능'에 대해 말하면서, 자신의 욕망이 억압되고 있음을 의식하는 것이 일상적 존재자로 환원될 수 없는 자신의 존재를 자각함과 같다는 식으로 주장할 수는 있을 것이다.[32] 그러나 그러한 주장이 리비도적 충동이 현실세계에서 이런저런 욕망의 충족을 통해 실현됨으로써 스스로 '의식적 표현'이 되기를 지향한다는 것을 배제하지는 못할 것이다. 리비도는 현실세계와 수행원리 아래 이루어지는 억압에 저항할 수 있고 또 기꺼이 저항하려 한다. 그러나 그 저항이 실현되는 곳 역시 결국 현실세계이다. 사르트르의 관점에서 보면 인간 현존재를 의식과 무의식, 현실원칙과 리비도의 관점에서 양분하는 것은 인간 현존재의 존재를 이중의 방식으로 현실세계에 고착시키는 원리 외에는 다른 아무것도 드러내지 않는 것이다.

필자는 앞서 '나는 나의 몸을 실존한다'는 사르트르의 언명이 '나는 몸으로서 실존하는 존재자가 아니라는 것'에 대한 현존재의 자각을 표현하는 말이라고 풀어냈었다. 나는 나의 몸으로서 실존하는 자가 아니라 나의 몸과의 실존적 관계 속에서 존재하는 자이다. 그렇다면 나는 누구인가? 사르트르의 철학에서 나는 무엇보다도 우선 의식으로 규정된다. 내가 몸으로서 실존하는 존재자가 아니라는 것 역시 내가 실은 의식으로서 존재하는 자이기 때문이다. 나는 하나의 의식으로서 나의 몸과 실존적 관계를 맺고 있을 뿐 나 자신이 몸과 같은 것은 결코 아니다.

---

32 현실원칙과 수행원리 아래 이루어지는 본능에 관한 프로이트의 이론에 관해서는 마르쿠제, 『에로스와 문명』, 34 이하 참조. 주지하다시피 마르쿠제는 프롬, 빌헬름 라이히(Wilhelm Reich) 등 현실원칙과 수행원리하에 이루어지는 본능의 억압에 대한 프로이트의 이론을 문화적 세계 안에서 실현될 개개인의 자유와 행복의 관점에서 재해석하기를 시도한 정신분석 이론가들을 수정주의라 비판하고, 리비도는 억압을 행사하는 모든 현실적·도덕적 원리를 해체할 가능성의 원천임을 역설한다. 지면의 한계로 인해 상세한 논의는 할 수 없지만 정신분석에 대한 사르트르의 이해는 프롬 등의 '수정주의적' 정신분석과는 거리가 멀다. 즉, 사르트르 역시 프로이트에 의해 리비도 개념이 현실세계를 지배하는 모든 억압적 원리들을 해체할 힘의 원천으로 상정되었음을 전제로 프로이트를 비판한다는 것이다.

아마 독자들 중에서는 현존재의 존재를 의식으로서 규정함이 존재론과는 양립할 수 없는 형이상학적 인식론의 잔재라고 여기는 이들도 있을 것이다. 필자 역시 현존재의 존재를 의식으로서 규정하는 것이 존재론적으로 바람직하다고 여기지는 않는다. 그러나 성급하게 현존재에 대한 사르트르의 이해가 비존재론적이라고 결론을 내리기 전에 우선 다음과 같은 점을 분명히 해 두자. 사르트르는 인간에 대한 어떤 본질 규정도 받아들이지 않는다. 마찬가지로 사르트르가 현존재의 존재로서 이해한 의식은 형이상학적 이성과도 같은 어떤 동일성의 원리 같은 것은 함축하지 않는다. 게다가 의식이 꼭 철학적 용어이기만 한 것도 아니다. 우리가 의식적 존재자로서 자신의 존재가 몸으로 환원될 수 없음을 자각하고 있다는 것은 그 자체로 우리의 현사실적 삶의 표현이다. 오늘날 자연과학적 관점에서 의식이란 물질작용의 부산물에 불과하다고 주장하기는 쉽다. 그러나 그 누구도 자신의 몸과 아무 실존적 관계도 맺지 않으면서 존재할 수는 없다. 나는 나의 몸이 상하지 않도록 배려한다. 혹은 절망과 자포자기에 빠져 나의 몸을 일부러 상하게 하기도 한다. 만약 나의 존재가 몸의 존재로 환원될 수 있는 것이라면 이러한 일이 어떻게 가능할까? 나는 분명 하나의 대상처럼 나의 몸을 사유하고 몸과 이런저런 관계를 맺으며 살고 있지 않은가? 현사실적 삶 속에서 나는 나의 몸과의 실존적 관계 속에서 존재하지만 자신의 몸과 동일한 것으로서 존재하지는 않는다. 필자는 사르트르 역시 이러한 관점에서 출발한다고 본다.

앞에서 확인했듯이 인간을 사회세계의 산물로 보거나 어떤 의지의 표현으로 이해하는 것은 인간의 존재를 이런저런 본질 규정에 종속시키는 결과로 이어질 뿐이다. 그러나 이성과도 같은 어떤 형이상학적 본질에 의해 규정되지 않은 의식적 존재자로서 인간을 이해하는 경우, 그리고 그러한 존재자로서의 인간이 자신의 몸-아님을 자각하고 있음을 전제하는 경우, 우리는 몸으로 인해 자신에게 일어나는 모든 일들을 필연적인 것이거나 당연한 것으로서 받아들일 수 없게 된다. 나는 왜 웨이터로 존재하려고 시도해 왔는가? 보통 사람들이 보기에는 늘 '약간은 지나친' 정중함과 신속함을 지니고서 마치 자동기계처럼 행동함은 왜 나의 숙명적 삶의 방식이 아니라 '놀이'인가? 사르트르의 관점에서 보면 그것은 나의 존재가 사회세계의 산물도 아니고 현실원칙과 수행원칙에 의해 억압받는 리비도적 의지의 표현도 아니기 때문이다. '웨이터로 존재하기'는 몸 때문에 타자에 의해 이용되고 인지될 객체로서 존재하도록 몰아세워지는 나의 실존적 곤궁함을 표현할 뿐이다. 나는 웨이터로 타고나지 않았다. 다만 살기 위해, 일용할 양식을 벌기 위해, 실업자로 빈둥거린다는 주위의 따가운 눈총을 피하기 위해, 웨이터로 존재하기로 마음먹었을 뿐이다. 비록 웨이터로 존재하도록 몰아세워졌지만, 그러한 자로서 나는 실존적으로 곤궁한 자이지만, 그럼에도 웨이터로 존재하기는 나의 숙명이 아니라 내가 자발적으로 참여함으로써 비로소 시행되는 일종의 놀이이다. 놀이에 참여하는 자가 놀기를 그칠 수 있듯이 나 역시 웨이터로 존재하기를 그칠 수 있다. 그것은 나의 실존이 근원적으로 부조리하기 때문이다. 나로 하여금 그 무엇이 되도록 할 어떤 필연적인 원리 같은 것은 존재하지 않는다. 나의 그 무엇-되기는 모두 나를 향한 청유와 강권, 명령을 통해 이루어지는 일에 불과하다. 나의 웨이터-되기 역시 마찬가지이다. 그것은 청유와 강권, 명령의 형식 속에서 일어나는 일종의 몰아세우기이지만 동시에 어떤 절대적인 형이상학적 삶의 원리 없이 일어나는 일이다. 웨이터로 존재하지 않을 나의 자유는 어떤 경우에도 소멸되지 않는다. 그것은 내가 강한 의지의 소유자이기 때문이 아니라 웨이터로 존재할 필연성 자체가 아예 존재하지 않기 때문이다.[33]

---

33 사르트르의 철학에서 자기기만과 현존재의 자유의 관계에 관한 보다 상세한 논의는 다음 참조: F. Jeanson, *Sartre par lui-même*, Paris: Seuil, 1955, 114 이하. 사르트르에게 자기기만이 자유로운 의식으로서 존재하는 현존재의 근원적 존재상황으로부터 연원한다는 것이 구

분명 사르트르는 슐라이어마허가 우주의 개념을 통해 성취한 것을 실존의 부조리 개념을 통해 성취하고 있다. 슐라이어마허에게 우주는 도덕과 형이상학의 체계를 넘어서 있는 것이며, 인간은 본디 우주 안의 존재자로서 존재하는 자이다. 그렇다면 우리는 우주의 표현과 서술로서 존재하는 우리 자신의 존재를 규정할 어떤 근본 원리도 알지 못하는 셈이다. 우리 자신의 존재를 규정할 근본 원리란 형이상학적인 것이거나 도덕적인 것일 수밖에 없기 때문이다. 즉, 슐라이어마허의 관점에서 보더라도 우리의 실존은 근본적으로 부조리하다. 우리는 우주에 대해 절대의존의 감정 속에서 관계를 맺고 있고, 이는 우주와의 관계 속에서는 상대적인 것으로나 절대적인 것으로나 우리에게 어떤 자유도 허용되지 않는다는 뜻이다. 그러나 절대의존의 감정이 자신의 존재를 우주의 서술과 표현으로서 이해함과 같은 것인 한에서 그것은 나의 존재가 도덕과 형이상학에 의해 제시되는 모든 삶의 원리로부터 자유롭다는 것을 드러낸다. 나는 그 모든 원리의 근거 없음과 내 실존의 근원적 부조리를 인식함으로써 도덕과 형이상학의 원리로부터의 절대적 자유를 확보하게 되는 것이다.[34]

슐라이어마허와 사르트르 모두에게서 실존의 근원적 부조리에 대한 철학적 성찰을 발견할 수 있다는 사실이 슐라이어마허에게서 발견할 수 있

체적이고도 명료하게 설명되어 있다.

34 제2장에서 우리는 슐라이어마허의 '절대적 의존 감정'이 직접적 자기의식으로서, 우리의 실존관계를 표현한다는 것을 확인하였다. 만프레드 프랑크(Manfred Frank)는 이러한 사실에 착안해 슐라이어마허의 '종교적 감정' 개념이 자아와 타자 사이의 직접적 관계에 대한 사르트르의 실존론적 분석을 선취했다고 주장한다. 즉, 슐라이어마허와 사르트르는 모두 자아와 타자 사이의 관계를 반성적 의식을 매개로 삼아 비로소 정립되는 그러한 관계로서가 아니라 의식적 존재자로서의 현존재의 존재 그 자체의 구성적 계기로서 파악했다는 것이다. 이에 관해서는 다음 참조: M. Frank, *Das individuelle Allgemeine. Textstrukturierung und Textinterpretation nach Schleiermacher*, Frankfurt a. M. 1985, 114. 필자는 이에 덧붙여 자아와 타자 사이의 관계에 대한 슐라이어마허와 사르트르의 분석은 모두 하이데거가 본래성과 비본래성의 역동적 관계로서 파악한 현존재의 존재방식에 대한 철학적 성찰 또한 포함하고 있음을 지적하고 싶다.

었던 것과 같은 위상의 존재론적 공감의 가능성을 사르트르에게서도 발견할 수 있다는 것을 보증해 주지는 않는다. 예컨대 서로 갈등하고 투쟁하는 현존재가 갈등과 투쟁의 현실을 절대화하는 한에서는 현존재 간의 갈등과 투쟁의 관계를 존재론적 공감의 가능근거로 파악하기 어려울 것이다. 그러나 사르트르에게 현존재 간의 갈등과 투쟁은 이미 그 자체로 현존재가 삼중으로 자유로움을 표현한다. 첫째, 현존재는 일상세계를 지배하는 이런저런 일상적 의미연관으로부터 자유롭다. 오직 그러한 현존재만이 자신과 타자의 관계를 객체로 전락하지 않으려 투쟁하는 주체들 간의 관계로 이해할 수 있기 때문이다. 둘째, 현존재는 일상세계의 구성을 가능하게 해 온 이런저런 형이상학적·도덕적 원리로부터 자유롭다. 오직 그러한 현존재만이 자신의 존재를 자유로서 이해할 수 있기 때문이다. 셋째, 현존재는 자신의 몸으로 인해 자신에게 강제되는 모든 필연성의 법칙으로부터 자유롭다. 오직 그러한 현존재만이 단순히 몸으로서 실존하는 대신 자신의 몸과의 실존적 관계 속에서 존재할 수 있기 때문이다. 만약 현존재 간의 갈등과 투쟁이 사르트르가 제시한 현존재의 삼중의 자유로 인해 일어나는 것이라면 우리는 현존재 간의 갈등과 투쟁으로부터 현존재의 일상적 함께 있음으로 한정될 수 없는 존재론적 함께 있음과 공감의 의미를 이해하게 할 단초를 이미 얻은 셈이다. 갈등과 투쟁의 현실 자체만이 존재론적 함께 있음과 공감의 근거가 되기는 어렵다. 그러나 갈등과 투쟁을 통해 드러나는 현존재의 삼중의 자유에 대한 이해와 더불어 실존하는 현존재는 이미 공동 현존재와 근원적으로 함께 있으며, 근원적으로 공감하고 있다. 슐라이어마허의 우주적 개인처럼 그러한 현존재는 적어도 형이상학과 도덕의 원리를 내세워 타자를 단죄하는 태도는 보이지 않을 것이다. 그가 자신의 존재에서 발견한 실존의 부조리를 그는 타자의 존재에서도 발견할 것이기 때문이다.

2. 사르트르의 존재 개념과 공감

사르트르의 『존재와 무』는 철학적 체계를 갖추고 있는 방대한 분량의 저서로, 존재의 의미에 대한 탐구에서 출발한다. 필자가 사르트르의 존재 개념에 대한 논의를 두 번째 절에서 다루는 이유는 무엇보다도 우선 사르트르의 몸과 일상성 개념에 대한 기본적인 이해가 사르트르의 존재 개념과 존재론적 공감 개념의 관계를 파악하기 위해 필수적이라고 여기기 때문이다.

몸과 일상성에 대한 사르트르의 논의와 마찬가지로 존재에 대한 사르트르의 논의 역시 현상학과 존재론으로부터 멀리 벗어났다는 느낌을 주기 쉽다. 그 이유는 앞 장에서 누차 지적한 사르트르 철학의 문제점과 같다. 사르트르는 '그 자체로 있음(즉자 존재)'과 '자기를 위해 있음(대자 존재)'의 이분법적 도식을 통해 존재 개념을 설명한다. 사르트르는 한편 『존재와 무』의 부제목인 '현상학적 존재론에의 시도'에 걸맞게 존재의 의미를 현상 개념을 통해 제시하려 한다. 그러나 사르트르의 철학에서 현상 개념이 지니는 현상학적 의미는 제한적으로 보인다. 사르트르는 '현상이란 경험의 절대적 한계'를 의미하는 것으로서, 현상학적으로 보면 현상 이면의 어떤 실체적 존재의 이념도 철학적으로 타당한 것일 수 없음을 주요 근거로 삼아 존재와 무의 변증법적 상호규정에 관해 논한다.(EN, 11 이하) 한편 사르트르는 『존재와 무』 제1부의 첫 번째 장에서 무에 대한 헤겔 식의 변증법적 사유방식과 현상학적 사유방식을 구분한다. 그럼에도 존재에 대한 사르트르의 논의가 존재와 무의 상호규정성에 집중되어 있다는 점을 고려해 보면 존재에 대한 사르트르의 이해는 현상학이나 존재론보다 헤겔 류의 관념론적 전통에 더 가깝다는 느낌을 지우기 어렵다.

하지만 사르트르의 존재 개념에는 절대자나 이성 같은 관념론적 의미는 포함되어 있지 않다. 사르트르가 존재와 무의 상호규정성을 강조하는 가장 커다란 이유는 바로 실존의 부조리 때문이다. 앞 장에서 본 것처럼 실존의 부조리는 현존재에게 삼중의 자유를 가능하게 한다. 실존의 부조리로 인해 현존재는 일상세계를 지배하는 이런저런 일상적 의미연관과 형이상학적·도덕적 원리, 그리고 물리적 필연성의 법칙으로부터의 자유를 숙명적인 존재방식으로서 지니게 되는 것이다. 무로서의 존재 및 존재로서의 무에 대한 사르트르의 논의는 실존의 부조리에 대한 존재론적 근거로서 제기된 것이다. 즉, 존재와 무의 상호규정성이야말로 현존재의 존재를 자유로서 근거 짓는 최종적인 존재론적 개념인 것이다.

사르트르는 "세계를 지배하는 심각한 정신"에 대해 논하면서 그 특징을 다음과 같이 논한다: "심각한 정신은 가치들을 초월적이고 인간의 주체성으로부터 독립된 소여들로 간주하면서 [동시에] '바람직한'이라는 성질을 사물의 존재론적 구조로부터 사물의 단순한 물질적 구성에 전이시킨다는 두 가지 특징을 지니고 있다."*(EN, 690)*[35] '세계를 지배하는 심각한 정신'은 이데올로기일 수도 있고, 화석화된 전통일 수도 있으며, 일상세계를 지배하는 윤리적 규범의식일 수도 있다. 아무튼 현존재의 일상생활 역시 세계에서 이루어지는 것이기에 세계를 지배하는 심각한 정신은 일상적 존재자로서의 현존재 역시 지배한다. 그렇다면 일상적 존재자로서의 현존

---

35 사르트르의 후기 사상에서도 '심각한 정신'에 대한 비판은 중요한 의미를 지닌다. 관련된 논의는 다음 참조: J.-P. Sartre, *Critique de la raison dialectique II*, Paris 1985, 60 이하. 지면의 한계로 인해 상세하게 논하지는 않겠지만 '심각한 정신'에 대한 사르트르의 비판은 그의 사상이 후기에서도 자유의 절대성에 대한 실존론적 관점을 포기하지 않았음을 잘 드러낸다. 아도르노, 마르쿠제 등 프랑크푸르트 학파의 사르트르 비판은 상당 부분 현존재의 고유한 실존성과 권력의 관계에 대한 사르트르적 성찰을 온전히 이해하지 못함으로 인해 제기되었다고 볼 수 있다. 특히 권력과 이데올로기에 대한 사르트르의 비판이 사르트르의 마르크스 연구로 인해 비로소 촉발되었으며, 이것이 결국 현존재의 존재의 실존성에 대해 『존재와 무』에서 제기된 철학적 관점의 수정으로 귀결되었다는 주장은 사르트르 철학의 변화 과정을 완전히 왜곡시키는 주장이다. 이에 대해서는 다음 참조: D. Sherman, *Sartre and Adorno*, New York 2007, 75 이하; 한상연, 「사르트르의 『존재와 무』에 나타난 윤리학적 문제의식에 관한 소고」, 『하이데거 연구』(현 『현대유럽철학연구』) 제19집(2009년 봄호), 270 이하.

재의 자유는 '가치들을 초월적이고 인간의 주관성으로부터 독립된 소여들'이 존재한다는 믿음, 그러한 소여들을 바람직한 것으로서 받아들이게끔 하는 어떤 실체적 존재에 대한 형이상학적 신념에 의해 제약되는 셈이다. 이러한 제약으로부터 현존재를 벗어나게 하려면 어떻게 해야 할까? 사르트르가 취한 철학적 전략은 '존재의 근원적 무성'을 밝히는 것이다. 존재의 근원적 무성이 밝혀지면 현존재의 자유를 제약하는 초월적 가치의 절대성에 대한 믿음 역시 무너져 버릴 것이기 때문이다.

2.1. 의식과 현상

『존재와 무』는 다음과 같은 주장과 함께 시작된다.

"근대 사유는 실존하는 것을 그것이 명백하게 드러나도록 하는 현상들의 배열로 환원시키면서 주목할 만한 진전을 이루었다. 사람들은 이를 통해 철학을 당혹스럽게 했던 여러 가지 이원론을 철폐하고 그것을 현상 일원론으로 대체하기를 원했다. 그것은 이루어졌는가?"(EN, 11)

이러한 주장은 데카르트로부터 시작된 근대 사유가 진전하면서 결국 형이상학적 실체 개념뿐 아니라 칸트가 제기한 물자체 개념까지도 넘어서게 되었다는 의미일 것이다. 사르트르가 근대 사유의 근본 특징으로서 제기한 '실존적 존재자의 현상으로의 환원'은 현상 외에 다른 존재에 대한 물음을 불필요한 것으로 만들어 버린다. 근대 사유는 기꺼이 현상 일원론이 되고자 한다는 것이다. 사르트르는 이러한 '현상의 이념'의 대변자로서 니체, 후설, 하이데거, 프루스트, 푸앙카레 등을 언급한다.

철학적으로 보면 사실 사르트르의 주장은 대단히 의심스럽다. 예컨대 하이데거의 철학이 실체 형이상학과는 완전히 다른 종류의 철학임은 틀

림없다. 그러나 과연 하이데거의 철학이 실존자를 '현상들의 배열'로 환원
시키는가? 그렇다면 존재론적 의미의 존재 자체 역시 현상으로 환원되기
를 기다리는 일종의 '잠재적 현상'에 불과한 것인가? 게다가 실존자를 현
상들의 배열로 환원시킨다는 말은 후설의 현상학에도 맞지 않는다. 후설
은 물론 현상을 경험의 절대적 한계로 이해하고, 현상으로 환원되지 않는
어떤 존재에 대한 물음은 불필요하다고 여긴다. 그러나 후설이 말하는 현
상은 마치 낱개의 사진들처럼 배열될 수 있는 것이 아니다. 예컨대 우리
는 모든 개별 현상들을 세계의 현상 및 시간 현상과 함께 경험하지만 세
계의 현상과 시간의 현상은 배열될 수 있는 이미지처럼 나타나는 것이 아
니다. 그것은 도리어 모든 경험의 근원적 지평과 가능근거로서 체험되는
것이다.

　사실 '실존을 현상들의 배열로 환원한다'는 표현은 하이데거나 후설 같
은 사상가들이 아니라 에른스트 마흐Ernst Mach나 리하르트 아베나리우스
Richard Avenarius 같은 요소환원론자들에게나 어울릴 것이다. 더 나아가 '존재
를 현상들의 배열로 환원한다'는 발상의 궁극적인 기원은 사르트르가 언
급한 근대의 사상가들이 아니라 전통적인 관념론적 사고라는 것 또한 지
적될 필요가 있다. 블라디미르 레닌Wladimir Lenin은 『유물론과 경험비판론』에
서 적시한 것처럼 "유물론은 객체 자체 혹은 정신 밖의 객체들의 존재에
대한 인정"에서 출발하는 반면 유물론에 "대립하는 교설(관념론)은 객체들
은 정신 밖에 존재하지 않으며, 단지 감각들의 결합에 불과할 뿐이라고 말
한다."[36] 요소환원론 혹은 경험비판론이란 이러한 관념론으로부터 관념적
실체에 대한 물음을 제거함으로써 획득된 경험론과 관념론의 기묘한 혼
합물인 것이다.

---

36 W. I. Lenin, *Materialismus und Empiriokritizismus. Kritische Bemerkungen über eine reaktionäre Philosophie*, Moskau: Verlag für fremdsprachige Literatur 1947, 14.

인용문에서 우리가 주목해야 할 부분은 근대 사유에 대한 사르트르의 —필자의 소견으로는 조금 터무니없는— 단순화가 아니라 사르트르가 근대 사유를 향해 던지는 물음이다. 사르트르의 물음은 '이원론을 현상 일원론으로 대체하려는 근대 사유의 시도'가 실패했거나 혹은 미완성의 상태임을 암시한다. 바로 여기에서 사르트르의 철학이 어떤 문제의식에서 출발하는지 잘 나타난다. 사르트르의 실존주의는 이원론적 사유방식을 현상 일원론의 완성을 통해 극복하는 것을 목적으로 삼는다. 물론 그 이유는 하나이다. 현상의 배후를 묻는 전통적인 사유의 방식은 현존재의 실존에 현존재의 존재로 환원될 수 없는 어떤 존재 근거가 있음을 암묵적으로 상정한다. 현존재의 존재는 현상의 배후에 숨어 있는 어떤 물질적 존재자나 관념적 존재자에 의해 비로소 실존하게 된 것이라는 식이다. 이 경우 실존은 부조리한 것으로서 파악될 수 없다. 내가 원하든 원하지 않든 아무튼 내 존재의 근거가 된 어떤 물질적 존재자나 관념적 존재자의 존재가 나의 존재 이유가 될 것이기 때문이다. 한마디로 현존재의 실존적 자유의 절대성이 무근거해지는 것이다.

이제 '세계를 지배하는 심각한 정신은 가치들을 초월적이고 인간의 주체성으로부터 독립된 소여들로 간주한다'는 사르트르의 주장으로 돌아가 보자. 이러한 주장은 물론 '심각한 정신에 대해 반대하고자 하는 자는 가치들을 인간의 주체성으로부터 독립된 소여들로 간주해서는 안 된다'는 것을 뜻한다. 만약 가치들이 인간의 주체성으로부터 독립된 소여들이 아니라면 인간이 알고 있는 모든 가치들은 인간의 주체성을 그 소여의 유일무이한 근거이거나 적어도 필수불가결한 근거로서 지니는 셈이다. 그렇다면 가치의 소여의 근거로서 작용하는 주체성이란 어떤 것일까? 전통 철학적으로 말하면 감각기관 혹은 지각기관인 몸과 의식이다. 감각을 통하지 않으면 세계 및 세계내적인 모든 것들은 우리에게 알려지지 않는다. 그리고 감각을 통해도 의식이 없으면 아무것도 알려질 수 없고, 알려진 것들이 가치가 될 리도 없다. 나무의 딱딱함은 감각을 통해 알려지는 것이지만, 그 딱딱함을 가치로 만드는 것은 나무를 자기를 위해 사용할 수 있는 우리의 의식이다. 사르트르 역시 바로 이러한 관점에서 출발한다. 사르트르는 "사물들"이란 "수많은 현상들이 결합된 전체로 환원"될 수 있음을 지적하면서, "현상들은 그 자체로 더 이상 현상이 아닌 존재를 요구한다"고 지적한다. 그것은 "'**지각되는 것**percipi'이 우리에게 '**지각하는 것**percipiens'을 지시"한다는 점에서도 확인된다. 그리고 "이 지각하는 것의 존재는 우리에게 의식으로서 자신을 드러내" 보인다. 사르트르는 의식을 "모든 다른 현상들이 그것에 대해 나타나는 제1존재, 모든 현상이 그것과 관계 맺고 있는 절대자"라고 부른다.(*EN*, 23, 원문에서의 강조)

즉, 의식은 존재이며, 그것도 모든 현상들의 가능근거인 절대자로서의 존재이다. 필자가 '심각한 정신은 가치들을 초월적이고 인간의 주체성으로부터 독립된 소여들로 간주한다'는 문장에서 '주관성'이라는 말 대신 '주체성'이라는 말을 번역어로 선택한 이유도 실은 여기 있다. 사르트르에게 의식은 사물을 바라보는 주관적인 관점으로서의 의미에 앞서 우선 주체적 존재로서의 의미를 지닌다. 물론 주체라는 말 역시 어떤 사물성을 암시한다는 점에서 완벽한 번역어일 수 없다. 그럼에도 객체적 존재로 환원될 수 없는, 심지어 객체적 존재로서 나타나는 모든 현상들의 가능근거로서 존재하는 절대자로서의 의식을 표현하는 데는 주관성보다 주체성이 더 어울린다고 필자는 생각한다. 주체적 존재로서의 의식은 모든 현상들에 대해 절대자로서 존재한다. 그리고 사물들 역시 현상들의 전체로 환원된다는 점에서 보면 우리가 알고 있는 모든 사물들 및 사물들의 세계 역시 절대자로서의 의식과의 관계 속에서만 존재할 수 있다.

아마 후설의 현상학에 밝은 독자라면 사르트르의 이러한 주장이 후설의 선험초월론적 현상학에 입각해 있다고 여길 것이다. 후설이 『이념들 I』에서 밝힌 것처럼 현상학적으로 보면 "**사물적 존재**Dingliche Existenz**는 결코 소**

여성을 통해 필연적인 것으로서 요청되는 것이 아니라 어떤 특정한 방식으로 늘 **우연적**이다." 사물적 존재자들 및 그러한 존재자들의 세계가 우연적인 까닭은 사물적인 모든 것들이 실은 의식의 상관자로서만 존재할 수 있는 현상들이기 때문이다. 후설은 모든 현상들의 가능근거인 의식적 존재자를 '순수 자아das reine Ich'라고 부른다. 후설에 따르면 "하나의 '우연적인' 세계의 정립에 하나의 '필연적'이고 절대적으로 확실한 나의 순수한 자아와 자아의 삶의 정립이 마주 서 있다." 현상학적으로 보면 세계와 자아의 관계에서 세계는 상대적이고 우연적인 존재자임에 반해 자아란, 경험적 자아가 아니라 순수 자아로서는, 절대자이고 필연적인 존재자이다. 물론 여기서 필연성이란 어떤 인과율에 종속되어 있음을 뜻하는 말이 아니다. 현상학적으로 보면 인과율 자체가 현상적 세계에서 나타나는 그 자체 현상적인 원리이기 때문이다. 그것은 다만 현상들이 존재하는 한에서, '마땅히 존재하는 것으로서 상정되어야 함'을 뜻하는 말에 지나지 않는다. 의식의 존재 자체가 현상들의 가능근거라는 뜻이다.[37]

필자 역시 사르트르의 주장이 후설의 현상학에 입각해 있다고 여기기는 한다. 비록 '순수 자아'라는 개념은 사르트르의 철학과 어울리지 않지만 말이다. 그러나 확실하지는 않다. 사르트르는 종종 '세계가 의식의 상관자로서만 존재할 수 있으며, 그리고 그런 한에서 세계의 존재는 우연적이고 의식의 존재는 필연적이고 절대적이라는 관점'이 현상학에 국한되지 않는 근대적 사유의 일반적 특성인 것처럼 암시한다. 문제의 초점이 의식과 세계의 존재에 대한 존재론적 성격규정에 있는 한 이러한 암시가 꼭 잘못된 것이라고 여기기는 어렵다. 두 가지 이유 때문이다. 첫째, 후설의 주장은 어디까지나 인식론적 성격의 것으로, 세계의 존재 유무에 대한 실재

---

37 E. Husserl, *Ideen zu einer reinen Phänomenologie und phänomenologische Philosophie I* (*Husserliana Bd. III/1*), Den Haag 1976, 97 이하. 원문에서의 강조.

론적 판단과는 무관하다. 현상학은 현상을 초월하는 어떤 존재의 실재성에 대한 물음을 비철학적 물음으로서 괄호 칠 뿐이다. 그러나 사르트르의 주장은 존재론적 성격의 것으로, 단순한 인식론적 성격만을 띠지는 않는다. 이러한 이유로 사르트르의 주장이 후설의 현상학으로 한정될 수 없는 여러 철학들을 함께 아우를 가능성을 배제할 수 없다. 둘째, 물음의 핵심이 의식과 현상적 세계의 관계에 대한 규정에 있는 한에서 실제로 현상적 세계의 존재를 의식의 활동에 의존하는 것으로서 파악하는 것은 근대의 많은 철학들에서 발견되는 공통된 관점이다.

우리에게 중요한 것은 사르트르가 사물들의 세계를 현상의 총체성으로 환원하는 것에서 그 근본 특성을 발견하는 근대 이후의 사유가 사르트르 자신의 사유와 어떻게 구분되는지 파악하는 것이다. 앞서 밝힌 것처럼 사르트르는 한편 사물들의 세계를 현상의 총체성으로 환원하는 근대 이후의 사유를 긍정적으로 평가한다. 그럼에도 그는 근대 사유가 줄기차게 지향해 온 현상 일원론은 아직 완성되지 않았다고 본다. 그 이유는 무엇일까? 그것은 한마디로 '현상과의 관계에서 의식이 제1존재이자 절대자로서 존재한다는 사실로부터 오직 의식만이 불변하는 실체적 존재자처럼 존재한다는 결론을 내린 오류추론' 때문이다. 이 말은 물론 사르트르가 의식을 절대자로 지칭한다는 것을 근거로 사르트르의 의식 개념이 일종의 형이상학적 절대자 개념이라고 결론을 내려서는 안 된다는 뜻이기도 하다.

우리는 이전의 논의들을 통해 실존의 부조리란 사르트르에게 현존재의 실존적 자유의 절대성을 지시하는 개념이라는 것을 확인하였다. 실존이 부조리한 것이려면 두 가지 조건이 충족되어야 한다. 첫째, 우리의 존재가 우리 자신이 아닌 어떤 실체적 존재자에 의해 근거 지어진 것으로서 파악되어서는 안 된다. 이러한 경우 우리의 현사실적 삶은 우리의 존재를 근거 짓고 있는 실체적 존재의 존재에 의해 이미 한정된 것일 수밖에 없기 때문이다. 둘째, 우리의 존재 자체가 어떤 영원불변하는 실체적 존재처럼 파악되어서는 안 된다. 만약 우리의 존재가 영원불변하는 것이라면, 만약 우리의 경험적 자아 및 그러한 자아의 삶 이면에 어떤 영원불변하는 절대적 자아나 순수 자아 같은 것이 우리의 내밀한 본질로서 존재한다면, 우리의 현사실적 삶은 이러한 질대 자아의 존재에 의해 이미 한정된 깃일 수밖에 없기 때문이다. 두 가지 중 어느 하나라도 충족되지 않으면 부조리는 우리의 실존의 근본 규정이 될 수 없다.

사르트르가 의식의 절대성에 대해 말하는 것은 무엇보다도 우선 세계의 현상적 성격을 강조하기 위한 것이다. 만약 사물적 존재자들의 세계가 실재적인 것이라면 몸을 지닌 우리의 존재 역시 세계를 지배하는 이런저런 법칙들로부터 자유롭기 어렵다. 그러나 만약 세계가 현상적인 것이라면, 그리고 그러한 것으로서 우리의 의식에 근거해서만 존립할 수 있는 것이라면, 우리는 세계를 지배하는 이런저런 법칙들로부터 원래 자유로운 존재자로서 존재하는 셈이다. 우리 자신의 존재가, 우리의 의식이, 세계의 존립 근거이지 그 역은 아니기 때문이다. 하지만 우리 자신의 존재가 세계에 근거하고 있는 것이 아니라 세계가 하나의 현상으로서 우리의 존재에 근거해 있다는 것을 받아들인다고 해도, 만약 우리 자신의 존재가 형이상학적 의미의 절대자라면, 우리의 자유는 우리 자신의 본성에 의해 제약될 수밖에 없다. 바로 이 지점에서 실존주의적 의미의 자유와 칸트의 자유 사이의 차이가 극명하게 드러난다. 주지하다시피 칸트 역시 사르트르처럼 자유의 가능성을 확립하기 위해 세계의 현상적 성격을 밝힌다. 칸트도 세계의 현상적 성격을 밝힘으로써 세계를 지배하는 인과율의 법칙이 우리의 존재를 근본적으로 규정하는 것일 수 없음을 드러내려 시도한 것이다. 그러나 칸트의 자유는 이성의 자유이다. 인과율의 제약을 벗어난 존재로서 이성은 자기 외의 다른 존재에 의해 규정되지 않는다. 그러나 이성의 자유는 오직 자율의 형식 속에서만 실현된다. 이성 스스로 올바른 도덕적 규범을 산출하고 또 자신의 본성에 걸맞은 그러한 규범에 자발적으로 순응함이 이성적 자유의 본질인 것이다. 사르트르의 실존적 자유는 이러한 의미의 자유가 아니다. 그것은 자기 자신의 본성에 의해서도 제약되지 않을 자유이다. 그렇기에 그것은 이성과 달리 어떤 영원불변하는 본질이나 원리 같은 것에 의해 확보될 수 있는 자유가 아니다.

비록 의식을 현상과의 관계 속에서 제1의 존재 혹은 절대자로 존재하는 것으로서 설명하기는 하지만 사르트르는 의식의 존재를 시간 초월적인 어떤 '순수한 자아'의 관점에서 고찰하지 않는다. 이러한 관점은 이미 사르트르가 1937년에 출간한 『자아의 초월』에서 확연하게 드러난다. 사르트르는 이 책에서 현상적인 것들의 흐름으로서의 자아 외에 흐름으로서의 의식을 자기의 의식으로서 갖는 순수한 자아의 존재를 상정할 필요성이 없음을 밝힌다. 사르트르는 자신의 주장을 『순수 이성 비판』의 칸트가 선험초월적 통각의 문제를 분석하는 방식에 관해 논구하면서 개진해 나간다. 사르트르는 '나는 생각한다'가 모든 경험의 계기들을 수반할 수 있어야 한다는 칸트의 주장은 결코 경험과 무관한 순수한 자아의 존재를 증명하려는 목적으로 제기된 것이 아니라고 주장한다. 사르트르의 관점에서 보면 '나는 생각한다'가 모든 경험의 계기들을 수반한다는 칸트의 주장은 경험의 필증적 형식을 드러내는 것에 불과하다. 즉, 모든 경험은 나의 경험의 형식 속에서 이루어진다는 것이다. 그러나 이러한 경험의 형식은 결코 어떤 순수한 자아가 존재함을 증명하는 것으로서 해석되어서는 안 된다. 결국 사르트르는 칸트적 의미의 이성과 자아의 이념을 구분하는 셈이다. 칸트는 선험초월적 통각의 문제를 선험초월적 의식의 장의 구성을 가능하게 할 그 조건을 밝힐 요량으로 다룬다. 그러나 선험초월적 통각의 문제는 현사실적 의식의 구조의 문제일 뿐 어떤 초경험적인 자아의 존재에 관한 문제와는 직접적으로 아무 상관도 없다. 사르트르에 따르면 근대 이후의 철학에서 순수 자아의 이념을 도입하려는 경향은 칸트가 아니라 신

칸트주의 및 경험비판론으로부터 비롯된 것이다.[38]

『존재와 무』에서 사르트르가 의식에 대해 취하는 기본적인 관점은 두 가지이다. 첫째, 의식을 하나의 현상적 흐름으로 상정한 뒤 현상적 흐름으로서의 의식 외에 어떤 형이상학적인 순수 자아의 이념을 도입할 철학적 필요성을 배제한다. 앞서 언급했듯이 이러한 관점은 현상일원론의 완성을 위해 필수적이다. 사르트르는 근대 사유가 현상일원론을 지향해 왔음에도 불구하고 형이상학적인 순수 자아의 이념에 집착함으로써 현상일원론을 완성하지 못했다고 보기 때문이다. 둘째, 의식을 하나의 존재로 상정한다. 현상적 흐름으로서의 의식은 물론 사물과 같은 의미의 존재일 수 없다. 그것은 오히려 사물-아님[no-thing]이라는 의미의 무이다. 의식은 무로서의 존재인 것이다. 의식을 하나의 존재로 상정해야 할 철학적 필연성은 의식이 '지각하는 것'이라는 점에서 발견된다. '지각하는 것'으로서의 의식은 '지각되는 것'과의 관계 속에서만 존재할 수 있으며, 지각되는 것이 현상으로서 존재하는 한 '지각하는 것'은 현상으로서의 존재를 가능하게 할 근거로서 존재해야 한다. 그렇기에 현상적 흐름으로서의 의식은 한갓 현상일 뿐인 무가 아니라 사물-아님의 존재로서 존재해야 하는 것이다.

2.2. 존재의 충만함과 실존

사르트르의 철학은 현상 일원론을 통해 이원론적 사고를 극복하고 있는가? 만약 현상을 '눈앞에 나타나는 어떤 겉모습'이라는 의미로 이해하는 경우 사르트르의 철학은 현상 일원론적이지 않다. 사르트르의 철학은 의식을 현상의 근거인 하나의 존재로서 상정하기 때문이다. 하지만 현상을 '눈앞에 나타나는 어떤 겉모습'의 의미로 이해하는 경우 현상 일원론이

---

[38] J.-P. Sartre, *La transcendance de l'ego*, Paris 1966, 13 이하 참조.

란 이미 그 자체로 자가당착적인 개념이 되고 만다. 겉모습이란 자신을 겉모습을 통해 나타내는 어떤 존재자의 존재를 전제로 하는 것이기 때문이다. 그렇기에 현상 일원론이란 어떤 형이상학적 실체의 존재에 대한 물음을 불필요한 것으로 드러내고 배제하는 철학적 이론이라는 의미로 이해되어야 한다. 이 경우 현상이란 단순한 겉모습이 아니라 경험을 통해 알려지는 현상의 근거로서 상정되어 온 형이상학적 실체 존재를 배제하고 자신을 존재 자체의 드러남으로서 알려오는 모든 것들을 아우르는 의미를 지니게 된다. 사르트르의 현상 개념이 바로 이러한 뜻을 지닌다. 사르트르는 현상을 어떤 겉현상으로서의 무가 아니라 실체-아님 혹은 사물-아님인 무로서 이해한다. 사르트르에게는 사물-아님인 무로서의 현상이 형이상학적 동일성의 이념과 무관한 존재 자체의 드러남이라는 뜻이다.

의식에 대해 사르트르가 취하는 두 관점, 즉 형이상학적인 순수 자아의 이념을 배제함과 의식을 사물-아님인 무로서의 존재로 상정함은 사르트르가 지각체험의 수동성에 관해 논의하는 과정에서 특히 잘 드러난다. '지각되는 것'이 하나의 현상이고, '지각하는 것'이 하나의 의식인 한에서, 현상은 수동적이고 의식은 능동적이다. 여기서 현상의 "수동성은 이중으로 상관적인 현상이다. 즉, 그것은 작용하는 자의 능동성과 관계하고 있고, 또한 작용을 겪는 자의 실존과 관계하고 있다." 여기서 특히 주목할 부분은 '작용을 겪는 자의 실존'이라는 문구이다. 지각되는 것은 현상이고, 또한 지각되는 것은 수동적 존재자이기에 '작용을 겪는 자'는 수동적 현상이라고 이해하기 쉽다. 그러나 존재가 아닌 한에서 현상은 원래 수동적일 수없다. 오직 존재하는 것만이 작용하는 것의 작용을 수동적으로 겪을 수 있기 때문이다. 즉, "수동성은 수동적으로 실존하는 것의 존재 자체는 건드리지 않는다." 지각하는 것, 즉 의식의 작용에 의해 수동적으로 실존하는 것의 존재 여부가 결정되는 것은 아니라는 뜻이다. "수동성은 하나의 존재가 다른 존재와 맺는 관계이지, 하나의 존재가 하나의 무와 맺는 관계는 아니다. **지각함**^{percipere}이 **지각되는 것**^{percipi}에 존재를 부여하는 것은 불가능하다. 작용받으려면 **지각되는 것**이 어떤 식으로든 이미 주어져 있어야만 하기에 그것은 존재를 부여받기 전에 실존해야 하는 것이다."(*EN*, 25, 원문에서의 강조)

능동성 및 수동성이 문제가 되는 한에서, 존재는 변화의 흐름 속에 있다. 오직 변하는 것만이 능동적이거나 수동적일 수 있기 때문이다. 지각되는 현상이 그 자체로 이미 존재해야 한다는 사르트르의 주장은 지각되는 현상의 이면에 어떤 불변하는 실체적 존재자가 존재한다는 전통 철학적 관점과는 근본적으로 구분되어야 한다. 사르트르는 도리어 현상적인 것들의 부단한 흐름 속에서 알려지는 ─형이상학적 실체 존재의 초시간적 동일성을 배제하는─ 존재의 비동일성을 우리 자신의 존재와 무관하게 그 자체로 있는 존재의 본래적 존재방식으로서 드러내고자 한다. 사르트르에게 존재란 한편 그 자체로 있음으로서, 하지만 다른 한편 실체적 동일성의 이념을 배제하는 것으로서 특징될 수 있다는 뜻이다.[39]

사르트르는 "의식의 존재의 초현상성^{la transphénoménalité}은 현상의 존재의 초현상성을 요구한다"고 주장한다. 여기서 '초현상성'이란 경험적 현상의 이면에 숨어 있는 어떤 실체적 존재를 암시하는 말이 아니다. 초현상성에

---

39 프랑크는 의식, 존재, 현상의 관계를 다룸에 있어서 사르트르가 지각 개념에 호소한 것은 반성적 의식의 모델을 통해서는 이 삼자 간의 관계를 해명하기 어렵기 때문이라고 본다. 즉, 지각과 의식의 관계 속에서 주어지는 의식의 존재와 지각된 현상에 의해 지시된 어떤 존재 사이의 관계는 사르트르에게 의식의 반성을 통해 주어지는 것이 아니라 그 자체 선반성적 의식의 구조를 이루고 있다는 뜻이다. 이에 대한 상세한 논의는 다음 참조: M. Frank, *Das individuelle Allgemeine. Textstrukturierung und Textinterpretation nach Schleiermacher*, a.a.O., 41 이하. 프랑크는 특히 선반성적 의식에 대한 철학적 성찰에서 사르트르와 슐라이어마허 사이에 커다란 공통점이 발견된다고 본다. 이와 관련된 논의는 다음 참조: 같은 책, 87 이하, 293 이하 및 333 이하; M. Frank, *Das Sagbare und das Unsagbare. Studien zur deutsch-französische Hermeneutik und Texttheorie. Erweiterte Neuausgabe*, Frankfurt a. M. 1995, 17 이하.

대한 사르트르의 설명은 사르트르적 의미의 현상을 '눈앞에 나타나는 어떤 겉모습'의 의미로 이해해서는 안 된다는 필자의 주장에 정확히 상응한다. 사르트르는 한편 "눈앞의 것들, 즉 이러한 인상들은 ―설령 그 수가 무한하다 해도― 주체 안으로 용해되어 버릴 것이며, 이때 그 객체적 존재를 주는 것은 그 부재absence이다"라고 지적한다. 달리 말해 현상을 겉모습이나 사물의 인상들과 같은 의미로 이해하는 경우 오직 주체만이 독립자존하는 실체와도 같은 위상을 지니게 된다는 뜻이다. 그러므로 우리가 경험하는 모든 현상들은 단순히 의식내재적인 것으로서 파악될 수 없다. "각각의 현상"이 지시하는 것은 "존재의 **충만함**이지 그 결여는 아니며," 현상의 근거인 존재가 결여에서가 아니라 그 충만함에서 파악되는 한 그것은 의식에 "**초월적 존재**"로서 파악되어야 하는 것이지 주체에 내재적인 것으로서 파악되어야 하는 것은 아니다. 즉, 지각하는 것으로서 의식은 오직 자신에 의해 지각되는 현상의 근거인 충만한 존재와의 관계 속에서만 존립할 수 있다. 의식과 현상의 근거인 존재와의 관계는 초월적인 관계인 것이다. 물론 여기서의 초월이란 어떤 초경험적인 형이상학적 실체의 존재를 지칭하는 말이 아니다. 그것은 다만 지각하는 것으로서 의식의 존재는 지각되는 현상의 근거인 존재로 환원될 수 없는 것이고, 마찬가지로 현상의 근거인 존재 역시 의식의 존재로 환원될 수 없는 것임을 표현하는 말일 뿐이다.(*EN*, 27 이하)

존재로서의 의식과 현상이 지시하는 존재의 충만함에 대한 사르트르의 논의들은 구체적으로 어떤 의미를 지니고 있을까? 이러한 논의들 역시 현존재와 현존재 사이의 관계를 존재론적으로 파악하는 데 있어서 유의미할 수 있을까?

자신이 소위 '세계를 지배하는 심각한 정신'에 사로잡혀 있는 지식인이라고 상상해 보자. 나는 지금 카페에서 커피를 마시며 무례한 손님에게 모욕을 당하고 있는 한 웨이터의 품행을 관찰하고 있다. 나는 가치들을 초월적이고 인간의 주체성으로부터 독립된 소여들로 간주한다. 물론 여기서 초월이란 형이상학적 의미의 초월이다. 그것은 현상을 통해 드러나는 한 의식적 존재자인 나와 어떤 존재의 만남을 지시하는 말이 아니라 객체의 본질적이고도 불변하는 속성을 지시하는 말이기 때문이다. 나는 주체이고 나에 의해 관찰되는 웨이터는 객체적 존재자이다. 나는 손님의 모욕을 아무렇지도 않은 듯 묵묵히 견디어 내는 웨이터의 품행 속에서 웨이터로서의 존재에 상응하는 여러 가지 속성들을 발견한다. 예를 들면 웨이터의 기계적인 거동에 어울리는 단순하고 거의 무의식적이라 할 만한 무감동한 마음, 정중함이 약간 지나쳐서 조금은 비굴하게 느껴지는 품성, 상냥하지만 진심은 느껴지지 않는 표정에 어리는 심정의 부박함 등이 내가 발견하는 웨이터의 속성들이다. 나는 그 모든 속성들을 그가 웨이터로서 마땅히 견지해야 하는 속성들로 여긴다. 웨이터로 존재함에는 웨이터로서 마땅히 따라야만 하는 행위의 규범들이 포함되어 있고, 규범들은 도덕적 가치에 의해 떠받들어지는 것이며, 가치란 초월적이고 인간의 주체성으로부터 독립된 소여들이기 때문이다. 웨이터는 그 자신 웨이터로서 존재할 뿐이다. 내가 그에게서 발견하는 이런저런 품성들 역시 그의 어떤 객체적 속성들과도 같은 것으로서, 나는 지식인인 나와 전적으로 구별되는 한 웨이터-인간을 본다. 그렇기에 웨이터로 존재함은 그에게 회피할 수 없는 숙명과도 같다. 설령 웨이터가 되지 않았다고 하더라도 그는 웨이터로 타고난 사람에게나 어울리는 삶밖에는 살지 못했을 것이다.

이번에는 자신이 사르트르처럼 사물-아님인 무로서 존재하는 의식과 현상의 근거인, 그러나 그 자체 사물-아님인 무로서 파악되어야 하는, 존재와의 초월적 관계 속에서 존재의 의미를 헤아리는 사람이라고 상상해 보자. 나 역시 카페에서 커피를 마시며 '심각한 정신'의 소유자인 지식인과 마찬가지로 웨이터가 무례한 손님으로부터 모욕을 당하는 것을 보고 있다. 그러나 나에게 웨이터의 품행에서 발견되는 이런저런 성격이나 기질 등은 웨이터의 타고난 품성 같은 것이 아니다. 그것은 무엇보다도 우선 모욕을 당하는 웨이터를 보며 내 안에서 일어나는 생각과 감정들을 통해 잘 드러난다. 나에게 웨이터의 비굴함과 부박함은 한 객체로서 존재하는 웨이터의 본질적 속성 같은 것이 아니다. 그에게서 발견되는 모든 속성들은 관찰과 경험의 주체인 나의 존재와 무관한 것일 수 없기 때문이다. 만약 내가 웨이터를 경멸하는 마음을 느낀다면 그것은 웨이터가 한 인간적 존재로서 지니는 이런저런 품성의 저열함이 아니라 실은 그와 관계 맺고 있는 나 자신의 인품의 저열함을 드러낼 뿐이다. 내가 느낀 경멸의 감정은 웨이터에게 모욕을 가하는 손님과 마찬가지로 자신보다 낮은 위치에 놓여 있는 자를 함부로 무시하는 나의 인격적 부박함과 속물근성을 드러낼 뿐이라는 뜻이다. 만약 내가 웨이터를 나의 의식에 절대적으로 의존하는 눈앞의 겉현상과도 같이 여기고 나와 무관하게 그 자체로 있는 존재자로 인정하지 않는다면 나는 그에게 무감동하게 남을 수 있다. 존재하지 않는 것에 대해서 무시하는 마음이나 미안해 하는 마음을 느낄 이유는 없는 것이다. 또한 내가 나의 마음을 그 자체로 존재하는 것으로 여기지 않는 경우에도 나는 역시 무감동하게 남을 수 있다. 만약 내가 웨이터를 함부로 무시하는 나의 마음에 부끄러움을 느낀다면 그것은 오직 내가 나의 의식을 하나의 존재로서 인지하고 있기 때문이다. 존재하지 않는 것에 대해 부끄러움을 느낄 이유는 없기 때문이다. 분명 나의 의식은 무로서, 즉 사물-아님으로서 존재한다. 그렇다면 겉으로 드러나는 웨이터의 품행 역시, 적어도 그것이 어떤 의식의 존재를 지시하는 현상인 한에서는, 사물-아님으로서의 의식이 그 자체로 존재함을 드러낸다. 그렇다면 웨이터로서의 그의 존재를 지배하는 이런저런 도덕적 규범들 및 그 근거로서의 가치는 어떤 —형이상학적 의미의— 초월적인 것으로서 절대화될 수 없다. 두 가지 이유 때문이다. 첫째, 도덕적 규범이란 현사실적으로 현상적인 세계를 지배하는 규칙이고, 그러한 규칙은, 그것이 현상적인 것인 한에서, 의식의 존재에 근거해 있는 것이지 그 역은 아니다. 즉, 그 자체로 존재하는 웨이터의 의식이 도덕적 규범에 의해 근거 지어져 있는 것이 아니라 실은 그러한 규칙을 수용하는 웨이터의 의식과 웨이터를 웨이터로 볼 뿐인 이런저런 사람들의 의식에 의해 도덕적 규범이 근거 지어져 있는 것이다. 둘째, 바로 그렇기에 웨이터로서 모욕을 감내하도록 몰아세우는 이런저런 규범들과 가치들은 나의 탓이기도 하다. 웨이터를 함부로 무시하는 나의 의식 역시 그러한 규범들과 가치들을 근거 짓는 의식들 중 하나이기 때문이다.

'세계를 지배하는 심각한 정신'의 태도와 사르트르적 의미의 존재론적 태도 사이에는 몇 가지 공통점과 차이가 있다. 첫째, 양자는 모두 경험된 현상을 그 근거로서의 존재를 지시하는 것으로서 받아들인다. 그러나 '심각한 정신'의 태도가 현상적으로 드러나는 이런저런 속성들을 존재에 객체적이고 불변하는 방식으로 속해 있는 것으로서 파악하는 반면 존재론적 태도는 나의 존재와 현상이 지시하는 그 근거로서의 존재 사이에 맺어진 관계의 표현으로서 파악한다. 전자에게 웨이터의 품성은 나와 무관한 웨이터 자체의 속성이다. 그러나 후자는 웨이터의 품성을 그와 자신이 맺고 있는 존재론적 관계의 표현으로서 파악한다. 둘째, 양자는 모두 존재자들의 분열에서 출발한다. 그러나 전자가 존재자들의 분리를 절대화하는 데 반해서 후자는 존재자들의 분리를 현상의 산출을 가능하게 하는 존재론적 만남의 관점에서 고찰한다. 셋째, 양자는 모두 규범과 가치의 근거가 존재에 있음을 인정한다. 그러나 전자가 규범과 가치를 형이상학적으로 절대화하는 경향을 보이는 반면 후자는 존재를 근본적으로 부조리한 것으로서 상정한다. 전자가 규범과 가치를 형이상학적으로 절대화하는 이유는 규범과 가치의 근거를 존재의 불변하는 본질에서 찾기 때문이다. 후자가 존재를 근본적으로 부조리한 것으로 상정하는 이유는 존재를 순연하게 실존하는 것으로 여길 뿐 어떤 형이상학적 본질에 의해 규정될 수 있는 것으로 여기지 않기 때문이다. 분명 규범과 가치는 존재에 근거해 있는 것으로서만 의미를 지닐 수 있다. 설령 웨이터로 하여금 굴욕을 감내하게 하는 일상적 규범과 가치의 정당성을 인정하지 않는 경우라 하더라도 오직 존재를 전제로 하는 경우에만 그러한 규범과 가치의 부당성에 대한 이해 역시 가능한 것이다. 그러나 규범과 가치의 근거가 실존하는 존재에 있는 한에서 실존자는 이미 그 자신의 존재 규정에 있어서 규범과 가치의 한계를 넘어서 있다.

아마 어떤 독자들은 사물-아님인 무로서 존재하는 의식과 현상의 근거인 존재와의 초월적 관계에 대한 사르트르의 분석으로부터 필자가 너무 멀리 나아간 것이라고 느낄지 모르겠다. 의식, 존재, 현상, 무 등을 둘러싼 『존재와 무』의 논의들이 때로 우리의 구체적 삶과는 아무 상관도 없는 것처럼 보일 만큼 존재의 구조형식에 관한 논의에 집중되고 있다는 점을 고려해 보면 그것도 무리는 아니다. 그러한 독자들은 사르트르가 자아와 타자의 관계를 주체-객체의 관점에서 고찰하고 있다는 것과, 타자의 시선에 의해 객체로서 전락해 버림이 나에게 수치감의 존재론적 이유가 된다는 사실을 기억해 주기 바란다. 현상을 어떤 개별 존재에 근거해 있는 것으로서 이해하는 한에서 현상의 근거인 존재는 나에게 이미 하나의 객체적 대상 존재로서 인지된 셈이다. 현상이란 언제나 그 누군가에 의해 지각되고 인지된 것으로서만 현상일 수 있기 때문이다. 타자의 시선에 의해 객체로서 전락해 버림이 나에게 수치감의 존재론적 이유라면 마찬가지로 나의 시선에 의해 타자가 객체로서 전락해 버림은 타자에게 수치감의 존재론적 이유가 된다. 즉, 나는 나의 존재를 타자의 존재로 하여금 수치감을 느끼도록 할 그 이유로서 파악할 수밖에 없는 것이다. '세계를 지배하는 심각한 정신'의 관점에서 보면 웨이터가 당하는 모욕은 오롯이 웨이터 혼자 감내해야만 하는 그의 존재의 몫이 된다. 그는 웨이터로 타고났으며, 그로 하여금 모욕당하게 하는 그의 웨이터로서의 품성은 그에게 본질적으로 내재해 있는 것이기 때문이다. 그러나 사르트르의 존재론적 관점에서 보면 웨이터가 당하는 모욕은 동시에 나의 탓이기도 하다. 물론 나는 그를 직접적으로 모욕하지 않는다. 그를 모욕하는 자는 어떤 손님이다. 그러나 손님이 웨이터를 모욕하는 까닭은 그의 시선이 웨이터를 객체화하기 때문이요, 그의 의식이 그를 대상 존재로서 인지하고 물건처럼 사용하려고 하기 때문이다. 그런데 손님뿐 아니라 실은 나 자신도 그를 웨이터로서 바라본다. 웨이터를 바라보는 나의 시선 역시 그가 당하는 수모의 근본 이유인 그의 객체적 대상화의 원인이요, 그를 웨이터로 바라보는 한에서 나의 의식 역시 그를 물건처럼 사용하려는 의식인 것이다.

주의할 것은, 웨이터를 웨이터로 존재하게 하는 것이 '나의 탓'이기도 하다는 것을 종교적 죄의식의 관점에서 이해해서는 안 된다는 점이다. 물론 웨이터의 수모와 굴욕이 나의 탓이라는 사실은 내가 그에게 어떤 존재론적 책임을 지고 있다는 의미로 해석될 수 있을 것이다. 그러나 사르트르의 관점에서 볼 때 그러한 책임은 근본적으로 내가 주체로서 존재하며 나와 같은 주체인 그의 존재를 객체화한다는 점에 기인하는 것이다. 만약 이 책임을 내가 일방적으로 짊어지고 순전한 나의 탓으로 돌리는 경우 나는 그를 위해, 그의 수모와 굴욕을 제거하기 위해, 능동적으로 그 어떤 행위를 해야 하는 셈이다. 그런데 그의 수모와 굴욕을 제거하기 위해 내가 수행하는 행위 역시 그를 대상화하기는 마찬가지이다. 행위하는 자로서 나는 능동적인 주체가 되고, 나의 행위에 의해 수모와 굴욕으로부터 벗어나는 자로서 타자는 수동적인 객체가 되는 것이다.

그러므로 웨이터를 웨이터로 존재하게 하는 '나의 탓'에 책임을 지는 최선의 방책은 어떤 죄의식에 빠져 그를 섬김의 대상으로 삼는 것일 수 없다. 도리어 나는 그를 웨이터가 아닌 그 자신으로서, 웨이터로서 대상화된 객체적 존재가 아니라 자유로운 하나의 주체로서, 존재하도록 내버려 두는 선택을 해야 한다. 사르트르의 관점에서 보면 자유로운 주체들 간의 관계는 필연적으로 갈등의 관계이다. 자유로운 주체들은 서로를 대상화하며, 서로에 의해 대상화된 주체로서 존재하며, 타자에 의해 일어나는 수치감과 자유의 제약으로부터 벗어나려 자신의 존재를 늘 새롭게 기획해야만 하는 존재자들이기 때문이다. 그러므로 사르트르에게 나와 타자의 갈등을 갈등으로서 인정함은 그 자체로 타자를 위한 최선의 배려가 된다. 오직 이런 경우에만 타자는 나에 의해 대상화되고 도구화되는 일 없이 온전한 주체로서 존재하기를 기획할 수 있게 되는 것이다.

2.3. 실존적 자유와 공감의 근거로서의 갈등

사르트르에게 의식을 하나의 존재로서 확정하는 것과 현상을 사물-아님인 존재 자체의 드러남으로서 확정하는 것은 모두 윤리학적 함의를 지니고 있다. '세계를 지배하는 심각한 정신'에 의해 실체화된 가치와 규범의 제약으로부터 인간 현존재를 해방시키면서 동시에 인간 현존재로 하여금 실존의 부조리에 입각한 새로운 윤리적 의식을 지니게 하는 것이 사르트르 철학의 은밀한 목적이라는 것이다. 물론 사르트르가 '도덕의 관점들'이라는 제목을 달고 있는 『존재와 무』의 마지막 절에서 밝힌 것처럼 "존재론은 그 자체로서는 도덕적 규정들을 공식화할 수 없을 것이다." 공식화된 도덕적 규정들은 '모두가 마땅히 지켜야만 하는 도덕적 규정'으로서 절대화된 셈이고, 그럼으로써 그 자체 일상세계를 지배하는 '심각한 정신'의 기제로서 작용할 것이기 때문이다. 하지만 사르트르는 "그것[존재론]은 상황 속의 현존재에 대해 책임을 떠맡는 윤리학이 어떤 것일 수 있는지 짐작하게 한다"고 주장한다. 필자는 지금까지의 논의들이 이러한 존재론적 윤리학의 성격이 어떤 것인지 제한적으로나마 잘 드러내었다고 생각한다. 필자의 소견으로는 사르트르가 지향하는 윤리는 실존론적 앙가주망engagement의 윤리이다. 앙가주망의 윤리는 단순히 자신의 자유만을 지향하는 개인주의적 윤리가 아니다. 그것은 도리어 공동 현존재의 고난과 구속을 자기의 탓으로 돌리는 책임의 윤리이다. 사르트르의 실존론의 관점에서 보면 이 세계를 지배하는 모든 가치와 규범들은 결국 그 안에서 실존하는 나의 탓이기도 하기 때문이다.(*EN*, 690)

아마 이 점이 가장 잘 드러나는 부분은 사디즘에 대한 사르트르의 분석일 것이다. 사르트르에 따르면 "그[사디스트]가 점유하려 시도하는 것은 희생자의 초월적 자유이다." 여기서 '초월적'이란 어떤 '형이상학적 실체성에 근거해 있음'이 아니라 사디스트의 의식과 존재로 환원될 수 없는 '개별 존재로서의 타자에 속해 있음'을 지칭하는 말이다. 사르트르는 타자의 초월적 자유를 점유하려는 사디스트의 시도는 이루어질 수 없다고 지적한다: "사디스트는 희생자가 그에게 **시선**을 던질 때, 즉 타자의 자유 안에서 자신의 존재가 절대적으로 소외됨을 겪을 때, 자신의 오류를 발견한다. … 그때 그는 아무리 타자로 하여금 굴복하고 용서를 구하도록 강요해도 타자의 자유는 어쩔 수 없으리라는 것을 발견한다 …."(*EN*, 456, 원문에서의 강조)

희생자의 시선은 왜 사디스트로 하여금 자신의 행위가 타자의 자유에 아무 작용도 끼치지 못하리라는 것을 발견하게 하는가? 그것은 자신에게 시선을 던지는 한에서 타자는 자신을 객체적 대상으로 만들어 버리는 주체이기 때문이다. 사디스트로서 내가 원하는 것은 그의 자유의 전용이고, 그러한 목적을 위해 나는 그에게 갖은 고문과 굴욕을 가한다. 그러나 그의 자유를 전용하기 위해 사디즘적 행위가 필요하다는 사실 자체가 실은 내가 처한 역설적 상황을 잘 드러낸다. 만약 그가 자유를 완전히 상실하고 순연한 객체적 존재로 전락해 버리면 나는 더 이상 사디스트로서 행위할 수 없다. 전용할 자유가 이미 사라져 버렸기 때문이다. 나를 사디스트로 만들어 주는 것은 그가 살아 있는 의식적 존재로서, 나의 존재로 환원될 수 없는 초월적 의식의 주체로서, 거기 있다는 사실이다. 즉, 나는 그의 자유를 통해서만, 그가 실존론적 자유의 절대성을 드러내는 한 의식적 주체로서 내 앞에 존재하는 한에서만, 사디스트로서 존립할 수 있다. 결국 희생자인 그의 존재를 주체-대상으로서 전환시키는 것은 사디스트인 나의 존재이지만 실은 나의 존재 역시 희생자인 그의 존재를 통해 주체-대상으로서 전환된다. 결국 사디스트로 존재함은 자신의 것으로 전용될 수 없는 타자의 자유를 전용하려는 불가능한 시도의 일환에 불과한 셈이다.(*EN*, 456 이하)

사디즘에 대한 사르트르의 입장은 자칫 절대적 자유의 이념에 바탕을 둔 형이상학적이고 초역사적인 영웅주의적 인간관의 발로처럼 보이기 쉽다. 사르트르의 사디즘 분석이 마르쿠제의 사르트르 비판에서 확인해 볼 수 있었던 그러한 공격의 빌미가 되기 십상이라는 뜻이다. 그런데, 어떤 사람이 영웅일까? 우리는 영웅이라는 말로 용맹한 전사를 지칭할 수도 있고 자수성가한 부자나 정치가를 지칭할 수도 있으며 심지어 어떤 종교적 성자를 지칭할 수도 있다. 만약 영웅주의가 우리로 하여금 이러한 영웅들처럼 되도록 몰아세우는 경향을 지칭하는 말이라면 사르트르의 철학은 영웅주의라는 칭호에 어울리지 않는다. 도리어 사르트르의 철학은 이러한 종류의 영웅주의에 대한 단호한 거부로 읽혀야 한다. 영웅이란 결국 한 인간의 존재를 세계를 위한 그 쓰임새 가운데 평가함을 전제로 하는 말이다. 사르트르의 관점에서 볼 때 이러한 의미의 영웅은 자유로이 존재하기를 그치도록 극단에 이르기까지 몰아세워지는 현존재의 존재를 지칭하는 말일 뿐이다.

앞서 확인해 보았듯이 사디스트의 좌절을 고지하는 것은 결국 희생자의 시선이다. 사르트르는 윌리엄 포크너^{Willam Faulkner}의 『8월의 빛』 마지막 장면을 그러한 "학대자들에 대한 희생자의 시선의 힘"을 묘사하는 가장 탁월한 사례로 꼽는다. 밝은 피부색으로 인해 백인으로 통하던 주인공 크리스마스가 흑인이라는 사실이 알려지자 "'선량한 시민들'은 흑인 크리스마스를 박해하고 거세했다." 사르트르는 『8월의 빛』 마지막 부분에서 이미 거세당한 채 "의식을 빼고는 아무것도 없는 텅빈 눈"으로 세상을 응시하는 크리스마스를 묘사하는 부분을 인용한다. 그것은 물론 영웅의 시선이 아니다. 그것은 다만 '세상을 지배하는 심각한 의식', 일상세계를 지배하는 이런저런 가치와 도덕적 규범들에 의해 심각한 의식의 소유자기 되도록 내몰리는 일상적 현존재에 의해 고난당하고 죽임당한 한 인간의 시선일 뿐이다. 세상을 지배하는 도덕적 규범의 관점에서 보면 흑인 크리스마스를 박해한 인간들은 규범에 충실한 선량한 인간들이고 박해당한 크리스마스는 규범을 어긴 악한 인간이다. 그러나 사르트르의 존재론적 관점에서 보면 소위 선량한 인간들은 한 인간을 인간으로 인정하지 못하고 세상을 위한 그 도구적 쓰임새 가운데서 인식하고 대상화한 폭력의 기제들일 뿐이다. 그들은 모두 타자의 자유를 전용하려 시도하는 일종의 사디스트들이다. 사르트르는 "사디스트의 세계에서 일어나는 '타자의 시선의' 폭발"에 대해 말한다. 그러한 시선의 전형적인 사례는 죽임당한 흑인 크리스마스의 시선이다. 그것은 자신에게 가해지는 박해와 죽임에 항거하지도 못하는 희생양의 시선이며, 심지어 분노의 기색도 없이 —아직 삶에 집착하는 자에게는 기묘하게도— "평정하게" 보이는 시선이다. 사르트르의 영웅은 폭력적으로 정복하거나 저항하는 그러한 영웅이 아니라 오직 세상을 바라보는 자신의 시선을 통해 의식적 주체로 존재하는 자에게 자유란 절대적으로 불가침의 것임을 증거하는 모든 인간 현존재이다. 흑인 크리스마스는 그러한 존재론적 진실에 대한 극단적인 사례에 지나지 않는 것이다.(EN, 456 이하)[40]

현존재의 자유가 절대적으로 불가침의 것인 한에서 현존재와 현존재의 관계는 본질적으로 대립과 갈등의 관계일 수밖에 없다. 사르트르 식으

---

40 인용문 중 "'선량한 시민들'은 흑인 크리스마스를 박해하고 거세했다"와 "평정한"은 사르트르가 『8월의 빛』에서 인용한 것을 재인용한 것이다.

로 표현하면 "의식들 사이의 관계의 본질은 함께 있음이 아니라 갈등conflit 이다."(EN, 481) 주의할 것은, 현존재 간의 존재론적 갈등의 관계는 어떤 이익을 위한 다툼과도 같은 것으로 오인되어서는 안 된다는 점이다. 이익을 위한 다툼은 언제나 이미 가치의 초월성을 전제로 하기 마련이다. 게다가 그것은 자신의 존재와 타자의 존재를 모두 도구적 쓰임새의 관점에서 고찰함으로써 일어나게 되는 다툼이다. 이와 반대로 사르트르가 말하는 의식적 주체들 간의 관계를 특징짓는 갈등은 도구적 쓰임새로 한정될 수 없는 의식으로서의 존재 그 자체의 근원성과 본래성에 의해 일어나는 갈등이다. 표면적으로 그것은 타자를 대상화하고 도구화하면서 서로의 자유를 전용하려 시도하는 사디스트적 개체들의 행위로 인해 일어나는 갈등이다. 그러나 그 가장 근본적인 조건은 그러한 시도의 존재론적 무용성이다. 타자의 대상화가 온전히 이루어질 수 있는 경우 현존재 간의 갈등은 종식될 수 있으며, 이 경우 현존재 간의 근원적 관계는 갈등으로 특징지어질 수 없다. 오직 타자의 대상화의 불가능성만이 현존재 간의 근원적 관계를 갈등으로 파악할 수 있게 해 주는 것이다. 결국 사르트르의 관점에서 보면 현존재들 간의 관계는 이중으로 중첩된 관계이다. 의식-주체로서 상대를 대상화하며 존재한다는 점에서 나와 타자의 관계는 서로의 자유를 자신을 위해 전용하려는 개별 존재자들 간의 관계이다. 그러나 자신을 바라보는 타자의 시선을 통해 그러한 시도의 존재론적 무용성을 깨닫게 된 존재자로서 나와 타자의 관계는 일상적이고 도구적인 방식으로 함께 있을 수 없는 그러한 개체들 간의 관계이다. 바로 이러한 관계를 사르트르는 갈등이라는 말로 표현하는 것이다.

다시 한 번 강조하건대 사르트르의 비판과 달리 하이데거의 '함께 있음'은 현존재들 간의 존재론적 갈등의 관계 또한 함축하는 개념이다. 이에 대한 상세한 논의는 이 책의 제3장에서 전개될 것이다. 여기서는 우선 존재론적 갈등의 관계에 대한 분석을 통해 공감에 대한 존재론적 이해의 가능성을 확보할 가능성은 없는지 살펴보도록 하자.

우리는 대화의 가능근거에 대한 슐라이어마허의 성찰을 통해 존재론적 공감에 네 가지 계기가 있음을 발견한 바 있다. 존재의 동일성에 대한 느낌, 사유의 동일성에 대한 느낌, 개념 및 지식의 동일성에 대한 느낌, 몸의 동일성에 대한 느낌이 그것이다. '세계를 지배하는 심각한 정신'의 관점에서도, 사르트르의 존재론의 관점에서도, 우리는 공감의 네 가지 계기들을 각각 상이한 방식으로 발견할 수 있다.

자신이 『8월의 빛』에서 묘사된 것과 같은 백인 중심의 사회에서 백인의 한 사람으로서 살고 있다고 상상해 보자. 나는 어느 날 백인으로 통했던 한 남자가 알몸으로 거리에서 수난을 당하는 장면을 목격한다. 수십 명의 백인들이 그에게 사납게 고함을 지르고 있고, 그 중 몇몇은 그에게 발길질을 하거나 채찍을 휘두른다. 그의 죄목은 단 하나이다. 금지된 사랑이 그것이다. 그에게는 백인인 애인이 있다. 그가 백인으로 통했을 때 사람들은 그가 백인 여자와 사랑을 나누는 것을 문제 삼지 않았다. 그러나 피부색만 흴 뿐 그의 몸 안에 흑인의 피가 흐르고 있다는 사실이 알려지자 그는 삽시간에 분노와 학대의 대상이 되고 만다. 평소 나는 그에게 호의를 느끼고 있었다. 그는 늘 명랑하고 친절했으며, 제법 유머 감각도 갖추고 있는 기분 좋은 인간이었다. 그러나 사정을 알고 나자 내 안에서도 그를 향한 분노가 치밀어 오른다. 흑인은 백인과 몸을 섞어서는 안 된다. 그것이 내가 알고 있는 상식이고, 이 세계를 지배하는 당연한 규범이다. 사르트르 식으로 표현하면 나는 '세계를 지배하는 심각한 정신'의 담지자인 일상적 현존재로서 여기 서 있는 것이다.

학대는 몇 시간이나 지속되었다. 마침내 남자가 의식을 잃어버리자 사람들은 남자를 어떻게 처벌하는 것이 좋을지 이야기를 나누기 시작한다. 처벌의 방법에 관해서는 다소 이견이 있지만 모든 사람들은 남자가 처벌되어야 한다는 것에는 동의한다. 이 경우 사람들이 나누는 대화는 무엇보다도 우선 존재의 동일성을 전제로 한다. 그들이 처벌하고자 하는 남자의 존재는 흑인으로서의 존재이며, 흑인으로 존재함과 백인으로 존재함은 엄격하게 구분되어야 한다. 즉, 흑인으로 존재함의 절대적 동일성과 백인으로 존재함의 절대적 동일성, 그리고 양자의 각기 다른 절대적 동일성에 의해 양자가 서로에 대해 지니게 되는 절대적 차이가 남자를 처벌할 이유가 되는 것이다. 흑인의 존재와 백인으로서의 자신의 존재에 대해 이러한 엄격한 구분을 하는 사람은 백인인 다른 사람들 역시 금지된 사랑을 범한 흑인에 대해 자신과 동일한 사유를 하리라는 것을 전제하기 마련이고, 이러한 전제는 물론 동일한 흑인에 대한 동일한 개념 및 지식의 형성으로 이어지기 마련이다. 그리고 동일성을 둘러싼 이 모든 느낌들은 암묵적으로 자신과 타자의 몸의 동일성에 대한 느낌을 전제로 한다. 오직 하나의 대상에 대해 동일한 방식으로 지각하는 자들만이 그 존재에 대해서도 동일한 판단을 할 수 있을 것이기 때문이다.

이제 누군가 나타나 사람들에게 항의하는 경우를 생각해 보자. 예컨대 남자를 남몰래 사랑하던 어떤 백인 여자가 나타나 남자가 얼마나 선량한 이웃이었는지, 그리고 자신이 직접 경험한 바에 따르면 남자가 얼마나 순수하고 맑은 마음의 소유자인지, 울부짖으며 밝히기 시작한다. 이러한 말 걸음 역시 존재의 동일성의 느낌에서 출발한다. 남자를 처벌해야 한다고 믿는 사람이나 여자나 모두 똑같은 한 남자에 관해 말하고 있다. 다만 전자는 남자를 백인보다 열등한 흑인으로 보는 데 반해 후자는 백인과 동등한 자격을 가진 한 인간으로 본다. 이토록 흑인에 대한 사고방식은 다르지만 서로를 향한 말 걸음은 자신과 지금 다르게 생각하는 사람 역시 언젠가 한 존재에 대해 자신과 동일한 사고를 할 수 있으리라는 느낌과 전제를 지니기 마련이다. 여자의 관점에서 보면 백인과 흑인의 엄격한 구분에 기초한 모든 규범들은 잘못된 것이며, 그것은 백인은 백인대로 또 흑인은 흑인대로 동일한 인간으로서 삶을 꾸려 가고 있기 때문이다. 즉, 누구나 학대받는 남자를 순수한 한 인간으로 인지하고, 그에 관해 일상의 편견에 의해 왜곡되지 않은 올바른 개념과 지식을 확립해 나갈 수 있다는 느낌이 일상적 현존재를 향한 항의의 형식 속에서 수행되는 대화의 근본 전제인 것이다. 물론 한 존재에 대한 올바른 개념과 지식은 해당 존재에 대한 인식과 지각의 변화를 의미한다. 결국 남자를 지키고자 일상적 현존재들에게 말을 거는 여자의 행위는 학대받는 남자의 존재에 대해 그들이 형성한 어떤 동일성 이념을 근본적으로 변화시키려는 기대와 요청의 표현인 셈이다. 모든 사람들이 세계를 지배하는 심각한 정신으로부터 벗어나 형이상학적으로 절대화된 존재의 동일성과 차이를 형이상학적 실체-아님의 존재로서의 동일성과 차이로 전환함으로써 존재의 동일성에 대한 느낌, 사유의 동일성에 대한 느낌, 개념 및 지식의 동일성에 대한 느낌, 몸의 동일성에 대한 느낌을 전도시키는 것이 학대받는 남자를 지키고자 여자가 수행하는 말걸음의 존재론적 역할인 것이다.

아마 슐라이어마허라면 이러한 실체-아님의 존재로서의 동일성을 형이상학적 동일성의 망념으로부터 벗어나 오직 모든 인간 현존재의 존재를 우주의 서술과 표현으로서만 받아들이는 종교적 감정에 기초해 있는 것으로서 설명할 것이다. 우주의 서술과 표현인 한에서 각각의 인간 현존재는 형이상학적 동일성의 관점에서는 도무지 파악할 수 없는 각각의 고유함 가운데 존재하는 셈이다. 우주는 형이상학적 체계로 한정될 수 없는 것이기 때문이다. 즉, 현존재와 현존재 사이의 관계는 동일성의 관계가 아니라 공약불가능한 차이의 관계이다. 그러나 순수한 차이의 존재로서 그들은 모두 우주의 서술과 표현으로서 존재한다. 슐라이어마허에게는 형이상학적 동일성의 망념을 불가능하게 하는 우주의 서술과 표현으로서의 동일성이 모든 존재자에게서 발견되는 존재의 동일성인 것이다. 우주의 서술과 표현으로서의 현존재는 이 지상에서 왜 고난받는가? 그것은, 사르트르 식으로 표현하면, 이 지상의 세계가 형이상학적 동일성의 망념에 집착하는 '심각한 정신'에 의해 지배되고 있기 때문이다. 바로 그렇기에 순수한 차이로서 존재하는 모든 인간 현존재는 이 지상에서 고난받을 가능성으로부터 자유로울 수 없는 것이다.

필자는 사르트르가 현존재의 존재로서 제시한 의식이 이 지상에서 고난받는 순수한 인간성의 표현이라고 해석한다. 의식으로서 존재하는 모든 존재자는 자기에게서나 자기 밖에서나 어떤 실체적 동일성도 발견할 수 없다. 우선 의식으로서의 존재가 무일 뿐 아니라 소위 자기 밖의 사물적 존재자들의 세계 또한 무로서의 의식에 근거해 있는 현상으로서 무이기 때문이다. 무로서 존재하며 나는 주위의 모든 의식적 존재자들을 나와 갈등하고 대립하는 존재자들로 인지하지 않을 수 없다. 그들의 존재 자체가 내가 알고 있고 또 믿으려 하는 함께 있음의 규칙과 규범들을 초월해 있기 때문이다. 학대에 지쳐 거의 의식을 잃어버린 남자의 멍한 시선이나 남자를 구하고자 절규하는 여자의 말걸음을 단순한 연민이나 동정에의 호소로 받아들이는 것은 존재론적으로 온당하지 않은 일일 뿐만 아니라 실은 가능하지도 않다. 우리는 오직 그 자체로 존재하는 존재만을 연민하거나 반대로 미워할 수 있다. 그를 연민하거나 미워하는 이유가 세상이 알고 있는 이런저런 가치와 규범으로부터 연원하는 것인 한에서 그를 향한 모든 연민과 증오는 본질적으로 자가당착적이다. 그를 연민하거나 증오함 자체가 그를 그 자체로 존재하는 존재로서 인지함을 드러내기 때문이다. 그는 그 자신의 존재를 통해 우리가 그를 향한 연민과 증오의 근거로서 받아들인 가치와 규범을 이미 초극하고 있다. 그는 영원히 이 지상에서 나와 함께 있지 않을 것이다. 이 세계는 '심각한 정신'에 의해 지배되고 있기 때문이고, 사르트르에게 '함께 있음'이란 세계를 지배하는 심각한 정신으로부터의 부자유 외에 다른 아무것도 표현하지 않기 때문이다. 역설적이게도 그가 이 지상에서 나와 함께 있지 않을 것임을 깨달음이, 그와 나의 관계가 존재론적 갈등과 대립의 관계임을 받아들임이, 한 인간으로서 그와 존재론적으로 공감할 수 있는 참되고도 유일무이한 근거가 된다. 실은 나의 존재 역시 심각한 정신에 의해 고난받는 자유의 의식으로서 존재하고 있기 때문이다. 물론 여기서 자유의 의식이란 모든 형이상학적 체계의 한계를 넘어서는 '충만한 존재'의 표현과 서술로서 존재하는 의식 외에 다른 아무것도 뜻하지 않는다. 그것은 실존하는 의식이고, 실존하는 의식으로서 자신의 존재를 자신의 존재로 환원할 수 없는 타자와의 관계 속에서 헤아리는 존재인 것이다.[41]

존재론적 갈등과 대립이 함께 있음의 존재론적 근거라는 것은 의식으로서 존재하는 모든 현존재가 일상세계의 규범과 가치관으로 환원될 수 없는 그 자체 존재라는 것을 전제한다. 더 정확히 말해 타자를 그 자체 존재로서 이해하고 긍정함이 존재론적 갈등과 대립의 근거라는 것이다. 현존재의 도덕성과 실존론적 정신분석학의 문제를 다루는 『존재와 무』의 결론 부분에서 사르트르는 "도덕적 행위자가 … **가치들이 존재하게 하는 존재이다**"(*EN*, 691, 원문에서의 강조)라고 강조한다. 현존재의 존재에 앞서 미리 주어져 있는 어떤 가치의 존재가 현존재를 도덕적 존재자로 만들어 주는

---

41 필자는 세계를 지배하는 '심각한 정신'에 대한 사르트르의 분석이 사디스트적 주체로서의 비본래적 현존재의 개념으로 이어질 수 있다고 본다. 세계를 지배하는 '심각한 정신'에 의해 잠식된 의식의 주체로서 비본래적 현존재는 일상세계가 심각한 정신의 요구에 의해 움직여야 한다고 여기는 자이며, 바로 그 때문에 자기 자신뿐 아니라 타자 역시도 '심각한 정신'의 요구에 순응하도록 강제하려는 성향을 보이기 쉽다. 즉, 사르트르의 관점에서 보면 모든 비본래적 현존재는 자신과 타자에 대한 잠재적·현실적 사디스트로서 존재한다는 뜻이다. 필자는 사르트르의 철학을 바탕으로 삼아 이러한 사실을 존재론적으로 해명하는 것이 철학실천의 여러 분야들이 발전해 나가는 데 중차대한 의미를 지닌다고 믿는다. 예컨대 철학상담을 수행하는 상담자가 일상세계로부터의 일탈로 인해 고통을 겪는 내담자를 일상세계에 다시 돌려보내는 것이 철학상담의 목적이라고 여기는 경우 그는 실은 내담자에게 잠재적·현실적 사디스트로 기능할 뿐이다. 내담자를 일상세계에 다시 돌려보냄은 그를 세계를 지배하는 '심각한 정신'에 구속되도록 함과 다르지 않고, 정신적 고통의 원인을 해결하기보다 그러한 고통을 보다 잘 감내할 수 있는 내성과 힘을 기르도록 강요하는 것과 같은 것이다. 사르트르의 철학과 철학상담의 관계에 관한 논의에 관해서는 다음 참조: S. C. Shuster, *Philosophy Practice. An Alternative to Counseling and Psychotherapy*, London 1999, 101 이하.

것이 아니라 현존재의 존재에 의해 비로소 가치가 존재하게 된다는 뜻이다. 사르트르식으로 표현하면, 현존재는 그 자체 존재로서 도덕과 가치에 선행한다. 사르트르가 현존재 간의 존재론적 관계를 함께 있음이 아니라 갈등과 대립의 관점에서 파악하는 근본 이유가 바로 이것이다. 만약 현존재의 존재가 도덕적 가치에 종속적이라면 도덕적 가치를 통해 현존재 간의 갈등과 대립을 지양하는 것 또한 가능하리라는 결론이 나온다. 그러나 현존재 자신이 도덕적 가치의 존재 근거가 되는 그러한 존재자라면 도덕적 가치를 통한 갈등과 대립의 완전한 지양은 원리적으로 불가능하다. 가치의 존재 근거로서, 현존재의 존재는 본래 가치의 제약을 넘어서 있기 때문이다.

2.4. 초월과 내재의 교차점으로서의 현상과 공감

현존재에게 타자와의 갈등과 대립은 최종적인 것일까? 어떤 의미에서는 그렇다. 사르트르에게 각각의 현존재는 타자의 존재로 환원될 수 없는 개별자로서 자신을 의식하고 있으며, 오직 이러한 의식으로서만 현존재일 수 있기 때문이다. 세계를 지배하는 심각한 정신으로부터의 해방이 갈등과 대립의 최종적이고도 불가역적인 극복과 지양으로 이어지리라는 생각은 사르트르의 철학과 거리가 멀다. 사르트르에게는 타자로서 존재함 자체가 나의 존재를 대상화함으로써 나의 자유를 제약하는 존재자로서 존재함을 뜻하기 때문이다. 하지만 여기서 한 가지 문제가 제기된다. 사르트르에게 현존재로서, 즉 한 의식적 주체로서 현존함은 자유를 향한 기획으로서 존재함과 같다. 그런데 갈등과 대립이란 자유의 제약을 의미할 수밖에 없다. 그렇다면 현존재는 갈등과 대립의 지양을 지향해 나갈 수밖에 없는 것이 아닐까? 이러한 문제는 사르트르의 철학에서 존재론 공감의 의미를 발견하고 또 확립해 나갈 가능성을 발견하는 것이 불가능하다는 것을 암시하는 것으로서 오인되어서는 안 된다. 예컨대 타고난 전사는 전쟁을 혐오하고 회피하는 평화주의자보다 자신과 대적하는 전사의 심정에 공감할 가능성을 더욱 많이 지니고 있다. 비록 그와 화해불가능한 원수로서 대립하고 있어도 같은 전사로서, 마음이 통하기 쉽다는 뜻이다. 마찬가지로 사르트르의 철학에서 현존재들 간의 존재론적 관계가 갈등과 대립으로 특징지어진다는 사실로부터 사르트르의 철학이 공감과 거리가 멀다는 결론이 따라 나오는 것은 아니다, 갈등하는 현존재들끼리 서로 공감하는 일은 얼마든지 가능한 일인 것이다. 현존재 간의 갈등과 대립을 강조하는 사르트르의 철학에서 제기되는 문제는 공감의 가능성 여부에 관한 것이 아니라 타자와의 관계 속에서 드러나는 현존재의 존재의 근본적인 성격규정에 관한 것이다. 현존재의 존재는 타자와의 갈등과 대립을 통해서 특징지어져야 하는가? 그렇다면 타자와의 갈등과 대립을 통해 드러나는 자유의 제약을 극복하기 위해 현존재는 무엇을 어떻게 해야 하는가? 현존재는 자신의 자유를 제약하는 갈등과 대립을, 자유에의 기획으로서 존재함에 장애물로 작용하는 타자의 존재를, 넘어설 수 있을까? 만약 그렇다면, 혹은 그렇지 않다면, 그 이유는 무엇인가? 이러한 문제들에 대한 온전한 해명은 사르트르의 철학에서 발견되지 않는다. 필자의 소견으로는 의식적 존재로서의 현존재와 현상의 근거인 초월적 존재 간의 관계에 관해 사르트르가 명확하게 입장을 정리하지 못한 것이 그 원인이다.

앞서 필자는 심각한 정신에 의해 고난받는 자유의 의식이란 모든 형이상학적 체계의 한계를 넘어서는 '충만한 존재'의 표현과 서술로서 존재하는 의식 외에 다른 아무것도 뜻할 수 없다고 지적한 바 있다. 이러한 주장은 사르트르의 철학에서 그 자체로 있음으로서의 의식이, 적어도 개별 현존재의 의식 그 자체로서는, 형이상학적 실체와도 같은 자기 원인으로 파악되어서는 안 된다는 판단에 의거한다. 이것은 사르트르가 적시하는 것처럼 "각각의 현상"이 지시하는 것은 "존재의 **충만함**이지 그 결여는 아니라는" 사실과, 현상의 근거인 충만한 존재란 의식에 **"초월적 존재"**로서 파악되어야 하는 것이지 주체에 내재적인 것으로서 파악되어야 하는 것은 아니라는 사르트르의 주장으로부터 필연적으로 따라 나오는 결론이기도 하다.(EN, 27, 원문에서의 강조) 지각하는 것으로서 의식은 오직 자신에 의해 지각되는 현상의 근거인 충만한 존재와의 관계 속에서만 존립할 수 있다. 바로 이러한 이유로 의식과 현상의 근거인 존재와의 관계는 초월적인 관계인 것이다. 그런데 이러한 주장을 '의식이란 의식초월적 존재에 의해 비로소 존재하게 된 어떤 것'이라는 뜻으로 오인해서는 안 된다. 만약 의식이 의식초월적 존재에 의해 비로소 존재하게 된 것이라면 의식의 존재는 의식초월적 존재에 의해 근거 지어진 셈이 되고, 근거 지어진 것으로서 존재의 이유를 지니게 되기 때문이다. 즉, 이 경우 의식으로서의 존재는 더 이상 부조리로서 특징지어질 수 없다. 한마디로 사르트르에게 '의식이 초월적 존재와의 관계 속에서 존재한다'는 말은 의식의 자기이해의 방식을 표현할 뿐이다. 의식이 자기의 존재를 언제나 이미 의식으로 환원될 수 없는 초월적 존재와의 관계 속에 머물고 있는 것으로 발견하게 된다는 것을 뜻할 뿐, 의식과 초월적 존재의 관계 속에서 의식이 초월적 존재의 근거인지 아니면 초월적 존재가 의식의 근거인지는 아직 열려 있는 문제라는 뜻이다.

사르트르에 따르면 "존재론은 우리에게 [두 가지를] 가르쳐 준다. ① **설령** 그 자체로 있음이 자기를 정초해야 한다 해도 그것은 의식이 됨으로써만 그렇게 할 수 있을 것이다. 즉, **'자기 원인'**이라는 개념은 자기에게 현전함을 함축하고 있으며, 이는 무화하는 존재의 감압減壓을 뜻한다. ② 의식은 실제로 자기를 정초하려는, 즉 그-자체로-자신을-위해-있음 또는 자기의 원인인 그-자체로-있음의 품격에까지 이르려는 기획이다."(EN, 684, 원문에서의 강조)

논리적으로만 보면 사르트르가 주장하는 존재론의 첫째 가르침은 오류처럼 보이기 쉽다. '의식이 됨으로써만 자기를 정초할 수 있는 존재자의 그 자체로 있음'이란 이미 그 자체로 있음을 의식이 될 수 있는 가능성을 지니는 존재로 한정함을 전제하는데, 이 경우 의식이 될 수 있는 가능성이 없는 존재자의 그 자체로 있음은 미리부터 배제되어 있다. 즉, 그 자체로 있음을 의식에 의해 비로소 정초되어야 하는 것으로 전제함으로써 의식이 없는 존재자의 그 자체로 있음은 처음부터 도외시되었던 것이다. 이 말은, 사르트르의 관점에서 보면, 아직 의식이 아니었다가 특정한 시점에 비로소 의식이 되는 그러한 존재자는 자신의 존재를 스스로 정초하는 존재자로서 파악될 수 없다는 뜻이기도 하다. 의식으로서 존재하게 됨이 그 자신의 자발적인 행위에 의해 일어난 일이 아니기 때문이다.

이러한 문제는 사르트르에게 존재란 현상의 배후에 숨어 있는 어떤 실체적 존재자의 존재를 뜻하는 말이 아니라는 점에서 해결의 실마리를 찾을 수 있다. 사르트르의 현상일원론의 관점에서 보면 현상이 지시하는 초월적 존재의 그 자체로 있음은 의식초월적인 어떤 존재자의 존재를 뜻하는 말이 아니라 의식과 불가분의 관계에 있는 것으로서, 오직 의식과의 관계 속에서만 그 자신의 그 자체로 있음을 드러내는 것으로서, 파악되어야 한다. 하이데거 식으로 풀어 말하면 현상은 존재 자체의 드러남이지만 존재 자체를 향한 존재론적 물음을 어떤 의식초월적 실체 존재에 대한 물음과 같은 것으로 오인해서는 안 된다는 것과 같다. 의식적 존재자로서 현존재는 자신의 존재로 환원될 수 없는 존재 자체와의 관계 속에서만 자신의 존재를 발견할 수 있고, 또 언제나 이미 존재 자체에의 물음을 던지고 있지만, 존재론적으로 자신과 외적으로 분리된 실체적 존재자와 같은 것으로서 존재 자체의 의미를 확정지을 수는 없다는 뜻이다.

존재론의 둘째 가르침은 현존재란 자기를 위해 있음과 그 자체로 있음의 통일성을 지향할 뿐만 아니라 자신의 그 자체로 있음을 자기 원인으로서 존재함의 의미로까지 격상하려 기획하는 존재자임을 알려 준다. 주의할 점은, 이러한 기획은 본질적으로 형이상학적 성격을 띨 수밖에 없다는 점을 분명히 해 두는 일이다. 적어도 현존재의 그 자체로 있음을 고립된 개별 현존재의 그 자체 있음이라는 의미로 한정하는 경우에는 그러하다. 사르트르 역시 자신의 그 자체로 있음을 자기 원인으로서 존재함의 의미로 격상하려는 현존재의 기획은 존재론적 타당성을 지닐 수 없음을 분명히 한다: "존재론적 층위에서는, 그 자체로 있음을 자기를 위해 있음으로 무화함이 ─처음부터 그 자체로 있음 자체 안에서─ 자기 원인으로 존재하려는 기획을 뜻한다고 주장하는 것은 결코 온당하지 않다. 도리어 존재론은 여기서 깊은 모순과 맞닥뜨리게 된다. 어떤 정초 가능성이 세계를 찾아오는 것은 자기를 위해 있음을 통해서이기 때문이다. 그 자체로 있음이 **자기**를 정초하는 기획이려면 그 자체로 있음이 근원적으로 자신에게 현전해야 하는데, 이것은 그 자체로 있음이 이미 의식임을 뜻한다."(*EN*, 685, 원문에서의 강조)

그런데 논리적으로 보면 이 인용문에서 반박되는 명제는 존재론의 둘째 가르침에 정확히 상응하는 의미를 지닌다고 보기 어렵다. 존재론의 둘째 가르침은 현존재의 존재가 자신의 그 자체로 있음을 자기 원인으로서 존재함의 의미로까지 격상하려 기획하는 존재자임을 뜻한다. 여기서 자신의 그 자체로 있음을 자기 원인으로서 존재함의 의미로까지 격상함은 미래에 실현되어야 할 목적의 의미를 띤다. 물론 이러한 목적이 실제로 실현될지 여부는 열려 있는 문제이다. 반면 인용문에서 반박되는 명제는 '그 자체로 있음이 자신에게 현전할 수 있으려면 이미 의식이어야 하고, 오직 이러한 경우에만 그 자체로 있음이 자기를 정초하려는 기획일 수 있다'는 것이다. 즉, 여기서는 '현존재의 의식이 그 자체로 있으면서 동시에 그 자신을 위해 있는 존재로서 자신의 존재를 스스로 정초한다'는 형이상학적 명제가 문제가 된다. 엄밀히 말해, 이러한 명제는 존재론의 둘째 가르침과 원래 아무 상관도 없다. 존재론의 둘째 가르침은 현존재 혹은 현존재의 의식이 자기의 존재 안에서 그 자체로 있음과 자기를 위해 있음이 절대적으로 통일되기를 기획해 나간다는 의미를 지니고 있을 뿐 현존재 자체가 이미 그러한 통일체로 존재하는 자기 원인이라는 것을 뜻하지는 않는다. 반면 사르트르가 반박하는 형이상학적 명제는 현존재 자체가 이미 그러한 통일체로서 존재하는 자기 원인임을 전제한다.

왜 이러한 괴리가 생겨났을까? 필자는 그 원인이 실존의 부조리 개념을 고수하려는 사르트르의 의도 때문이라고 판단한다. 앞서 밝혔듯이 만약 어떤 의식초월적 존재에 의해 의식이 비로소 존재하는 것이라면, 그리고 의식이 자신과 외적으로 대립해 있는 어떤 존재자와 초월적 관계를 맺고 있는 것이라면, 실존의 부조리 개념은 사상누각과도 같은 것이 되고 만다. 의식으로 환원될 수 없는 그 어떤 초월적 존재의 작용에 의해 의식의 존재 근거가 마련되고 또 의식으로서 존재할 어떤 이유가 제시될 가능성을 배제할 수 없게 되는 것이다. 그런 점에서 사르트르가 그 존재론적 부당성을 제시하는 예의 형이상학적 명제는 실은 사르트르 철학의 은밀한 전제이기도 하다. 사르트르에게 의식은, 혹은 의식으로서 존재하는 현존재는, 자기 밖의 어떤 원인도 지니지 않는 실체적 존재처럼, 즉 그 자체로 있음과 자기를 위해 있음의 근원적 통일체로서, 선*-파악되어 있다는 뜻이다. 다만 사르트르는 그러한 전제가 본질적으로 형이상학적 성격을 띠고 있기에 존재론적으로 그 타당성을 획득하기가 불가능하다는 것을 주장할 뿐이다. 그리고 바로 그 때문에 사르트르는 존재론의 둘째 명제가 우리를 '깊은 모순과 맞닥뜨리게 한다'고 지적하는 것이다.

사실 이러한 모순은 현존재의 그 자체로 있음과 자기를 위해 있음을 마치 동전의 양면처럼 하나의 존재자가 다른 존재자와 무관하게 그 자신의 순수한 현전성에서 내보이는 두 가지 상이한 존재방식처럼 파악하기 때문에 나타나는 거짓모순이다. 『존재와 무』의 결론 부분에서 사르트르를 괴롭히는 문제의 핵심은 "의심의 여지없이 [의식의] 자기를 위해 [있음]은 무화이지만, 무화하는 것으로서 그것이 **있다**"는 점이다. 즉, 의식의 존재는 본질적으로 그 자체로 있음과 자기를 위해 있음의 통일 속에서만 존재할 수 있다. "그 자체로 [있음]이 없는 자기를 위해 [있음]은 추상적인 [이념]"에 지나지 않으며, "그것[자기를 위해 있음]은 그 자체로 있음과 **선험적으로** 통일되어 있다"는 것이다.(*EN*, 686, 원문에서의 강조)

전통 철학적 관점에서 보면 의식의 자기를 위해 있음이 그 자체로 있음과 선험적으로 통일되어 있다는 것이 어떤 논리적 모순으로 이어질 이유는 없다. 의식이 자신이 아닌 어떤 존재의 역량에 의해 ―예컨대 물질 작용이나 신의 창조에 의해― 생겨난 것이라고 전제하는 경우, 의식은 처음부터 자기를 위해 있음으로서, 그러면서도 동시에 그 자체 있음으로서, 특정한 시점에 비로소 존재하게 되었다는 결론을 내릴 수 있기 때문이다. 그리고 이러한 결론은 상식에 부합하는 것이기도 하다. 아기의 존재는 잉태를 전제로 하고, 잉태는 부모의 존재를 전제로 한다. 또한 아기의 의식은 아기의 존재를 전제로 하고, 아기의 존재는 부모의 존재를 전제로 하므로 아기의 의식은 부모의 존재에 의거해 생겨난 어떤 것이다. 그런데 부모의 존재에 의거해 생겨난 아기의 의식은 자기를 위해 있음의 존재론적 구조 속에서 존재하는 것이지만 동시에 언제나 이미 그 자체로 있는 것이기도 하다. 사르트르가 적시한 것처럼 그 자체로 있음과 분리된 자기를 위해 있음은 불가능하기 때문이다.

하지만 사르트르의 현상일원론은 의식이 자신이 아닌 어떤 존재의 역량에 의해 생겨난 것이라는 전제를 받아들일 수 없다. 이 경우 의식 및 ― 의식의 존재와 불가분의 관계를 맺고 있는― 현상적 세계는 모두 어떤 초월적 존재에 의해 근거 지어진 것으로서 파악되어야 하기 때문이다. 이러한 난점을 극복하기 위해 사르트르가 취하는 전략은 존재를 무로서의 의식의 존재에 의한 무화를 통해 비로소 근거 지어진 것으로서 파악하는 것이다. 의식은 사물-아님으로서 무이며, 모든 현상적 존재 역시 무화하는 의식에 의해 비로소 드러나게 되는 사물-아님으로서의 무이다. 그런데 존재론적으로 존재에 대한 물음은 무화하는 의식과 현상을 통하지 않으면 제기될 수 없다. 그러므로 의식과 현상의 근거로서 절대적이고도 단순한 무로 환원될 수 없는 존재는 자기를 위해 있는 의식에 의해 존재론적으로 근거 지어진 것이다. 실은 바로 여기에 사르트르가 제시한 존재론의 첫째 가르침의 핵심적 의미가 담겨 있기도 하다. '설령 그 자체로 있음이 자기를 정초해야 한다 해도 그것은 의식이 됨으로써만 그렇게 할 수 있을 것'이라는 주장은 '의식의 자기를 위해 있음에 의해 근거 지어져 있지 않은 어떤 의식초월적 존재에 대한 물음을 존재론적으로 부당한 것으로서 배제할 것을 요청'하는 것과 같다는 뜻이다.

이러한 요청에 대한 반응은 크게 두 가지로 나뉠 수 있다. 하나는 상식적 판단에 의거해 그것을 부당한 요청으로 이해하고 거부하는 것이다. 또 하나는 상식과 무관하게 철저하게 존재론적으로 그 타당성 여부를 검증해보는 것이다.

상식적 판단에 의거하면, 현존재의 의식은 현존재의 의식이 아닌 어떤 존재에 의해 비로소 생겨나는 것이다. 이 경우 의식과 존재의 문제를 다루는 사르트르의 방식은 난센스에 불과하다. 솔직히 의식의 자기를 위해 있음과 그 자체로 있음을 마치 하나의 동전이 지닌 양면처럼 이해하는 경우 사르트르의 방식은 넘어설 수 없는 모순에 직면하기 쉽다. 현존재는 개별자로 실존하며, 현존재의 의식 역시 개별 현존재의 의식으로서 존재하는 것이기 때문이다. 마치 신처럼 현존재가 그 자신의 존재의 원인이 된다는 형이상학적이고도 불합리한 전제에서 출발하지 않는 이상 현존재의 존재는 자신이 아닌 어떤 존재에 의해 근거 지어져 있는 것으로서 파악되어야 한다. 또한 현존재의 의식 역시, 그것이 현존재의 의식이라는 바로 그러한 점에서, 현존재의 존재를 가능하게 하는 어떤 존재에 의해 근거 지어져 있는 것으로서 파악되어야 한다.

필자의 소견으로는, 이러한 문제를 극복할 수 있는 유일한 방법은 현존재의 존재를 존재론적 안에-있음으로서 재규정하는 것이다. 마치 슐라이어마허가 인간 현존재의 존재를 우주 안의 존재로서 묘사하는 것처럼 말이다. 물론 존재론적 안에-있음은 하나의 공간 안에 자신과 외적으로 대립하고 있는 사물들과 병존하고 있다는 것과 같은 의미로 이해되어서는 안 된다. 존재론적으로 현존재는 ―세계 혹은 우주라는 말로 지칭되는― 전체 존재에 외적으로 대립해 있는 존재가 아니라 전체 존재 안의 존재로서 전체 존재와 언제나 이미 하나이다. 만약 현존재를 슐라이어마허가 우주의 서술과 표현으로 묘사한 것과 유사한 방식으로 이해한다면, 현존재의 의식의 그 자체로 있음은 우주와의 어떤 외적 대립도 전제하지 않는 순연한 안에-있음으로서 파악될 수 있으며, 이 경우 의식의 존재 근거를 의식이 아닌 어떤 의식초월적 존재에게서 찾는 것은 원리적으로 불합리하다. 이러한 시도는 의식을 전체 존재로서의 우주로부터 분리함을 전제로 하는 것인데, 만약 현존재의 존재로서의 안에-있음이 어떤 외적 대립도 전제하지 않는 것이라면 이러한 분리 자체가 존재론적으로 부당할 것이기 때문이다. 이 경우 현존재는 개별화된 전체로서 그 자체로 있는 것이며, 현존재의 의식 또한 개별화된 전체의 의식으로서 자기를 위해 있는 셈이다. 물론 현존재와 현존재의 의식의 분리는 불가능하다. 현존재로서 존재함 자체가 의식적 존재자로서 자기를 위해 존재함과 같은 것이기 때문이다. 이러한 관점에서 보면 존재의 그 자체로 있음과 자기를 위해 있음의 분열이 낳은 모순과 수수께끼는 원래 무근거한 것이다. 자신의 존재를 개별화된 전체로서 이해하고 또 자신을 비롯해 모든 개별 존재자의 존재를 순연한 안에-있음으로서 파악하는 현존재에게 모든 존재자는 원래 어떤 외적 대립도 모르는 순연한 함께 있음의 관계를 이루고 있기 때문이다.

사실 이러한 결론은 의식과 현상의 무를 어떤 형이상학적 절대무가 아니라 존재의 충만함을 지시하는 것으로서 이해하는 사르트르의 철학으로부터 필연적으로 따라 나오는 결론이기도 하다. 무화하는 존재로서 현상의 근거가 되는 의식과 무로서 현현하는 현상이 모두 존재의 충만함 외에 다른 어떤 것도 지시하지 않으며, 그 안에서는 모든 존재자가 공간적 사물처럼 서로 외적인 대립의 관계를 이루고 있는 것이 아니라 사물-아닌 무로서 내적 통일성의 관계를 이루고 있기 때문이다. 실제로 사르트르 역시 현존재란 자신의 존재를 전체 존재 안의 존재로서 이해하는 존재자임을 암시하기도 한다: "그러므로 어떤 의미에서, 나는 전체에 대한 물음을 제기할 수 있다. 물론 나는 전체 속에 **빠진**engagé 것으로서 여기 실존한다. 하지만 그것에 대해 나는 **망라하는 의식**conscience exhaustive일 수 있다. 나는 존재에 **대한** 의식인 동시에 나moi (에 대한) 의식이기 때문이다."(EN, 689, 원문에서의 강조) 표현의 차이에도 불구하고, 이 인용문은 사르트르가 현존재가 자신의 존재를 전체 존재 안의 존재로서 이해함을 잘 드러낸다. 물론 이러한 현존재는 타자와 자신의 관계를 단순한 외적 대립의 관계로 이해할 수 없다. 타자 역시 하나의 현존재로서 자신과 마찬가지로 개별자이면서 동시에 전체 존재 안의 존재이기 때문이다.

그러나 사르트르는 기본적으로 현존재의 존재는 전체와 완전한 통일성의 관계를 이룰 수 없다고 본다. 그것은 현존재 간의 관계가 상호부정의 관계, 혹은 엄밀히 말해 서로의 존재를 통해 자신의 존재에서 타자-아님의 부정성을 발견하게 되는 그러한, 관계이기 때문이다: "하지만 만약 우리가 '전체에 대한 관점을 취하지' 못한다면, 그것은 원리적으로 타자는 나로부터 자기를 부정하고 나 또한 그로부터 자기를 부정하기 때문이다. 타자를 완전한 전체로dans son intégrité 파악하는 것이 내게 영원히 금지되어 있는 것은 바로 이 상호성 때문이다."(EN, 688)[42]

---

42 EN, 688. 사르트르의 철학에서 현존재와 타자 사이의 상호부정성에 대한 보다 상세한 논의에 관해서는 다음 참조: A. Kirouikov, *Das Problem der Intersubjektivität bei Husserl und Sartre*, Stuttgart 2001, 171 이하.

그런데 여기서 '타자를 완전한 전체로 파악한다'는 말의 의미는 무엇일까? 문맥에 비추어 보면 그것은 나와 타자의 대립을 넘어섬을 뜻할 것이고, 내가 나 자신의 존재에서 타자-아님의 부정성을 발견하지 않음이 그 전제조건일 것이다. '내가 타자로부터 나 자신의 존재를 타자-아님으로 파악한다'는 것은 '내가 타자를 나 자신의 존재로부터 나-아님으로 파악한다'는 것을 함축한다. 의식으로서 존재하는 나에게 타자는 내가 아닌 존재이고, 따라서 그와 나 사이에는, 적어도 내가 의식으로서 존재하는 한, 결코 메꿀 수 없는 간극이 존재하는 셈이다.

사르트르가 명확히 통찰해 내지 못한 존재론적 진실은 나와 타자 사이에 가로 놓인 이 메꿀 수 있는 간극이 실은 언제나 이미 메꾸어져 있다는 것이다. 그것은 나와 타자의 관계가 전체 존재의 안에-있음에 의해 가능해지는 관계이기 때문이다. 전체 존재의 안에-있음은 어떤 외적 대립도 허용하지 않는 절대적 안에-있음이다. 그것은 서로 마주 선 두 개의 파도가 실은 단일한 바다 위로 치솟은 두 개의 물결로서 바다에 속해 있는 것과 같다. 바다를 의식함 없이 서로 마주 선 파도만 보면 두 개의 파도 사이에는 분명 간극이 존재한다. 그러나 바다를 의식하며 서로 마주 선 파도를 보면 두 개의 파도 사이에는 어떤 간극도 존재하지 않는다. 두 개의 파도가 모두 바다에 공속되어 있기 때문이다.

사르트르는 "그것[나와 타자의 관계]과 반대로 자기를-위해-그-자체로[-있음]의 [관계에서 발견되는] 내적 부정의 경우에는 관계가 상호적이지 않다"고 지적한다. 여기서 "나는 관계의 항들 가운데 하나이면서 동시에 이 관계 자체이기" 때문이다. 한마디로, 나의 그 자체로 있음과 자기를 위해 있음은 분리될 수 없다. 자기를 위해 있는 의식으로서 나는 이 관계의 항들 가운데 하나이다. 그러나 자기를 위해 있음은 그 자체로 있음을 요구할 뿐만 아니라 실은 그 자체로 있음과 언제나 이미 하나이다. 그런데 여기서 의식의, 혹은 의식으로서의 나의, 그 자체로 있음은 구체적으로 무엇을 뜻하는가? 그것은 바로 전체 존재 안에-있음이다. 만약 의식을 타자와 상호 대립의 관계를 형성하고 있을 뿐인 순연하게 개별적인 의식으로 확정짓는 경우 의식은 사르트르의 생각과 달리 자기를 위해 있음과 그 자체로 있음의 관계 자체일 수 없다. 자기를 위해 있음의 자기는 전체로부터 분리된 순연한 개별자로서의 자기임에 반해 그 자체로 있음은 개별자로서의 나의 존재로 환원될 수 없는 전체 존재 안에-있음이기 때문이다.

사르트르의 관점에서 보면 이러한 주장은 의식의 무로서의 성격에 대한 불철저한 이해에 바탕을 두고 있는 것처럼 보이기 쉽다. 만약 의식 역시 통상 세계나 우주로 표상되는 전체 존재 안에-있음으로서 이해되어야 한다면, 의식은 전체 존재에서 그 자신의 존재근거와 이유를 지니는 것이 아닐까? 이러한 식의 주장은 의식을 전체 존재에 구속된 것으로서 이해함을 전제하지 않는가? 이 경우 무로서의 의식, 무화함으로써 스스로 존재의 근거가 되는 의식의 자유의 절대성은 부정되어야 하지 않을까?

먼저 마지막 물음에 관해 생각해 보자. 사르트르가 말하는 자유의 절대성은 무엇보다도 우선 어떤 상황에서도 인과율로부터 벗어나 있음을 뜻한다. 희생자의 초월적 자유를 점유하려는 사디스트의 시도가 실패할 수밖에 없다는 사르트르의 주장에 이러한 생각이 잘 표현되어 있다. 그런데 사디스트의 희생자는 인과율의 법칙과 무관하게 존재하는 자가 아니다. 그는 사디스트의 고문에 내맡겨진 자이며, 그 고문으로 인해 견디기 힘든 고통을 느끼는 자이고, 고통으로 인해 사디스트에게 복종하도록 내몰리게 되는 자이다. 희생자의 의식은 타자의 작용 및 영향과 아예 무관한 것으로서 자유로운 것이 아니라 타자의 작용 및 영향에도 불구하고 자유로운 것이다. 즉 사르트르적 의미의 자유란 타자와 나 사이에 맺어진 영향사적 관계를 배제하는 것이 아니라 도리어 전제한다는 뜻이다. 그렇다면 문제는 현존재와 타자 사이에 맺어진 어떤 존재론적 관계가 그러한 자유를 가능하게 하는지 밝히는 것일 수밖에 없다. 사르트르에게 의식은 타자로부터의 영향과 무관하기 때문에 자유로운 것이 아니라 타자로부터 영향을 받음에도 불구하고 자유로운 것이기 때문이다. 즉, 의식이란 자신과 타자 사이에 맺어진 영향사적 흐름 안에서 머물고 있는 것으로서 자유로운 것이며, 그렇기에 의식의 자유의 절대성이란 '타자로부터의 영향에도 불구하고 소멸되지 않는 자유'의 의미를 지니는 것이다. 이러한 자유는 오직 타자와의 관계를 외적 대립의 관계로 이해하지 않게 할 현존재의 존재구조에 대한 존재론적 이해를 통해서만 파악될 수 있다.

이러한 현존재의 존재구조는 어떻게 표현되어야 하는가? 두 가지 조건이 충족되어야 한다. 현존재의 존재구조는 무엇보다도 우선 타자와의 공속을 가능하게 할 어떤 전체 존재 안에-있음이어야 한다. 오직 이러한 경우에만 현존재와 타자 사이에 영향사적 관계가 맺어질 수 있기 때문이다. 그다음으로, 안에-있음의 가능근거로서의 전체 존재가 어떤 유한한 체계와도 같은 것으로 이해되어서는 안 된다. 유한한 체계 안의 개별 존재자는 인과율의 법칙으로부터의 자유를 보증받을 수 없기 때문이다. 슐라이어마허 식으로 표현하면 오직 무한한 전체 존재로서의 우주 안에-있음만이 사르트르적 의미의 자유의 절대성을 가능하게 할 존재구조일 수 있다는 뜻이다. 물론 잘 알려져 있듯이 슐라이어마허는 절대적 자유의 이념을 거부한다. 그러나 슐라이어마허가 말하는 절대적 자유란 인과율의 법칙이나 타자와의 영향사적 관계와 무관하게 존재함을 표현하는 말일 뿐이다. 만약 슐라이어마허의 주장대로 우리가 무한한 우주 안의 존재라면, 우리는 인과율의 법칙이나 타자와의 영향사적 관계로부터 제약을 받으면서도 동시에 자신의 존재를 언제나 자유로운 선택의 가능성에 내맡겨져 있는 것으로서 만나는 셈이다. 우리의 존재근거인 우주의 무한함 자체가 인과율의 법칙으로부터 벗어나 있는 것이고, 그 때문에 무한한 우주 안에-있음이란 언제나 이미 소멸 불가능한 자유의 가능성과 더불어 현존함의 의미를 지니게 되기 때문이다.

아마 사르트르 연구자들 가운데는 '무한한 전체 존재의 안에-있음'이라는 표현이 사르트르의 자유 개념과 어울리기 어렵다고 느끼는 이들도 있을 것이다. '무한', '전체 존재' 등의 표현이 지나치게 전통 철학적이며, 현전하는 사물 중심의 사고에 얽매이 있는 것처럼 보인다고 생각하는 것이 그 근거가 될 수 있다. 결국 사르트르 철학의 핵심은 무로서의 존재, 사물-아님으로서의 존재 아닐까? 사르트르에게 의식이 절대적으로 자유로운 존재일 수 있는 이유는 그것이 인과율의 제약으로부터 벗어나 있는 무로서의 존재이기 때문 아닌가?

결론부터 말하자면, 이런 식의 의문은 문제의 핵심을 완전히 비껴가고 있다. 사르트르에게 의식은 의식으로 환원될 수 없는 현상과의 관계 속에서 존재하는 것이며, 현상은 순연한 무가 아니라 충만한 존재의 표현이다. 게다가 타자의 시선에 의해 의식이 대상화된다는 점, 의식 역시 고통과도 같은 감각과 무관한 것으로서 존재하는 것이 아님을 고려하면, 의식은 전체 존재 안에서 일어나는 상호작용과 무관하기 때문에 절대적으로 자유로운 것이 아니라 도리어 상호작용과 무관하지 않음에도 불구하고 절대적으로 자유로운 것이다.

즉, 사르트르에게 현존재의 의식은 전체 존재 안에서 일어나는 상호작용의 한가운데 언제나 이미 내던져져 있다. 다만 사르트르는 의식의 존재를 사물-아님으로서 확정짓는 것이 의식의 자유의 절대성을 해명하는 충분조건일 수 없다는 것을 명확하게 인식하지 못하는 듯하다. 아니, 사르트르는 이러한 사실 자체는 명확하게 이해하고 있다. 그렇기에 그는 '의식이란 실제로 자기를 정초하려는, 즉 그-자체로-자신을-위해-있음 또는 자기의 원인인 그-자체로-있음의 품격에까지 이르려는 기획'이라고 주장하면서, 동시에 이러한 기획이 우리를 깊은 모순과 맞닥뜨리게 한다고 지적하는 것이다.

사르트르로 하여금 존재론의 모순에 관해 논하게 만든 혼란의 원인은 무로서 존재하는 의식의 존재론적 성격에 관한 사르트르의 불명확한 이해에 놓여 있다. 사르트르는 의식을 기본적으로 개별화된 존재자로 이해한다. 그런데 만약 의식이 개별화된 존재자로 존재하는 것이라면 의식의 존재는 둘 중 하나의 방식으로 가능한 것이어야 한다. ① 의식은 자신이 아닌 다른 존재의 작용을 원인으로 삼아 생성되는 것이거나, ② 자기 자신을 원인으로 삼아 존재하는 것이어야 한다. 전자는 실존의 부조리 개념과 양립하기 어렵다. 자신이 아닌 다른 존재의 작용에 의해 생성된 존재자는 그 자신의 존재의 근거와 이유를 갖는 것이기 쉽다는 뜻이다. 반면 후자는 본질적으로 의식을 형이상학적 실체 개념으로 취급하는 것이며, 바로 그 때문에 사르트르의 실존론적 존재론과 양립하기 어렵다. 바로 이러한 딜레마 때문에 사르트르는 '자기의 원인인 그-자체로-있음의 품격에까지 이르려는 의식의 기획'이 우리를 깊은 모순과 맞닥뜨리게 한다고 여기게 된 것이다. 하지만 다시 한 번 강조하건대 이것은 사이비 모순에 불과하다. 사르트르의 철학이 사이비 모순에 빠지게 된 근본 원인은 그가 의식의 개별성에 대해 존재론적으로 수미일관하게 사고하지 못했기 때문이다.

의식은, 적어도 그것이 개별 현존재의 의식을 뜻하는 한에서는, 자기 원인으로서 존재하는 것일 수 없다. 의식이란 언제나 의식으로 환원될 수 없는 그 어떤 것을 의식하는 활동으로서 존재하는 것이며, 의식이 의식하는 것은 사르트르가 잘 밝힌 것처럼 순연한 무가 아니라 충만한 존재에 근거를 지니는 사물-아님으로서의 현상이기 때문이다. 의식이 의식할 수 있는 현상의 존립을 위해 그 어떤 존재가 원인으로 작용하지 않으면 의식은 존재할 수 없다는 뜻이다. 그렇다면 의식은 자신이 아닌 다른 존재의 작용을 원인으로 삼아 생성된 것으로서 이해되어야 한다. 여기서 주의할 점은 의식의 생성을 고립된 실체적 존재자의 생성과도 같은 것으로 오인해서는 안 된다는 것이다. 심지어 엄밀한 의미에서는 의식의 생성이란 용어 역시 원래 성립될 수 없다.

의식은 의식하는 활동으로서 존재하는 것이기에 의식이 의식하는 것과 의식 자체의 구분은 원래 추상적 사유에서나 가능한 법이다. 의식에 의해 의식되는 것이 의식의 외연에 있는 객관적 실체가 아니라 현상이라는 점에서도 그렇고, 의식할 거리로서 주어져 있는 현상이 부재한 경우 의식의 활동이 있을 수 없다는 점에서도 그렇다. 그런데 이것은 개별자로서의 의식이 의식과 구분되는 어떤 존재자의 영향에 의해 생성되거나 변화해 간다는 생각이 원래 성립불가능하다는 것을 알려 준다. 그 이유는 단순하고 명확하다. 의식과 별개인 어떤 존재자의 영향에 의해 생성되거나 변화해 가는 의식은 응당 의식에 영향을 끼치는 존재자와 별개로 존재하는 의식으로서 파악되어야 한다. 그러나 그러한 의식은 존재할 수 없다. 통념적으로 보면, 한 송이의 꽃을 내가 지금 보고 있음은 꽃의 작용에 의해 내가 자극과 영향을 받았음을 전제한다. 그런데 꽃의 작용에 의해 자극과 영향을 받는 나란 과연 어떤 존재인가? 그것은 나의 의식을 뜻하는 말인가? 아니면 나의 몸을 뜻하는 말인가? 혹시 그것은 의식과 몸의 통일체로서 파악되어야 하는가? 타자의 자극과 영향의 수용은 몸의 기능이라는 점에서 꽃을 보고 있는 나는 몸이거나 의식과 몸의 통일체이다. 그런데 몸의 존재란 의식에 의해 의식됨으로써 알려지는 것이다. 그러니 꽃을 보고 있는 나는 의식과 무관한 순수한 몸일 수 없다. 그렇다면 형식논리의 관점에서는 결국 의식과 몸의 통일체인 몸만이 꽃의 자극과 영향을 받는 나일 수 있는 셈이다. 하지만 존재론적으로는 이러한 결론 역시 타당하지 않다. 의식과 몸의 존재의미 및 그 존재근거가 해명되지 않은 채로 의식과 몸의 존재가 자명한 것으로서 미리 전제되었기 때문이다. 이러한 문제가 생기는 근본 원인은 의식의 활동을 의식이 개별적 대상과 맺는 특별한 관계에 고착시킨 채 고찰하는 것에 있다. 예컨대, 의식에 의해 꽃이 지각되는 과정만을 고찰함으로써 마치 다른 존재와의 고립 속에서 현존하는 의식과 객체적 대상인 꽃이 제각각 존재한다는 오류추론이 도출된다는 뜻이다. 그러나 꽃을 지각하는 의식은 이미 의식하는 활동 속에 머물고 있는 의식이며, 그러한 의식의 활동은 개별자로서의 의식의 능동적 행위를 뜻하는 말도 아니고 의식의 행위를 촉발하는 꽃의 작용에 의해 수동적으로 일어난 것도 아니다. 일반적 어법으로 설명하자면 꽃을 보는 의식의 활동은 ―그것이 활동이라는 점에서― 분명 능동적이지만, 동시에 꽃의 자극과 영향의 수용을 전제로 한다는 점에서 분명 수동적이기도 하다. 즉, 의식의 활동이란 언제나 능동성의 계기와 수동성의 계기를 함께 지닐 수밖에 없는 것이다. 그러나 엄밀히 말해 의식에서 능동성의 계기와 수동성의 계기를 구분하는 것 자체가 이미 의식의 존재를 왜곡시키고 있다. 의식 자체는 자극과 영향을 수용하는 개체로서도, 자신이 의식하는 것에 영향력을 행사하는 개체로서도 존재하지 않기 때문이다. 의식이란 그 자신의 끝없는 활동 가운데 활동의 모든 상이한 계기들이 그저 하나의 사물-아님으로서의 전체 존재를 이루고 있을 뿐인 어떤 존재자를 지칭할 뿐이다. 의식의 존재에서 의식의 외연에 존재하는 어떤 존재자나 존재자 전체로서의 세계 내지 우주를 구분함은 원래 가능하지 않은 일이라는 뜻이다. 그렇다면 의식의 그 자체로 있음은 타자와의 순연한 대립과 갈등 속에 머무름일 수 없다. 타자를 의식하는 의식의 활동 속에서 의식의 외연에 머무는 타자는 존재하지 않으며, 오직 의식의 활동 가운데 의식과 타자가 하나로 통일된 사물-아님으로서의 존재, 무로서의 존재를 이루고 있을 뿐이다.[43]

사실 이러한 결론은 수미일관하게 사고하는 경우 사르트르의 실존론적

---

43 이 문단에서 제기된 의식의 활동과 그 수동적·능동적 계기의 존재론적 관계에 관한 논의를 프랑크가 사르트르의 플로베르 이해와 슐라이어마허 해석학의 관계에 관해 논하는 방식과 비교해 보는 것도 흥미로운 일일 것이다. 프랑크는 사르트르의 플로베르 이해를 슐라이어마허의 해석학에 입각해서 설명하면서 슐라이어마허와 사르트르에게 의식적 존재자의 수동성이란 그 자체로 능동적 계기를 함축하고 있는 일종의 종합하는 활동임을 밝히고 있다. 관련된 논의는 다음 참조: M. Frank, *Das individuelle Allgemeine. Textstrukturierung und Textinterpretation nach Schleiermacher*, a.a.O., 293ff.

공감의 존재론

존재론으로부터 필연적으로 도출될 수밖에 없는 결론이기도 하다. 사르트르는 현상의 이념이 의식에 내재하는 존재와 의식초월적으로 존재하는 존재라는 상반된 존재이해로 이어질 수 없음을 지적한다: "그러나 내재는 언제나 현상의 그 지체로-[있음]의 차원에 의해 한정될 것이고 초월은 현상의 '자기를-위해-[있음]의 차원에 의해 한정될 것이다."(EN, 689) 간단히 말해 의식이 의식하는 현상의 존재란 의식에 순수하게 내재적인 것일 수도 없고 의식에 순수하게 초월적인 것일 수도 없다는 뜻이다. 그런데 이러한 주장은 의식의 외연에 존재하는 존재란 원래 존재론적으로 성립될 수 없는 것임을 함축한다. 그렇다면 현존재의 의식은 그 자신의 존재를 충만한 존재와 언제나 이미 하나로 통합되어 있는 것으로서 이해해야만 하는 셈이다. 슐라이어마허 식으로 표현하자면 의식의 존재는 전체 존재와 절대적 내면성의 관계를 이루고 있다. 그것은 충만한 존재의 서술과 표현으로서 개별화된 것이며, 의식은 자신이 의식하는 충만한 존재, 자신과 언제나 이미 불가분의 관계를 이루고 있는 충만한 존재를 세계 혹은 우주로서 이해하게 되는 것이다.

사르트르의 실존론적 존재론으로부터 수미일관하게 추론하는 경우 현존재의 존재가 전체 존재의 안에-있음으로서 규정될 수 있음을 이해하는 일은 공감의 존재론을 위해 매우 중요하다. 만약 현존재 간의 관계가 절대적인 대립과 갈등의 관계로만 특징지어질 수 있다면 현존재 간에 형성되는 공감이란 근본적으로 어떤 심리작용에 의해 가능해지는 것으로 파악되어야 한다. 타자와 대립하고 갈등하는 자신의 의식과 감정에 대한 이해가 자신과 대립하고 갈등하는 타자에게 공감할 수 있게 하는 그 근거가 된다는 필자의 논증이 그 전형적인 사례이다. 물론 이러한 설명은 타당하며, 사르트르의 철학과도 양립가능하다. 그러나 공감의 근거를 어떤 심리작용을 통해 설명하려는 시도는 원래 존재론적 성격의 것이 아니다. 존재론은 공감의 근거를 현존재의 존재구조 그 자체에 대한 이해로부터 구해야 한다. 현존재의 존재를 전체 존재의 안에-있음으로서 해명함은 현존재의 존재구조에 대해 해명함이며, 바로 그렇기에 우리는 이러한 해명을 바탕으로 공감의 근거를 존재론적으로 천착할 수 있게 되는 것이다.

만약 현존재의 존재가 전체 존재의 안에-있음이라면, 그리고 그러한 존재자로서 현존재의 의식이 그 자신이 의식하는 모든 존재와 함께 사물-아님으로서의 전체를 이루고 있다면, 현존재끼리의 관계는 단순한 외적 대립에 의해 특징지어질 수 없다. 타자는 현존재에게 자신과 함께 전체 존재의 안에-있는 존재자이며, 현존재의 의식의 외연에 존재하는 존재자라기보다 도리어 현존재와 함께 사물-아님으로서의 전체를 이루고 있는 존재자로서 파악되어야 하는 것이다. 현존재가 타자와 맺고 있는 이러한 관계는 사유나 행위에 의해 추후로 드러나는 관계일 수 없다. 현존재의 전체 존재 안에-있음은 현존재와 외적 관계를 이루고 있는 어떤 의식초월적 대상으로서의 존재를 함축하지 않으며, 현존재의 근본적인 존재구조의 표현이라는 점에서 사유와 행위의 대상으로서 주어질 수 있는 것도 아니기 때문이다. 결국 현존재의 전체 존재 안에-있음은 감정 내지 느낌으로서 알려질 수밖에 없다. 그것은 분명 기쁨이나 슬픔 같은 단순한 감정은 아니다. 그것은 사유와 행위의 대상이 될 수 없는 전체 존재 안에-있음의 느낌이며, 이러한 느낌에는 통찰의 계기가 함축되어 있는 것이다. 그러나 이 느낌 안에 함축되어 있는 통찰의 계기는, 전체 존재란 현존재 자신의 존재를 포괄하는 것으로서 사유와 행위의 대상이 될 수 없기 때문에, 특정한 사유나 행위에 의해 추후로 주어지는 것일 수도 없다. 그렇기에 그것은 일종의 직접적 자기의식이다. 사유와 행위를 매개로 하지 않고 자신의 존재를 전체 존재의 안에-있음으로서 자각함이며, 사유와 행위란 오직 이러한 자각에 근거한 것으로서만 가능하다. 사유와 행위의 대상이 되는 존재자는 사유하고 행위하는 현존재와 언제나 이미 하나의 전체를 이루고 있기 때문이다. 더 나아가 그 각성은 생생한 감정의 계기 역시 함축하고 있을 수밖에 없다. 전체 존재의 안에-있음에 대한 각성은 개별 현상과 별개로 일어나는 것이 아니라 개별 현상을 의식함과 동시적으로 일어나는 것이기 때문이다. 현상을 의식함이란 하나의 행위이지만 그 전제가 되는 것은 현존재에게 행사되는 존재로부터의 작용이며, 그러한 작용에 의해 고양된 감정과 전체 존재의 안에-있음에 대한 각성은 서로 동전의 양면처럼 맞물려 있을 수밖에 없다. 달리 말해 현존재에게 자기의 전체 존재 안에-있음에 대한 느낌은 직접적 자기의식의 형식 속에서 전개되는 감정의 고양과도 같다. 그 감정의 고양 속에서 현존재는 자신의 존재가 자신이 의식하는 개별 현상과 언제나 이미 나눌 수 없는 전체를 이루고 있음을 발견하게 된다. 현상을 의식하는 의식으로서 현존재의 의식은 자기와 자기-아님의 두 가지 상이한 계기로 나뉘지만. 그러한 구분은 별개의 존재자들 사이의 관계를 표현하는 말이 아니라 사물-아님인 무로서의 존재에 공속되어 있음을 표현할 뿐이다. 직접적 자기의식의 형식 속에서 전개되는 ―그 자체로 자기의 전체 존재 안에-있음에 대한 느낌과 동일한― 감정의 고양은 자기와 자기-아님의 두 계기가 사물-아님인 무로서의 존재 안에서 하나임을 자각함과 같다. 바로 여기에 현존재 간의 관계가 단순한 외적 대립에 의해 특징지어질 수 있는 가장 근본적인 이유가 있다. 현존재 간의 관계 역시 감정의 고양 속에서 자신과 타자가 사물-아님인 무로서의 존재 안에서 하나임을 자각함을 전제로 할 것이기 때문이다.

아마 민감한 독자라면 필자의 논의가 사르트르의 철학과 슐라이어마허의 철학이 어떤 공통된 존재론적 관점에서 출발하고 있음을 암시한다고 느낄 것이다. 그러한 느낌은 옳다. 필자는 사르트르의 철학과 슐라이어마허의 철학이 모두 현존재의 존재를 존재론적 안에-있음의 구조 속에서 고찰한다고 본다. 물론 앞에서 비판적으로 언급되었듯이 사르트르는 존재론적 안에-있음의 구조에 대한 명확한 성찰에는 도달하지 못한 것으로 보인다. 그럼에도 현상의 이념이 순연한 내재의 이념과 순연한 초월의 이념을 모두 불가능하게 한다는 사르트르의 주장 속에서 우리는 이미 존재론적 안에-있음의 구조에 대한 철학적 성찰의 단면을 발견할 수 있다. 오직 존재론적 안에-있음의 구조만이 순연한 내재의 이념과 순연한 초월의 이념을 모두 불가능하게 할 수 있기 때문이다.

슐라이어마허와 사르트르가 현존재의 존재를 안에-있음의 구조 속에서 고찰함은 결코 우연이 아니다. 존재론적 '불안과 공감'의 문제를 다루는 다음 장에서 독자들은 하이데거의 존재론이 하이데거의 슐라이어마허 연구에 의해 결정적으로 촉발되었으며, 이때 가장 중요한 역할을 수행한 것이 존재론적 안에-있음에 대한 실존론적 성찰임을 발견하게 될 것이다. 하이데거의 철학을 비판적으로 수용하는 가운데 사르트르 역시 현존재의 존재는 존재론적 안에-있음의 구조 속에서만 고찰될 수 있음을 이해하게 되었을 것이다. 다만 사르트르는 현존재를 포함하는 존재자의 존재를 전체 존재의 안에-있음의 구조 속에서 드러냄이 존재론적으로 얼마나 중요한 의미가 있는지 온전하게 깨닫지는 못했던 것 같다. 그것이 사르트르의 저술들에서 안에-있음의 구조에 대한 상세한 해명이 보이지 않는 이유일 것이다.

아무튼 한 가지는 분명하다. 전체 존재의 안에-있음을 자기의 존재의 근본 구조로서 지니는 현존재의 근본 기조는 공감일 수밖에 없다. 이 말은 물론 하이데거가 제시한 현존재의 근본 기조로서의 불안과 공감은 별개의 것이 아니라 같은 것이라는 뜻이기도 하다. 이미 '자기의식과 공감'의 관계를 다룬 제2장에서 제기된 이러한 주장이 과연 타당한지 독자들은 다음 장에서 구체적으로 확인하게 될 것이다.

공감의 존재론

IV.

불안과 공감

"H.[하이데거]와 O.[옥스너]를 통해서 저는 성스러운 것에 관한 당신의 책에 주목하게 되었습니다. 그것은 제게 지난 몇 년 동안의 그 어떤 저서보다도 더욱 강렬한 인상을 남겼습니다. 제가 받은 인상을 다음과 같이 표현하는 것을 허락해 주십시오. 그것은 어떤 종교현상학을 위한 첫 번째 시작입니다. 적어도 현상 자체에 대한 순수한 기술과 분석을 넘지 않는 모든 것을 고려해 보면 그렇습니다."[44] -루돌프 오토에게 후설이 보낸 서간 중에서

루돌프 오토에게 보낸 1919년 3월 5일자의 서간에서 후설은 오토의 주저『성스러운 것』(1917)에 대해 매우 의미심장한 평가를 남긴다. 후설에 따르면『성스러운 것』은 종교에 대한 현상학적 탐구의 시발점으로서 평가될 수 있다. 후설은『성스러운 것』으로부터 강렬한 인상을 받았으며, 그것은 분명 이 저술이 종교현상학을 향해 나아갈 가능성을 보이고 있기 때문이었다.

후설은 자신이『성스러운 것』을 읽게 된 동기는 하이데거와 옥스너의 권유 때문이라고 밝힌다. 옥스너는 하이데거의 친구이자 가장 나이 많은 제자였던 인물이다. 그는 하이데거가 프라이부르크 대학에서 사강사 privatdozent이자 후설의 조교로 활동하던 시절 처음부터 끝까지 하이데거를 가장 가까운 거리에서 지켜보았다.

---

44 C. Ochwadt / Tecklenborg, *Das Maß des Verborgenen*, Hannover 1981, 159.

『성스러운 것』에 대한 후설의 평가가 특히 중요한 이유는 그것이 하이데거와 오토, 그리고 슐라이어마허 사이의 철학적 관계를 이해하게 할 단초를 제공하기 때문이다. 잘 알려져 있듯이, 오토는 슐라이어마허 종교철학의 비판적 계승자이다. 『성스러운 것』 역시 의존감정 개념을 중심으로 전개된 슐라이어마허의 종교철학적 논의들을 오토가 비판적으로 수용하는 가운데 저술된 것으로서, 우리는 『성스러운 것』에 대한 후설의 평가를 근거로 이 책에 반영된 슐라이어마허의 종교철학 역시 현상학적 성격을 띠고 있을지 모른다는 추측을 할 수 있는 것이다. 사실 슐라이어마허의 종교철학이 일종의 종교현상학으로 파악되어야 한다는 것은 이미 몇몇 연구자들을 통해 밝혀진 바 있다.[45] 『성스러운 것』에 대한 후설의 평가는 현상학의 근본 관점들이 슐라이어마허에 의해 선취되었음을 밝힌 몇몇 연구자들의 견해를 방증하는 것이라 할 만하다. 게다가 후설의 편지는 그가 바로 하이데거의 권유로 『성스러운 것』에 주목하게 되었음을 분명히 밝히고 있다. 그렇다면 하이데거는 오토뿐 아니라 슐라이어마허 역시 알고 있지 않았을까? 혹시 하이데거가 슐라이어마허 철학에서 어떤 현상학적 성찰의 흔적을 발견했을 가능성은 없을까?

사실 이러한 문제 또한 몇몇 연구자들에 의해 어느 정도 밝혀진 바 있다. 특히 오토 푀겔러와 후고 오트의 연구가 중요하다. 푀겔러와 오트에 따르면 하이데거 사유의 소위 해석학적 전환은 딜타이나 아리스토텔레스 등을 통해서가 아니라 바로 슐라이어마허를 통해서 이루어진 것이다. 즉,

---

45 이 점에 관해서는 특히 다음의 두 저서를 참조할 것: R. R. Williams, *Schleiermacher The Theologian*, Philadelphia 1978; M. Simon, *La philosophie de la religion dans l'œuvre de Schleiermacher*, Paris 1974. 윌리엄스는 슐라이어마허의 종교철학이 의식에 대한 현상학적 성찰에 지반을 둔 것으로서, 직접적 자기의식으로서의 종교적 감정 및 의존감정에 대한 슐라이어마허의 언명들이 현상학적 에포케에 관한 후설의 언명과 본질적으로 같다고 본다. 시몬 역시 이와 유사한 관점을 취하고 있으며, 슐라이어마허의 철학에 대한 기존의 해석들이 많은 경우 슐라이어마허 철학의 현상학적 측면에 대한 무지에 기인한 오해임을 밝힌다.

하이데거 해석학의 기원은 바로 슐라이어마허라는 것이다.[46] 슐라이어마허의 철학이 그 자체로 현상학적 성격을 띠고 있다는 것을 근거로, 우리는 슐라이어마허를 통해 이루어진 하이데거의 해석학적 전환을 가능하게 한 슐라이어마허의 철학적 관점이 반̇현상학적 성격의 것이 아니라는 것을 예상해 볼 수 있다. 잘 알려져 있듯이 『존재와 시간』에 나타난 하이데거의 존재론은 해석학적이면서 동시에 현상학적이다. 그런데 같은 말을 슐라이어마허에 대해서도 할 수 있다. 슐라이어마허의 종교철학 역시 해석학적이면서 동시에 현상학적이라는 뜻이다. 이 글의 논의를 위해 중요한 것은 하이데거의 해석학적 전환이 현상학으로부터 해석학으로의 이행이라는 뜻으로 오인되어서는 안 된다는 점이다. 그것은 도리어 현상학에 대한 해석학적 재규정으로 이해되어야 한다.

열리지는 않았지만 1919/20년 겨울학기의 종교철학적 강의를 위해 준비된 하이데거의 메모에는 슐라이어마허의 『종교론』에 관한 하이데거의 논평이 포함되어 있다. 하이데거는 종교가 사유나 실천이 아닌 우주에 대한 직관과 감정이라는 슐라이어마허의 유명한 테제를 언급하면서 종교로서의 직관과 감정이 현상학적 "에포케"(PRL, 320)를 의미한다고 밝힌다. 여기서 하이데거가 슐라이어마허의 종교철학을 일종의 현상학으로 이해했음이 잘 드러난다. 현상학적 에포케란 자연적 의식 속에서 일어나는 일체의 존재정립이 현상학적 의식의 작용에 의해 괄호쳐짐을 뜻하는 말이다. 만약 슐라이어마허의 종교 개념에 대한 하이데거의 해석이 옳다면, 직관과 감정으로서의 종교란 일종의 현상학적 환원에 의해 가능해지는 어떤 의식의 상태를 표현하는 말인 셈이다. 사실 이러한 이해는 종교로서의 감

---

46 이 점에 대해서는 다음 참조: O. Pöggeler, *Heidegger in seiner Zeit*, München 1999, 100 이하; H. Ott, *Martin Heidegger. Unterwegs zu seiner Biographie*, Frankfurt a. M. / New York 1988, 11 이하. 하이데거와 슐라이어마허의 철학적 관계에 관해 푀겔러와 오트는 거의 동일한 관점을 보인다.

정에 대한 슐라이어마허의 입장에 정확히 상응하는 것이기도 하다.

제2장에서 살펴본 것처럼 슐라이어마허가 종교를 감정으로서 규정한 이유는 사유와 행위가 대상적 존재자들 간의 외적 대립을 전제로 하기 때문이다. 예컨대 한 송이의 꽃에 관해 사유하는 나는 꽃의 존재를 나의 존재에 속하지 않은 것으로서 대상화하고 있으며, 어떤 도덕적 행위를 하는 나는 자신을 도덕적 행위의 주체로서 개별화하고 있다. 그러나 종교란 무한성과 절대적 내면성으로 특징지어져야 할 우주를 향해 있는 우리의 심정을 표현하는 말로서, 여기에는 구체적인 사유와 행위를 가능하게 하는 대상적 존재자들 간의 외적 대립은 이미 지양되어 있다. 바로 그 때문에 종교는 사유나 행위가 아니라 직관과 감정으로서 규정되어야 하는 것이다. 그렇다면 종교란, 현상학적 의식에 의해 자연적 의식이 자명한 것으로 수용하는 모든 개별 존재자들의 존재가 비판적으로 환원됨으로써 현상학적 에포케가 확립되는 것과 유사하게, 대상적 존재자들 간의 외적 대립을 지양함으로써 존재를 무한한 우주 안의 존재, 즉 어떤 밖도 전제하지 않는 절대적 안에-있음으로서 재정립함을 뜻하는 말이다. 이로부터 우리는 한 가지 분명한 사실을 확인할 수 있다. 하이데거가 밝힌 것처럼 슐라이어마허가 직관과 감정으로서 정의한 종교는 실제로 현상학적 에포케를 표현하는 말이다.

그러나 슐라이어마허의 종교철학에서 발견되는 현상학적 성찰이 후설의 것과 동일한 것이라고 여겨서는 안 된다. 후설에게 현상학적 에포케는 현상학적 탐구의 영역을 확정할 목적으로 현상의 본질에 대한 철학적 반성을 수행함으로써 얻어진 그 결과이다. 즉, 후설의 에포케는 무엇보다도 우선 인식론적 의미를 지닌다. 그것은 의심할 여지없이 명증한 판단의 근거를 얻기 위해 행해지는 논리적 조작의 결과인 것이다. 반면 슐라이어마허의 종교 개념은 우주 혹은 전체 존재의 안에-있음이라는 인간 현존재의 존재구조에 의거하는 것으로서, 철학적 반성의 결과가 아니라 구체적 인간 현존재의 존재의 표현이다. 즉, 그것은 안에-있음의 존재론적 구조 속에서 실존하는 현존재의 존재를 드러내는 것으로서, 어떤 철학적 반성에 의해 획득된 인식론적 결과가 아니라 현존재의 존재 그 자체로부터 연원하는 실존의 방식 자체이다.

이미 이 지점에서 우리는 하이데거 사유의 발전을 위해 슐라이어마허가 지니는 의미를 대강이나마 확정해 둘 수 있다. 만약 푀겔러나 오트 같은 연구자들이 밝힌 것처럼 하이데거 철학의 해석학적 전환이 하이데거의 슐라이어마허 연구를 통해 가능해진 것이라면, 하이데거의 해석학을 가능하게 한 것은 현상학의 실존론적 변양일 수밖에 없다. 하이데거가 현상학적 에포케로 이해한 슐라이어마허의 종교 개념은 현존재에게 자신의 존재가 전체 존재인 우주 안에-있음으로서 드러남을 뜻하는 말이며, 이때 안에-있음이란 현존재의 실존의 구조 외에 다른 아무것도 아니기 때문이다.

그렇다면 슐라이어마허의 종교 개념에서 하이데거가 현상학적 에포케를 발견한 것이야말로 하이데거 철학의 발전을 위해 결정적 의미를 지니는 사건이었던 셈이다. 슐라이어마허의 종교철학에서 하이데거는 자신의 존재에 대한 현존재의 이해에서 출발하는 새로운 현상학에의 길을 발견할 수 있었으며, 이러한 현상학이 안에-있음의 구조 속에서 알려지는 현존재의 존재에 대한 실존론적 성격을 띨 수밖에 없다는 것 또한 하이데거는 슐라이어마허의 종교 개념에 대한 연구를 통해 알아차릴 수 있었던 것이다.

1. 하이데거의 슐라이어마허 연구에 대한 계보학적 성찰

슐라이어마허를 통해 가능해진 하이데거 철학의 해석학적 전환은 이미 그 출발점에서부터 현존재의 실존적 존재구조에 대한 존재론으로서의 성격을 띠고 있었다. 아마 이러한 주장은 적지 않은 연구자들을 혼란스럽게 할 것이다. 특히 가다머의 관점에 입각해서 하이데거의 철학을 해석하는 데 익숙한 연구자는 아예 필자의 주장이 명백한 오류라고 여기기 쉽다. 주로 두 가지 이유 때문이다.

첫째, 잘 알려져 있듯이 가다머는 하이데거의 존재론으로부터 시작된 철학적 해석학의 입장에서 슐라이어마허에 의해 체계화된 방법론적 해석학을 자주 비판한다. 하이데거의 존재론이 슐라이어마허의 철학에 대립적이라고 여기는 경우 하이데거 철학의 해석학적 전환이 슐라이어마허를 통해 가능해진 것이라는 주장도 용납되기 어렵고, 슐라이어마허의 철학이 현존재의 실존적 존재구조에 대한 존재론적 성찰을 담고 있다는 주장 또한 이해되기 어려울 것이다.

둘째, 가다머의 관점에서 보면 하이데거의 존재사유는 현상학적 사유와 근본적으로 다르다. 쉽게 말해 하이데거의 저술들 중 현상학의 흔적이 많은 것일수록 하이데거 사유의 본령으로부터 멀어진 저술이라는 뜻이다. 이 경우 슐라이어마허의 철학이 일종의 현상학으로서 규정될 수 있다는 사실과 하이데거가 슐라이어마허의 철학으로부터 결정적인 영향을 받았다는 사실은 양립하기 힘들다. 만약 하이데거 사유의 본령이 현상학과 무관한 것이라면 하이데거 철학의 결정적 전환 역시 어떤 현상학적 성격의 철학에 의해 가능해진 것일 리 없기 때문이다.

단도직입적으로 말해 가다머의 주장은 하이데거 철학의 발전과정에 대한 매우 모호하고 부정확한 이해에 근거해 있다. 앞서 밝힌 것처럼 하이데거의 존재론은 실존론적으로 변양된 현상학에서 출발한다. 하이데거 사유의 본령이 현상학과 무관한 것이라는 가다머의 주장은 명백한 오류라는 뜻이다.

또한 슐라이어마허의 방법론적 해석학에 대한 가다머의 비판 역시 이 글의 논의를 위해 큰 의미를 지닐 수 없다는 것도 미리 지적될 필요가 있다. 실제로 슐라이어마허에게 해석학은 해석의 방법론으로서의 의미를 지닌다. 그러나 슐라이어마허 철학의 본령은 해석학이 아니라 종교철학과 슐라이어마허 특유의 변증법이다. 슐라이어마허 스스로 방법론으로서 고안한 해석학에 대한 이해를 근거로 슐라이어마허의 철학이 방법론에 국한되어 있을 것이라는 결론을 내리는 것은 물론 부당한 일이다. 방법론과 존재론은 서로 범주가 다르기 때문이다. 게다가 슐라이어마허의 해석학에 대한 가다머의 비판 역시 오늘날의 대다수 슐라이어마허 연구자들에게는 매우 의심스럽고 받아들이기 어렵다. 유감스럽게도 이 점에 대한 상세한 논의는 이 글의 한계를 크게 벗어난다. 제3장은 주로 하이데거의 슐라이어마허 및 오토 연구가 하이데거 철학의 발전을 위해 지니는 의미를 계보학적으로 밝히는 데 주력할 것이다.

불안이 제3장의 가장 핵심적인 개념이다. 하이데거가 슐라이어마허 및 오토 연구를 통해 발견한 것은 현존재의 존재의 실존적 구조이며, 불안이 그 존재론적 표현이기 때문이다.

1.1. 하이데거 철학의 해석학적 전환과 현상학

하이데거의 철학적 발전에 관한 한 에세이에서 가다머는 하이데거의 존재사유가 바로 초기 프라이부르크 시절의 해석학에서 시작한 것이며, 『존재와 시간』은 후설의 선험초월론적 철학에 편향된 일종의 사상적 탈선의 결과라고 지적한다. 가다머에 따르면 『존재와 시간』이 출판된 후 일어난 하이데거의 전회는 이전에 없던 새로운 사유로의 방향전환이 아니라 초기 프라이부르크 시절 해석학적 사유로부터 연원한 하이데거 고유의 존재사유로의 귀환을 의미할 뿐이다.[47]

---

47 이 점에 대해서는 다음 참조: H. G. Gadamer, Erinnerungen an Heideggers Anfänge, in: F.

가다머의 주장은 물론 하이데거의 현상학적 사유와 해석학적 사유가 서로 구분되어야 하는 이질적인 성격의 것이라는 판단을 전제로 한다. 그 이유는 대체 무엇일까? 무엇 때문에 가다머는 『존재와 시간』에 포함된 현상학적 사유가 하이데거의 해석학적 사유로부터의 탈선에 불과하다고 여기게 되었을까? 그것은 무엇보다도 우선 하이데거 철학의 발전과정에 대한 부정확한 이해 때문이다. 가다머는 ―그리고 그 밖에 대다수 연구자들 역시― 초기 프라이부르크 시절의 하이데거가 우선 후설의 현상학에서 새로운 사유의 방향을 모색하다 시간이 지나면서 점차 해석학에 이끌리게 되었으리라고 본다. 이러한 관점에서 보면 하이데거의 철학은 후설의 현상학으로부터 해석학으로의 이행을 겪은 셈이다. 초기 프라이부르크 시절 일어난 하이데거 철학이 단계적으로 발전해 나갔다는 것이다.

사실 이러한 추측은 매우 자연스러운 것이기도 하다. 하이데거는 1916년 둔스 스코투스에 관한 논문으로 교수자격을 얻은 뒤 프라이부르크 대학에서 후설의 조교이자 사강사로 직업적 철학자로서의 여정을 시작했다. 하이데거의 교수자격논문은 신칸트주의자인 리케르트의 지도하에 완성된 것이었다. 이러한 사정을 아는 대다수 연구자들은 하이데거가 프라이부르크에서 후설의 현상학을 본격적으로 연구하기 시작했으리라고 여긴다. 원래 가톨릭 신학생이었던 하이데거가 신칸트주의적 관점에서 중세 스콜라 철학에 대한 연구를 진행하다가 프라이부르크에서 후설의 영향하에 본격적으로 현상학 연구를 하게 되었다는 식으로 말이다. 만약 이러한 생각이 옳다면 하이데거가 우선 현상학 연구에 연구역량을 집중한 뒤 현상학에 대한 이해가 어느 정도 심화되고 난 뒤에야 비로소 비판적으로 거리를 두기 시작했다고 보아야 할 것이다.

하이데거의 해석학적 전환이 어떤 철학자의 영향하에 이루어진 것인지

Rodi (Hrsg.), *Dilthey-Jahrbuch 4 (1986-87)*, Göttingen 1987, 16.

연구자들의 견해는 갈린다. 잘 알려져 있듯이 가다머는 ─푀겔러나 오트와 달리─ 하이데거 해석학의 기원을 슐라이어마허가 아니라 아리스토텔레스와 딜타이, 요르크 백작 등에서 찾는다. 그러나 가다머와 푀겔러, 오트 등은 모두 하이데거의 철학이 우선 현상학에 정향되어 있다가 점차 해석학에서 새로운 사유의 길을 찾게 되었다고 여긴다는 점에서는 같다. 결론부터 말해 이러한 생각은 사실에 부합하지 않는다. 앞서 밝힌 것처럼 하이데거에게 현상학과 해석학은 동전의 양면과도 같기 때문이다.

우선 푀겔러의 입장에 관해 살펴보자. 푀겔러는 하이데거 철학의 해석학적 전환에 관해 다음과 같이 언급한다: "슐라이어마허와의 관계가 전환점을 나타낸다. 하이데거가 이제부터[프라이부르크에서 후설의 조교가 된 이후부터] 따르는 현상학이 제1차 세계대전 이후의 몇 년 사이 현사실적 삶의 해석학이 된다."[48] 그러나 하이데거가 초기 프라이부르크 시절 수행한 연구들을 면밀히 살펴보면 푀겔러의 주장은 곧 의심스러워진다. 하이데거가 슐라이어마허를 연구하기 시작한 것은 늦어도 1916/17년이다. 그런데 이때는 하이데거가 1915년 자신의 교수자격논문을 완성한 직후이다. 즉, 하이데거는 초기 프라이부르크 시절의 가장 초창기에 이미 슐라이어마허 연구에 착수했던 것이다.

푀겔러는 초기 프라이부르크 시절 이전의 하이데거가 주로 스콜라철학과 신칸트주의에 경도되어 있었으리라고 본다. 푀겔러에 따르면 박사학위논문과 교수자격논문을 작성하던 시기의 하이데거는 "고대 존재론의 스콜라적 가공"에 관심이 있었으며, 대체로 신칸트주의적이었다: "물론 그[하이데거]는 동시에 신비주의적 전통에도 관심이 있었다. 신칸트주의자들에서 그는 직접적인 스승을 발견한다."[49] 푀겔러의 설명은 초기 프라이부

---

[48] O. Pöggeler, *Heidegger in seiner Zeit*, a.a.O., 100.
[49] 같은 책, 9.

르크 시절 이전의 하이데거가 주로 신칸트주의의 입장에서 고대 존재론
과 스콜라철학, 신비주의적 전통 등을 탐구했으리라고 암시한다. 이러한
암시가 잘못이라고 여길 이유는 없다. 실제로 하이데거는 신칸트주의의
연구에 큰 힘을 기울였으며, 그 직접적인 동기는 고대 존재론과 스콜라철
학, 신비주의적 전통 등을 현대적으로 재해석하는 것에 있었다. 그러나 이
것을 근거로 초기 프라이부르크 시절 이전의 하이데거가 후설 현상학에
대해 잘 알지 못했다는 식의 결론을 내려서는 곤란하다. 실은 그 반대이
다. 하이데거의 일생을 통틀어 후설 현상학에 관한 연구가 가장 활발하고
광범위하게 이루어진 시기는 하이데거가 박사학위논문과 교수자격논문
을 작성하던 시기였다. 프라이부르크에서 후설과 개인적인 인연을 맺기
시작했을 때 하이데거는 이미 후설의 현상학으로부터 비판적 거리를 두
고 있었다는 뜻이다.

하이데거는 1916/17년의 겨울학기부터 프라이부르크 대학의 사강사로
활동하기 시작했다. 그로부터 대략 일 년쯤 지난 뒤 하이데거는 옥스너와
함께 후설을 방문해서 철학적 대화를 나눈 적이 있다. 후일 옥스너는 하이
데거가 이미 이 당시에 후설의 현상학에 대해 비판적이었다고 회상한다.
후설의 현상학에서 하이데거는 학문의 이념에 대한 무비판적 절대화를 발
견했다는 것이다: "하이데거는 [후설과 인연을 맺기 시작한] 초창기에 이미 후
설의 기본 관점이 어떤 의미에서도 근원 철학prima philosophia으로 이어질 수
없음을 알아차렸다. 후설의 [철학적 탐구] 대상은 학문과 이론적 지식[이 추구
하는] 추상적 대상이었기 때문이다. 이러한 대상은 매우 파생적이며, 현존
함의 구체적 형식들 안에서 구성되며 대상화되는 대상이 그보다 훨씬 더
근원적이고 시원적이다."[50] 옥스너의 회상은 두 가지 면에서 흥미롭다. 첫

---

50 H. Ott, *Martin Heidegger*, a.a.O., 103. 오트에 따르면 옥스너의 회상에 대한 기록은 옥스
너의 친구였던 베른하르트 벨테의 일기에서 발견된 것이다.

째, 우리는 옥스너의 회상을 통해 하이데거가 이미 초기 프라이부르크 시절의 초창기부터 후설과 거리를 두기 시작했다는 것을 확인할 수 있다. 즉, 필자가 앞서 밝힌 것처럼 초기 프라이부르크 시절의 하이데거가 후설의 현상학에서 새로운 사유의 가능성을 발견하려 했다고 여겨서는 안 된다는 것이다. 둘째, 옥스너의 회상은 하이데거가 이미 초기 프라이부르크 시절 현존재의 존재의 현사실성에 주목하기 시작했음을 암시한다. 하이데거 철학의 해석학적 전환, 즉 현존재의 실존적 존재구조에 대한 존재론적 해석에 지반을 둔 새로운 사유에의 전환은 하이데거의 초기 프라이부르크 시절의 초창기에 이미 일어나기 시작했으리라는 것이다.

옥스너의 회상이 옳다면 하이데거는 후설의 조교가 되기 이전에 이미 후설의 현상학을 심도 깊게 연구했을 가능성이 농후하다. 그리고 실제로도 그렇다. 하이데거의 교수자격논문에서는 후설 현상학의 관점이 빈번하게 소개되며, 현상학에 대한 치밀하고 체계적인 설명도 결코 드물지 않게 발견된다. 그뿐 아니라 심리학적 판단의 문제를 다룬 하이데거의 박사학위논문에서도 후설 현상학의 흔적은 적지 않게 나타난다. 사실 이것은 전혀 놀라운 일이 아니다. 잘 알려져 있듯이 가톨릭 신학생이었던 하이데거로 하여금 철학으로 관심을 돌리게 만든 결정적인 저술은 아리스토텔레스의 존재 개념을 다룬 브렌타노의 박사학위논문이다. 젊은 날의 하이데거가 고대 존재론과 스콜라철학에 큰 관심을 보이게 된 가장 직접적인 이유 또한 바로 여기에 있었다. 가톨릭 사제이기도 했던 브렌타노의 박사학위논문을 통해 하이데거는 아리스토텔레스의 존재론과 스콜라철학의 관계에 눈뜨게 되었으며, 이때 생긴 존재의 의미에 대한 관심을 하이데거는 죽는 날까지 놓지 않았던 것이다. 브렌타노가 후설을 수학에서 철학으로 옮겨 가게 만든 장본인이라는 점, 후설이 브렌타노의 사상을 비판적으로 수용하는 가운데 현상학적 사유의 가능성을 모색했다는 점 등을 고려해 보면 하이데거가 이미 젊은 시절부터 후설의 현상학에 큰 관심이 있었으리라는 것은 어렵지 않게 추측할 수 있다.

실제로 하이데거의 교수자격논문은 스콜라철학에 대한 하이데거의 연구가 이미 이 시기에 현상학적인 관점에서 수행되고 있었음을 잘 드러낸다. 한편 하이데거는 중세 스콜라철학이 형이상학적 관점에서 형이상학적 실재들과 씨름하는 철학이라고 여긴다. 경험과 현상의 영역을 넘어서는 초월자들에 관한 학문이라는 점에서 스콜라철학은 현상학적 환원과도 같은 것을 온전히 수행해 낼 수 없는 한계를 지닌다는 뜻이다. 그러나 다른 한편 하이데거는 스콜라적 "사유형태" 속에는 "현상학"적 관점들이 "가장 강력한 정도로 내포되어 있다"고 주장한다. 이 점이 가장 뚜렷하게 드러나는 지점은 바로 스콜라철학의 범주론이다.(KDBS, 201 이하)

참으로 흥미로운 점은 하이데거의 둔스 스코투스의 범주론에 대한 하이데거의 관심이 이미 개별적인 존재자의 존재로 환원될 수 없는 존재의 의미에 관한 물음에 의해 이끌리고 있었다는 점이다. 하이데거는 아리스토텔레스에 의해 확립된 전통적 범주들이 모든 존재현상을 아우르는 것이 아니라 특정한 범위 내에서나 적용 가능한 제한적이고 불완전한 것임을 지적한다.(KBDS, 211) 이 말이 구체적으로 의미하는 것은 아리스토텔레스 이후의 "열 개의 전통적 범주"들이 단지 "실재적 현실을 위해서만 유효하다"는 것이며, 따라서 "의심의 여지없이 [의식과 현상의 영역에서 나타나는] 지향들의 영역은 다른 분류형태들을 필요로 한다"는 것이다.(KBDS, 285 이하)

이러한 주장은 한편 후설 현상학의 관점에서 제기된 것이다. 하이데거는 후설이 『논리연구』에서 —특히 지향성을 다룬 다섯 번째 연구와 인식의 현상학적 해명을 위해 필요한 개념들을 밝힌 여섯 번째 연구에서— 주장한 것과 마찬가지로 스콜라철학자들 역시 "심리적인 것의 의미부여 작용, 행위성격"에 주목하고 있었다고 주장한다.(KBDS, 286) 다시 말해 범주를 물리적 객체의 속성 내지 객체적 세계의 존재양식으로서 이해하는 아리스토텔레스적 관점과 달리 스콜라철학은 의식의 행위적 성격이야말로 심리적인 것의 근본 특징이라는 현상학적 관점에서 범주론을 전개한다는 것이다.

그러나 다른 한편 하이데거는 의식의 행위적 성격에 대한 스콜라철학의 해명에서 개별적 존재자의 존재로 환원될 수 없는 존재의 의미를 발견하려 시도한다. 이러한 점은 특히 스코투스의 헤케이타스(이것임, 이것-성性)에 대한 하이데거의 설명에서 잘 드러난다. 하이데거는 일자성과 다자성, 개별적 존재와 세계 및 신의 관계에 관한 스코투스의 이론을 설명하면서 스코투스에게 "개별적 존재는 어쨌든-한-대상인-존재와 같은 것이 아니다"라고 지적한다. 스코투스에 따르면 "개별자는 어떤 것에도 환원될 수 없는 최종적인 것이다." 그러나 그 이유는 개별자들의 존재형식이 대상성으로 환원될 수 없는 실존이기 때문이며, 개별자의 실존성은 우리에게 항상 '이(것)'로서 나타난다. 하이데거는 스코투스의 관점에서 "개별성의 형식, 즉 헤케이타스는 실재하는 현실의 원규정성을 주기 위해 소명된다"고 밝히면서, 현실이란 "간과할 수 없는 다양성, 불균일의 연속체"로 파악되어야 한다고 주장한다.(KBDS, 253) 한마디로, 스코투스의 헤케이타스는 이론화될 수 없는 존재의 의미로서 실존을 드러낸다는 것이다.

하이데거가 이미 자신의 교수자격논문에서 현상학적 관점에서 전통적 범주론의 한계를 비판한다는 점, 그리고 이러한 문제의식을 바탕으로 개별적 존재자의 존재로 환원될 수 없는 존재의 의미를 묻고 있다는 사실은 초기 프라이부르크 시절 하이데거 철학의 발전과정에 대해 매우 많은 것을 시사한다. 이 글의 논의를 위해 중요한 것은 무엇보다도 우선 두 가지이다. 첫째, 하이데거가 초기 프라이부르크 시절에 이르러서야 비로소 현상학에서 새로운 사유의 방향을 모색하기 시작했다는 주장은 사실에 부합하지 않는다. 하이데거의 교수자격논문이 이미 현상학의 관점에서 현상과 존재, 그리고 실존의 문제를 다루고 있는 것이다. 둘째, 하이데거는 프라이부르크에서 후설과 개인적 인연을 맺기 이전부터 후설과 다른 각도에서 현상학을 이해하고 있었다. 하이데거의 교수자격논문은 하이데거가 둔스 스코투스의 헤케이타스 개념에 함축된 실존성에 주목하고 있었으며, 실존을 개별적 존재자의 존재로 환원될 수 없는 존재의 의미에 대한 존재론적 물음의 단초로서 파악하고 있었다는 것을 보여 주는 것이다. 옥스너가 회상한 바와 같이 하이데거는 후설과 개인적 인연을 맺기 이전부터 이미 후설 현상학의 한계를 의식하고 있었다는 뜻이다.

초기 프라이부르크 시절의 하이데거 철학의 해석학적 전환은 결코 신칸트주의로부터 현상학, 현상학으로부터 해석학으로의 이행이라는 단계적 과정 속에서 일어나지 않았다. 하이데거는 프라이부르크에서 본격적인 직업적 철학자로서의 여정을 시작하기 이전에 이미 후설의 현상학에 밝았으며, 특유의 존재론적 관점에 입각해서 현상학의 실존론적 변양을 예비하고 있었다.

1.2. 하이데거 철학의 해석학적 전환과 현사실적 삶의 역사성

지금까지의 논의는 하이데거가 초기 프라이부르크 시절 우선 현상학 연구에 매진했으며, 연구가 진행되는 가운데 점차로 해석학에 관심을 가지게 되었다는 식의 생각이 잘못이라는 것을 잘 드러낸다. 그것은 하이데거의 교수자격논문에 대한 불충분한 분석과 이해에 기인하는 오해인 것이다. 그런데 이것만이 문제가 아니다. 잘 알려져 있듯이, 현사실적 해석학의 핵심 개념은 역사성이다. 그런데 하이데거의 교수자격논문에 대한 과소평가는 역사성 개념의 철학적 기원에 대한 심각한 오해로 이어지기도 했다.

푀겔러는 하이데거의 역사성 개념이 하이데거의 원시기독교 연구에 기원을 둔다고 본다. 필자 역시 하이데거의 원시기독교 연구가 하이데거의 역사성 개념 형성에 큰 기여를 했다는 점은 부정하지 않는다. 하이데거는

공감의 존재론

현사실적 삶을 역사적인 것으로서 파악하며, 현사실적 삶의 역사성과 기독교의 종말론적 시간 개념 사이에 구조적 유사성이 있다고 여긴다. 퇴겔러 역시 바로 이러한 점에 주목한다. 초기 프라이부르크 시절의 하이데거에게는 원시기독교의 종말론이야말로 현사실적 삶의 역사성이 본질적으로 카이로스Kairos적 구조를 지니고 있음을 가장 잘 예시해 주었으리라는 것이다. 시간을 영원한 선형적 흐름과도 같은 것으로 파악하는 통속적 견해와 달리 현사실적 삶 속에서 체험되는 시간은 언제나 이미 임박해 있는 종말을 향한 존재의 운동과도 같다. 하이데거의 유명한 명제대로 현존재는 죽음을 향한 존재이기 때문이다.[51]

그렇다면 하이데거 철학의 해석학적 전환에서 하이데거의 슐라이어마허 연구와 원시기독교 연구는 각각 어떤 역할을 수행했을까? 퇴겔러는 이러한 물음에 대해서도 일종의 단계론적 설명을 제시한다. 퇴겔러에 따르면 하이데거로 하여금 자신의 철학을 현사실적 삶의 해석학으로 전환시키게 한 것은 분명 슐라이어마허의 영향이다. 그러나 원시기독교 연구를 통해 현사실적 삶의 역사성이 원시기독교의 카이로스적 시간관과 구조적 유사성을 띠고 있다는 사실에 눈뜨고 난 뒤 하이데거는 점차 슐라이어마허로부터 거리를 두기 시작한다. 이 경우 하이데거에 대한 슐라이어마허의 영향은 한시적이었던 셈이다. 퇴겔러의 주장이 옳다면 ―비록 슐라이어마허가 하이데거에게 현사실적 해석학으로의 전환을 가능하게 할 결정적 관점을 제공한 것은 사실이라고 하더라도― 역사성을 중심으로 전개된 하이데거의 해석학은 슐라이어마허의 철학과 상당히 이질적인 것일 수밖에 없다는 결론이 따라 나온다는 뜻이다.

그러나 퇴겔러의 설명은 한 가지 결정적인 문제를 안고 있다. 그것은 하이데거가 슐라이어마허 종교철학의 핵심 문제를 바로 역사성에서 발견하

---

51 O. Pöggeler, *Heidegger in seiner Zeit*, a.a.O., 26.

고 있었다는 것이다. 물론 이러한 사실로부터 역사성에 대한 슐라이어마허의 해명이 역사성에 대한 하이데거의 이해에 큰 영향을 끼쳤다는 결론이 자동적으로 따라 나오는 것은 아니다. 그러나 하이데거 철학의 해석학적 전환이 슐라이어마허를 통해 가능해진 것이라면, 슐라이어마허적 의미의 역사성이 하이데거적 의미의 역사성과 어떤 점에서 유사하거나 다른지 등에 대한 분석이 수행될 필요는 있을 것이다. 그런데 푀겔러의 저술들에서는 이러한 분석이 발견되지 않는다. 달리 말해, 하이데거가 원시기독교의 역사성 개념에 눈뜬 뒤 슐라이어마허로부터 거리를 두게 되었다는 푀겔러의 주장은 충분한 학문적 논증에 의해 뒷받침되는 것이 아니다.

1919/20년의 —실제로 개설되지는 않은— 종교철학 강의를 위해 준비된 하이데거의 메모는 하이데거가 슐라이어마허의 종교철학으로 인해 현사실적 삶의 역사성에 눈뜨게 되었음을 강력하게 암시하는 세 가지의 사례를 알려 준다.

첫째, 하이데거가 슐라이어마허의 종교 개념을 현상학적 에포케로 지칭한 것은 슐라이어마허의 『종교론』 두 번째 강론에 대한 메모에서이다. 같은 곳에서 하이데거는 "가장 고유한 의미에서의 **역사**는 종교의 최고대상이다. 역사는 바로 종교와 더불어 시작되며 종교와 더불어 끝나는 것이다"(PRL, 322, 원문에서의 강조)라고 지적한다. 즉, 역사란 그 가장 고유한 의미에서 바로 슐라이어마허적 종교 개념의 핵심 주제로서 이해되어야 한다는 것이다.

둘째, 이미 언급한 대로 오토는 1917년 출판된 자신의 주저 『성스러운 것』에서 슐라이어마허의 종교철학을 비판적으로 계승한다. 이 저서에 대한 비평의 준비작업으로서 역시 1917년에 쓰인 한 메모에서 하이데거는 이 저서의 핵심 주제가 **"역사적 의식의 문제"**라고 밝히고 있다.(PRL, 332, 원문에서의 강조)

셋째, 아돌프 라이나크^Adolf Reinach^는 소위 실재론적 현상학의 핵심 멤버

중 하나였으며, 후설의 제자로서 후설 주변의 연구자들에게 막강한 영향력을 행사하던 인물이다. 라이나크는 후설의 지도 아래 교수자격을 획득한 첫 번째 제자이기도 하다. 그는 제1차 세계대전에서 때 이른 죽음을 당하게 되는데, 죽음 직전에 종교현상학에 대한 성찰의 기록을 남긴다. 잠시 뒤 다시 언급하게 되겠지만, 라이나크의 기록은 슐라이어마허의 종교철학, 특히 슐라이어마허 말년의 대작인 『기독교신앙』의 직접적이고도 절대적인 영향 아래 작성된 것으로 보인다. 라이나크의 종교현상학적 기록에 대해 논평하면서도 하이데거는 종교의 핵심 주제 중 하나가 바로 "역사성"이라는 것을 분명히 한다.(PRL, 325)

이로써 하이데거의 역사성 개념이 슐라이어마허의 종교철학과 무관한 것일 수 없다는 것은 분명해졌다. 특히 첫 번째 사례에서 언급된 바와 같이 하이데거의 메모에 '가장 고유한 의미에서의 역사는 종교와 더불어 시작되고 종교와 더불어 끝난다'는 주장이 담겨 있다는 사실이 의미심장하다. 다음 절에서 상세하게 언급되겠지만, 역사가 종교와 더불어 시작되고 종교와 더불어 끝난다는 말은 일상적 존재로서의 현존재의 비본래성과 연관되어 있는 말이다. 우리는 제2장과 제3장에서 슐라이어마허의 종교 개념이 일상적 세계 안의 존재로 환원될 수 없는 자신의 존재에 대한 각성의 표현이라는 것을 살펴본 바 있다. 하이데거에게 가장 고유한 의미에서의 역사, 즉 현사실적 삶의 역사성으로부터 연원하는 존재론적 의미의 역사란 비본래성과 본래성의 역동적 관계를 표현하는 말이다. 바로 그 때문에 현사실적 삶의 역사성이란 결코 하이데거의 슐라이어마허 연구와 무관하게 발견되고 또 계발된 개념일 수 없는 것이다.

푀겔러는 하이데거가 슐라이어마허 종교철학의 핵심주제를 바로 역사성의 문제로서 인식하고 있다는 것에 전혀 주목하지 않는다. 아마 이것이 푀겔러로 하여금 현사실적 삶의 해석학에서 제기되는 역사성 개념의 철학적 기원이 무엇인지 잘못 평가하게 만든 직접적인 원인일 것이다. 그러나 또 다른 원인도 있다. 하이데거의 교수자격논문에 대한 불충분한 이해가 바로 그것이다. 하이데거는 이미 그의 교수자격논문에서 역사성을 철학의 핵심 주제로 부각시키고 있었다. 그런데 푀겔러는 이러한 사실에 대해서도 전혀 모르고 있었거나 혹은 알고 있었더라도 충분히 고려하지 않았던 듯하다.

푀겔러는 하이데거가 슐라이어마허의 영향을 받기 직전에 헤겔적 경향을 보인다고 지적한다. 그 근거는 바로 하이데거의 교수자격논문이다. 교수자격논문의 말미에서 하이데거는 자신의 철학이 장차 "헤겔을 정점으로 하는 형이상학적 신학"의 방향으로 나아갈 것임을 암시하고 있다는 것이다. 이러한 주장은 옳다. 실제로 하이데거는 자신의 철학이 형이상학적 신학으로 전환될 것을 암시하고 있으며, 교수자격논문의 마지막 단어로 "헤겔"을 선택함으로써 자신의 철학이 나아갈 방향을 가리키는 것이 바로 헤겔임을 극적으로 강조하기까지 한다.[52]

유감스럽게도 푀겔러는 젊은 날의 하이데거가 왜 헤겔의 철학에 경도되기 시작했는지 온전히 설명하지 않는다. 교수자격논문을 마무리할 당시의 하이데거가 '헤겔을 정점으로 한 형이상학적 신학'을 지향했던 것은 바로 역사철학적 관심 때문이었다. 하이데거에게 헤겔의 철학은 "생동하는 정신의 철학"이었다. 하이데거는 자기 시대의 철학이 "역사적 세계관의 체계"가 지닌 문제를 원리적으로 해결하도록 노력해야 할 당면한 과업에 직면해 있다"고 지적한다. 하이데거는 헤겔의 철학을 통해 이러한 과업을 해결할 가능성을 모색하고 있었던 것이다.(KBDS, 410 이하)

그렇다면 응당 다음과 같은 질문이 따라 나올 수밖에 없다: 하이데거 사유의 해석학적 전환의 진정한 의미는 바로 역사성의 문제에 대한 철학적

---

52 이 점에 대해서는 다음 참조: O. Pöggeler, *Heidegger in seiner Zeit*, a.a.O., 26; *KBDS*, 410 이하.

인식의 변화가 아닐까? 하이데거가 슐라이어마허적 종교철학의 핵심 주제를 역사성의 문제로 인식하고 있었다는 사실과 그가 슐라이어마허 연구를 시작하기 직전에 완성한 교수자격논문에서 철학의 당면과제로서 헤겔적 의미의 철학적 역사관의 체계를 세우기를 원했다는 사실은 하이데거가 바로 슐라이어마허의 종교철학에서 역사성의 문제에 대한 새로운 철학적 관점을 발견했다는 것을 방증하지 않을까?

이러한 물음에 대한 해답은 이미 앞에서 제시되었다. 현사실적 삶의 역사성은 근본적으로 본래성과 비본래성의 역동적 관계에 근거해 있다. 슐라이어마허의 『종교론』에 대한 하이데거의 해석은 하이데거가 슐라이어마허의 종교철학에서 이러한 역동적 관계에 대한 존재론적 성찰을 얻었음을 분명하게 드러낸다. 이러한 문제에 대한 정확한 해명은 물론 현존재의 근본 기조인 불안 개념의 기원에 대한 연구를 요구할 수밖에 없다. 현존재에게 본래성의 자각을 가능하게 하는 것은 바로 불안이기 때문이다. 이어지는 글을 통해 독자들은 존재론적 불안 개념의 기원이 하이데거의 슐라이어마허 연구에 있음을 실증적 근거와 함께 알게 될 것이다.

2. 하이데거의 존재론적 불안 및 실존 개념에 대한 계보학적 성찰

우리는 우선 다음과 같은 문제를 해결해야 한다: 하이데거가 이미 초기 프라이부르크 시절부터 현존재의 존재를 본래성과 비본래성의 역동적 관계 속에서 고찰하고 있었다는 것은 사실일까? 혹시 그렇더라도 당시 하이데거의 철학적 성찰이 현존재의 근본 기조로서의 불안에 대한 『존재와 시간』의 논의와 비교될 수 있을 만큼 존재론적으로 충분히 구체적일까? 결론부터 말하자면 이러한 물음에 대한 대답은 의심의 여지없이 분명하다.

하이데거는 이미 초기 프라이부르크 시절부터 현존재의 근본 기조로서의 불안에 대한 존재론적 관점을 지니고 있었으며, 비록 불안에 대한 『존재와 시간』의 논의만큼 체계적인 것은 아니라고 할지라도 존재론적으로 충분히 구체적인 성찰도 수행하고 있었다.

2.1. 불안과 종교

1921/22년 겨울학기 강의에서 하이데거는 "현사실적 삶의 활동성의 근본 의미 중 하나"로 "**몰락**Ruinanz"이라는 개념을 제시하면서 그 실존론적 근거로서 "삶은 마음 씀의 수행Sorgensvollzug에서 일어난다"는 명제를 든다. 마음 씀으로서의 현존재에게 시간은 "카이로스적인 것"이며, 이 카이로스적 시간은 "**몰락의 증가**"이고 비역사적이다. "몰락은 시간을 빼앗아간다"는 것이다.[53]

이미 이 지점에서 초기 프라이부르크 시절의 하이데거가 현존재의 존재를 본래성과 비본래성의 역동적 관계 속에서 고찰했다는 것이, 그리고 그 근본 관점이 『존재와 시간』의 것과 조금도 다르지 않다는 것이 분명하게 드러난다. 잘 알려져 있듯이, 『존재와 시간』은 현존재의 존재를 언제나 이미 일상세계 안에 빠져 있음으로서 제시하며, 그 존재론적 근거를 마음 씀으로 해명한다. 일상적 자기로서 현존재는 실천적 목적에 정향된 존재이며, 일상에 매몰된 현존재의 시간은 바로 그 비역사성을 통해 특징될 수 있다는 것이다.(SZ, 175 이하 및 191 이하)

하이데거가 현존재의 근본 기조로서의 불안을 바로 자신의 슐라이어마허 연구를 통해 인식하기 시작했음을 알리는 구체적인 근거 중 하나는 하

---

53 M. Heidegger, *Phänomenologische Interpretation zu Aristoteles* (*GA 61*), Frankfurt a. M. 1985, 131, 원문에서의 강조.

이데거의 1919/20년 겨울학기 강의에서 발견될 수가 있다. 이 강의에서 하이데거는 현사실적 삶에서의 "실존의 의미"가 어떤 객관적 대상성이 아니라 "실제로 경험된, 기억된, 혹은 기대된 유의미성들Bedeutsamkeiten에" 놓여 있음을 지적하면서 현사실적 삶을 위해서는 "현상적으로 어떤 이론적 행위들도 증명될 수 없는" 것이고, 따라서 이론에 대해 실천이 근본적인 우위에 있는 것임을 강조한다.(GPH, 104) 그러나 하이데거가 현존재를 단지 실천적 존재로만 여겼던 것은 아니다. 하이데거는 동시에 **특정한 유의미성 맥락의 불규정성**"에 대해 언급하면서, 이 불규정성을 "삶의 섬뜩함Unheimlichkeit"과 "엄청난 신비mysterium tremendum 안에서의 어떤 것"으로 규정한다.(GPH, 106 이하, 원문에서의 강조) 비록 불안이라는 말로 명기되어 있지는 않지만 필자가 아는 한 바로 이것이 현존재의 근본 기조로서의 불안에 대한 하이데거의 첫 번째 분석이다.

하이데거에게 존재론적 불안을 '섬뜩함'과 '엄청난 신비'에 의해 야기된 것으로 이해하게 한 것은 분명 루돌프 오토의 사상이다. 두 용어 모두 오토의 용어인 것이다. 오토는 자신의 주저 『성스러운 것』에서 후기 슐라이어마허의 핵심 개념인 '경건한 의존감정'을 비판적으로 수용하면서 이 개념을 "피조물-감정"으로 대체할 것을 제안한다. 의존성이란 내 존재가 의존할 어떤 구체적 존재자를 전제로 하는 것이며, 따라서 어떤 객체적 존재처럼 표상될 수 없는 신과 인간의 관계를 표현하는 데 부적절한 개념이라는 것이다. 게다가 오토에 따르면 종교의 본질은 의존감정이나 피조물-감정 등의 개념에 의해 온전히 설명될 수 없다. 의존감정이나 피조물-감정은 어디까지나 나 자신의 의존적 존재양식 내지 피조물로서의 존재양식에 대한 반성적 자기의식의 표현일 뿐 직접적인 종교체험의 표현이 아니기 때문이다. 궁극적인 종교체험은 "성스러운 것das Numinose"과의 만남이며, 그것은 우리 안에 피조물-감정에 선행하는 "두려움Scheu"을 일깨운다. 종교란 이상의 한계를 넘어서는 어떤 성스러운 것과의 만남을 통해 이루어진다는 것을 표현하기 위해 오토는 미스테리움 트레멘둠, 즉 엄청난 신비라는 개념을 사용한다. 오토의 관점에서 보면, 종교는 ―합리적 사유의 기반으로 작용하는― 대상적 존재자 의식의 한계를 근원적으로 뛰어넘는 성스러운 존재의 체험에 근거하며, 우리의 의식이 대상적 존재자 의식에 익숙해져 있는 만큼 성스러운 존재의 체험은 우리에게 섬뜩한 것일 수밖에 없다.[54]

하이데거의 해석학적 사유를 위해 오토의 종교철학이 지니는 의미를 분석하는 데 있어서 가장 흥미로운 것은 아마도 하이데거가 직접 인용한 미스테리움 트레멘둠보다 피조물-감정에 있을 것이다. 피조물 감정에 대한 오토의 설명이 현존재의 근본 기조인 불안과 허무성의 관계를 설명하는 『존재와 시간』의 설명과 놀라울 정도로 유사하기 때문이다. 『존재와 시간』에 따르면 "불안이 직면하게 하는 허무는 현존재를 그 **근본**에 있어서 규정하는 허무성을 드러내며, 이 근본 역시 죽음을 향한 피투성으로서 나타난다."(SZ, 308, 원문에서의 강조) 거칠게 말해, 현존재에게 일상의 의식이 의식하는 세계와 그 세계-안에-있음으로서의 자기가 근원적인 허무성 속에서 드러나고, 그것을 통해 자기를 피투된 자로서, 스스로 자기존재의 근원일 수 없는 유한한 실존자로서 발견하게 되는 것이 바로 현존재의 근본 기조로서의 불안이다. 이와 거의 유사하게 오토는 피조물-감정이 바로 일상적 존재의식의 한계를 넘어서는 존재의 섬뜩함에 기인함을 설명하면서 그것이 "스스로 허무성, 두려움 속에서 객관적으로 체험된 무섭고 두려운 것에 대한 스스로의 침몰"이라고 정의한다.[55] 오토의 피조물-감정 개념과 하이데거의 불안 개념은 모두 현존재가 자신의 일상적 존재의식의 한계를 넘어서는 존재체험으로 인해 스스로의 근원적 허무성을 의식하게

---

54 R. Otto, *Das Heilige*, München 1971, 9.
55 R. Otto, *Das Heilige*, a.a.O., 19 이하.

되는 순간을 표현하는 것이다.

앞서 지적했듯이, 하이데거가 오토의 미스테리움 트레멘둠을 인용하며 현존재의 불안에 관해 설명한 것이 현존재의 근본 기조로서의 불안에 대한 하이데거의 최초의 언급이다. 그리고 이미 이때 불안은 일상성에 매몰된 현존재의 존재방식과 일상성 속에서 개시된 유의미성 맥락의 한계를 넘어서는 존재의 체험 사이의 긴장관계를 통해 설명되고 있다.

이제 현존재의 존재에 대한 『존재와 시간』의 존재론적 언명과 초기 프라이부르크 시절 하이데거의 해석학적 언명 사이에 어떤 근본적인 입장 차이도 보이지 않는다는 것이 분명해졌다. 필자의 소견으로는, 현존재의 존재를 본래성과 비본래성의 역동적 관계 속에서 고찰하는 하이데거의 존재론은 근본적으로 해석학적이며, 이 해석학은 현상학과 대립하는 것이 아니라 도리어 현상학으로서의 해석학, 현상학적 사유의 필연적인 귀착점으로서 실존론적이 된 해석학이다. 『존재와 시간』에서 하이데거가 "철학"을 "현존재의 해석학으로부터 출발하는 보편적 현상학적 존재론"으로 규정하는 것은 초기 프라이부르크 시절 하이데거가 지니고 있었던 관점과도 일치한다는 뜻이다.(SZ, 436)

2.2. 의존감정으로서의 종교와 실존

오토의 종교철학과 하이데거의 존재론 사이에 불안 개념을 둘러싸고 형성된 용어상의 유사성은 하이데거의 존재론이 슐라이어마허보다 오토에게서 더 큰 영향을 받았다는 인상을 주기 쉽다. 그러나 두 가지 이유로 슐라이어마허가 하이데거의 존재론에 더욱 결정적인 흔적을 남겼다고 볼 수 있다.

첫째, 슐라이어마허의 철학에서는 인간 현존재의 실존적 존재구조에 대한 명확한 분석과 성찰이 발견된다. 오토의 사상 역시 실존에 대한 이해를 담고 있다. 하지만 그것은 슐라이어마허의 흔적일 뿐 정작 오토 자신은 현존재의 실존적 존재구조의 분석에 큰 관심을 기울이지 않는다. 미스테리움 트레멘둠이 종교체험의 심리적 특성의 표현에 주안점을 둔 개념이라는 점에서, 오토의 종교철학은 종교체험에 의해 야기되는 의식과 감정의 상태에 대한 심리학적 고찰에 집중하는 것으로 보인다.

둘째, 하이데거의 오토 연구는 슐라이어마허 연구의 일환으로 이루어진 것이다. 하이데거에게 오토의 사상은 슐라이어마허 종교철학의 연장선 위에 놓여 있다는 뜻이다. 한 가지 흥미로운 사실은 후설의 제자들 중에서도 종교현상학의 관점에서 슐라이어마허를 연구한 이가 바로 앞에서 언급한 아돌프 라이나크이다. 하이데거 또한 라이나크의 영향을 받았을 가능성이 적지 않다.

하이데거의 존재론에서 가장 중요한 관점들 중 하나는 철학이란 현상학과 해석학, 그리고 실존론적 존재론의 통일로서 고찰되어야 한다는 것이다. 하이데거의 이러한 입장은 슐라이어마허 연구로부터 비롯되었을 것이다. 현상학적 에포케로서의 종교가 하이데거 해석학의 핵심 개념인 현사실적 삶의 역사성에 대한 철학적 사유의 단초를 제공했다. 바로 여기에서 하이데거가 슐라이어마허의 종교 개념을 현존재의 실존적 존재의식에 대한 철학적 성찰의 결과로서 이해하고 있었음이 잘 드러난다.

슐라이어마허의 종교철학과 실존론적 존재론의 관계는 두 가지 관점에서 고찰될 수 있다. 한 가지는 하이데거의 슐라이어마허 연구에 영향을 끼친 동시대의 철학자들이 슐라이어마허의 철학을 일종의 실존론적 존재론으로 이해했다는 사실이다. 또 한 가지는 슐라이어마허 자신이 자신의 종교 개념인 의존 감정을 인간의 실존론적 존재구조의 표현으로 이해했다는 사실이다. 슐라이어마허의 의존감정에 대한 오토의 비판적 수용은 아마도 오토 역시 종교로서의 감정을 일종의 실존의식으로 이해하고 있었다는 예증이 될 것이다. 피조물-감정이 현존재의 근본 기조로서의 불안과 보이는 개념적 유사상이 그것을 말해 준다.

하이데거의 슐라이어마허 연구에 영향을 끼친 동시대의 철학자들이 슐라이어마허의 철학을 실존론적 존재론으로 이해하고 있었다는 것을 드러내는 명백한 근거들 중 하나는 라이나크의 종교현상학적 메모이다. 슐라이어마허의 종교철학을 자신의 고유한 현상학적 언어로 풀어내면서, 라이나크는 절대자에의 "의존-, 감싸임-, 감사- 등등의 체험이 함께 연결되어 있다"[56]고 주장한다. 슐라이어마허에 대한 라이나크의 관심은 이러한 종교체험을 대상적 존재자에 대한 사유와 실천의 한계를 넘어서는 실존론적 존재이해의 표현으로서 해명하려는 시도로 이어진다.

이러한 라이나크의 시도에서 가장 중요한 것은 "명시적 인식"과 "체험내재적 인식"의 구분이다. 명시적 인식은 인식이 무엇에 연관되어 있는지 분명한 인식이지만 그렇다고 어떤 대상적 존재자에 대한 인식으로 국한될 수 있는 것은 아니다. 우리는 대상적 존재자가 아니라 특정한 사건이나 사상에 명시적으로 연관된 판단 및 인식 역시 지닐 수 있기 때문이다. 체험내재적 인식은 인식이 무엇에 연관되어 있는지 명시적으로 나타나지 않지만 그럼에도 모든 명시적 인식이 필연적으로 전제할 수밖에 없는 직접적이고 선반성적 인식이다. 절대자에의 의존감정이나 감싸임의 감정 등이 여기에 해당한다. 유한자로서 나의 존재가 어떤 무한한 절대자에 의존해 있다는 것은 무한자로서의 절대자가 명시적으로 인식될 수 없다는 점에서 명시적 인식일 수 없지만, 그럼에도 나의 모든 존재체험에 선험적으로 반드시 전제되어 있을 수밖에 없다는 것이다.[57]

한편 이러한 논증은 스콜라적 사유방식의 표현처럼 보인다. 그러나 다른 한편 체험내재적 인식으로서의 절대자 의식이 무한자인 절대자 안에

---

56 A. Reinach, Aufzeichnungen, in: *Sämtliche Werke* (hrsg. von K. Schumann / B. Smith) Bd. 1, München 1989, 599.

57 같은 책, 610 이하 참조.

머무를 수밖에 없는 유한자의 실존적 자기인식에 대한 논증이라는 점에서 실존론적 존재론의 표현으로 이해될 수도 있을 것이다. 하이데거 역시 라이나크가 명시적 인식과 체험내재적 인식을 분류한 것을 높게 평가하면서 "내가 신에의 절대적 의존성을 체험한다"는 것이 "나 자신이 나를 이 [신과의] 관계 속에서 체험하며, 이 관계는 그런 한에서 나에게 당연히 대상적일 수 없다"는 것을 뜻한다고 설명한다.(PRL, 327) 즉, 절대적 의존감정이란 자신의 존재를 신과의 관계 속에서 체험함이며, 그런 한에서 대상적 인식과는 전적으로 다른 존재체험이라는 것이다.

슐라이어마허의 의존감정 개념에 대한 라이나크의 분석을 하이데거가 어떻게 이해했는지 살펴보면 하이데거에게 종교에 대한 슐라이어마허의 성찰이 현사실적 삶의 역사성에 대한 성찰을 의미했다는 것이 분명하게 드러난다. 하이데거는 라이나크가 의존감정의 분석을 통해 "역사적 의식의 원▒의미구조"를 밝혀냈다고 주장한다.(PRL, 327) 여기에서도 하이데거 해석학의 중심 개념인 역사성이 슐라이어마허의 결정적 영향하에 형성되었다는 사실이 분명하게 드러난다. 하이데거는 슐라이어마허의 종교 개념을 바로 현존재의 실존적 존재의식과 자기의식으로 이해했다. 라이나크의 슐라이어마허 연구에 대한 하이데거의 해석과 이해가 슐라이어마허의 종교철학이 하이데거에게 역사성에 대한 실존론적 존재론을 뜻했음을 알려 준다.

이 점에 대한 또 다른 근거는 —역설적이게도— 슐라이어마허의 종교철학에 대한 하이데거의 비판에서도 찾을 수 있다. 하이데거는 슐라이어마허의 초기 저작인 『종교론』을 매우 긍정적으로 평가한다. 그러나 슐라이어마허의 후기 저작인 『기독교신앙』에 대해서는 상당히 비판적이다. **"슐라이어마허, 『기독교신앙』, 그리고 종교현상학 일반에 대하여"**라는 제목의 한 메모에서 하이데거는 슐라이어마허의 의존감정 개념이 "이론적 객관화"의 경향을 보이며, "지나치게 존재이론적인 —특히 자연적 실재에 해당하는— 방향"에서 이루어지고 있다고 지적한다.(*PRL*, 331, 원문에서의 강조) 이러한 주장은 의존감정이란 자신이 의존하고 있을 그 무엇의 실재성에 대한 이론적이고도 반성적인 판단에 근거해 있을 수밖에 없다는 생각으로부터 비롯된 것으로 보인다.

하지만 의존감정 개념에 대한 하이데거의 비판을 슐라이어마허의 철학 전체에 대한 비판으로 혼동해서는 안 된다. 잘 알려져 있듯이, 의존감정 개념은 슐라이어마허의 후기 저작인 『기독교신앙』에서 처음 사용되었다. 의존감정 개념에 대한 하이데거의 비판은 하이데거가 슐라이어마허의 후기 사상보다 초기 사상을 선호한다는 것 외에는 아무것도 뜻하지 않는다. 하이데거가 『종교론』에 대해 어떤 비판도 가하지 않는다는 사실이 그 증거이다. 게다가 『기독교신앙』에 대한 하이데거의 메모가 오토의 『성스러운 것』에 대한 하이데거의 평론과 거의 같은 시기에 쓰인 것이라는 사실도 고려되어야 한다. 즉, 하이데거의 슐라이어마허 비판은 하이데거가 슐라이어마허 연구를 한층 심화시키는 와중에서 나온 것으로, 슐라이어마허로부터의 비판적 거리 두기가 아니라 슐라이어마허의 종교철학을 실존론적 존재론의 방향에서 더욱 수미일관하게 발전시키려는 의지의 표현이라는 뜻이다.

게다가 『기독교신앙』에 대한 하이데거의 메모는 현존재의 실존에 대한 하이데거의 존재론적 사유가 슐라이어마허의 심대한 영향 아래 발전했음을 강력하게 암시한다. 『기독교신앙』에 대한 하이데거의 메모는 전적으로 『기독교신앙』 두 번째 판의 제4절에 관한 것이다. 여기에서 슐라이어마허는 자신의 의존감정 개념이 현존재의 존재구조에 대한 존재론적 성찰의 결과라는 것을 알리는 주장을 남긴다. 슐라이어마허에 따르면 "의존감정"은 "우리의 자기의식"이며, 이 자기의식은 "세계 안의 우리 존재의, 혹은 우리가 세계와 함께 있음의 의식으로서" 규정될 수 있다. 『존재와 시간』의 그 유명한 명제와 같이 슐라이어마허는 인간 현존재를 '세계 안에 있는' 존재자로서 이해하는 것이다.

필자의 소견으로는, 1830/31년에 출판된 『기독교신앙』의 두 번째 판은 1821/22년의 초판에 비해 문체적으로 오히려 열악하다. 슐라이어마허는 자주 자신의 종교철학이 범신론적이고 이성 중심적이며, 비기독교적이라는 비판에 시달려 왔다. 그러한 비판을 불식시키려고 슐라이어마허는 『기독교신앙』과 『종교론』에 지속적으로 수정을 가했다. 자신의 사상이 전통적인 기독교 신학과 양립할 수 있다는 것을 보이려 했던 것이다. 그러나 『기독교신앙』의 두 번째 판이 초판보다 나은 점도 있다. 슐라이어마허의 실존론적 관점이 『기독교신앙』의 두 번째 판에서 보다 분명하게 드러나는 것이다.

슐라이어마허의 종교철학이 일종의 실존론적 존재론이라는 사실은 슐라이어마허가 자신의 친구 뤼케에게 보낸 편지에서 가장 분명하게 나타난다. 슐라이어마허는 자신의 종교철학에 대한 오해가 그 실존론적 성격이 간과되었기 때문임을 설명한다. 이러한 설명은 브레트슈나이더의 비판에 대한 반론이기도 하다. 흥미롭게도 브레트슈나이더의 비판은 오토 및 하이데거의 비판과 매우 유사하다. 슐라이어마허는 자신에 대한 브레트슈나이더의 비판이 주로 의존감정에 집중되고 있음을 지적한다. 브레트슈나이더에 따르면 의존감정이란 ―슐라이어마허 자신의 주장과 달리 ― 직접적 자기의식 및 신의식일 수 없다는 것이다. 이러한 주장의 근거는 감정의 근거에 대한 철학적 성찰에 놓여 있다. 브레트슈나이더의 관점에서 보면 감정이란 필연적으로 그 어떤 것에 대한 사념과 판단을 전제할 수밖에 없다. 즉, 감정이란 사념과 판단에 의해 매개된 것으로서 결코 어떤 직접적인 자기의식과 같은 것일 수 없다는 것이다. 따라서 신에 대한 의존감정 역시 반드시 선행하는 신의 이념에 의거한 반성적 판단의 결과로 파악되어야 한다. 쉽게 말해, 자신의 의존하고 있는 신의 존재에 대한 어떤 이해가 전제되지 않으면 자신과 신의 관계에 대한 이해 역시 가능할 수 없고, 자신과 신의 관계에 대한 이해가 가능하지 않은 경우 자신의 존재를 신에 의존해 있는 것으로서 파악할 수도 없으며, 이 경우 신에의 의존감정은 생겨날 수 없다는 것이다. 이러한 주장에 대한 슐라이어마허의 대답은 의존감정이 어떤 이론적 인식에 따른 결과가 아니라 이론적 인식의 한계를 넘어서는 우리의 실존에 대한 자각이라는 것이다. 슐라이어마허는 명시적으로 신에 대한 경건한 의존감정이 우리의 존재의 "직접적 실존관계"를 표현한다고 밝힌다. 그것은 물론 어떤 외적 대립도 전제하지 않는 순연한 안에-있음으로서의 현존재의 존재인 그러한 실존관계로 파악되어야 한다. 신이라는 개념 자체가 슐라이어마허에게는 개별자들 간의 대립과 분열을 근원적으로 넘어서는 존재의 절대적 통일성과 내면성을 표현하기 때문이다.[58]

아마 독자들 중에서는 안에-있음에 관한 이 글의 논의가 하이데거의 존재론적 논의와 다르다고 느끼는 이들도 있을 것이다. 『존재와 시간』에 따르면 존재론적으로 "현존재의 존재구성Seinsverfassung으로서의 안에-있음은 실존범주의 하나이다." 하나의 실존범주로서 "안에-있음은 눈앞의 것들이 공간적으로 '서로 안에 있음'과 같은 것은 거의 뜻하지 않으며, '안에' 역시 언급된 것과 같은 종류의 공간적 관계 같은 것은 전혀 뜻하지 않는다." 하이데거는 "'안에in'는 '살다wohnen, 거주하다, 체류하다' 등을 의미하는 'innan-'으로부터 유래한다." 즉, 존재론적으로 안에-있음이란 현존재로 하여금 하나의 세계 안에서 존재자들과 함께 친숙함의 관계를 맺으며 거주하도록 하는 그 존재론적 가능근거를 뜻하는 말일 뿐이다.(SZ, 54)

하지만 안에-있음에 대한 하이데거의 설명을 근거로 하이데거의 존재

---

58 의존감정과 실존성에 대한 슐라이어마허의 설명에 관해서는 다음 참조: F. Schleiermacher, *Über die Glaubenslehre. Zwei Sendschreiben and Lücke*, in: ders., *Theologisch - dogmatische Abhandlungen und Gelegenheitsschriften (KGA 1, Abt. 10)*, Berlin / New York 1990, 316 이하.

론과 슐라이어마허의 종교철학이 근본적으로 다르다는 식의 결론을 내려서는 안 된다. 두 가지 이유 때문이다.

첫째, 거주함, 세계 안에서 존재자들과 함께 친숙함의 관계를 맺으며 살아감을 뜻하는 존재론적 안에-있음은 결코 존재자들 간의 관계가 어떤 외적 대립의 관계로서 특징지어질 수 있음을 전제로 하지 않는다. 물론 거주하는 존재자로서 현존재는 자신의 존재로 환원되지 않는 다른 존재자와의 관계 속에서 실존한다. 그러나 현존재의 실존은 현존재가 공간적 사물들과 맺는 외적 대립의 관계와도 같은 것을 뜻하지 않는다. 친숙함의 관계를 맺으면서 도리어 현존재는 친숙함의 관계의 장인 세계와 분리 불가능한 존재자로서 자신의 존재를 발견하게 되는 것이다. 그러므로 현존재는 존재론적으로 자신의 안에-있음을 ① 자기의 존재와 자기-아닌-존재 사이의 분리로서 자각할 뿐만 아니라 동시에 ② 자기의 존재와 자기-아닌-존재가 세계 안에서 근원적으로 하나로서 통일되어 있음을 자각하지 않을 수 없다.

둘째, 슐라이어마허 역시 인간 현존재의 안에-있음을 개별 존재자와의 관계 속에서 설명하고 있음을 기억할 필요가 있다. 슐라이어마허에 따르면 자기의식의 구성요소에는 "개별자의 대자^{對自}존재"와 "개별자[와] 타자[의] 공존"이라는 두 가지가 포함되어 있다. 즉, 인간 현존재의 자기의식은 자기를 의식하면서 자기를 위해 존재함의 의식이기도 하고, 타자와 공존함의 의식이기도 하다는 뜻이다. 이 말은, 슐라이어마허에게 경건한 절대적 의존감정이 결코 현존재가 개별 존재자와 맺는 관계를 배제하는 감정일 수 없음을 뜻한다. 슐라이어마허에게는 의존감정 역시 일종의 자기의식이기 때문이다. 그 때문에 슐라이어마허는 "순수한 의존성의 특징은 우리가 경건한 자극의 상태에서 의존적으로 느끼는 대상이 결코 외적인 방식으로 우리에게 마주 서 있는 것으로 주어질 수 없다는 사실과 연관되어 있다"고 지적한다. 즉, 인간 현존재가 경건한 의존감정에서 느끼는 것은 개별 존재자의 무화가 아니라 자기와 존재자 간에 맺어진 근원적 통일성이다. 슐라이어마허의 관점에서 보면 인간 현존재의 세계-안에-있음은 세계 안에서 자기와 존재자가, 더 나아가 자기와 세계가, 하나로 통일되어 있음을 뜻하는 말이며, 신이란 존재론적 안에-있음을 어떤 외적 관계도 허용하지 않는 존재의 근원적 의미로서의 하나임을 표현하는 말 외에 다른 아무것도 아닌 것이다.(『기독교 신앙』, 64 이하)

물론 하이데거와 슐라이어마허 사이에 아무런 차이도 없는 것은 아니다. 하이데거가 현존재를 죽음을 향해 가는 존재자로서 규정하는 것이 그 대표적인 사례이다. 슐라이어마허에게서는 이러한 규정이 보이지 않는 것이다. 그러나 이러한 차이를 과장해서는 안 된다. 하이데거의 존재론에 대한 가장 커다란 오해 가운데 하나는 하이데거가 현존재를 죽음을 향해 가는 존재로 규정함을 근거로 삼아 하이데거의 존재론이 허무주의적이라고 결론짓는 것이다. 하지만 이러한 추론은 현존재를 다른 존재자와의 외적 대립 속에서 존재하는 존재자로서 선-이해함을 전제로 한다. 자기의 존재를 고립된 존재자로서의 존재로 파악하는 경우에만 자신의 죽음을 자기 존재의 온전한 소멸로서 이해할 근거가 주어진다는 뜻이다. 하지만 하이데거의 관점에서 보면 현존재는 다른 존재자와의 외적 대립 속에서 존재하지 않는다. 죽음을 향해 가는 존재자로서 현존재는 도리어 자신의 비본래적 삶에 기인하는 도구적 존재자 이해로부터 벗어날 가능성을 지닌다. 즉, 현존재의 근원적 존재규정으로서의 죽음을 향한 존재는 현존재 스스로 존재자를 그 도구적 대상성의 관점에서가 아니라 자기 존재와의 근원적 통일성 속에서 새롭게 이해할 가능성의 근거로서 이해되어야 한다는 뜻이다.

물론 존재론적으로 세인으로서의 현존재가 일상세계에서 만나는 도구적 존재자들은 현존재와 결코 외적 대립의 관계를 형성하지 않는다. 그러나 현존재의 존재에 대한 존재론적 언명과 현존재가 현사실적 삶 속에서 지니는 존재이해의 방식은 엄밀하게 구분되어야 한다. 앞에서 언급한 것처럼 도구적 친숙함은 자신의 안에-있음을 자기의 존재와 자기-아닌-존재 사이의 분리로서 자각함과 자기의 존재와 자기-아닌-존재가 세계 안에서 근원적으로 하나로서 통일되어 있음을 자각함이라는 두 상반된 계기의 역동적 관계를 뜻한다. 존재자들과 도구적 관계를 맺으면서 현존재는 자신과 존재자 사이에 외적 대립의 관계가 맺어져 있음을 발견하게 된다. 현존재에게 도구적 존재자는 말 그대로 현존재 자신을 위한 가치들의 집합체에 불과하지만 현존재는 도구적으로 이해된 존재자의 이런저런 가치들을 전용하는 주체이기 때문이다.

3. 불안과 타자

주의할 점은 현존재의 근원적 존재방식으로서의 안에-있음의 의미가 도구적 존재자와 함께 세계 안에-있음의 의미로 환원될 수 없다는 것이다. 앞에서 언급된 현존재의 안에-있음의 두 상반된 계기, 즉 자신의 안에-있음을 자기의 존재와 자기-아닌-존재 사이의 분리로서 자각함과 자기의 존재와 자기-아닌-존재가 세계 안에서 근원적으로 하나로서 통일되어 있음을 자각함은 모두 도구적 친숙함의 관계를 표현할 뿐이다. 만약 안에-있음의 존재론적 의미가 이것뿐이라면 안에-있음에 근거한 공감의 존재론적 의미 역시 현존재와 현존재 사이에 맺어지는 도구적 친숙함의 관계 이상은 표현할 수 없을 것이다. 하지만 안에-있음은 도구적으로 친숙한 존재자들과 하나의 세계 안에 모여 있음 이상의 의미를 지닌다. 불안은 현존재의 근본 기조이고, 이는 현존재가 불안 속에서 자신의 일상적 존재방식의 비본래성을 언제나 이미 자각하고 있음을 뜻하기 때문이다. 자신의 일상적 존재방식을 비본래적인 것으로서 자각하는 현존재에게 존재자는 친숙하지 않다. 즉, 현존재는 불안 속에서 자신이 도구적이지도 않고 친숙하지도 않은 존재자와 함께 안에-있음을 발견하게 되는 것이다.

이러한 안에-있음은 두 가지 관점에서 분석되어야 한다.

첫째, 도구적 친숙함의 관계를 표현하는 것이 아닌 한에서, 안에-있음은 일상적 세계의 안에-있음으로 파악되어서는 안 된다. 불안으로 인해 세계의 도구적 친숙함이 무화되기 때문이다. 즉, 세계의 근원적 무성을 드러내는 안에-있음의 의미가 존재론적으로 밝혀져야 한다.

둘째, 도구적 친숙함의 관계와 무관한 것으로서, 안에-있음은 현존재의 —존재자들의 도구적 의미연관으로부터 떨어져 나오는— 개별화 가능성과 도구적이지 않은 함께-있음의 가능성을 동시에 드러내야 한다. 즉, 이 두 가지 가능성의 근거인 안에-있음의 의미가 존재론적으로 파악되어야 한다. 안에-있음이 현존재의 개별화 가능성의 근거가 됨은 현존재가 비본래적 존재자로서의 세인이기를 그치고 도구적 의미연관 밖에 있는 개별자로서 자신의 존재를 발견하게 됨 역시 안에-있음의 근거 위에서만 가능함을 뜻한다. 안에-있음이 도구적이지 않은 함께-있음의 가능성의 근거가 됨은 본래적 존재자로서 개별화된 현존재 역시 고립된 실체적 존재자와 같은 것일 수 없다는 것에 기인한다. 현존재는, 비본래적인 존재방식에서든 본래적 존재방식에서든, 자신으로 환원될 수 없는 존재자와의 초월적 관계 속에서만 존재할 수 있는 특별한 존재자이다. 『존재와 시간』의 유명한 명제대로 **"존재는 순연한 초월"**(SZ, 38, 원문에서의 강조)이며, 이는 존재란 고립된 실체적 존재자의 존재와도 같은 전통적 존재 개념의 한계를 넘어선 개념이라는 의미를 함축한다.

3.1. 불안과 안에-있음

현존재의 근본 기조인 불안과 안에-있음의 관계는 어떤 것일까?

오토는 성스러운 것의 체험이 세계의 의미를 넘어서는 어떤 엄청난 존재의 의미에 눈뜨게 함으로써 우리로 하여금 섬뜩함에 사로잡히게 한다고 밝힌다. 하이데거 역시 불안을 이와 유사한 관점에서 설명한다. 하이데거에 따르면, "**불안**"은 "근본적 처해 있음의 하나"이고, "현존재를 자신의 가장 본래적인 피투성 앞으로 데리고 가며 일상적으로 친숙해진 세계-안에-있음의 섬뜩함을 드러낸다."(SZ, 342, 원문에서의 강조) 하이데거 또한 현존재의 근원적이고도 본래적인 존재 이해의 가능성을 세계의 근원적 무성을 드러내는 섬뜩함의 관점에서 파악하는 것이다.

그렇다면 무엇이 현존재에게 세계-안에-있음의 섬뜩함을 드러내는가? 물론 그것은 죽음이다. 하이데거는 "불안이 [현존재를 그 앞으로] 데리고 가는 무는 현존재를 자신의 **근거** 안에서 규정하는 무성을 드러내며, 이러한 근거 또한 그 자체로 죽음 안으로의 피투성으로서 존재한다"(SZ, 308, 원문에서의 강조)고 주장한다. 결국 현존재의 존재의 존재론적 근거는 죽음 안으로의 피투성이며, 현존재가 불안을 자신의 근본 기조로서 지닐 수밖에 이유 또한 현존재의 존재의 존재론적 근거가 죽음 안으로의 피투성이기 때문이다. 자신을 죽음을 향해 가는 존재로서 이해함이 현존재에게 세계 및 세계 안의 존재자인 자신의 근원적 무성을 섬뜩한 불안 속에서 자각하게 할 존재론적 이유가 된다는 뜻이다.

그렇다면 불안과 안에-있음의 관계는 어떻게 규정되어야 할까? 아마 안에-있음에 대한 『존재와 시간』의 언명들에 밝은 독자라면 『존재와 시간』이 안에-있음을 거의 일방적으로 '존재자와 친숙함의 관계를 맺으며 거주함'의 의미로 풀어낸다는 것을 알고 있을 것이다. 실제로 『존재와 시간』에서 일상적 세계의 근원적 무성에 대해 자각하는 현존재에게 안에-있음이 구체적으로 어떤 의미를 지니는지 언급하는 구절은 거의 발견할 수 없다. 그러나 이러한 사정을 빌미로 안에-있음이 존재론적으로 일상적 세계 안에-있음의 의미로 국한된다고 성급하게 결론을 내려서는 안 된다. 잘 알려져 있듯이, 『존재와 시간』은 미완의 작품이다. 『존재와 시간』에서는 현존재의 일상적 존재방식을 분석하는 작업과 일상적 존재자로서의 현존재가 불안으로 인해 일상적 세계의 근원적 무성을 어떻게 각성하게 되는지 해명하는 작업이 주를 이루고 있다. 일상적 세계의 근원적 무성에 대해 각성한 본래적 현존재에게 자신의 근원적 존재구조로서의 안에-있음이 어떤 의미를 지니는지 구체적으로 드러내는 것은 원래 『존재와 시간』의 미완성 부분에서 다루어져야 했을 것이다.

비록 구체적 해명은 부재하다시피 하지만 안에-있음이 일상적 세계의 안에-있음으로 환원될 수 없음은 이미 『존재와 시간』에서도 분명하게 언급되고 있다: "불안은 현존재를 그의 '세계' 안에서 빠져 가며 [도구적 의미연관이] 열림으로부터 되돌려놓는다. 일상적 친숙함은 무너진다. 현존재는 따로 떨어지지만vereinzelt; 개별화되지만, 세계-안에-있음으로서 그러하다. 안에-있음이 **낯섦**Unzuhause이라는 실존론적 양태로 온다."(SZ, 189, 원문에서의 강조)

여기서 세계-안에-있음은 두 가지 상이한 의미로 해석될 수 있으며, 필자의 소견으로는 두 가지 상이한 의미 모두 존재론적으로 유효하다. 첫째, 낯선 세계, 즉 도구적 의미연관과 더불어 알려진 일상적 세계와 달리 더 이상 친숙하지 않은 세계라는 의미이다. 둘째, 세계-안에-있음으로서 파악될 수 없는 존재의 의미를 드러내는 세계라는 의미이다. 말하자면 세계의 낯섦이 현존재로부터 세계가 낯설어짐뿐만 아니라 세계로부터 존재가 낯설어짐 역시 드러내는 식이다. 현존재에게 세계가 낯설어짐은 불안 때문에 일어난 일이고, 불안은 현존재의 존재가능의 임박한 중지인 죽음으로 앞질러 달려가 봄이며, 죽음이란 세계의 존재론적 근거인 현존재의 존재의 무화를 뜻하기 때문이다.

세계로부터 낯설어진 존재란 대체 무엇을 뜻하는 말일까? 존재론적으로 이러한 존재에 관해 논하는 것은 과연 타당한 일일까? 이러한 물음을 푸는 데 결정적인 역할을 할 근본 관점은 "현존재에게 죽음과 함께 끝나는 부단한 '비전체성'은 삭제될 수 없다"는 명제에서 발견된다. 여기서 부단한 비전체성이란 현존재의 존재의 근원적 시간성을 지칭하는 말이다. "현존재에게는, 존재하는 한에서, 현존재가 장차 그렇게 될 아직-아님, 즉 부단한 [미래의 존재 가능성의] 밖에-서 있음Ausstand: 아직 오지 않음. 참고 견딤이 속한다"는 뜻이다. (SZ, 242)[59]

주목할 점은 현존재의 부단한 비전체성이 존재론적으로 이중의 의미를 지닌다는 사실이다. 현존재의 아직-아님에는 현존재가 장차 그렇게 되어 갈 가능존재가 속한다. 거칠게 말해, 미래의 나는 지금의 나와 다르고, 지금의 나는 미래의 나가 아직 아니라는 뜻이다. 하지만 현존재의 아직-아님에는 죽음과 함께 더 이상 존재하지 않게 됨 역시 속한다. 말하자면 현존재의 "늘 아직-종말에-이르지-않고-있음이 [결국 죽음과 함께] 자기의-종말에-이름(밖에-있음의 존재적 제거)은 [현존재가] 더-이상-현존하지-않음의 특징을 지닌다"는 뜻이다. 그렇다면 죽음을 향해 가는 존재자로서 현존재는 그 자신의 존재에서부터 두 가지 상이한 존재의미에 열려 있는 셈이다. 하나는 세계-안에-있는 존재자로서 현존함이며, 여기에는 미래의 나가 되어 감이라는 의미인 아직-아님이 포함되어 있다. 또 다른 하나는 더 이상 현존하지 않을 가능성으로서 현존함이며, 그 존재론적 근거는 죽

---

59 이기상의 번역본에는 'Ausstand'가 '미완'으로 번역되어 있다. 의미상으로 큰 무리가 없는 번역이다. 'ausstehen'에는 '아직 오지 않음', '참고 견딤' 등의 의미가 있기 때문이다. 그럼에도 필자가 'Ausstand'를 '밖에-서 있음'으로 번역한 이유는 이 용어에 현존재의 실존적 존재방식들 중 하나인 탈존, 곁에-있음 등의 의미가 함축되어 있다고 보기 때문이다. 'aus'는 '밖에', '밖으로' 등을 뜻하는 접두어이고, 'Stand'는 '서 있음'을 뜻하는 말이다. 현존재에게 부단한 비전체성, 아직-아님 등이 속함을 설명하는 하이데거의 방식은 실존의 라틴어 어원인 'existere'에 대한 어원학적 설명과 구조적으로 매우 유사하다. 'existere'의 의미는 '나타남', '생겨남', '존재함' 등이지만 글자 그대로는 '밖에 서 있음'이다. 현존재의 존재는 실존에 있으며, 실존이란 자기의 존재로 환원될 수 없는, 그리고 바로 그러한 의미에서 초월적인, 존재자의 밖에-, 혹은 곁에-(서)있음과 아직-아님으로서 알려지는 미래의 존재 가능성과 초월적 관계를 맺음의 의미를 함축한다.

음이다. 이러한 존재의미는 죽음을 당하지 않아 더 이상 존재하지 않는 것은 아직-아님라는 뜻이기도 하고, 결국 언젠가 더 이상 존재하지 않을 존재자로서 현존함이기도 하다. 결국 현존재의 "종말에-이름은 현존재를 그때마다 순연하게 대변할 수 없는 어떤 존재 양태를 함축한다." 죽음이 오면 현존재는 더 이상 존재하지 않게 될 것이기 때문이다. 현존재로서 존재하지 않음이, 현존재로서 종말을 고하게 될 가능성이, 이루어지지 않을 수도 있는 그러한 가능성이 아니라 언젠가 반드시 이루어질 그러한 가능성으로서, 언제나 이미 임박해 있음이 현존재의 존재에 속해 있다.(SZ, 242)

그렇다면 불안은 현존재에게 존재의 완전한 무화 가능성을 표현하는 것일까? 전통 철학적으로 보면 현존재가 죽음을 향해 가는 존재자라는 사실로부터 존재의 완전한 무화 가능성이 도출되는 것은 아니다. 하지만 존재론적으로는 이러한 물음이 혼란의 원인이 될 수도 있다. 비록 "존재자가 그것이 열리게 하고, 발견되고 또 규정되게 하는 경험, 지식, 이해와 무관하게 **있다**"고 하더라도, 아무튼 "존재는 그 자신의 존재에 존재이해와 같은 어떤 것이 속해 있는 존재자의 이해 속에서만 '있다'"(SZ, 183, 원문에서의 강조)는 것이 존재론의 근본 명제들 중 하나이기 때문이다. 만약 존재가 자신의 존재에 존재이해가 속해 있는 존재자, 즉 현존재의 이해 속에서만 있는 것이라면, 현존재에게 존재란 현존재 자신의 죽음과 더불어 없어지는 것이라고 말해야 하지 않을까? 만약 존재가 현존재의 죽음과 더불어 없어지는 것이라면, 존재자란 현존재의 경험, 지식, 이해 등과 무관하게 그 자체로 있는 것이라는 주장이 무슨 의미가 있을까? 존재가 없어지면 존재자 또한 없어지는 것이라고 말해야 하지 않을까? 존재자는 결국 존재하는 것으로서만 존재자이며, 존재가 없어져도 존재하는 존재자란 존재하지 않으면서도 존재하는 존재자라는 형용모순에 불과한 것 아닐까?

사실 이러한 물음에 대한 온전한 해명은 존재론적 초월 개념에 대한 분석을 통해서만 가능하다. 이러한 작업은 제5장에서 이루어질 것이다. 여기서는 우선 다음과 같은 점을 분명히 해 둘 필요가 있다: 현존재의 죽음과 더불어 존재가 완전히 무화된다는 식의 생각은 형이상학적 유아론의 발로일 뿐 존재론과 무관하다. 존재가 현존재의 이해 속에만 있다는 하이데거의 주장은 현존재의 경험과 이해의 방식에 대한 존재론적 언명일 뿐이다. 즉, 의식적 존재자로서의 현존재의 존재를 어떤 근원적 절대자의 위치로까지 격상시키는 자아망집의 사상과 존재론은 엄격하게 구분되어야 한다는 뜻이다.

물음을 풀어 나갈 결정적 단초들 중 하나는 이해란 결국 경험과 사유에 의존하는 것일 수밖에 없다는 사실이다. 슐라이어마허 식으로 표현하자면, 경험과 사유에 의존하는 것인 한에서, 현존재의 이해 속에서만 있는 존재란 결국 존재자의 존재일 수밖에 없다. 바로 그 때문에 "존재는 늘 한 존재자의 존재"(SZ, 9)인 것이다. 그런데 사유와 실천을 통해 알려지는 존재자는, 그리고 그러한 존재자의 존재는, 언제나 이미 도구적 일상세계에 속해 있다. 즉, 존재란 현존재에게 무엇보다도 우선 친숙한 세계 안의 존재자의 존재로서의 의미를 지니는 것이다.

그렇다면 현존재의 근본 기조인 불안 속에서 세계가 낯설어짐은 존재가 세계 안의 존재자의 존재로서의 의미 이상을 드러내는 것으로 전환되었음을 뜻하는 셈이다. 만약 존재가 오직 낯설어진 세계 안의, 그리고 그 자체 역시 낯설어진, 존재자의 존재로서의 의미만을 지니는 것이라면, 불안 속에서 낯설어진 세계 및 세계 안의 존재자는 현존재의 사유와 행위에 의해 다시 친숙해지기를 기다리고 있는 셈이다. 하지만 이 경우 불안과 세계의 낯섦, 존재의 섬뜩함 등은 친숙함과 친숙하지 않음의 순환관계에 속한 하나의 계기에 지나지 않게 된다. 그런데 이 경우 존재론은 사소해지거나 아예 무의미해질 수밖에 없다. 존재의 의미가 세계 안의 존재자의 존재로 확정되어 버림으로써 존재의 의미에 대한 물음이 존재론의 단초에서부터 이미 해명되어 버리는 결과가 나올 것이기 때문이다. 결국 불안 속에서 드러나는 세계의 낯섦은 언제나 존재자의 존재인 세계 안의 존재를 만나는 현존재가 존재자의 존재로 환원될 수 없는 존재의 의미에 정향되어 있음을 뜻할 수밖에 없다. 물론 그러한 존재의 의미는 분명한 사유의 형태로 해명될 수도 없고 실천의 대상이 될 만한 그 무엇을 암시할 수도 없다. 사유와 실천이란 언제나 구체적 존재자에 대한 의식을 전제로 하기 때문이다. 사유나 실천이 아니라 하이데거가 불안이라는 말로 표현한 어떤 감정적 계기가 존재론적으로 중요한 이유가 바로 여기에 있다. 슐라이어마허의 종교철학에서 사유와 실천의 한계를 넘어서는 그 어떤 존재와의 관계가 인간 현존재에게 오직 종교로서의 감정을 통해서만 가능했듯이, 하이데거 역시 어떤 감정의 계기를 전제로 하는 경우에만 존재의 근원적이고도 본래적인 의미에 대한 자각이 가능하다고 본 것이다. 물론 여기서의 자각이란 하나의 언어적 명제로서 언명될 의미의 분명한 이해 같은 것을 뜻할 수 없다. 그것은 오직 이미 드러난 의미로 환원될 수 없는 존재의 의미를 물어야 할 존재론적 필연성에 대한 자각과 같은 것을 뜻할 뿐이다.[60]

존재론적 존재 물음에서 가장 중요하고도 근본적인 문제는 언제나 존재자의 존재인 존재에서 그러한 존재와 근본적으로 다른 존재의 의미에 대한 물음이 어떻게 가능한지 밝히는 것이다. 필자의 소견으로는, 이러한

---

60 현존재의 존재가 사유와 실천의 한계를 넘어서는 그 어떤 존재와의 관계를 통해서 규정되어야 함은 존재론적 의미의 진리가 인식론적 기준의 한계를 근원적으로 뛰어넘는 것임을 뜻한다. 이런 점에서 에른스트 투겐트하트(Ernst Tugendhat)와 같이 하이데거의 진리 개념에 인식론적 비판의 기준이 결여되어 있음을 지적하는 연구자들의 주장은 대체로 존재론적 진리 개념의 핵심을 비켜가고 있다고 볼 수 있다. 사유와 실천의 한계를 넘어서는 존재의 드러남으로서 진리란 근원적으로 인식론적 비판의 대상이 될 수 있는 것이 아니기 때문이다. 인식론적 의미의 진리란 존재론적 진리 개념의 토대 위에서만 가능한 것으로, 진리 개념을 인식론의 관점에서 분석하고 해명하는 것은 하이데거의 관심사가 아니었음을 분명히 해 둘 필요가 있다. 하이데거의 진리 개념에 대한 투겐트하트의 비판에 관해서는 다음 참조: E. Tugendhat, *Der Wahrheitsbegriff bei Husserl und Heidegger*, Berlin 1970, 331 이하 및 371 이하.

물음은 오직 불안 속에서 열린 안에-있음의 존재론적 의미에 대한 해명을 요구한다. 존재자의 존재로 환원될 수 없는, 그리고 바로 그러한 의미에서 사유와 실천, 현존재의 이해의 한계를 근원적으로 넘어서는, 그러한 존재에 대한 물음은 안에-있음에 대한 물음과 분리될 수 없다는 뜻이다.

3.2. 불안 속에서 열린 타자의 안에-있음

현존재의 근본 기조인 불안 속에서 일상세계의 비본래성에 눈뜬 현존재에게 타자는 어떤 의미를 지닐까? 물론 낯설어진 세계 안에-있는 존재자이며, 이러한 존재자로서의 타자는 이미 그 자체로서도 현존재에게 낯설어져 있다. 그렇다면 불안 속에서 낯설어진 세계 안에서 현존재와 타자의 관계는 어떤 것일까? 유감스럽게도 이러한 물음에 대한 구체적 해명은 『존재와 시간』에서 거의 발견되지 않는다. 그 이유 또한 친숙한 세계의 안에-있음으로 환원될 수 없는 안에-있음에 대한 해명이 『존재와 시간』에서 전무하다시피 한 까닭과 같다. 현존재와 불안 속에서 낯설어진 타자의 관계에 대한 해명은 『존재와 시간』의 미완성된 부분에 할당된 과제였으리라는 것이다. 그러나 이러한 해명에 대한 단초를 『존재와 시간』에서 발견하는 것이 불가능하지는 않다. 그럴 수밖에 없는 것이, 만약 불안 속에서 낯설어진 타자의 존재론적 의미에 관한 구체적 언명이 『존재와 시간』의 미완성된 부분에 할당된 과제였다면, 이러한 과제에 대한 예비 작업이 완성된 부분에서 다소간 이루어졌을 것이기 때문이다.

필자의 소견으로는 그 가장 기초적인 작업은 안에-있음의 구조형식에 대한 하이데거의 해명에서 발견된다. 하이데거는 "안에-있음 […], 즉 그때-거기의 존재에 관한 설명"을 "두 부분"으로 나눈다. "그때-거기의 실존론적 구성"이 그 하나이고, "그때-거기의 일상적 존재와 현존재의 빠져 있음"이 또 다른 하나이다.(SZ, 133)

여기서 우선 생각해 볼 점은 이 두 부분이 단순한 설명의 편의를 위해 구분되었는지 아니면 현존재의 현사실성 그 자체에서 실제로 두 부분이 구분될 수 있기 때문에 구분되었는지의 문제이다. 보다 단순하게 표현하자면 현존재의 현^{Da}, 즉 그때-거기와 그 안에-있음이 일상적 세계와의 관계 속에서 모두 해명될 수 있는지 먼저 분명히 해 두어야 한다는 것이다. 물론 이러한 물음에 대한 해명은 지금까지의 논의 속에 이미 제시되어 있다. 불안 속에서 세계가 낯설어지면 세계의 안에-있음 역시 일상적 세계의 안에-있음으로서의 의미를 지닐 수 없다. 즉, 바로 여기서도 안에-있음이란 존재론적으로 일상적 세계의 안에-있음으로 환원될 수 없다는 것이 드러난다.

그렇다면 일상적이지 않은 현존재의 그때-거기는 존재론적으로 대체 어떤 의미를 지닐까? 우선 "현존재는 실존하면서 자신의 그때-거기이다"라는 명제와 그 의미가 "세계가 '그때-거기' 있으며, 그 **그때-거기-있음**은 안에-있음이다"라는 명제를 먼저 살펴보자. 두 명제의 의미는 분명하다. 현존재의 그때-거기는 언제나 세계의 안에-있음과 같은 것일 수밖에 없다는 것이다. 세계 없는 현존재란 존재론적으로 형용모순에 불과하다. 현존재의 그때-거기는 세계 안의 그때-거기로서만 가능하기 때문이다.(*SZ*, 143, 원문에서의 강조)

현존재는, 불안 속에서든 아니든, 언제나 세계의 안에-있는 존재자로서 그때-거기-있다. 그렇다면 불안 속에서 세계-안에-있음은 현존재의 존재에 구체적으로 어떤 의미를 지닐까? 여전히 세계 안에 있으면서도 현존재는 단순한 세인일 수 없고, 그런 한에서 타자 또한 단순한 세인으로서 이해할 수 없다. 세인이란 친숙한 일상세계 안의 존재자를 뜻하는 말이기 때문이다. 세인은 현존재에게 친숙한 공동 현존재이고, 친숙한 공동 현존재와 함께 세상 안에 있는 현존재는 여전히 일상세계 안에 머물고 있다. 즉, 불안 속에서 낯설어진 세계는 현존재와 타자 간의 친숙한 관계가 사라진 세계이다.

하이데거에 따르면 "불안은 따로 떼어 놓으며vereinzelt; 개별화하며 현존재를 '유일한 자기solus ipse'로서 열어 밝힌다." 즉, "**세계가 세계로서, 안에-있음이 따로 떨어진**vereinzelt; 개별화된**, 순수한, 피투된 존재가능으로서 열어 밝혀져 있다.**" 여기서 특히 주목할 점은 '세계가 세계로서'라는 표현이다. 이 말은 친숙한 일상세계에서 세계가 세계 자체로서 열어 밝혀져 있지 않다는 것을 암시한다. 그렇다면 친숙한 일상세계에서는 안에-있음 역시 안에-있음 자체로서 열어 밝혀져 있지 않다는 결론이 나오는 셈이다. 하이데거는 앞의 인용문에 이어 "**불안의 현상으로 인해 하나의 탁월한 처해 있음이** [존재론적으로] **해석할 주제가 되었음이 분명하다**"고 밝힌다. 여기서 탁월한 처해 있음이란 세계를 일상적이지 않은 세계 그 자체로서, 안에-있음을 일상적이지 않은 세계 그 자체의 안에-있음으로서 이해하게 하는 처해 있음을 뜻하는 말일 것이다.(SZ, 188, 원문에서의 강조)

언뜻 하이데거의 주장은 일종의 실재론적 사상의 표현처럼 보이기 쉽다. 세계를 세계로서 열어 밝힌다는 말이 현존재의 존재와 무관하게 그 자체로서 존재하는 세계의 실재성을 암시하는 것처럼 보이기 때문이다. 그러나 하이데거는 자신의 관점을 실재론대신 "실존론적 '유아론Solipsismus'"라고 표현한다. 하이데거에 따르면 실존론적 '유아론'은 "고립된 주체사물Subjektding을 무세계적 존재Vorkommen의 무해한 공허 속으로 옮겨 놓는 것이 아니라 현존재를 그 극도의 의미에서 세계로서의 자신의 세계 앞으로, 그럼으로써 현존재를 세계-안에-있음으로서의 자기 자신 앞으로 데려오는 것이다." 달리 말해 불안 속에서 낯설어짐으로써 새롭게 열어 밝혀진 그 자체로서의 세계는 여전히 현존재의 세계일 뿐 현존재의 존재와 무관한 실체적 세계와도 같은 것이 아니다. 불안 속에서 열어 밝혀진 세계가 일상적이지 않은 그 자체로서의 세계인 까닭은 현존재 자신이 일상적이지 않은 그 자체로서의 현존재이기 때문이다. 불안 속에서 본래성을 회복한 뒤에도 현존재는 여전히 세계의 안에-있는 존재이며, 그것은 오직 현존재의 현, 즉 그때-거기가 세계의 안에-있음과 같은 것이기 때문이다. 불안 속에서 세계가 세계 자체로서 열어 밝혀짐은 현존재가 현존재 자체로서 존재하게 되었음을 표현하는 말일 뿐, 결코 실재론적 관점으로 비롯된 말이 아니다.(SZ, 188)

이제 하이데거의 실존론적 '유아론'을 염두에 두고 다음과 같은 질문에 대해 생각해 보자: 불안 속에서 열어 밝혀진 세계 안에는 현존재 자신 외에 또 무엇이 있는가? 사실 이러한 물음은 이미 그 자체로 비존재론적으로 왜곡되어 있다. 현존재의 존재인 세계-안에-있음이 그 자체로서 존재하는 어떤 실재적 세계에 근거해 있는 것처럼 전제되어 있기 때문이다. 한 가지 분명한 것은, 현존재란 불안 속에서 낯설어진 세계 안에서도 결코 홀로 있을 수 없다는 점이다. 세계란 다수의 존재자들이 그 안에서 머무는 존재의 장과도 같은 것이기 때문이다. 불안 속에서 열어 밝혀진 그 자체로서의 세계 안에도 ―일상세계 안과 마찬가지로― 세계와 분리될 수 없는 것으로서 안에-있는 현존재 자신이 있고, 타자를 포함하는 이런저런 존재자들이 있다. 물론 세계 안에 있는 모든 존재자들 역시 세계와 분리될 수 없는 것으로서 세계 안에 있다. 비록 엄밀한 의미에서 세계란 존재의 의미를 묻고 또 저 나름의 방식으로 이해하는 특별한 존재자인 현존재에게만 존재하는 것이라고 하더라도 현존재는 자신의 현사실적 삶 속에서 만나는 모든 것들을 세계 안에 있는 것으로서 파악하게 된다는 뜻이다. 그렇다면 불안 속에서 새롭게 열어 밝혀진 그 자체 세계 안에서도, 일상세계로부터 따로 떨어져 나와 유일한 자기로서 존재하게 된 그러한 존재자로서도, 현존재는 여전히 타자와 함께 있는 존재자일 수밖에 없는 셈이다.

불안 속에서 새롭게 열린 세계에서 현존재와 함께 있는 타자는 어떤 존재자일까? 불안 속에서 타자를 더 이상 일상적 세인으로서가 아니라 타자 자체로서 만나게 되는 경우에도 현존재에게 타자는 공동 현존재로서의 의미를 지닐까? 존재론적으로 이러한 물음에 대한 대답은 자명하다. 불안 속에서든 아니든, 현존재가 늘 세계의 안에-있는 존재자인 한에서, 현존재는 늘 공동 현존재와 함께-있는 존재자일 수밖에 없다. 즉, 불안 속에서 새롭게 열린 세계에서 현존재와 함께 있는 타자 역시 공동 현존재로서 존재하는 존재자이다. 더욱이 세인으로서의 공동 현존재보다 불안으로 인해 낯설어진 공동 현존재가 현존재에게 더욱 근원적인 공동 현존재이다. "진정되고-친숙하게 세계-안에-있음이 현존재의 섬뜩함의 한 양태이지 그 역은 아니기" 때문이다. "**낯섦**^{Unzuhause} **이 실존론적-존재론적으로 더욱 근원적인 것으로서 파악되어야 하며**", 이는 불안으로 인해 낯설어진 공동 현존재가 세인으로서의 공동 현존재보다 더욱 근원적인 것으로서 파악되어야 한다는 말과 조금도 다르지 않다.(SZ, 189, 원문에서의 강조)

이 지점에서 아마 다음과 같은 문제가 제기될 수도 있을 것이다: 불안 속에서 개별화된 현존재가 자신을 제외한 모든 현존재를 철저한 세인으로서만 이해할 수도 있지 않을까? 이러한 문제는 불안 속에서 일어나는 개별화의 존재론적 성격을 오인하기 때문에 제기된다. 현존재로 하여금 본래성을 회복하도록 하는 것은 실존론적 불안이고, 실존론적 불안은 현존재가 죽음을 향해 가는 존재자이기에 일어나는 감정이다. 그런데 죽음을 향해 가는 존재자로서 현존재가 개별화됨은 죽음 자체가 각각의 현존재에게 고유한 존재가능의 중지를 뜻하기 때문이지 자신의 존재를 타자의 존재와 유^類적으로 구분함과도 같은 것을 뜻하는 것이 아니다. 현존재에게 공동 현존재란 자신과 마찬가지로 죽음을 향해 가는 존재자이다. 그렇기에 불안 속에서 자신의 본래성을 회복한 현존재에게 공동 현존재는 공동 현존재로서 존재하기를 그치는 것이 아니라 도리어 현존재 자신과 마찬가지로 죽음을 향해 가는 존재자로서, 불안 속에서 개별화된 그러한 공동 현존재로서, 존재하기 시작한다. 불안 속에서 낯설어진 세계가 실은 일상세계보다 더 근원적이고 본래적인 세계이듯이, 불안 속에서 낯설어진 공동 현존재가 실은 세인보다 더 근원적이고 본래적인 공동 현존재이다. 즉, 현존재는 불안 속에서 개별화됨으로써 공동 현존재를 잃어버리는 것이 아니라 도리어 더 근원적이고 본래적인 공동 현존재를 회복한다.

결국 실존론적 '유아론'이란 각각의 현존재가 자기만의 세계 안에 갇힌 채 공동 현존재와의 관계를 결정적으로 잃어버림을 뜻하는 말일 수 없다. 그것은 도리어 일상적 세인이기를 그치고 세상에서 단 하나밖에 없는 자로, 자신에게 고유한 삶과 죽음을 감내해야 하는 자로, 유일무이한 자로, 자신을 비롯한 모든 현존재를 이해하고 받아들임을 뜻하는 말이다.

공감의 존재론을 위해 불안이 세계 및 공동 현존재의 상실이 아니라 도리어 근원적이고도 본래적인 세계 및 공동 현존재의 회복으로 이어짐을 확인하는 것은 중차대한 의미를 지닌다. 이로써 공감이 불안과 더불어 현존재의 근본 기조로 파악되어야 한다는 것이 명백해졌기 때문이다. 존재론적 근본 기조로서의 공감은 결코 일상세계에서 복수의 현존재 간에 맺어지는 유대감 같은 것을 뜻하지 않는다. 그것은 불안 속에서 개별화된 현존재가 공동 현존재에게서 느끼는 감정이며, 바로 그러한 것으로서 불안과 동전의 양면처럼 하나로 통일되어 있다. 존재론적 근본 기조로서, 불안은 공감 없이 일어나지 않으며, 공감 또한 불안 없이 일어나지 않는다는 뜻이다.

V.

공동 현존재와 공감

"형이상학은 인간의 유한적 본성에서 출발하며, 이 유한적 본성의 가장 단순한 개념으로부터, 그리고 이 본성의 능력과 수용성의 범위로부터, 우주는 인간에게 무엇일 수 있으며 어떻게 인간이 이것을 필연적으로 인정해야 하는지를 의식적으로 규정하려고 한다. 종교는 그 전체의 삶을 자연 속에서 영위하며, 그것도 전체의, 즉 일자와 전체의 무한한 본성 가운데서 영위한다. 종교는 이 자연 속에서 모든 만물과 인간이 중히 여기는 것을, 그리고 이들 만물과 인간이 영원히 비등하는 개별적인 형식과 본질 가운데 활동하며 머물고 싶어하는 곳을 고요한 애착과 탐닉으로 개별자 가운데서 직관하고 예감하려고 한다. 도덕은 자유의 의식으로부터 출발하며 그 왕국을 무한자에 이르기까지 확대하고 모든 것을 자유의 발 아래에 두려고 한다. 종교는 자유가 이미 다시금 자연이 된 그곳에서 숨 쉰다. 종교는 인간의 특별한 능력과 인격성의 활동 저편에서 인간을 파악하며, 그가 바로 그인 바의 존재이어야 하는 관점과 그가 의도하거나 의도하지 않을 수 있는 관점으로부터 인간을 본다."(『종교론』, 56 이하)

위의 인용문은 슐라이어마허가 우주에 대한 직관과 감정으로서 규정한 종교가 인간 현존재의 존재를 인간에게 특유한 어떤 주체적 역량의 관점에서 고찰하지 않음을 잘 드러낸다. '종교는 인간의 특별한 능력과 인격성의 활동 저편에서 인간을 파악'하기 때문이다. 게다가 인간의 존재에 대한 종교적 파악은 인간의 참된 존재를 드러내는 것이어야 한다. 종교가 인간을 바라보는 관점은 '인간이 바로 인간인 바의 존재이어야 하는 관점'인 것이다.

그렇다면 인간의 참된 존재는 인간의 능력과 인격성의 활동의 관점에서 바라보는 경우 온전히 드러나기보다 차라리 은폐되는 셈이다. 종교 속에서 드러나는 인간의 참된 존재는 행위와 사유의 한계 저편에 있다. 마찬가지로 인간 현존재의 근본 기조로서의 공감 역시 그 자체로 행위와 사유의 한계 저편에 있어야 한다. 현존재의 근본 기조 속에서 드러나는 것은 현존재의 근원적이고도 참된 존재이기 때문이다. 즉, 우주에 대한 직관과 감정으로서의 종교와 마찬가지로 현존재의 근본 기조로서의 공감 역시 행위와 사유보다 근원적인 것이어야 한다. 그것은 행위와 사유에 의해 비로소 가능해지는 것이 아니라 도리어 행위와 사유의 가능조건 그 자체로서 파악되어야 한다. 바로 여기에 슐라이어마허와 하이데거를 잇는 존재론적 근본 관점이 놓여 있다. 슐라이어마허가 인간 현존재의 참된 존재가 드러날 가능성을 종교적 감정에서 발견한 것과 유사하게 하이데거 역시 현존재의 근본 기조인 불안에서 그러한 가능성을 발견했으며, 그 근본 이유는 양자가 모두 사유와 행위를 넘어서는 존재의 의미를 향해 현존재가 정향되도록 한다는 점에 있다는 뜻이다.

그런데 하이데거와 슐라이어마허 외에도 이와 유사한 관점을 지닌 철학자가 하나 더 있다. 바로 셸러이다. 우리는 서론에서 셸러가 왜 립스의 감정이입 개념을 비판하는지 살펴본 바 있다. 셸러에 따르면 "[타자인 자아 Ich를] 수용하고 이해함은 추리(유비추리)나 (립스가 생각하듯) 투사적 감정이입 projektive Einfühlung과 모방충동을 통해서 일어나는 일이 아니다." 그렇다면 우리에게 타자가 자신과 마찬가지로 하나의 자아로서 존재함을 이해하도록 하는 그 근거는 무엇인가? 셸러에 따르면 그것은 이런 저런 대상적 존재자에 대한 사유와 행위를 넘어서는 어떤 직관이 체험의 전제라는 것에 의해 주어질 수 있다. "우리에게 어떤 체험이 주어지는 경우 하나의 [타자인]

자아 자체가 [함께] 주어짐은 자아와 체험의 직관적 본질연관 안에서 직접적으로 정초된다"는 것이다. 타자가 하나의 자아로 존재함을 이해함에 있어서 "자신의 자아[가 수행하는] 감정이입은 필요하지 않는" 이유가 바로 여기에 있다.(WFS, 5 이하, 원문에서의 강조)

공감에 대한 셸러의 설명은 그의 철학이 하이데거의 존재론과 같은 사유구조 위에서 움직인다는 느낌을 준다. 셸러의 관점에서 보면, 우리로 하여금 타자가 하나의 자아로 존재함을 이해하도록 하는 자아와 체험의 직접적 본질연관이란 인간 현존재가 사회세계 안의 존재이자 동시에 사회세계로 환원될 수 없는 우주 안의 존재임을 전제로 한다. 이 글의 한계를 크게 넘어서는 문제이기는 하지만『공감의 본질과 형태들』에서 나타나는 셸러의 사상은 슐라이어마허와 하이데거를 잇는 가교이기도 했을 것이다. 특히 서구의 기독교적 전통에서 강조된 신에 대한 사랑(무우주적 인격사랑)과 아시아 전통에서의 우주와의 합일사상이 상호 보완되어야 함을 역설하는 셸러의 언명들은 그가 슐라이어마허나 하이데거처럼 인간 현존재를 ―사회세계 안의 존재로서 지니는― 일상성과 ―우주 안의 존재로서 지니는― 비일상성의 역동적 관계를 통해 고찰하고 있음을 잘 드러낸다. 물론 우주란 그 자체로 존재에 대한 어떤 존재자적 규정을 미리 전제한다. 우주는 불안 속에서 본래성을 회복한 현존재에게 존재 자체가 어떤 의미를 지니는지 규정하는 데 있어서 존재론적으로 충분히 엄밀한 개념이 아니라는 뜻이다. 그럼에도 슐라이어마허와 셸러의 철학이 인간 현존재의 우주 안에 있음을 현존재의 일상세계 혹은 사회세계 안에 있음의 한계를 넘어설 가능근거로서 주목했다는 점에서 현존재의 안에-있음에 대한 하이데거의 설명방식과 매우 유사한 사유구조를 지니고 있음은 부정할 수 없다.(WFS, 90 이하)

필자가 서론에서 공감의 존재론을 위해 주요한 사상가로 셸러를 제외한 이유는 그의 철학에서 형이상학적 사유와 존재론적 사유의 근본 차이에 관한 구분이 불분명하다고 판단했기 때문이다. 물론 셸러에 대한 연구가 공감의 존재론을 위해 불필요하다고 여겨서는 안 된다. 공감의 존재론에 관해 장차 더욱 광범위하고도 체계적인 연구가 수행되는 경우 셸러의 철학은 공감의 존재론을 풍부하고 섬세하게 만들어 줄 무진장한 보고가 되어 주리라고 필자는 믿는다. 하지만 그러한 작업은 공감의 존재론을 처음으로 확립해 나갈 시기에 시도될 만한 성격의 것은 아니다. 무엇보다도 우선 공감과 현존재, 타자(공동 현존재), 존재 등의 관계가 엄밀한 존재론적 관점으로부터 조망되어야 하기 때문이다.

'공동 현존재와 공감'의 문제를 다루는 제5장에서 중요한 과제는 어떻게 현존재가 타자를 자신과 똑같은 방식으로 존재이해를 수행하는 공동 현존재로서 수용하게 되는지 구체적으로 파악하는 일이다. 슐라이어마허 및 하이데거의 관점을 취하기 이전에 우선 셸러의 방식으로 문제를 해결해 보자. 셸러의 관점에서 보면 그 해답은 추리나 감정이입과 같은 사유의 작용에서 발견될 수 없다. 체험이란, 특히 그것이 나와 같은 인격성을 지닌 타자의 체험인 경우, 대상적 존재자에 대한 사유와 행위를 넘어서는 어떤 직관에 의해 가능해지는 것이기 때문이다.

그렇다면 이러한 직관이란 대체 무엇을 뜻하는 말일까? 두 가지 해명이 가능하다. 하나는 우리의 체험이란 근원적으로 어떤 이성적이고 논리적인 사유에 의해 비로소 가능해지는 것이 아님을 밝히는 것이다. 꽃의 화사함에 놀라고 또 그 향기를 맡으며 우리는 꽃이 향기롭고 아름다운 것임을 알게 된다. 이러한 체험은 이성적 사유에 의해 추후로 뒤따라오는 것이 아니라 도리어 꽃에 관한 판단과 이해의 전제로서 작용하는 것이다. 마찬가지로 타자에 대한 이해에는 그의 인격성에 대한 직접적 체험이 언제나 이미 전제되어 있으며, 오직 이러한 직접적 체험에 입각해서만 우리는 타자의 인격성의 의미에 관해 사유할 수 있다. 즉, 타자가 하나의 자아로서 거기 존재함은 사유와 추론에 의해 내려진 결론이 아니라 직관적으로 파악되는 것이며, 이러한 직관적 파악이 타자에 대한 사유와 추론의 전제인 것이지 그 역은 아니라는 뜻이다. 또 다른 하나는 타자가 나와 공통의 세계에서 함께 있음이 지니는 상이한 의미들을 밝히는 것이다. 타자에 대한 직관과 체험은 타자와 내가 하나의 세계에서 머물고 있음을 전제로 한다. 타자와 내가 하나의 세계에서 함께 머묾은 결코 단일한 의미를 지니지 않는다. 타자와 나는 서로에게 신체적으로 해를 가할 수 있는 존재자이기도 하도, 반대로 이로움을 줄 수도 있는 존재자이기도 하며, 서로 말을 나누기도 하고 감정을 주고받기도 하는 존재자이기도 하다. 또한 타자와 나는 사회적 존재로서 함께 있을 수도 있고, 유희하는 존재로서 함께 있을 수도 있으며, 종교적 존재로서 함께할 수도 있다. 이러한 함께 있음의 방식들이 체험의 본질연관들과 어떻게 연계되어 있는지 밝히는 것이 타자 이해의 문제를 다루는 중요하고도 훌륭한 방식들 가운데 하나이다.

존재론적으로 보면 이 두 가지는 모두 안에-있음의 근본 구조를 암묵적으로 전제한다. 앞 장에서 살펴본 바와 같이 존재론적 안에-있음은 단순히 타자와 내가 하나의 세계 안에 함께 머물고 있음을 뜻하지 않는다. 불안 속에서 세계는 나에게 낯설어지며, 세계의 낯섦은 세계로 환원될 수 없는 존재의 의미에 대한 각성의 표지이다. 세계란 현존재의 존재를 통해 열리는 것이고, 현존재의 불안은 현존재가 죽음을 향해 가는 존재자이기에 일어나는 것이며, 불안에 의해 낯설어진 모든 것은 세계 및 세계 안의 존재자로서 존재하지 않을 가능성의 표현으로서 그러하다. 바로 그 때문에 존재론적 안에-있음은 결코 세계-안에-있음과 동일한 것이 아니다. 현존재의 안에-있음을 가능하게 하는 모든 존재자가, 존재의 현상적 장으로서의 세계 자체까지 포함해서, 장차 더 이상 존재하지 않을 가능성과 더불어 존재하기 때문이다.

이러한 존재하지 않을 가능성은 결코 존재의 논리적 부정으로서의 무와도 같은 것으로 오인되어서는 안 된다. 현사실적 삶 속에서 현존재는 자신의 죽음 이후에도 모든 존재자가 그것 자체로서 존재하게 됨을 자각하지 않을 수 없다. 분명 "존재는 그 자신의 존재에 존재이해와 같은 어떤 것이 속해 있는 존재자의 이해 속에서만 '있다'" 그러나 "존재자는 그것이 열리게 하고, 발견되고 또 규정되게 하는 경험, 지식, 이해와 무관하게 **있다.**" 바로 그 때문에 불안 속에서 알려지는 존재자의 '더 이상 존재하지 않을 가능성'이란 현상적 세계-안에-있음 이상의 존재로서 존재할 가능성의 예감과도 같은 것이며, 세계-안에-있는 현존재에게 알려진 일체의 존재의미로 환원될 수 없는, 그리고 그런 한에서 현존재에게 늘 은폐된 채 남을 수밖에 없는, 존재의 의미에 대한 각성일 수밖에 없는 것이다.(SZ, 183, 원문에서의 강조)

이러한 안에-있음, 현존재의 죽음과 더불어 무로 돌아갈 세계의 한계를 넘어 그 자체로 존재할 존재자의 안에-있음은 존재론적으로 어떤 의미를 지니는가? 우선 이러한 안에-있음에 대한 해명이 앞에서 언급된 두 가지의 해명방식과 별개의 것으로서 이루어질 수 있는 것이 아니라는 점을 분명히 해 둘 필요가 있다. 그것은 마치 존재자 이해에 존재의 의미에 대한 선이해가 전제되어야 함에도 불구하고 존재의 의미에 대한 이해가 존재자 이해와 무관한 것일 수 없는 것과 같다.

현존재는 언제나 이미 하나의 세계-안에-있는 존재자이며, 오직 이러한 존재론적 구조 속에서만 존재의 의미를 물을 수 있다. 존재론적으로 안에-있음이 세계-안에-있음으로 환원될 수 없는 것이기는 하지만 그러한 안에-있음에 대한 각성 역시 현존재의 세계-안에-있음을 통해서만 가능할 수 있다. 그런데 현존재의 세계-안에-있음에는 공동 현존재와 함께-있음이 함축되어 있고, 공동 현존재와 함께-있음에는 공동 현존재에 대한 —반성적 사유가 아니라 직접적 체험에 근거해 있는— 이해와 현존재 간에 맺어지는 다양한 존재론적 관계에 대한 이해가 함축되어 있다. 바로 그 때문에 세계로 환원될 수 없는 안에-있음의 의미는 현존재 간의 직접적 체험연관 및 존재론적 관계에 대한 해명을 통해서만 밝혀질 수 있는 것이다.

셸러는 현존재와 공동 현존재 간의 관계를 해명하는 과제를 매우 탁월한 방식으로 수행했다. 한편 셸러의 철학은 안에-있음의 근본 구조에 대한 존재론적 성찰을 향해 나아가는 도상 위에 있었다. 그러나 셸러의 철학이 하이데거의 존재론에 대한 단순한 전단계로서의 의미만을 지닌다고 여길 필요는 없다. 셸러의 철학은 인간 현존재의 존재에 대해 하이데거의 존재론에서 발견할 수 없는 매우 다양하고도 섬세한 성찰들을 보이기도 하기 때문이다. 이에 대한 필자의 입장은 언젠가 다른 연구를 통해 상세하게 밝히게 될 것이다.

우선 다음과 같은 점에 관해 생각해 보자. 셸러와 슐라이어마허는 모두 세계-안에-있음으로 환원될 수 없는 안에-있음의 의미를 우주라는 말로 설명한다. 양자에게 안에-있음의 근원적 의미는 세계-안에-있음이 아니라 우주-안에-있음이라는 뜻이다. 그렇다면 공감의 존재론을 확립하기 위해 셸러보다 슐라이어마허가 더 중요한 이유는 무엇인가? 그것은 슐라이어마허가 우주의 안에-있음을 현존재의 근원적이고도 형식적인 존재 구조의 관점에서 헤아리려는 뚜렷한 경향을 보이기 때문이다. 이러한 관점에서 보면 우주는 우주 이상의 존재의미를 드러내어야 한다. 우주란 세계와 마찬가지로 다기한 존재자들의 존재를 가능하게 하는 존재의 장으로서 상정되는 것이기 때문이다. 슐라이어마허와 하이데거를 잇는 존재론적 관점의 핵심은 바로 여기에 있다. 다기한 존재자들의 존재를 가능하게 하는 존재의 장으로서의 어떤 존재에 대한 물음은 여전히 존재 자체의 의미를 은폐하고 있다. 각각의 존재자들이 그러한 것으로서 개별화되어 있음이 암묵적으로 전제되어 있기 때문이다.[61]

---

61 시어도어 키실(Theodore Kisiel)은 초기 프라이부르크 시절 하이데거 철학의 해석학적 전환

무엇이 이러한 개별화를 가능하게 하는가? 그것은 불안 속에서 낯설어진 세계 안의 존재자들이 개별적으로 존재함과 같은 것인가? 그렇다면 그러한 개별화와 일상세계 안에서 도구적 친숙함과 더불어 만나게 되는 존재자들의 개별화는 서로 어떻게 다른가? 존재론적으로 안에-있음의 의미는 친숙한 세계-안에-있음과 낯설어진 세계-안에-있음을 통해 이미 모두 해명되어 있는가? 이 경우, 죽음을 향해 가는 존재자로서 현존재가 예감하는 세계 및 세계 안의 존재자들의 무화가능성은 대체 어떤 의미를 지니는가? 우리는 앞에서 이러한 무화가능성이 결코 존재를 단순하고도 절대적인 무로 돌림과 같은 것을 뜻할 수 없다는 것을 살펴보았다. 그렇다면 무화가능성에 직면한 존재자의 안에-있음을 가능하게 하는 것은 무엇인가? 혹시 우리는 이러한 존재자란 더 이상 안에-있는 존재자로서 파악될 수 없노라고 말해야 하는가? 이러한 물음들은 모두 제5장의 주제인 '공동현존재와 공감'의 문제와 연결되어 있다. 죽음을 향해 가는 존재자로서 현

이 슐라이어마허와 딜타이 연구에 큰 영향을 받았다는 사실을 인정하면서도 이러한 영향이 한시적으로만 머물렀다고 주장한다. 키실에 따르면 하이데거는 슐라이어마허의 종교철학에서 일종의 "종교적 환원"을 발견했으며, 여기서 종교적 환원이란 슐라이어마허와 딜타이의 철학이 "하나의-대상에-관한-혹은-대한-의식이라는 이론적 패러다임을 넘어서려는 시도"를 하면서 일종의 현상학적 환원과도 같은 것을 수행했음을 뜻한다. 키실은 이러한 노력에도 불구하고 "슐라이어마허와 딜타이는 여전히 직접적 경험 속에 깃들어 있는 확실성을 강조하는 경향을 보인다"고 지적한다. 이와 달리 하이데거는 "삶의 심장부에 깃들어 있는 불안스러운 성격"을 강조하며, 바로 이러한 점에서 하이데거 철학의 지향점은 초기 프라이부르크 시절부터 슐라이어마허 및 딜타이의 해석학과 구분되었다는 것이다. 이러한 주장은 슐라이어마허의 종교 개념이 인간 현존재의 실존적 존재구조에 대한 표현이라는 점을 파악하지 못했기 때문에 생겨나는 그릇된 주장이다. 또한 이러한 주장은 슐라이어마허의 철학과 딜타이의 철학 사이의 차이에 대한 과소평가에 기인하는 것으로 보인다. 잘 알려져 있듯이 딜타이가 철학의 주요 과제로 삼은 것은 자연과학과 구분되는 정신과학의 가능성을 철학적 심리학을 통해 정초하는 것이었다. 반면 슐라이어마허의 관점에서 보면 종교 및 종교를 통해 드러나는 존재의 의미는 학문성의 이념을 근원적으로 초월한다. 바로 그 때문에 슐라이어마허는 종교란 형이상학과 도덕에 대해 대립적이라고 강조하는 것이다. 이에 관한 논의는 다음 참조: T. Kisiel, *The Genesis of Heidegger's* Being and Time, University of California Press: Berkeley / Los Angeles / London 1993, 113 이하.

존재는 자신과 공동 현존재가 함께 무화가능성에 열려 있음을 언제나 이미 자각하고 있기 때문이다. 무엇보다도 우선 자신과 함께 무화가능성에 열려 있는 공동 현존재가 여전히 현존재와 함께 안에-있는 존재자로서 파악될 수 있는지 해명되어야 한다. 이러한 해명을 통해서만 우리는 앞서 제기된 물음들을 낱낱이 풀어 나갈 단초를 발견할 수 있을 것이다.

1. 하이데거의 일상성 및 양심 개념

현존재의 존재인 안에-있음이 친숙한 세계-안에-있음으로 환원될 수 없음은 현존재에게 양심의 형태로 각성된다. 불안 속에서 낯설어진 세계가 친숙한 세계보다 더욱 근원적이고 본래적이며, 친숙한 세계 안으로 빠져가는 자기 존재의 경향성을 극복하고 본래성을 회복하고자 하는 현존재의 결단이 곧 양심인 것이다. 어떤 의미에서 양심이란 일상성의 지반 위에서만 가능한 것인 셈이다. 현존재의 비본래적 존재방식으로서의 일상성을 전제하지 않는 경우 그러한 존재방식으로부터 벗어나 본래적으로 존재하고자 하는 현존재의 결단성 또한 일어나지 않을 것이기 때문이다. 그러나 양심이 현존재의 비본래적 존재방식으로부터 파생되어 나오는 어떤 마음의 상태와도 같은 것이라고 여겨서는 안 된다. 불안 속에서 낯설어진 세계가 친숙한 세계보다 더욱 근원적이고 본래적인 한에서, 양심 또한 친숙한 세계 안에서 현존재가 지니는 어떤 마음 상태보다 더욱 근원적이고 본래적일 수밖에 없기 때문이다.

　하이데거에 따르면, "현존재의 본래적 존재가능^{Seinkönnen}은 **양심을-갖기를-원함**에 놓여 있다." 여기서 양심에 해당하는 독일어 원어는 'Gewissen'으로, 윤리학적 의미의 어떤 죄의식 같은 것을 뜻하기보다 자신의 본래적 존재가능성에 충실하기를 원함, 일상적 존재자로서의 자신의 존재의 비본래성을 외면하지 않음으로써 본래성을 회복하고자 하는 결의와 같은 의미를 지닐 것이다. "양심"이란 오직 "현존재의 존재방식 안에만 '**있으며**'", 그러한 것으로서 "결단성"이라 명명되어야 하는 것이지 죄의식에 사로잡혀 우물쭈물하거나 괴로워함과도 같은 것으로 오인되어서는 안 된다는 뜻이다.(SZ, 234 및 269, 원문에서의 강조)

1.1. 일상성과 양심

아마 하이데거의 존재론에서 가장 기이한 개념은 바로 양심일 것이다. 상식적으로 양심이란 언제나 구체적인 행위 및 행위의 가능성을 전제로 하기 마련이다. 자신이 하지도 않은 행위, 혹은 아예 구체적 행위로 이어질 이유가 전혀 없는 그러한 가능성에 대해 양심의 가책을 느끼는 것은 불합리한 일이기 때문이다. 하지만 존재론적으로, 행위란 언제나 양심의 결여를 드러낼 뿐이다. 하이데거 식으로 표현하자면, "모든 행위는 현사실적으로 필연적으로 '양심이 없음gewissenslos'이다."(SZ, 288) 현존재의 행위는, 설령 그것이 순수한 양심의 발로이고, 아무 사심 없는 뉘우침을 드러낸다고 하더라도, 존재론적으로는 이미 현존재의 양심 없음 외에 다른 아무것도 표현하지 않는다는 뜻이다. 어떻게 이러한 일이 가능할까? 대체 이러한 양심이 조금이라도 윤리적 함의를 지닐 수 있을까? 만약 그렇다면, 혹은 그렇지 않다면, 그 이유는 대체 무엇인가? 만약 존재론적 의미의 양심이 윤리적 함의를 조금도 지니고 있지 않다면 그것이 양심이라 불려야 하는 이유는 대체 무엇인가?

필자는 슐라이어마허를 중심으로 '자기의식과 공감'의 문제를 다룬 제2장에서 '간음한 여인과 예수'의 이야기를 다룬 바 있다. 논의의 연속성을 위해 동일한 이야기를 바탕으로 존재론적 양심의 문제를 다루어 보자. '간음한 여인과 예수'에서 나타나는 양심은 크게 두 가지 층위로 나뉘어 고찰될 수 있다. 하나는 간음한 여인을 향해 분노하는 바리사이파 군중의 양심이다. 간음이 죄라는, 그리고 그 때문에 결코 저질러서는 안 되는 일이라는 양심의 부름이 없다면 바리사이파 군중은 간음한 여인을 향해 분노의 감정을 품지 않았을 것이다. 즉, 그들은 간음한 여인을 향해 분노하면서 어떤 양심의 부름에 응답한 셈이다. 또 하나는 '너희 중 죄 없는 자가 먼저 돌을 들어 던져라!'는 예수의 말을 들은 뒤 돌을 내려놓고 뿔뿔이 집으로 흩어져 돌아간 바리사이파 군중의 양심이다. 이 양심은 물론 그들로 하여금 간음한 여인을 향해 분노하도록 한 양심과는 근본적으로 다르다. 여인을 향해 분노하는 대신 도리어 이미 일어난 분노를 거두어들이도록 한 양심이기 때문이다.

우리가 자칫 범하기 쉬운 오류는 존재론적 의미의 양심을 두 번째 의미의 양심과 동일한 것으로 파악하는 것이다. 하이데거에 따르면 비본래적 현존재인 "세인의 사려思慮; Verständigkeit는 사용하기 알맞은 규칙과 공적인 규범의 관점에서 충분함과 불충분함만을 알 뿐이다." 간음한 여인을 향해 분노하던 바리사이파 군중의 양심이란 간음이 곧 죄라는 공적 규범에 근거한 것이었고, 간음한 여인은 돌로 쳐 죽여야 한다는, 유태인 공동체에서 통용되던 '사용하기 알맞은' 도덕규칙의 적용을 위한 것이었다. 즉, 그것은 세인의 양심이고, 존재론적 의미의 양심과는 아무 상관도 없다. 그렇다면 예수의 말을 들은 유태인 대중들로 하여금 이미 일어난 분노를 거두어들이도록 한 양심은 어떨까? 일견 그것은 공적 규범이나 도덕규칙과는 아무 상관도 없는 것처럼 보인다. 또한 공적 규범과 도덕규칙을 일상세계에서 이미 올바른 것으로서 확립되고 통용되는 그러한 것으로 이해하는 경우 실제로 그렇기도 하다. 그러나 이러한 양심 역시, 그것이 '간음한 여인 역시 돌로 쳐 죽여서는 안 된다'는 규범적 의식의 형태로 발현되는 것인 한에서, 새로운 공적 규범과 도덕규칙이 될 가능성을 지니고 있다. 그렇기에 이러한 양심은, 적어도 그 자체만으로는, 존재론적 의미의 양심으로 불리기에 충분치 않다. 존재론적 의미의 양심이란 어떤 공적 규범과 도덕규칙으로 전환될 가능성으로부터 온전히 자유로운 것이어야 한다는 뜻이다.

그렇다면 '모든 행위는 현사실적으로 필연적으로 양심이 없음'이라는 하이데거의 주장은 존재론적으로 참인 셈이다. 우리가 양심의 발로로서 이해하는 모든 생각과 행위는 공적 규범과 도덕규칙으로 전환될 잠재적·현실적 가능성으로부터 자유로울 수 없기 때문이다. 그렇다면 존재론적 의미의 양심이란 아무 윤리적 의미도 없는 것이 아닐까? 또한 우리는 존재론적 의미의 양심이 실은 비윤리적 내지 반윤리적이라는 의구심도 품을 수 있다. 공적 규범과 도덕규칙으로 전환될 가능성으로부터 완전히 자유로운 양심이란 타자와의 공존이 가능하게 하는 현존재의 존재의 윤리성에 대한 완전한 부정처럼 보이기 쉽기 때문이다. 그러나 성급하게 이러한 결론을 내리기 전에 우선 존재론이란 현존재의 존재방식에 대한 어떤 가치판단과도 무관한 것임을 기억해 둘 필요가 있다.[62] 하이데거 역시 존재론적 의미의 양심에 대해 이러한 의구심이 일어날 수 있음을 지적하면서 그것을 존재론이 현존재의 **"실존적인** '도덕적 자질'"에 관한 판단을 내리고 있다는 "오해"로 규정한다.(SZ, 295, 원문에서의 강조) 즉, 존재론적으로 양심이란 자신의 비본래적 존재방식을 자각하고, 공적 규범과 도덕규칙으로부터 벗어나, 본래성을 회복하고자 하는 현존재의 근원적 존재가능성 외에 다른 어떤 것도 표현하지 않는다. 달리 말해 존재론적 의미의 양심은 세인이기를 그치고 세인으로부터 떨어져 나와 개별화될 수 있는 현존재의 가능성을 드러내는 말이다. 바로 그 때문에 그것은 공적 규범과 도덕규칙으로 전환될 가능성으로부터 완전히 자유로워야 하는 것이다.

---

62 잘 알려져 있듯이 하이데거가 딜타이, 니체 등 생철학의 전통과 비판적 거리를 둔 것은 생철학 역시 존재를 어떤 가치와 이념으로 환원하는 경향으로부터 자유롭지 못하다고 여겼기 때문이었다. 이와 관련된 하이데거의 논의에 관해서는 다음 참조: M. Heidegger, *Holzwege*, Frankfurt a. M. 1994, 100 이하; 하이데거, 『숲길』, 신상희 옮김, 나남, 2002, 165 이하.

그렇다면 이러한 가능성은 현존재에게 어떻게 발견되는가? 필자의 관점에서 보면, 그것은 무엇보다도 우선 현존재의 개별화 가능성 그 자체에서 발견되어야 한다. 만약 현존재가 자신과 공동 현존재를 세인 이상의 존재로서 이해하고 개별화할 가능성을 지니고 있지 않다면 현존재에게 세인으로서의 존재방식을 넘어설 가능성은 결코 발견되지 않을 것이기 때문이다. '간음한 여인과 예수' 속의 바리사이파 군중에게 세인이란 결국 유태 세계를 지배하는 공적 규범과 도덕규칙으로서의 율법에 입각해 사고하고 행위하는 인간 군상을 표현하는 말이다. 자신과 이웃이 모두 율법의 지배로부터 벗어날 수 있는 고유한 개별체임을 자각하지 못하는 경우 언제나 이미 율법의 지배를 받고 있는 세인으로서의 유태인은 자신과 이웃이 율법의 지배로부터 벗어날 가능성을 발견할 수 없을 것이다.

다음으로, 현존재가 죽을 수 있는 자로서 존재함이 현존재로 하여금 공적 규범과 도덕규칙으로 전환될 가능성으로부터 자유로워질 근거로서 파악되어야 한다. 그 이유는 오직 죽음의 가능성만이 현존재에게 공적 규범과 도덕규칙으로부터 온전히 자유로워질 가능근거로 작용할 수 있기 때문이다. 하나의 세계 안에서 공동 현존재와 함께 있는 한에서, 현존재는 자신과 공동 현존재 사이에 모두를 지배하는 공적 규범과 도덕규칙이 형성될 가능성으로부터 자유로울 수 없다. 존재론적으로 함께 있음이란 서로를, 긍정적인 의미로든 부정적인 의미로든, 배려하며 존재함이며, 배려하며 존재함에는 배려에 상응하는 방식으로 사유하고 행동해야 함의 의미가 함축되어 있을 수밖에 없기 때문이다. 그렇다면 세인이기를 그치고 고유한 존재자로서 개별화될 현존재의 가능성은 오직 현존재가 죽음을 향해 가는 존재자라는 사실을 통해서만 온전히 주어질 수 있는 셈이다. 존재론적 의미의 양심은 죽음에의 가능성에 의해 일깨워지는 것일 수밖에 없다는 뜻이다.

1.2. 감정체험과 양심

존재론적 의미의 양심과 죽음의 관계에 관해 살펴보기 전에 우선 공감과 체험의 관계에 관해 생각을 정리해 보자. 셸러에 따르면 타자의 감정을 자신이 이전에 느껴본 감정과 비교해 보는 "투영적 '감정이입'"은 불필요하다. 우리는 "타자의 감정 상태를 표정 현상 자체에서 원본적으로 파악하기" 때문이다. 즉, 공감이란 타자의 감정과 자신의 감정을 비교하고 유추하는 심리작용에 의해 발생하는 파생적 감정이 아니다. 공감의 가능근거를 설명하는 데 있어서 **"발생론적** 이론은 무의미하다"는 뜻이다.(WFS, 51)

과연 우리는 타자의 감정 상태를 타인의 얼굴에 어린 표정에서 직접적이고도 원본적으로 파악하는가? 사실 이러한 물음은 논리적 추론에만 집착하는 자의 머릿속에서나 제기될 물음이다. 누군가 기쁜 표정을 지으면 우리는 즉각 그가 기뻐하고 있다고 느끼며, 슬퍼하는 표정을 지어도 즉각 그가 슬퍼하고 있다고 느낀다. 셸러가 지적한 대로 이러한 느낌은 어떤 추론이나 심리작용의 매개를 통해 이루어지는 것이 아니라 보는 즉시 원본적으로, 즉 기쁨은 기쁨으로서, 슬픔은 슬픔으로서, 그 외 다른 감정 역시 본연의 감정 그대로, 우리 안에서 일어난다는 뜻이다. 그렇다면 타자의 감정에 대한 직접적이고도 원본적인 파악을 가능하게 하는 것은 무엇일까?

본래성과 비본래성의 역동적 관계 속에서 현존재의 존재를 분석하는 존재론적 논의에 익숙한 사람이라면 그 해답을 일상성에서 구하기 쉽다. 결국 감정이란 대개 일상세계에서 일어나는 이런저런 사건들로 인해 생겨나기 마련이다. 성적표를 손에 들고 의기양양한 표정을 짓는 학생의 얼굴을 보며 우리는 그의 기쁨이 좋은 성적을 받았기 때문에 생겨난 것임을 헤아리게 된다. 이 경우 타자의 감정에 대한 느낌과 이해는 일상세계에서 현존재가 겪는 이런저런 경험들에 잇닿아 있는 셈이다. 하지만 타자의 감정이 무엇 때문에 생겨난 것인지 잘 알지 못하는 경우에도 일상성은 중요하게 작용한다. 누군가 몹시 슬픈 표정으로 눈물을 흘리는 경우, 우리는 그 슬픔의 원인을 전혀 알지 못하는 상태에서도 그가 —돈이나 건강, 애인 같은— 일상세계에서 소중한 가치가 있는 것으로 통용되는 그 무엇인가를 잃어버렸음을 직감한다. 이러한 이해와 직감을 가능하게 하는 것은 나 자신이 일상적 존재자로서 일상세계에서 이런저런 사건들로 인해 일어나는 감정들을 느껴 본 적이 있기 때문이다. 이러한 경험이 전제가 되지 않는 경우 나는 타자의 감정을 이해할 수 없을 것이다. 결국 타자의 감정에 대한 이해를 가능하게 하는 것은 일상성이라는 결론이 나온다. 그렇다면 나와 타자가 모두 일상적 존재자라는 사실이 타자의 감정을 어떤 논리적 추론이나 심리작용에 의한 재구성 없이 즉각 이해할 수 있도록 하는 존재론적 근거로 작용하는 것이 아닐까?

과연 일상성에 의해 타자의 감정에 대한 이해가 논리적 추론 같은 것을 매개로 하지 않고 즉각 이해되는 일은 가능한 일이다. 누군가 특정한 감정을 보이는 경우 그가 느끼는 감정을 감정 자체로서 이해하는 일과 그러한 감정을 유발할 어떤 일상적 상황이 있었음을 이해하는 일은 대개 동시적으로 일어나는 일이기 때문이다.

그러나 문제가 그렇게 단순한 것은 아니다. 일상성이 타자의 감정을 직접적으로 파악하도록 한다는 주장에서 '직접적'으로라는 표현은 체험의 순간 일어나는 어떤 논리적 추론에 의해 '시간이 지연되는 일 없이'라는 의미를 지닐 뿐이다. 그런데 시간의 지연 없이 즉각 파악되기만 하면 타자의 감정이 나에게 직접적이고도 원본적으로 알려지는 것일까? 색안경을 껴도 바깥풍경은 나에게 즉각 보이지만 그럼에도 그것은 색안경을 통과한 풍경일 뿐이지 직접적이고 원본적인 풍경은 아니지 않는가? 일상성이 타자의 감정에 대한 직접적이고도 원본적인 파악의 근거라고 말하는 경우 우리는 이미 논리적 오류를 하나 범하는 것일 수도 있다. 타자의 감정에 대한 직접적이고도 원본적인 파악이 실은 일상성에 의해 매개된 간접적이고도 파생적인 파악과 같은 것이라는 식의 모순된 주장일 수 있다는 뜻이다.

이러한 문제에 대한 해명은 두 가지가 있을 수 있다. 하나는 예의 주장을 긍정하는 방향으로 문제를 해결해 나가는 방식으로, 현존재 자신이 언제나 이미 일상적 존재자이기에 '일상성이 타자의 감정에 대한 직접적이고도 원본적인 파악의 근거'라는 말을 '일상성을 매개로 타자의 감정이 현존재에게 전달된다'는 뜻으로 해석해서는 안 된다고 논증하는 방식이다. 또 다른 하나는 예의 주장을 부정하고 일상성이 타자의 감정에 대한 직접적이고도 원본적인 파악의 근거라는 주장을 반박하는 방식이다. 예컨대, 일상성을 타자의 감정이 일어난 상황이나 타자의 일상적 성향에 대한 이해의 근거로 삼는 것은 가능해도 감정 자체는 일상성으로 환원될 수 없는 어떤 본연의 인간성을 표현한다고 지적하는 것이 그 표본적 사례가 될 수 있다. 시대와 상황이 달라도, 심지어 표정을 통해 감정을 드러내는 것이 동류의 인간이 아니라 짐승이어도, 우리는 아무튼 그것이 기쁨이거나 슬픔 같은 감정임을 즉각 느낀다. 즉, 타자의 표정 속에 어린 감정은 자신이 머물고 있는 세계의 일상성을 넘어 살아 있는 존재자의 존재를 그 자체로서 직접적이고도 원본적으로 파악하게 해 준다는 뜻이다. 이 경우 감정이란 일상성과 다른 어떤 근원적이고도 원초적인 것으로서 인간의 존재를 드러내는 셈이다.

언뜻 이 두 번째 방식은 하이데거의 존재론에 대한 반박처럼 읽히기 쉽다. 존재론적으로 일상세계는 도구적 의미연관이 지배하는 세계이다. 그런데 만약 일상 속에서 우리가 느끼는 이런저런 감정들이 우리 자신의 근원적이고도 원초적인 존재를 드러낸다면 우리는 늘 일상세계에서 도구적 의미연관으로 환원될 수 없는 존재자로서 자신과 타자를 이해하고 있는 것이 아닐까? 예컨대 자신이 누군가의 슬픔에 깊이 공명하며 그를 위해 아무 사심 없이 희생하고 헌신하기를 마다하지 않게 되었다고 상정해 보자. 이 경우 슬픔이라는 감정은 이미 그 자체로 도구적 의미연관이 지배하는 일상성으로부터 나 자신의 존재가 벗어나 있음을 뜻하지 않을까? 누군가 순수하게 사랑하게 되면 우리는 그를 나 자신을 위해 이용하려는 생각 같은 것은 거의 하지 않게 된다. 이 경우에도 우리는 이미 우리 자신을 일상성으로부터 벗어난 그러한 존재자로서 헤아리게 되는 것이 아닐까? 사랑의 기쁨도, 슬픔도, 모두 도구적 의미연관과는 무관한 것이 아닌가? 만약 그러한 감정의 경험 역시 일상세계에 속한 것이라면 일상성을 일방적으로 도구적 의미연관의 관점에서 파악하는 것은 부당한 일이 아닐까?

사실 존재론적으로 이러한 문제들이 제기되는 근본적인 책임은 하이데거에게 있다. 현존재의 존재와 감정의 관계에 대한 체계적이고도 정교한 논증이 하이데거에게는 거의 부재하다시피 하기 때문이다.[63] 하지만 성급하게 일상성에 대한 존재론적 언명들을 잘못된 것으로 판단하기에 앞서 우선 하이데거가 왜 그토록 감정의 문제에 무관심했는지 먼저 생각해 볼 필요가 있다. 필자는 그 근본적인 이유를 하이데거에게 존재란 결코 가치로 환원될 수 없는 것이라는 점에서 찾는다. 감정은 현존재에게 언제나 긍정적인 것이거나 부정적인 것으로 작용한다. 감정 및 감정을 유발하는 모든 것은 현존재에게 가치적인 것으로서의 의미를 지닌다. 즉, 감정이란 삶과 존재를 가치의 관점에서 파악하게 하는 그 근본 기제이다. 감정으로 인

---

63 물론 하이데거의 철학에서도 감정에 대한 존재론적 해명의 단초가 발견되기는 한다. 예컨대 하이데거는 1924년 여름학기에 마르부르크 대학에서 행한 아리스토텔레스 강의에서 현존재와 공동 현존재의 세계-안에-있음이 감정의 계기에 근거해 있음을 아리스토텔레스의 파토스(pathos) 개념에 대한 분석을 통해 해명한다. 이에 관해서는 다음 참조: M. Heidegger, *Grundbegriffe der Aristotelischen Philosophie (GA 18)*, Frankfurt a. M. 2002, 97 이하; G. Imdahl, *Das Leben verstehen. Heideggers formal anzeigende Hermeneutik in den frühen Freiburger Vorlesungen (1919 bis 1923)*, Würyburg 1997, 208 이하. 필자가 지적하는 것은 다만 파토스 개념에 대한 분석을 토대로 감정의 상이한 역할과 기능들을 구체적이고도 체계적으로 분석하는 작업이 하이데거에 의해 수행되지 않았다는 것뿐이다.

해 현존재는 자신과 타자의 존재를, 세계에서 만나는 모든 존재자들을, 가치의 잠재적·현실적 담지자로서 이해하게 되는 것이다.[64]

누군가를 순수하게 사랑하는 경우 우리는 그를 나 자신을 위한 도구로 여기지 않는다. 그러나 사랑이 내 안에서 불러일으키는 이런저런 감정들이 나에게 좋은 것인 한에서, 나는 무엇이든 사랑의 감정을 고양하는 것인 경우 좋은 것으로, 반대로 저해하는 경우 나쁜 것으로 여기게 된다. 사랑의 감정으로 인해 나는 존재하는 것을 존재하는 그대로 긍정하거나 수용하지 못하고 좋거나 나쁜 것이라는 도구적 관점에서 판단하게 된다는 뜻이다. 결국 감정이란, 그것이 어떤 이해타산과도 무관한 순수하고 아름다운 것인 경우에도, 존재자를 가치의 담지자로 전환시키는 작용을 하게 된다. 바로 그렇기에 어떤 순수하고 아름다운 감정에의 호소는 일상세계를 지배하는 도구적 의미연관과 무관한 것일 수 없다. 돈과 권력을 자기 삶의 중심으로 삼는 자에게 존재자가 돈과 권력을 위한 수단으로 파악되듯이, 순수하고 아름다운 감정을 자기 삶의 중심으로 삼는 자에게 존재자는 감정의 고양을 위한 수단으로 파악된다. 즉, 감정에의 호소는 존재자의 도구성에 대한 가치판단의 기준을 달리할 것을 요청하는 의미가 있을 뿐이라는 뜻이다.

주지하다시피 셸러는 존재의 도구화 및 차별화를 해결할 가능성을 아가페적 사랑에서 찾는다. 가치론적인 관점에서 보면 신에의 사랑과도 같은 것이 공감의 근본 전제처럼 판단될 수도 있을 것이다. 셸러에게 공감은

---

64 빌헬름 슈미트(Wilhelm Schmid)는 하이데거의 죽음 개념의 의미를 "현대적 삶의 삼각구도를 돈, 권력 그리고 섹스(Sex)"가 아니라 "탄생, 죽음, 그리고 그 사이의 에로틱(Erotik; 성애)의 근본적 삼각구도"로 이해하고 있다는 점에서 찾는다.(W. Schmid, *Philosophie der Lebenskunst*, Frankfurt a. M. 1998, 353) 탄생, 죽음, 에로틱의 삼각구도에 대한 슈미트의 논의는 사랑 개념의 존재론적 한계를 다루는 이 글의 논의와 직접적인 상관은 없다. 그럼에도 슈미트의 논의를 숙지해 두면 이 글의 논의를 이해하는 데 적지 않은 도움이 될 것이다. 특히 같은 책 348 이하 참조.

너와 내가 동일한 가치를 지닌 동등한 존재라는 자각을 전제로 하는 것이고, 바로 그런 점에서 우월감이나 열등감은 공감의 형성을 저해한다. 에로스적 사랑이 나 자신의 존재를 보다 높은 차원으로 고양시키고 또 삶의 가치를 증진시키는 역동적 힘으로 작용한다면, 아가페적 사랑은 낮은 것을 더욱 사랑하게 함으로써 낮은 것이 높은 것과 동등하게 하고, 그럼으로써 결국 모든 것을 고루고루 사랑하게 할 가능근거로서 작용한다. 이러한 사랑의 정신이 온전히 나를 채우는 경우 나는 모든 것을 자체 목적으로 삼게 될 것이고, 그 어떤 것도 멸시하거나 질시하지 않을 것이다. 결국 공감의 형성을 저해할 모든 마음의 작용이 아가페적 사랑을 통해 사라지게 되는 셈이다. 바로 이런 의미에서 아가페적 사랑은 일상세계에서 도구로 전환된 존재자들을 도구적이지 않은 그 자체로서 헤아리고 보존하게 할 가능근거라고 할 만하다.(WFS, 63 이하 및 169 이하)

그러나 존재론적 관점에서 보면 사랑은 현존재로 하여금 일상세계의 비본래성으로부터 벗어나도록 하는 충분한 근거일 수 없다. 사랑의 이념은 그 자체 가치의 근거이자 궁극의 가치로서 작용하는 것이며, 그런 한에서 공적 규범과 도덕규칙의 근거들 중 하나이기 때문이다. 신에의 사랑이 문제가 되는 한에서, 사랑에의 호소는 세속적인 가치를 위해 마련된 공적 규범과 도덕규칙을 신적 사랑의 정신에 걸맞은 것으로 전환시킬 것을 요청하는 것과 다르지 않다. 바로 그렇기에 사랑의 이념에 의해 움직이는 자는 여전히 비본래적 존재자로 남아 있다. 그가 꿈꾸는 세계 역시 존재론적으로는 비본래적 세계일 뿐이며, 그 안에서 존재자는 자체 목적이 되기 위해 신적 사랑의 현실화를 위한 수단이 되게끔 요청받는 역설적 상황 속에서 머문다.

결국 사랑은 존재론적 의미의 양심의 충분한 근거일 수 없다. 사랑만을 통해 현존재가 본래성을 회복하는 일은 일어날 수 없다는 뜻이다. 물론 아가페적 사랑의 이념을 무용하고 악한 것이라고 여길 필요는 없다. 이러한 가치판단 자체가 존재론과는 아무 상관도 없는 형이상학적 사유의 작용일 뿐이다. 아마 올바르게 발휘되는 경우 아가페적 사랑은 삶을 바람직하고 성스러운 것으로 변화시켜 나갈 것이다. 그러나 바로 그러한 것으로서 아가페적 사랑은 삶을 위해 유용한 것이고, 아가페적 사랑에의 호소는 삶과 존재를 이미 가치의 관점에서 바라봄을 전제로 하는 셈이다. 존재자를 고차원적인 가치의 담지자로 전환시켜 나갈 가능성을 모색하면서, 아가페적 사랑의 정신은 존재를 여전히 도구적 의미연관으로 환원하고 있다.

1.3. 죽음과 양심

잘 알려져 있듯이 하이데거에게 존재론적 의미의 양심을 가능하게 하는 것은 바로 죽음이다. 양심의 가능근거는 현존재의 근본 기조인 불안이고, 불안의 가능근거는 현존재가 죽음을 향한 존재자라는 현사실성이다. 그런데 죽음을 향한 존재자로서 현존재가 느끼는 불안이 어떻게 양심의 가능근거일 수 있을까? 죽음 앞에서의 두려움과 불안으로 인해 우리는 비겁해지지 않는가? 불안이란 양심의 가능근거이기보다 도리어 비양심의 가능근거이지 않을까?

이러한 의문의 근저에는 죽음 및 불안에 대한 부정적 가치판단이 깔려 있다. 죽음은 삶을 위해 부정적인 것이고, 죽음으로 인해 생겨나는 불안 역시 부정적인 것이며, 그 때문에 죽음과 불안이란 양심의 근거이기보다 비양심의 근거이기 쉽다는 식이다. 그러나 존재론적 의미의 죽음과 불안은, 더 나아가 양심마저도, 단순히 긍정적인 것이거나 부정적인 것으로서 파악될 수 있는 성격의 것이 아니다. 존재론적 의미의 죽음, 불안, 그리고 양심이 어떤 긍정적이거나 부정적인 사유나 행위의 근거로 작용할 수는 있다. 그러나 가치의 근거로서 존재론적 의미의 죽음, 불안, 양심은 그 자체 가치적인 것으로서 파악되어서는 안 된다.

앞에서 우리는 감정체험은 어떤 경우에도 현존재의 본래성 회복을 위한 충분조건일 수 없다는 것을 살펴보았다. 그 이유는 무엇보다도 우선 감정이 가치판단의 기준들 중 하나이기 때문이다. 반면 존재론적 의미의 죽음, 불안, 양심은 가치판단의 기준이 아니라 그 근거이다. 감정이 가치판단의 기준이라는 것은 좋은 감정을 불러일으키는 것은 좋은 것으로, 나쁜 감정을 불러일으키는 것은 나쁜 것으로 파악되기 마련이라는 뜻이다. 죽음, 불안, 그리고 양심이 가치판단의 기준이 아니라 그 근거라는 것은 죽음, 불안, 양심이 그 자체로 좋은 것이거나 나쁜 것으로서 파악될 수 있는 것이 아니라는 것을 전제한다. 그럼에도 좋거나 나쁜 사유와 행위의 바탕에는 죽음, 불안, 양심이 그 근거로서 깔려 있다. 그리고 바로 이러한 점 때문에 —사랑이나 그 밖의 어떤 감정이 아니라— 존재론적 의미의 죽음이 존재론적 의미의 양심의 근거로서 파악되어야 한다.

죽음이 왜 현존재의 본래성 회복을 위해 감정보다 더 근원적인 의미를 지니는지 살펴보자. 누군가 사랑하게 되는 경우, 그리고 자신의 사랑이 연인의 사랑으로 응답받는 경우, 우리는 기꺼이 사랑의 힘에 자신을 내맡기게 된다. 통념적으로 보면 나는 사랑으로 인해 존재자를 그 도구적 의미연관 속에서 바라보기보다 사랑의 신비 속에서 머무는 것으로서, 그 자체로 고유한 것으로서, 바라보는 법을 배우게 된다. 그리고 이러한 생각은 그 자체로 옳다. 누군가, 혹은 그 무엇인가, 사랑하게 되면, 우리는 실제로도 그것을 도구 이상의 고유한 존재로서 이해하게 된다는 뜻이다.

그러나 존재론적 관점에서 보면 사랑은 세계를 그 도구적 의미연관 속에서 헤아리게 만드는 일상적인 기제의 하나일 뿐이다. 사랑이란 구체적으로 늘 마음 쏟고, 마음 쓰기 위해서 우리는 마음 쏨에 적합한 가능성을 주위의 존재자에게서 발견해야 한다. 예컨대 연인을 기쁘게 하기 위해 꽃을 꺾는 경우 꽃은 연인의 기쁨을 위한 도구이고, 병으로 쇠약해진 연인을 위해 전원주택으로 이주하는 경우 인근의 자연은 연인의 건강 회복을 위한 도구이다. 연인을 위해 마음 쓰는 자신도 연인을 위한 도구이며, 심지어 연인마저도 사랑의 기쁨을 유발하고 또 지속하도록 하는 데 필요한 도구이다. 외롭거나 심심할 때면 나는 연인이 나와 함께 시간을 보내 주기를 바라게 된다. 그런 나에게 연인은 나의 고독과 권태를 해소시킬 수단으로서 거기 있는 셈이다.[65]

사랑이 식고 또 변질되어 버려 나와 연인이 서로 증오하게 되는 경우 사랑은 두 사람의 삶을 위해 건설적이고 긍정적으로 작용하는 도구이기를 그치고 파괴적이고 부정적으로 작용하는 도구가 된다. 그럼으로써 실은 사랑조차도 우리에게는 우리 자신의 삶을 위한 도구로서의 의미를 지니고 있었음이 극명하게 드러난다. 변질된 사랑의 파괴적인 힘은 사랑이 원래 우리에게 건설적이고 긍정적인 것임을, 혹은 그래야만 하는 것으로서 우리에게 수용되는 것임을 알려 준다. 존재론적으로 그 까닭은 사랑 역시 마음 씀의 한 가지 방식이라는 점에서 찾을 수 있다.

그런데 사랑을 긍정적이거나 부정적인 것으로서 헤아리는 우리에게 우리 자신의 존재란 과연 어떤 의미를 지니고 있을까? 그것은 물론 살아 있

---

[65] 사랑 개념의 존재론적 한계에 대한 비판은 사랑 개념에 대한 단순한 부정과 혼동되어서는 안 된다. 박찬국은 『내재적 목적론』의 한 각주에서 다음과 같이 주장한다: "잘 알려져 있듯이 하이데거는 인간을 '이성적 동물'로 보는 전통형이상학의 인간규정을 비판하고 있다. 하이데거는 그러한 규정은 인간을 일단 동물과 동일한 차원에 두면서 그것에 계산하는 능력으로서의 이성이 덧붙여진 것으로 보고 있다고 생각한다. 그러나 우리는 하이데거의 철학이 목표하는 것들 중의 하나를 이성의 진정한 의미를 회복하려는 것으로 볼 수 있다. 즉 하이데거는 그리스인이 말하는 로고스의 망각된 의미를 다시 상기하려고 한다. 이 경우 이성은 감정이나 욕망과 대립된 냉정한 계산적 이성이 아니라 존재자들의 고유한 존재에 자신을 열면서 그것들과 교감할 줄 아는 사랑과 호의의 능력을 가리킨다."(박찬국, 『내재적 목적론』, 세창출판사, 2012, 444 이하.) 이러한 주장에도 분명 존재론적 진실이 깃들어 있다. 본래성을 회복함으로써 존재자의 고유함을 자각한 현존재만이 타자와 본래적으로 공감하며 참된 의미의 사랑의 관계를 맺을 수 있기 때문이다. 그리고 이성이란 원래 그 근원적 의미에서는 본래적으로 공감하고 사랑함을 통해서만 발휘되는 인간 현존재의 역량을 표현하는 말일 것이다. 필자가 지적하는 것은 다만 존재란 어떤 가치로도 환원될 수 없는 것임을 자각하는 것이 이러한 이성적 이해와 사랑의 존재론적 근거가 된다는 것뿐이다.

음이다. 오직 살아 있는 존재자만이 그 무엇을 긍정적이거나 부정적인 것으로서 헤아릴 수 있기 때문이다. 그렇다면 우리 자신의 존재의 의미는 삶 안에서 다 해소되는가? 어떤 의미에서는 분명 그러하다. 우리는 오직 살아 있는 동안에만 우리 자신으로서 존재하며, 죽고 나면 자신이라고 할 만한 존재자는 이미 존재하지 않기 때문이다. 그러나 우리는 단순히 살아 있지 않고 죽을 자로서 살아 있으며, 자신에게 죽음이 늘 임박한 가능성으로서 임재해 있음을 각성할 수 있는 자로서 살아 있다. 그런 한에서 우리는 단순히 살아 있는 것이 아니다. 도리어 우리는 죽음과 더불어 살아 있다. 장차 도래할 실존의 중지로서 죽음을 예감하며 자신의 삶을 죽음을 향해 내달림의 형식 속에서 받아들임이 현존재의 존재의 근원적인 방식이라는 뜻이다. 사랑이 우리에게 긍정적이거나 부정적인 것일 수 있는 까닭 역시 바로 여기에 있다. 긍정적인 사랑을 느끼며 나는 왜 연인을 위해 온 정성을 다해 마음을 쓰는가? 그것은 바로 연인이 상처 입을 수 있고 죽을 수 있는 자로서 ―그와 마찬가지로 역시 상처 입을 수 있고 죽을 수 있는 자로서 존재하는― 내 곁에 있기 때문이다. 변질된 사랑으로 인해 분노와 증오를 느끼며 나는 왜 연인에게 상처가 될 말과 행동을 하는가? 그 또한 연인이 상처 입을 수 있고 죽을 수 있는 자로서 내 곁에 있기 때문이다. 연인을 향한 증오는 나 자신이 고통과 죽음에 취약한 자이기 때문에 생겨나는 것이기도 하고 연인 또한 그러한 자로서 존재하기 때문에 생겨나는 것이기도 하다. 고통과 죽음에 취약하지 않다면 나는 연인으로 인해 상처받지 않을 것이고, 이 경우 연인을 증오하는 일도 생기지 않을 것이다. 또한 연인이 고통과 죽음에 취약하지 않는 경우에도 나는 연인을 진정으로 증오할 수 없다. 고통과 죽음에 취약하지 않은 자를 향한 증오란 맹목적일 뿐 아니라 무의미하기 때문이다.

이제 이러한 사실을 염두에 두고서 죽음의 존재론적 의미에 관해 하이데거의 어법으로 성찰해 보자. 존재론적 죽음에 대한 가장 조야하고 심각한 오해들 중 하나는 죽음을 현존재의 완전한 소멸과도 같은 것으로 파악하는 것이다. 이러한 파악은 그 자체로 이미 실체론적 사고의 발로일 뿐이다. 현존재를 개별적이고 독립적인 실체처럼 파악한 뒤 현존재의 죽음을 개별적이고 독립적인 실체적 존재자의 소멸처럼 오인하는 식이다. 하이데거에 따르면 "일상성은 … 탄생과 죽음 '사이'의 존재이다."(SZ, 233) 그렇다면, 현존재의 삶이 일상 속에서 영위되는 것임을 전제로, 현존재의 존재를 현존재의 살아 있음과 동일시함은 곧 현존재의 존재를 일상성 안에서 해소시켜 버리는 결과로 이어지게 되는 셈이다. 존재론적으로 현존재의 존재는 단순한 살아 있음이 아니라 죽음을 향한 존재자로서 언제나 이미 임박해 있는 죽음의 가능성과 함께 있음이다. 바로 여기에 현존재가 비본래적이고 일상적인 존재자 이상의 존재인 존재론적 이유가 있다.

죽음이 현존재에게 가능하게 하는 것은 일상세계와 완전히 단절됨이다. 물론 이러한 단절의 가능성 자체는 일상세계와 무관한 것으로서 주어져 있는 것이 아니라 실은 일상세계 자체 안에 현존재의 근원적 존재가능의 하나로서 주어져 있다. 비본래적 현존재로서의 세인 역시 죽을 수 있는 자로서 존재함이 그 까닭의 하나요, 앞서 살펴본 것처럼 현존재의 탄생과 죽음 '사이'가 존재론적으로 일상성을 뜻하는 것이기에 현존재의 탄생 이전이나 죽음 이후는 모두 일상성과 무관한 것으로서 알려질 수 없음이 또 다른 까닭이다. 하이데거에 따르면 "**현존재에게는 평균적인 일상성 속에서도 이러한 가장 고유한, 무연관적이고 넘어설 수 없는 존재가능이 늘 걸려 있다. 비록 자신의 실존의 극도의 가능성에 맞서 아무 지장 없이 무관심한 채로 단지 마련함**Besorgen**의 양태에만 머물고 있다손 치더라도 말이다.**"(SZ, 255, 원문에서의 강조) 이 난해한 명제의 의미는 '죽음이란 일상성과 완전히 무연관적이 될 가능성을 뜻하기에 현존재로 하여금 가장 비일상적이고 본래적인 고유한 존재자가 될 가능성의 근거가 된다'라는 명제와 '죽음은 일상성의 중지를 뜻하는 것이고, 일상성이란 탄생 뒤 죽음을 향해 가는 삶의 존재를 뜻하는 것이기에, 일상성은 그 자체 안에 자신의 중지를 뜻하는 죽음과의 관계를 함축한다'는 명제로 나뉘어 고찰될 수 있을 것이다. 주의할 점은 현존재의 존재에서 일상성과 죽음에의 가능성이 나뉠 수 없는 전체를 이루고 있다는 것이다. 현존재의 비본래성으로서의 일상성과 본래성으로서의 죽음에의 가능성이 별개의 것으로서 서로 외적 관계를 맺고 있는 것이 아니라 마음 쓰고^{Sorge}, 마련하며^{Besorgen}, 또 배려하는 ^{Fürsorge} 현존재의 일상적 존재방식의 근거로서 죽음이 존재하며, 동시에 죽음의 가능근거로서 탄생과 죽음 사이의 존재인 일상성이 존재한다는 뜻이다.

일상성이 탄생과 죽음의 사이라는 것은 대체 무엇을 뜻할까? 그것은 혹시 현존재의 삶이 탄생과 죽음을 넘어 영속하는 것으로서 파악될 어떤 가능성을 전제로 하는가? 사실 이러한 문제는 존재론적으로 완전히 열려 있는 문제이다. 유물론자라면 그러한 가능성을 부정할 것이고, 영혼의 존재를 믿는 자라면 긍정할 것이다. 어떤 입장을 취하든 현존재가 죽음을 향한 존재자로서 존재함이 그 근거가 된다. 현존재가 죽음을 향한 존재자가 아니라면 현존재의 삶의 영속성을 유물론적으로 부정할 가능성이나 긍정할 가능성은 아예 주어지지 않을 것이라는 뜻이다. 그렇다고 존재론이 일종의 불가지론과 같은 것이라고 여겨서도 안 된다. 존재론적으로 문제가 되는 것은 인식의 가능성 여부에 대한 결정이 아니라 다양한 해석과 이해의 존재론적 근거에 대한 해명이기 때문이다.

이러한 점을 염두에 두고 존재론적 의미의 죽음과 공감의 관계에 관해 생각해 보자. 통념적 의미의 공감이란 서로 사랑하는 사람들의 관계에서 일어나기 쉽고, 반대로 서로 미워하는 사람들의 관계에서는 일어나기 어렵다. 물론 반드시 그러한 것은 아니다. 불구대천의 원수와 싸우면서도 지지 않으려는 적의 결의와 용기 등에 대해 감탄하고 공감하는 일은 얼마든지 가능하기 때문이다. 어떤 경우든 통념적 의미의 공감은 긍정적으로 평가될 만한 감정이다. 불구대천의 원수에게서 무언가 공감할 만한 점을 느낀다는 것은 그가 무언가 인간적으로 긍정할 만한 점을 지니고 있음을 인정한다는 것과 다르지 않다는 뜻이다. 그렇다면 존재론적 의미의 공감은 어떨까? 존재론적 의미의 공감 역시 긍정적 감정으로서 파악될 수 있을까? 만약 그렇다면 존재론적 의미의 공감 또한 다른 감정과 마찬가지로 존재자들을 그 도구적 의미연관 속에서 파악하게 할 근거가 되지 않을까? 과연 이 경우 존재론적 의미의 공감이란 그 자체 형용모순이 되어 버리고 만다. 현존재로 하여금 도구적 의미연관이 지배하는 일상성 속으로 빠지게 한다는 점에서 그것은 본질적으로 비본래적인 것이고, 따라서 통념적 의미의 공감과 엄밀히 구분되어야 하는 존재론적 의미의 불안에 대해 물을 근거 역시 사라지는 셈이다. 하지만 반대로, 만약 존재론적 의미의 공감이 긍정적 감정이 아니라면, 그것은 현존재의 존재를 위해 대체 어떤 의미를 지니는가?

우선 사랑하는 사람들 사이에서 존재론적 공감이 어떤 의미를 지니는지 살펴보자. 통념적 의미의 공감이란 대체로 가치판단의 기준이 서로 같음을 전제로 한다. 사랑하는 사람들 사이에서도 마찬가지이다. 연인이 유태인이나 흑인에 대해 편견을 지니고 있고, 자신은 연인과 달리 그렇지 않다고 생각해 보자. 나는 연인이 유태인이나 흑인에 대한 편견으로 인해 증오하는 감정이나 분노하는 감정에 사로잡히는 경우 연인과 공감할 수 없다. 나에게는 부당하게 느껴지는 증오와 분노로 인해 괴로워하는 연인을 사랑스럽게 바라보는 경우에도 그것은 내가 연인과 공감하기 때문이 아니라 나에게 나쁘게 여겨지는 결함마저도 용인할 수 있을 만큼 연인이 사랑스럽고 아름답기 때문이다.

그런데 나는 연인이 편견에 사로잡혀 있음을, 그리고 유태인과 흑인을 향한 연인의 편견이 부당한 것임을 어떻게 알 수 있을까? 이러한 물음에 대한 통념적인 접근은 대개 유태인과 흑인에게서 편견에 어울리지 않는 점을 발견하고 드러냄을 그 해답으로서 제시하는 방식을 취한다. 예컨 대, 유태인은 돈밖에 모르는 계산적이고 이기적인 민족이라는 편견에 맞 서 훌륭한 인품을 지닌 유태인들이 얼마든지 있음을 증명해 보이면 편견 의 부당함을 알릴 수 있다는 식이다.

존재론적으로 이러한 방식은 충분하지도 않고 온당하지도 않다. 사람 마다 경험은 다를 수 있고, 하나의 민족이 특정한 시대에 특별히 훌륭한 모습을 보이거나 반대로 타락한 모습을 보이는 일은 가능하다. 만약 연인 과 나에게 유태인 개개인이 대체로 계산적이고 이기적인 민족으로서 경 험되었다면, 나는 유태인에 대한 연인의 생각이 편견이 아니라고 말해야 할까? 물론 반대의 경우를 상정해도 좋다. 만약 연인과 나에게 유태인이 대체로 너그럽고 이타적인 민족으로서 경험되었다면, 나는 유태인은 다 른 민족보다 근본적으로 더욱 훌륭한 민족이라는 식으로 생각해야 할까? 만약 그렇게 한다면, 나는 개별 인간들 및 개별 민족들에게 가치의 위계 질서를 들씌우는 셈이다. 타자에 대한 나의 생각은 결국, 그 근저에 인간 적으로 나쁨과 훌륭함에 대한 판단이 깔려 있는 한에서, 차별적으로 심판 하는 의식의 발로이다. 나는 암묵적으로 훌륭한 품성을 지닌 인간은 더욱 더 가치 있는 인간이고, 더욱더 가치 있는 인간은 더 많은 살 권리를 지니 는 반면, 나쁜 품성을 지닌 인간은 적은 가치만을 지닌 인간으로서 상대적 으로 살 권리를 적게 지닌다고 전제하는 셈이다. 결국 편견의 부당성에 대 한 통념적 접근방식은 현존재의 존재에 대한 도구적 가치로의 환원을 전 제로 한다는 것이 이로써 분명해진다. 타자에 대한 가치판단은, 그것이 한 개인을 향한 것이든 한 민족을 향한 것이든, 언제나 현존재의 도구화에 의 해 추동되는 것이며 그 자체 현존재의 도구화를 이끄는 강력한 기제로서 작용한다. 물론 이러한 판단이 일상적인 경험과 사태에 대체로 부합하는 것일 수도 있다. 그러나 그것은 존재론적으로 언제나 거짓이다. 타자에 대한 가치판단에 의해 일상성으로 환원될 수 없는 현존재의 존재가 은폐된다는 뜻이다.

타자에 대한 편견의 부당성에 대한 존재론적 접근방식은 어떤 점에서 통념적 접근방식과 구분될까? 존재론은 현존재의 존재를 도구적 가치판단의 관점을 통해 드러낼 수 없는, 즉 도구적 일상성으로 환원될 수 없는, 그 고유함 가운데서 드러내야 한다. 이러한 과제는 현존재의 존재에 일상성 이상의 의미가 함축되어 있음을 발견함으로써 수행된다. 즉, 타자에 대한 편견의 부당성에 대한 존재론적 접근방식은 타자에게 편견에 의해 상정된 것 이상의 가치가 있음을 드러내는 방식이 아니라 현존재의 존재 자체가 일상성 이상의 존재임을 드러내는 방식을 취해야 한다. 타자에게 더 큰 가치가 있음을 드러내는 것 또한 타자의 도구화일 뿐이기 때문이다. 물론 존재론적으로 현존재의 존재 자체가 일상성 이상의 존재임을 드러내는 유일무이한 근거는 바로 죽음이다. 앞에서 살펴본 것처럼 오직 죽음의 가능성만이 현존재로 하여금 탄생과 죽음 사이인 일상성으로서의 삶을 넘어서는 존재자로서 존재할 수 있도록 하기 때문이다.

현존재의 근본 기조로서의 불안은 현존재가 죽음을 향한 존재자이기에 일어나는 것이며, 존재론적으로 "죽음 앞에서의 불안은 사망^{Ableben} 앞에서 느끼는 두려움과 혼동되어서는 안 된다."(SZ, 251) 거칠게 말해 그 까닭은 죽음 뒤 현존재의 존재가 어떻게 될지 여부는 존재론적으로 열려 있는 문제이기 때문이다. 유물론자라면 자신의 죽음이 자신의 존재의 완전한 소멸을 의미할 것이기에 허망함을 느낄 수 있고, 그런 경우 유물론자가 죽을 가능성 앞에서 느끼는 불안은 허무에의 혐오와도 같은 것에 의해 이끌리고 있는 셈이다. 반대로 영혼의 존재를 믿는 자라면 죽음이 자신의 존재의 소멸일 수 없다는 바로 그러한 생각으로 인해 불안에 사로잡힌다. 죽음 뒤에도 존속할 자신을 어떤 운명이 찾아올지 알 수 없기에 두려움과 불안을 동시에 느끼게 되는 것이다. 하지만 존재론적으로 이러한 가능성은 아직 확정되지 않은 문제이기도 하고 실은 확정될 수 없는 문제이기도 하다.

존재론은 세계관의 철학과도 같은 것이 아니기 때문이다. 그런 점에서 현존재의 근본 기조로서의 불안은 죽음이 일깨운 가능성들의 불확실성 앞에서의 불안이라고 볼 수 있다. 그러나 이러한 설명은 불안의 존재론적 의미를 온전히 드러낼 수 없다. 유물론자가 느끼는 불안은, 그것이 허무에의 혐오에 의해 일어나는 것인 한에서, 자신의 세계 안에서의 존재, 즉 일상적이고도 비본래적인 존재에 대한 집착에 의해 일어나는 불안이다. 그런데 그것은 영혼의 존재를 믿는 자 역시 마찬가지이다. 그는 죽음 뒤에도 자신이 현세에서와 같이 하나의 세계 안에서 개별적 존재자로서 살아갈 것이라고 기대하며, 그런 한에서 그가 죽음 앞에서 느끼는 불안은 내세에서의 일상이 고통스럽지 않고 만족스러운 것이 되기를 바라는 마음으로 인해 생겨나는 불안이다. 즉, 그 역시 일상적이고도 비본래적인 삶을 위한 마음 씀으로부터 조금도 벗어나 있지 않은 것이다. 만약 현존재의 근본 기조로서의 불안이 이러한 가능성들 중 어느 것도 아직 선택하지 않음으로 인해 일어나는 것이라면 불안을 통해 가능해지는 본래성의 회복이란 기껏해야 비본래적인 실존양태들 가운데 하나가 자신을 위해 선택되기를 기다림과도 같은 것에 지나지 않을 것이다. 그러나 존재론적으로 현존재의 근본 기조로서의 불안은 자신의 죽음을 향해 미리 달려가 봄에 의해 일어나는 것이고, 자신의 "죽음을 향해 미리 달려가 봄은 실존에게 그 극도의 가능성으로서 자기포기를 열어 밝히고, 그럼으로써 그때그때 도달되는 실존에 고착된 것을 부순다. 현존재는, 미리 달려가 보면서, 자기 자신과 [일상적이고 비본래적으로] 이해된 존재가능 뒤로 처져서 '승리하기에 너무 늦지'(니체) 않도록 자신을 지킨다."(SZ, 264) 즉, 현존재의 근본 기조인 죽음 앞에서의 불안은 일상적 실존의 방식에 집착하지 않을 가능성의 일깨움과 같은 것이다. 그리고 바로 그 때문에 불안은, 죽음과 불안을 부정적인 것으로 보는 통념적 관점에서 보면 역설적이게도, 현존재를 약하게 하거나 스스로 허물어지도록 할 위협으로 작용하는 것이 아니라 도리어 현존재를 지키는 것으로서 작용한다. 오직 불안을 통해서만 현존재는 자신이 일상적 존재자로서 지니는 비본래적 존재방식으로부터 벗어나 본래성을 회복할 가능성을 지닐 수 있기 때문이다.

현존재의 존재가 죽음을 향해 있음은 존재론적 공감의 참된 근거이다. 오직 죽음을 향해 있는 자신의 존재를 통해서만 현존재는 본래성을 회복할 가능성을 지닐 수 있고, 공동 현존재와 본래적 현존재로서 함께 있을 수 있기 때문이다. 죽음이 가능하게 하는 현존재의 개별화는 공동 현존재와의 공존 및 공감을 불가능하게 하는 자기로의 유아론적 침잠과는 근본적으로 구분되어야 한다. 오직 죽음을 통해 개별화된 본래적 현존재만이 공동 현존재의 개별성과 고유함을 그 참된 의미에서 헤아릴 수 있으며, 공감이란 원래 서로를 개별적이고도 고유한 존재자로서 이해하는 현존재 사이에서만 가능한 것이기 때문이다. 사랑은 존재를 가치로 환원시키고, 그럼으로써 자신에게 소중해진 그 어떤 존재자에게 애착하도록 한다. 반면 죽음은 애착의 근원적인 무근거성을 드러낸다. 사랑을 아는 현존재는 자신과 연인의 존재를 모두 죽음을 향한 것으로서 자각하고 있으며, 그로 하여금 사랑하는 자로서 연인을 위해 마음 쓰도록 하는 것은 바로 이러한 자각이다. 그러나 현존재는, 자신과 연인의 존재를 모두 죽음을 향한 것으로서 자각하고 있는 바로 그러한 까닭으로, 사랑과 마음 씀의 자리인 일상세계와 무관해질 존재자로서 자신과 연인의 존재를 이해하고 있다. 현존재와 현존재는 세계에 속한 자로서 함께 있을 뿐 아니라 동시에 속하지 않을 자로서도 함께 있으며, 이러한 역설적 관계 속에서 세계에 속하지 않을 미래는 현존재에게 언제나 이미 임박해 있다. 존재론적으로 공감이란 원래 세계에 속하지 않을 자로서 존재하는 현존재 간의 함께 있음에 근거해 있을 뿐 아니라 동시에 그 자체로 함께 있음의 근거이기도 하다. 오직 서로 공감하는 현존재들만이 참으로 함께 있을 수 있기 때문이다.

2. 슐라이어마허의 종교적 공동체 및 실정종교 개념

존재론적 공감 속에서 현존재는 공동 현존재와 어떤 관계를 맺을까? 이러한 물음은 자신의 본래성을 자각한 현존재와 공동 현존재의 실존론적 관계에 대한 물음과도 같다. 유감스럽게도 이러한 물음에 대한 만족스러운 해명은 하이데거의 저술 어디에서도 발견되지 않는다. 그 이유는 간단하다. 하이데거는 현존재의 존재 이해를 존재가 현상적으로 발견되어 있음에 근거해 있는 것으로서 설명한다. "**현상**"이란 존재론적으로 "그-자체에서-자신을-보이는-것"(SZ, 31, 원문에서의 강조)이며, 현존재의 존재 이해 역시 현상을 통한 존재의 드러남을 통해 가능해진다는 뜻이다. 드러나는 것으로서 존재는 현존재에게 언제나 눈앞에 있음의 계기를 지닐 수밖에 없다. 그런데 존재론적으로 눈앞에 있음보다 손 안에 있음이 더 근원적이다. 그렇다면 존재는 현존재에게 언제나 이미 일상적인 것으로서 알려질 수밖에 없는 셈이다. 바로 그 때문에 존재 자체라는 말은 하이데거에게 일상성의 근거라는 것 외에 ―비록 그것이 일상성의 근거로서 일상성으로 환원될 수 없는 것이라고 하더라도― 다른 어떤 구체적 의미도 지니기 어렵다.

존재가 현존재에게 언제나 이미 손 안의 존재자와 눈앞의 존재자의 존재로서의 의미를 지니는 한에서, 손 안의 존재 및 눈앞의 존재로 환원될 수 없는 존재 자체에의 물음은 '~이 아님'의 구조, 즉 손 안의 존재가 아님, 눈앞의 존재가 아님의 구조 속에서 제기될 수밖에 없다. 문제는 이러한 부정성을 넘어서는 어떤 실정實定; positive적인 것으로서 존재의 의미를 드러낼 방법이 하이데거의 존재론에서는 없다는 점이다. 일종의 존재론적 악순환 때문이다. 존재란 언제나 손 안의 존재자나 눈앞의 존재자의 존재로서 드러나는 것이고, 그런 한에서 존재 자체에의 물음은 손 안의 존재자나 눈앞의 존재자에 대한 이해에서 출발할 수밖에 없는데, 손 안의 존재자나 눈앞의 존재자에 대한 이해는 언제나 이미 일상적 존재 이해 외에 다른 아무 것도 아니기 때문이다.

거칠게 말해, 하이데거의 존재 물음은 암묵적으로 존재에 대한 시각적 경험에 정향되어 있다. 바로 그 때문에 하이데거의 존재론에서 존재에 대한 물음은 손 안의 존재자 및 눈앞의 존재자의 존재에 대한 물음이라는 우회로를 피할 수 없는 것이다. 이러한 문제를 해결할 단초를 우리는 슐라이어마허에게서 발견할 수 있다. 특히 종교적 공동체와 실정종교에 대한 슐라이어마허의 설명에서 본래적 현존재에게 존재가 구체적으로 어떤 의미를 지니는지, 그리고 본래적 현존재와 공동 현존재의 관계는 어떤 것인지 존재론적으로 근거가 마련되어 있다.

2.1. 경건한 자극과 존재

슐라이어마허에 관한 논의를 전개하기에 앞서 우선 현상과 존재의 관계에 대한 하이데거의 분석방식을 조금 더 구체적으로 살펴보자. "진리의 근원적 현상과 전통적 진리 개념의 파생성" 문제를 다루는 『존재와 시간』의 한 부분에서 우리는 하이데거의 존재 물음이 암묵적으로 시각적 경험에 정향되어 있음을 다시 한 번 확인하게 된다. 하이데거에 따르면 "참임Wahrsein; Wahrheit은 발견하며-있음을 말한다." 참임, 즉 진리를 발견하며, 현존재는 공동 현존재와 말Rede을 나눈다. 이것은 "현존재의 열어 밝혀져 있음에 본질적으로 말이 속해 있다"는 것을 뜻한다. 달리 말해 "현존재는 발화"하는 존재자이다. 현존재가 "**자기를**, 존재자를 향해 [나아가며] 발견하는 존재로서" 발화하며 표현한다는 것이다. 그러나 현존재의 발화Aussage는 존재 자체의 드러남이라기보다 오히려 그 은폐이다. "발언된 발화는 일종의 손 안의 것인 바, 심지어 그것은, 발견되어 있음을 보존하면서, 그 자체에서 발견된 존재자와 관계를 맺고 있기" 때문이다.(SZ, 219 이하, 원문에

　논리적으로만 보면 발화와 손 안의 것은 동일시될 수 없다. 발화는 생각과 느낌을 말로 표현함을 뜻하는 반면 손 안의 것은 말이나 표현이 아니라 손으로 만질 수 있고 또 쓸 수 있는 도구적 존재자로서 거기 있는 것이기 때문이다. '발언된 발화가 일종의 손 안의 것'이라는 하이데거의 주장을 잘 이해하려면 말이란 언제나 존재자에 대한 이해를 전제로 하는 것임을 분명히 해 둘 필요가 있다. 설령 순수한 환상의 세계에 관해 말을 하며 동시에 자신이 현실적으로 존재하지 않는 것에 관해 말하고 있음을 분명하게 자각하고 있다고 하더라도 발언된 발화로서의 말은 존재하는 것으로서 사념되거나 가정된 그 어떤 존재자에 관한 것일 수밖에 없다는 뜻이다. 그런데 존재자란 결국 눈앞의 것이거나 손 안의 것으로서 알려지는 것이고, 눈앞의 것보다 손 안의 것이 존재론적으로 더 근원적이다. 그러니 모든 발언된 발화는 결국 손 안의 것으로서 파악된 존재자에 대한 기술일 수밖에 없다. 즉, **"존재자의 발견되어 있음은 발화의 발언됨과 함께 세계내부적인 손 안의 것의 존재 양태 안으로 미끄러진다."**(SZ, 225, 원문에서의 강조) 결국 발화란 존재자가 손 안의 것으로서 드러남이고, 실은 그러한 것으로서 이미 손 안의 것으로서의 성격을 지니게 된다. 발언된 발화를 통해 존재자가 손 안의 것으로서의 성격을 지님이 분명해지는 한에서, 발화란 그 자체로 존재자를 손 안의 것으로 환원하는 도구적 기제라는 뜻이다.

　그렇다면 '진리의 근원적 현상'과 '전통적 진리 개념의 파생성'이란 각각 무엇을 뜻할까? 존재론적으로 '진리의 근원적 현상'이란 두 가지 층위를 지니는 말이다. 하나는 존재가 손 안의 것의 존재로서 자신을 드러냄이다. 즉, 손 안의 것인 존재자의 존재를 통해 존재가 그 근거로서 드러남이다. 또 다른 하나는 손 안의 것의 근거로서 존재가 손 안의 것으로 환원될 수 없는 그 근원적 무세계성과 더불어 알려짐이다. 근거는 근거일 뿐 근거에 의해 근거 지어진 것과 동일시될 수 없다는 뜻이다. '전통적 진리의 파생성'이란 손 안의 것이 현존재에게 눈앞의 것으로서 이해될 수 있음에 근거해 있다. 앞에서 살펴본 것처럼 존재자의 발견되어 있음은, 그것이 세계 내부적인 것으로서 말해지는 한, 손 안의 것의 존재 성격을 띠게 된다. 그런데 이러한 발견되어 있음이 "…**에 대한 발견되어 있음으로서 그 안에 눈앞의 것과의 관계**Bezug**가 관철되는 한에서, 발견되어 있음**(진리)**은 자체적으로 눈앞의 것들**(지성과 사물; intellectus und res) **사이의 눈앞의 관계**Beziehung**가 된다.**" 하이데거에 따르면 바로 여기에 진리를 발언된 발화로서의 명제와 눈앞의 존재자 사이의 대응관계로 이해하는 전통적인 진리 이해의 근거가 있다. 즉, "발견되어 있음과 발견된 존재자를 향해 발견하며 [나아가는] 존재로서의 진리가 세계내부적으로 눈앞에 있는 것들 사이의 일치로서의 진리가 되어 버렸다"는 뜻이다. "이로써 전통적 진리 개념의 존재론적 파생성이 제시되었다." 한마디로, 전통적 진리 개념은 손 안의 것의 근거인 존재 자체에로 시선을 돌리지 못하고 도리어 ―손 안의 것으로부터 파생된 것에 불과한― 눈앞의 것에 대한 올바른 명제적 기술의 관점으로 진리의 문제를 돌려 버렸다는 뜻이다. (SZ, 225, 원문에서의 강조)

그런데 손 안의 것의 근거인 존재 자체에로 시선을 돌림은 대체 무엇을 통해 가능해지는 일일까? 또한 존재 자체는, 그것이 눈앞의 존재자나 손 안의 존재자와 같은 것으로서 파악될 수 없는 그러한 것인 경우, 현존재에게 구체적으로 어떤 의미를 지닐 수 있을까? 첫 번째 물음에 대한 하이데거의 해명은 크게 두 가지로 나뉜다. 하나는 『존재와 시간』에 제시된 것으로서, 죽음과 불안에 의해 알려지는 무연관성이다. 죽음에 의한 실존의 중지 가능성에 대한 예감과 더불어 현존재는 세계내(부)적으로 존재하는 모든 존재자의 근원적 무근거성을 자각하게 되는 것이다. 또 다른 하나는 『존재와 시간』 이후, 특히 예술 작품 및 사방세계에 대한 존재론적 논의에서 제시되는 것으로서, 그 이론적 맹아는 이미 『존재와 시간』에서도 나타나고 있다. 세계성으로 환원될 수 없는 작품의 사물성, 세계의 존재론

적 근거로서의 대지, 그리고 이러한 논의들이 전제하는 은폐와 탈은폐의
역동적 관계 등이 그것이다. 이 점에 대한 상세한 논의는 이 글의 한계를
크게 넘어선다. 그러나 두 가지 방식이 모두 존재론적으로 만족스러운 것
일 수 없음은 간략하게나마 짚고 넘어갈 필요가 있다. 첫째 방식은, 죽음
과 불안에 의해 알려지는 무연관성이란 존재 자체가 세계내(부)적인 것으
로 환원될 수 없다는 것 외에 다른 어떤 것도 함의하지 않는다는 것이다.
둘째 방식은, 예술 작품의 사물성이나 세계의 근거로서의 대지 모두 현존
재에게 세계내(부)적인 존재자 이해를 통해 비로소 알려지는 것이며, 여기
서도 존재 자체에 관해서는, 그것이 작품 및 세계의 존재론적 근거라는 것
외에는, 어떤 구체적 함의도 드러나지 않는다는 것이 그 이유이다. 대체
작품의 사물성이나 대지는 무엇을 뜻하는 말일까? 만약 그것이 구체적 경
험 속에서 알려지는 일상적 의미의 사물성이나 대지를 뜻한다면 작품과
사물, 세계와 대지의 관계에 관한 존재론적 언명들은 부조리한 난센스에
불과한 것이 되고 만다. 통념적으로 보면 사물의 사물성이나 대지는 모두
세계내부적인 것 외에 다른 아무것도 아니기 때문이다. 이와 달리 그것이
작품이나 세계로 환원될 수 없는 존재 자체를 수식하는 말이라면 우리는
다시 원점으로 돌아온 셈이 된다. 즉, 손 안의 존재자나 눈앞의 존재자의
발견을 통해 그러한 존재자로 환원될 수 없는 존재 자체에 대한 물음 역시
필연적으로 제기된다는 존재론적 관점만이 사물의 사물성 및 대지 개념
을 통해 은유적으로 제기되었을 뿐이라는 뜻이다.

　이러한 문제는 기본적으로 하이데거가 존재 자체에 대한 존재론적 물
음을 −'발견되어 있음', 존재 자체의 '드러남' 등의 표현이 암시하듯이−
시지각적 경험에 정향된 상태로 제기하기 때문에 생긴다. 발견되는 것으
로서 존재자는 손 안의 것이거나 눈앞의 것이다. 존재가 언제나 존재자의
존재로서 알려지는 한에서, 손 안의 존재자나 눈앞의 존재자로 환원될 수
없는 존재의 의미는, 그 물음이 시각적으로 알려진 존재자의 존재에 관한

것으로 한정된 경우, 원리적으로 밝혀질 수 없다. 시지각적으로 존재는 늘 손 안의 존재자나 눈앞의 존재자의 존재일 수밖에 없기 때문이다.

공감의 존재론을 위해 슐라이어마허가 중요한 이유가 바로 여기에 있다. 필자의 소견으로는, 하이데거의 존재론에서 발견되는 이러한 문제를 해결할 단초가 슐라이어마허의 '경건한 자극' 개념에서 발견된다. 우선 경건한 자극에 대한 『기독교신앙』의 한 명제를 살펴보자: "**모든 경건한 자극이 갖는 공통적인 것, 즉 경건의 본질은 우리가 우리 자신을 절대의존적으로 느끼는 것, 다시 말해서 우리가 신에게 의존하고 있음을 느끼는 것이다.**"(『기독교 신앙』, 65 원문에서의 강조)

표면적으로 이 명제는 일종의 종교적 신앙고백과도 같은 느낌을 준다. 자신이 신에게 절대적으로 의존하고 있음을 느끼려면 무엇보다도 우선 신이 존재함을 믿어야 하지 않을까? 그러나 문제가 그렇게 단순한 것은 아니다. 『기독교신앙』의 신 개념은 어떤 종교적 독단이나 형이상학적 추론에 의해 제기된 것이 아니라 의식과 행위에 대한 일종의 현상학적 성찰로부터 비롯된 것이기 때문이다. 제2장에서 언급된 것처럼 젊은 날의 슐라이어마허는 자신의 첫 번째 저서 『종교론』에서 참된 종교의 정신을 위해 신에 대한 믿음은 필수적이지 않다고 설명한다. "신은 종교 속에 있는 전체가 아니며 하나에 불과하며", "우주가 신보다 더 많은 존재"라는 것이다.(『종교론』, 120) 여기서 언급되는 신이란 특정한 종교적 신앙체계나 어떤 형이상학적 이론체계에 속한 개념을 뜻한다. 이와 달리 『기독교신앙』의 신 개념은 인간 현존재의 사유와 행위 속에서 필증적으로 드러나는 어떤 근원적인 존재의 의미를 표현한다. 『기독교신앙』에서는 신이 어떤 체계에 의해 한정된 개념으로서가 아니라 사유와 행위의 근거이자 그 근원적 지향점으로서 파악되고 있다는 뜻이다.

주목할 점은 신에 대한 절대의존 감정이 경건한 '자극'에 의한 것으로서 제시되고 있다는 것이다. 앞서 우리는 존재 자체의 의미를 존재론적으로 구체화할 수 없는 하이데거의 한계를 시지각적 경험에의 정향성에서 발견한 바 있다. 슐라이어마허에게 시지각적 경험은 상이한 감각적 경험의 하나에 불과할 뿐이다. 즉, 하이데거와 달리 슐라이어마허는 시지각적 경험에 우선성을 부여하지 않는다. 위의 인용문에 이어 슐라이어마허는 곧바로 자기의식의 문제를 다룬다. 슐라이어마허에 따르면 "사람들이 오로지 자신의 순수한 자아 자체만을 의식하게 되는, 시간을 충족시키면서 등장하는 순수한 자기의식이 있는가 하면, 하나이든 여럿이든, 규정적으로 총괄되어 있든 무규정적이든 간에 항상 어떤 것과 관계하는 의식이 있다." 여기서 자기의식의 첫 번째 계기는 모든 경험들을 자신의 경험으로서 자각함을 표현하는 말이다. 주의할 점은 '순수한 자아 자체만을 의식한다'는 말을 불변하는 동일자로서의 자아의 존재를 의식한다는 말과 혼동해서는 안 된다는 것이다. 전자는 ─하이데거 식으로 표현하면─ 현사실적 자기경험의 한 구성적 계기를 표현한다. 매 순간 우리의 경험은 달라지지만 그 모든 경험들을 우리는 '나의 경험'으로 이해하며, 여기서 나란 '내가 아닌 다른 어떤 존재자도 아님'이라는 의미를 지닐 뿐 ─마치 금을 금이게 하는 어떤 속성처럼─ 나에게 어떤 불변하는 속성이 있음을 전제하는 말은 아니라는 뜻이다. 후자는 '순수한 자아'의 순수를 불변함으로 오독해서 내린 이론적 결론일 뿐이다. 인용문에서 알 수 있듯이, 슐라이어마허에게 자아란 ─내가 아닌 다른 어떤 존재자도 아니라는 의미에서─ 순수한 자아일 뿐 아니라 동시에 자신이 아닌 그 어떤 것과 항상 관계하고 있는 자아이기도 하다. 그렇다면 우리로 하여금 자신을 자신이 아닌 그 어떤 것과 항상 관계하고 있는 자아로서 파악하도록 하는 것은 무엇일까? 그것은 바로 감각적 자극에 의해 일어나는 자신의 "변화"이다. 자기의식이란 자신을 순수한 대상처럼 반성적으로 관조함과도 같은 것이 아니라 자신에게서 일어나는 변화를 자각함으로써 일어나는 의식의 구성적 계기이고, 그러한 변화를 우리는 자신이 아닌 그 어떤 존재자에 의한 것으로서 파악하게 된다는 뜻이다. 바로 그 때문에 순수한 자아에 대한 의식과 다른 존재자와 관계 맺고 있는 자신에 대한 의식은 서로 다른 별개의 의식이 아니다. 즉, "각각의 의식은 인간이 변화하는 자신에 대해 갖는 직접적 자기 의식이므로 이 둘은 각각의 규정적 자기의식을 구성하는 요소에 지나지 않[는다]"는 뜻이다.(『기독교 신앙』, 65 이하)

여기서 우선 다음과 같은 점을 확인해 두자. 슐라이어마허에게 존재자는 현존재가 발견하는 것이 아니라 현존재에게서 일어나는 감각적 변화에 의해 알려지는 것이다. 아마 혹자는 하이데거가 현존재를 인식과 행위의 주체처럼 이해하지 않는다는 사실에 착안해서 존재자란 하이데거의 관점에서도 현존재가 주체적으로 발견하는 것이 아니라고 지적할지도 모르겠다. 이러한 지적은 의심의 여지없이 옳다. 그 타당성은 두 가지로 나뉘어 설명될 수 있다. 우선 —예의 이의제기에 이미 잘 나타나고 있는 것처럼— 존재자의 발견은 존재론적으로 어떤 주체적 인식행위의 결과를 뜻하지 않는다. 다음으로, 현존재의 존재에는 언제나 이미 존재자의 발견되어 있음이 그 구성적 계기로서 포함되어 있다. 결국 현존재는 세계-안에-있는 존재자이며, 발견된 존재자의 존재를 전제로 하지 않는 세계에 관해 논하는 것은 난센스에 불과하다. 그렇기에 존재자의 발견되어 있음은 그 자체로 현존재의 존재의 구성적 계기이며, 발견된 존재자와 무관하게 고립된 실체처럼 존재하는 어떤 의식주체에 의해 가능해지는 것이 아니다.

그러나 발견되는 것인 한에서 존재자는 언제나 이미, 눈앞의 것으로서나 손 안의 것으로서, 현존재와 공간적 거리를 두고 떨어져 있는 것으로서 파악될 수밖에 없다. 바로 그 때문에 현존재에게 근원적으로 손 안의 것으로서 발견되는 존재자는 동시에 눈앞의 것으로서 파악될 가능성의 담지자이기도 한 것이다. 그렇다면 슐라이어마허처럼 현존재가 존재자와 맺는 관계를 현존재의 자기에게서 일어나는 감각적 변화의 느낌을 근거로 삼아 기술하는 것은 존재자의 존재를 —바로 일상세계에서 일어나는 구체적 경험 그 자체 안에서— 공간적이지 않은 것으로서 이해할 단초가 되는 셈이다. 존재자가 현존재의 자기에게서 일어나는 감각적 변화에 의해 현존재에게 알려지게 되는 경우, 현존재와 존재자 사이의 관계는 근원적으로 공간적이지 않다는 결론이 나오기 때문이다. 현존재와 존재자는 상호작용의 관계를 맺고 있으며, 이 상호작용은 현존재의 자기에게서 일어나는 감각적 변화에 의해 알려진다. 바로 그렇기에 현존재에게 존재자는 원래 현존재와 공간적으로 거리를 두고 떨어져 있는 것으로서 알려지는 것이 아니다. 도리어 존재자는 현존재 자신의 존재와 언제나 이미 하나로 통일되어 있는 것으로서 현존재에게 알려지는 것이며, 이러한 통일성에 대한 의식은 현존재의 자기의식의 근원적인 계기의 하나일 수밖에 없다. 현존재의 자기의식 자체가 —존재자에 의해 일어나는— 자기의 변화에 대한 의식을 그 구성요소로서 지니고 있기 때문이다.

결국 감각적 자극에 의해 일어나는 자기의식은 어떤 경우든 자기와 자기 아닌 존재자의 구별에 대한 의식이면서 동시에 양자의 근원적 통일성에 대한 의식인 셈이다. 슐라이어마허가 말하는 경건한 자극이란 자기에게서 일어나는 변화를 —자기와 외적으로 구분되는 개별 존재자에 의해 일어나는 것으로서 수용함이 아니라— 현존재의 자기와 자기 아님의 구분이 근원적으로 지양되어 있음을 자각하며 수용함을 뜻한다. 바로 그 때문에 경건한 자극에 의해 일어나는 절대의존 감정, 즉 "경건한 감정이 그 모든 상이한 형태에서 항상 순수한 의존감정이며 결코 상호작용의 관계를 표시할 수 없다는 것은 부정할 수 없는 사실로 선취된다."(『기독교 신앙』, 66 이하) 여기서 '순수한 의존감정'의 순수는 존재자 간의 외적 구분과 대립이 완전히 지양되어 있음을 표현하는 말로서, 현존재와 존재자가 서로 상호작용의 관계 이상의 관계를 맺고 있음을 드러낸다. 물론 현존재가 자기에게서 일어나는 변화를 자신의 존재와 구분되는 존재자에 의한 것으로서 파악하는 경우, 현존재와 존재자의 관계는 상호작용의 관계로서 현존재에게 알려지는 셈이다. 게다가 상호작용의 관계에 대한 의식이 없이 현존재가 존재할 수는 없다. 인간 현존재로 존재함 자체가 하나의 개별자로서 존재함이고, 개별자로서 존재함에는 자기와 자기 아닌 것을 구분함이 전제되기 때문이다. 그러나 상호작용이 자기에게서 일어나는 변화를 통해 알려지는 한에서, 그리고 이러한 변화에 대한 각성이 그 자체로 현존재의 자기의식의 구성적 계기의 하나인 한에서, 현존재는 자신의 존재를 존재자와 언제나 이미 어떤 외적 구분과 대립도 모르는 통일성의 관계를 맺고 있는 것으로서 자각하고 있는 셈이다. 경건한 자극 및 경건한 감정에 의해 존재는 근원적으로 현존재와 존재자 사이의 어떤 외적 구분과도 무관한 것으로서 현존재에게 알려지게 된다는 뜻이다.[66]

---

66 필자의 소견으로는, 존재의 의미에 대한 존재론적 탐구의 방향을 발견함의 관점에서뿐만 아니라 슐라이어마허가 말하는 경건한 자극과 감정의 관점에서 고찰하는 것은 가치로 환원될 수 없는 존재의 본래적 의미를 밝히는 데도 매우 중요하다. 존재의 의미가 가치로 전환되는 근본적인 원인은 존재의 의미를 손-안에-있음, 눈앞에-있음 등 세계내부적으로 발견되는 존재자의 관점에서 고찰하는 데 있다. 경건한 자극과 감정의 관점에서 존재는 더 이상 현존재와 구분될 수 있는 존재자의 관점에서 고찰되지 않는다. 슐라이어마허가 말하는 경건함이란 존재자 사이의 외적 구분이 완전히 지양된 상태를 뜻하기 때문이다. 철학실천을 위해서도 슐라이어마허의 경건한 자극과 감정 개념은 매우 중요하다고 사료된다. 예컨대 마티아스 슈몰케(Mattias Schmolke)는 철학실천과 관련된 한 저술에서 딜타이의 해석학에 기대어 내담자의 자기인식에 필요한 감정에 대한 철학적 이해의 가능성을 구하고 있다. "감정이란 딜타이에 따르면 우리의 자아 및 우리가 세계와 맺는 관계의 본질적인 요소"임을 강조하면서 슈몰케는 감정에 대한 철학적 이해가 철학실천의 발전을 위해 꼭 필요한 일임을 역설한다. 그러나 슈몰케 자신이 인정하고 있는 것처럼 딜타이가 감정을 중요하게 여긴 까닭은 그것이 "가치 평가하는 성격"을 지니고 있기 때문이다.(M. Schmolke, *Bildung und Selbsterkenntnis im Kontext philosophischer Beratung*, Frankfurt a. M. 2011, 248 이하.) 긍정적이거나 부정적인 감정으로 인해 우리는 특정한 존재자에 대해 가치 평가를 하게 되고, 결국 이런저런 존재자가 우리에게 긍정적이거나 부정적인 근본적인 원인들 중 하나는 바로 감정이라는 것이다. 그러나 감정에 의해 수행되는 가치 평가 역시 언제나 이미 존재(자)의 가치로의 전환을 통해 이루어지는 일임을 기억할 필요가 있다. 철학실천에서 내담자의 자기이해를 위해 요구되는 감정을 그 가치 평가하는 성격에서만 이해할 때 우리는 자칫 철학실천을 통해 내담자 스스로 자신의 존재를 특정한 가치의 이념에 종속시키도록 몰아세우는 결과를 초래할 수 있다. 존재의 고유함이란 가치로 환원됨과 양립할 수 없는 것이기 때문이다. 바

2.2. 경건한 자극과 존재의 근원적 통일성에 대한 자각

여기서 다시 존재자의 존재를 시지각적 경험의 관점에서 고찰하는 것이 어떤 문제를 야기하는지 공동 현존재 개념과 연관시켜 생각해 보자. 이러한 문제는 무엇보다도 우선 다음과 같은 물음을 통해 집약적으로 제기된다: 공동 현존재 역시 여타 존재자와 마찬가지로 손 안에 있는 존재자나 눈앞에 있는 존재자로서 파악되어야 하지 않을까?

하이데거에 따르면 "현존재의 존재 이해에는 이미, 현존재의 존재가 함께-있음이기에, 타자에 대한 이해가 놓여 있다." 주의할 점은 타자에 대한 이해가 타자를 외적 대상으로 놓고 인식함에 의해 비로소 가능해지는 것이 아니라는 것을 분명히 해야 한다는 것이다. 존재론적으로 "이러한 이해는, 이해 자체가 단적으로 그러하듯이, 인식으로부터 자라나는 앎Kenntnis 이 아니라 인식과 앎을 시원적으로 가능하게 하는 일종의 근원적인 실존론적 존재양식이다." 현존재의 존재인 "함께-있음"에는 "타자가 함께-그 때-거기-있음Mitdasein; 함께 현존함; 공동 현존재의 열어 밝혀져 있음이 속해"있고, 이러한 열어 밝혀져 있음은 그 자체 현존재의 존재의 구성적 계기로서 파악되어야 하는 것이지 어떤 인식적 행위에 의해 비로소 가능해지는 앎과도 같은 것으로 오인되어서는 안 된다는 뜻이다.(SZ, 123 이하)

한마디로 공동 현존재란 그 근원적 의미에서는 눈앞의 존재자나 손 안의 존재자가 아니다. 현존재의 존재에 이미 공동 현존재와 함께-있음이 함축되어 있기 때문이다. 그런데 이러한 설명은 공동 현존재의 함께 있음에 대한 실존론적 기술일 뿐이다. 그런 점에서 그것은 현존재가 자신의 현

로 이러한 점에서 슐라이어마허의 경건한 자극과 감정 개념에 대한 연구가 철학실천의 발전을 위해 긴요하다. 자신과 세계에 대한 이해의 근원적 요소로서의 감정이 현존재로 하여금 존재를 가치로 환원하지 않고 그 자체로서 이해하고 받아들이게 할 가능성에 대한 철학적 탐구가 필요하다는 뜻이다.

사실적 삶 속에서 지니는 구체적인 타자 이해의 방식과 엄격하게 구분되어야 한다.

현존재는 공동 현존재를, 세계 안의 이런저런 존재자와 마찬가지로, 언제나 이미 손 안의 존재자이거나 눈앞의 존재자로서 발견하고 있다. 예컨대 타자는 나에게 이웃이거나 적일 수 있고, 이웃이거나 적일 수 있는 존재자는 이미 나를 위한 쓸모 가운데 이해된 존재자이다. 타자가 나를 위한 쓸모 가운데 이해될 수 있음은 그가 나에게 세계 안에 있는 것으로서 발견됨을 전제로 한다. 앞에서 살펴보았듯이, 발견되는 모든 것은 눈앞의 것으로서 이해될 가능성과 더불어 거기 있다. 물론 이처럼 타자를 손 안의 존재자나 눈앞의 존재자로 이해함은 존재론적으로 현존재의 존재에 공동 현존재와 함께 있음이 함축되어 있기 때문에 가능한 일이다. 그러나 이러한 존재론적 진실이 현존재에게 공동 현존재가 손 안의 존재자나 눈앞의 존재자로서 이해될 가능성을 조금이라도 무화하는 것은 아니다. 현존재의 존재에 일상성과 비본래성이 그 근원적 요소로서 속해 있는 한에서, 현존재가 공동 현존재를 손 안의 존재자로서, 그리고 그 파생 양태인 눈앞의 존재자로서, 이해하는 것은 존재론적으로 당연한 일이기까지 하다.

사실 공동 현존재뿐 아니라 모든 존재자에 대해서 우리는 존재론적으로 같은 논리를 적용할 수 있다. 존재론적으로 존재자란 그 근원적인 의미에서 결코 단순한 손 안의 존재자나 눈앞의 존재자와 같은 것일 수 없다. 만약 그렇지 않다면 존재론적으로 존재 자체의 의미를 물을 필요는 없을 것이다. 이 경우 손 안의 존재자로서의 존재 및 눈앞의 존재자로서의 존재가 존재가 지닐 수 있는 의미의 전부가 되는 셈이다. 존재자는 모두 현존재와 근원적으로 함께 있는 존재자이며, 오로지 이러한 함께-있음에 근거해서만 현존재는 존재자를 손 안의 존재자 및 눈앞의 존재자로서 파악할 수 있다. 그러나 존재자의 존재가 그 근원적 의미에서 손 안의 존재자의 존재 및 눈앞의 존재자의 존재로 한정될 수 없다는 존재론적 진실이 존재

공감의 존재론

자가 현존재에게 손 안의 존재자 및 눈앞의 존재자로서 발견되고 이해됨을 부정하는 것은 아니다. 결국 공동 현존재를 비롯한 모든 존재자는 현존재에게 일상세계에서 손 안의 것이거나 눈앞의 것으로서 알려지는 것이기 때문이다.

그렇다면 공동 현존재의 존재가 손 안의 존재자나 눈앞의 존재자로 한정될 수 없는 보다 근원적 의미를 지닌다는 것을 현존재는 어떻게 자각할 수 있을까? 하이데거에게서 발견할 수 있는 대답은 죽음과 불안이다. 사랑조차도 존재를 긍정적이거나 부정적인 가치의 담지자로 전환시킬 기제로 작용하기 마련이라는 우리의 입장이 타당한 한에서 죽음과 불안은 현존재로 하여금 일상세계를 지배하는 도구적 의미연관으로부터 벗어날 수 있도록 하는 거의 유일한 가능성처럼 보이기도 한다. 사실 필자 또한 그렇다고 여긴다. 사랑이 아니라 우리가 죽음을 향해 가는 현존재라는 사실이 우리에게는 도구적 의미연관으로 환원될 수 없는 존재 자체의 의미에 눈 뜨게 할 유일무이한 존재론적 근거이다. 그런데, 존재론적으로 죽음이란 대체 무엇을 뜻하는 말일까? 하이데거에 따르면 "**죽음**은 **현존재**의 끝으로서 그 끝을 **향하는** 이 존재자의 존재 안에 **있다.**"(*SZ*, 259, 원문에서의 강조) 이 인용문에 나오는 '끝'이라는 말은 독일어 'Ende'를 번역한 것으로, 현존재로서 존재함이 끝남이라는 뜻과 현존재가 그곳을 향해 나아가는 최종적 목적이라는 뜻을 동시에 지니고 있다. 물론 현존재의 존재의 존재론적 목적을 실현되어야 할 어떤 궁극적 가치 같은 것으로 오인해서는 안 된다. 그럼에도 죽음이란, 비록 언제나 이미 임박한 것으로서 예기치 않게 현존재를 찾을 가능성을 지니고 있기는 해도, 현존재의 존재가 지향하는 그 궁극적 끝으로서 현존재의 존재에 속해 있다. 그렇기에 현존재는 죽음을 향한 존재자이며, 죽음을 향한 존재자로서 자신의 존재를 세계와의 근원적

무연관성 속에서 이해할 가능성을 선취하게 되는 것이다.[67]

그런데 죽음을 통해 자신의 존재가 세계와 근원적으로 무연관적인 것임이 알려지는 것이 현존재의 함께-있음에 구체적으로 어떤 의미가 있을까? 한 가지 가능한 대답은 허무주의적 존재부정이다. 현존재의 존재가 끝남과 더불어 응당 존재자의 함께-있음 역시 무의미해지는 것이기에 현존재의 존재가 죽음과 더불어 끝날 가능성은 존재의 의미가 그 근원적인 무의미 속에서 밝혀질 가능성과 같다고 보는 것이다. 주의할 점은 이러한 대답이 현존재의 존재 및 존재 자체에 대한 일종의 형이상학적 선견으로부터 비롯된다는 점을 분명히 해 두는 일이다. 만약 현존재가 존재자의 발견을 통해 손 안의 존재자나 눈앞의 존재자의 존재로 환원될 수 없는 존재 자체에의 물음에 눈뜨게 된다는 존재론적 언명이 참이라면 현존재는 이미 그 자신의 존재에서부터 자신의 존재로 한정될 수 없는 존재의 의미를 향해 있는 셈이다. 허무주의적 존재부정은 현존재의 현사실적 삶으로부터 유래하는 이러한 존재 물음을 현존재의 죽음과 더불어 끝장나는 무근거한 것으로서 예단하고 있다. 우리는 허무주의적 존재부정의 근거인 형이상학적 선견을 물리치고 현존재의 현사실적 삶 그 자체로부터 유래하는 존재론적 존재물음에 충실하게 남아야 한다. 비록 현존재가 알고 있고 또 알게 될 모든 존재의미가 현존재의 존재 및 그 체험연관으로부터 연원하는 것이라는 현상학적 성찰이 참이라고 해도, 이러한 진단을 근거 삼아 현존재의 죽음이 그 자체로 존재의 끝을 의미한다는 결론을 내려서는 안

---

67 1925/26년 겨울학기에 마르부르크에서 행한 논리학 강의에서 하이데거는 현존재의 본래적 존재가 죽음 및 세계와의 무연관성을 통해 해명되어야 함을 참된 자기를 얻기 위해 세상일에 분주한 자기를 버려야 함을 역설하는 성경의 관점과 비교한다. 하이데거에 따르면 존재론적 죽음 및 세계와의 무연관성에 대한 존재론적 해명이 기독교적 기원을 갖는 것이 아니라 현존재의 존재에 대한 기독교적 관점이 현존재의 존재구조 및 존재방식을 기독교 특유의 방식으로 반영한다. 이에 관해서는 다음 참조: M. Heidegger, *Die Logik. Die Frage nach der Wahrheit* (*GA Bd. 21*), Frankfurt a. M. 1976, 232 이하.

된다는 뜻이다.

그렇다면 이러한 존재에 대한 물음을 가능하게 하는 것은 무엇일까? 그것은 현존재와 공동 현존재의 관계를 위해 어떤 의미를 지닐까? 바로 이 지점에서 다시 슐라이어마허로 돌아가 보자. 이미 살펴보았듯이 슐라이어마허에게 존재자의 존재는 —어떤 공간적 존재연관 속에 머무는— 현존재에게 발견되는 것이 아니다. 존재자의 존재는 현존재의 자기에게서 일어나는 변화에의 자각을 통해 알려지는 것이며, 그런 한에서 현존재의 존재와 불가분의 관계를 맺고 있다. 즉 현존재와 현존재에게 알려지는 존재자는 근원적으로 나뉠 수 없는 전체를 이루고 있는 것이다. 바로 그렇기에 슐라이어마허는 "내적으로 분리되고 유한하게 형태화된 세계의 무한성이 아니라 단순하고 절대적인 무한성"(『기독교 신앙』, 67)에 관해 말한다.

슐라이어마허의 관점에서 보면 현존재와 공동 현존재의 관계 역시 나뉠 수 없는 전체를 이루고 있는 셈이다. 만약 현존재가 자신과 공동 현존재가 나뉠 수 없는 전체를 이루고 있음을 자각한다면 현존재에게 죽음이란 일상적 실존의 지양 외에 다른 아무 의미도 지닐 수 없을 것이다. 죽음은 단순한 현존재의 소멸을 뜻하는 대신 현존재로서 일상세계에서 타자와 외적 대립의 관계를 맺어 나가기를 그치고 단순하고 무한한 존재의 지평 위에서 새롭게 존재에 대해 사유할 가능성을 의미할 뿐이다. 아마 혹자는 존재론적으로 현존재는 결코 타자와 외적 대립의 관계를 맺지 않는다고 지적할지도 모르겠다. 물론 그렇다. 그러나 이러한 존재론적 진실이 현존재가 자신의 현사실적 삶 속에서 자신과 타자를 구분하며 대립의 관계를 형성하기도 한다는 사실을 무화시키는 것은 아니다. 현존재란, 그것이 현존재 자신으로 환원될 수 없는 존재자와 함께-있음으로서 존재하는 것인 한에서, 그 자신의 존재를 자기와 구분되는 존재자와의 관계 속에서 헤아릴 수밖에 없는 존재자이다. 존재론적으로 죽음이란 바로 이러한 일상적 자기이해 및 존재이해의 방식의 근원적 무근거성의 드러남과 같은 것이다. 현존재와 현존재의 자기에게서 일어나는 변화를 통해 알려지는 존재자가 어떤 외적 구분도 모르는 하나의 전체성을 이루고 있는 한에서, 현존재와 현존재 자신이 아닌 존재자의 분리는 양자의 근원적 통일성에 대한 자각과 동시적으로 일어날 수밖에 없기 때문이다. 슐라이어마허가 신이라는 말로 표현하는 것은 바로 이러한 단순하고 절대적인 무한성이며, 현존재가 신에 대해 절대의존적 감정을 지닌다는 말은 존재의 단순하고 절대적인 무한성과 외적으로 분리되고 대립하는 존재자로서 자신을 이해할 수 없음을 드러낸다. 단순하고 절대적인 존재의 무한성이 현존재의 존재 근거이고, 현존재는 오직 자신의 존재 근거에 의해서만 존재할 수 있는 —슐라이어마허의 전통 철학적 개념을 차용하자면— 유한자인 것이다.

2.3. 경건한 감정과 공동체

슐라이어마허에 따르면 "우리의 전체 삶은 다른 유한자와의 중단 없는 공존"이며, 이러한 사실은 "우리가 감각적 감정 없이는 한순간도 존재할 수 없다"는 것에 근거해 있다. 즉, "감각적 감정은 우리의 자기의식의 지속적인 내용이다." 그런데 자기의식의 지속적인 내용인 이 감각적 내용이란 앞 절에서 살펴본 것과 같이 자기에게서 일어나는 지속적인 변화로 인한 각성이고, 그런 한에서 우리는 우리 자신을 타자와의 단절 없는 통일적 존재연관 속에서 의식하게 되는 것이다.(『기독교 신앙』, 72)
흥미로운 점은 슐라이어마허가 자기의식의 정립을 현존재의 존재의 근원적 시간성에서 찾고 있다는 점이다:

"만약 최고 존재가 우리 가운데 내적으로 주어져 있다면, 이렇게 소여된
존재는 전적으로 단순한 존재로 생각될 수 있다. 따라서 우리는 그것이
어떻게 일련의 계기인 시간을 충족시키는 자기의식으로 성장할 수 있

는지를 파악할 수 없다. 왜냐하면 시간을 충족시키는 자기의식은 변화하는 존재로만 발생할 수 있기 때문이다. 그러나 함께 주어져 있는 최고 존재가 오로지 우리의 자아와 만나는 가운데 자기의식을 산출한다고 가정하면, 여기에는 그 어떤 변화의 근거도 주어져 있지 않으며 아무런 시간적 규정도 주어져 있지 않다고 생각되어야 할 것이다. 오히려 우리가 이미 시간적으로 규정된 존재가 된 한에서, 다시 말해서 우리가 감각적 자기의식에서 파악되는 한에서, 위에서 말한 함께 주어져 있는 존재 Mitgegebenes는 우리의 자아와 더불어 규정적 자기의식을 산출할 수 있으며, 이렇게 되면 이 자기의식은 위에서와 마찬가지로 감각적 감정과 하나가 된 경건한 자극이다. 그 누구도 신에 대한 보편적인 절대의존감정을 의식할 수 없으며 항상 특정한 상태와 관련된 절대의존감정을 의식할 수 있다."(『기독교 신앙』, 73)

이 난해한 주장을 이해하려면 우선 최고 존재란 존재자들 간의 외적 대립이 완전히 지양된 단순하고 무한한 존재라는 점을 파악해야 한다. 인간 현존재는 자기의식을 지니고 있으며, 여기서 자기의식이란 자기에게서 일어나는 변화의 의식과 다르지 않다. 그런데 변화란 단순하고 무한한 존재의 층위에서는 일어날 수 없다. 변화하는 한에서 그것은 이미 단순하지도 않고, 변화를 가능하게 하는 것과 변해가는 것의 구분을 전제한다는 점에서, 즉 능동자와 수동자를 가르는 경계를 지닌다는 점에서, 무한하지도 않기 때문이다. 게다가 변화란 언제나 시간적인 것이며, 시간이란 지난 과거와 도래할 미래의 구분을 전제로 한다는 점에서도 단순하고 무한한 존재는 변하는 것으로서 파악될 수 없다. 바로 그렇기에 자기에게서 일어나는 변화를 각성함은 이미 그 자체로 우리가 시간적으로 규정된 존재가 되었음을 알린다. 슐라이어마허에 따르면 자기의식이란 이렇듯 시간적으로 규정된 존재에서만 가능하다. 오직 시간적으로 규정된 존재만이 자기와 자기 아닌 존재자를 구분할 수 있고, 오직 자기와 자기 아닌 존재자를 구분할 수 있는 존재만이 자기의식이 될 수 있으며, 이는 자기의식이 그 자체로 자신과 타자의 상호작용에 의해 자기에게서 일어나는 변화를 의식함에 의해 시작되는 것이기 때문이다.

이렇듯 슐라이어마허는 인간 현존재의 존재를 시간성으로 규정하면서 시간성의 근거를 타자와의 지속적인 공존, 즉 함께-있음에서 찾는다. 필자가 슐라이어마허의 철학을 설명하면서 현존재의 존재로서 상정된 존재론적 용어인 함께-있음을 사용하는 것은 결코 작위적인 기준에 근거해 있지 않다. 인용문에서 분명히 알 수 있듯이 슐라이어마허에게 타자와의 공존이란 어떤 인식자아의 행위에 의해 추후로 정립되는 앎과도 같은 것이 아니다. 도리어 타자와 함께 있음이 인간 현존재의 존재인 시간성을 근원적으로 규정한다. 즉, 슐라이어마허에게 현존재는 근원적으로 공동 현존재와 함께-있는 존재자이며, 이는 현존재가 그 자신의 존재에서부터 공동 현존재와 함께-있음으로서 규정되어야 함을 뜻한다.

물론 엄밀히 말해 자기에게서 일어나는 변화의 자각은 공동 현존재와 함께 있음만을 구성하지 않는다. 자기에게서 일어나는 변화의 기원은 공동 현존재일 수도 있지만 현존재가 아닌 다른 존재자일 수도 있기 때문이다. 그리고 이는 통념적으로나 존재론적으로나 당연하고 자명하다. 그것이 통념적으로 당연하고 자명한 까닭은 우리 인간이란 인간이 아닌 다른 존재자와 언제나 이미 세계 안에 함께 있는 존재자이기 때문이다. 그것이 존재론적으로 당연하고 자명한 까닭은 현존재의 존재에 존재자의 발견되어 있음이 그 근원적 요소로서 속해 있기 때문이다. 즉, 존재론적으로 현존재의 존재 자체가 현존재의 존재로 환원될 수 없는 존재자의 발견되어 있음에 근거해 있다는 것이다.

이미 살펴보았듯이 하이데거가 처한 철학적 난처함은 죽음과 불안에 의한 본래성의 회복이 현존재와 존재자의 존재론적 관계를 위해 구체적으로 어떤 의미를 지니는지 명확하게 풀어낼 방법이 부재하다는 것이 기인한다. 그 까닭은 현존재와 공동 현존재 및 현존재 아닌 존재자의 관계를 —암묵적으로 시지각적 경험에 정향된 채— 발견되어 있음의 관점에서 풀어내기 때문이다. 발견되는 한에서 존재자는 현존재와 공간적 관계를 맺고 있을 수밖에 없고, 현존재와 공간적 관계를 맺고 있는 존재자는 손 안의 존재자이거나 눈앞의 존재자이다. 그런데 손 안의 존재자란 일상세계를 지배하는 도구적 의미연관 속에 포섭된 존재자이고 눈앞의 존재자는 인식적 관심에 의해 손 안의 존재자로부터 파생되어 나온 존재양태에 지나지 않는다. 그렇다면 대체 손 안의 존재자도 아니고 눈앞의 존재자도 아닌 그러한 존재자는, 혹은 그러한 존재자의 존재는, 현존재에게 어떻게 알려지는가? 사실 하이데거가 끝내 명쾌하게 풀어낼 수 없었던 문제는 이처럼 단순하고 분명한 종류의 것이었다. 즉, 존재자가 손 안의 존재자나 눈앞의 존재자로 발견됨의 관점에서 출발하는 한에서, 존재자가 현존재에게 어떻게 손 안의 존재자 및 눈앞의 존재자 이상의 의미를 지닐 수 있는지 구체적으로 풀어내기가 거의 불가능해지는 것이다.[68]

이와 달리 슐라이어마허는 존재자의 알려짐을 현존재의 자기에게서 일

---

68 베르너 마르크스(Werner Marx)에 따르면 하이데거의 후기 철학은 "우주론적" 전환으로 특징지어질 수 있다. 마르크스는 하이데거 철학의 '우주론적' 전환을 전기 하이데거의 역사성 개념의 한계에 의한 것으로 이해하는 듯하다. 그러나 하이데거가 이미 초기 프라이부르크 시절 슐라이어마허를 연구했다는 점, 통념적 의미의 역사와 달리 존재론적 의미의 역사를 일상세계 및 전통과 존재 자체와의 긴장관계를 통해 설명했다는 점 등을 고려해 보면 하이데거 철학의 '우주론적' 전환은 도리어 역사성에 대한 존재론적 이해의 심화로 파악되어야 할 것이다. 필자는 후기 하이데거의 '우주론적' 성격을 본래적 현존재에게 존재 자체가 구체적으로 어떤 의미를 지니는지 설명하지 못하는 『존재와 시간』의 한계를 극복하려는 시도의 일환으로 판단한다. 필자의 소견으로는, 이러한 시도에서도 『존재와 시간』에서 나타난 현존재의 존재에 대한 현상학적 분석에 바탕을 둔 역사성 개념은 여전히 유효하다. 즉, 후기 하이데거의 우주론은 전기 하이데거의 역사성 개념에 대한 보완으로 이해되어야지 그 부정과 반박으로 이해되어서는 안 된다는 뜻이다. 후기 하이데거의 '우주론적' 전환에 관해서는 다음 참조: W. Marx, *Heidegger und die Tradition*, Hamburg 1980, 197 이하; O. Pöggeler, *Neue Wege mit Heidegger*, Freiburg München 1992, 169 이하.

어나는 감각적 변화에 의한 것으로 설명함으로써 손 안의 존재자나 눈앞의 존재자와 다른 존재의미를 존재자에게 부여할 구체적인 가능성을 제시한다. 감각적 변화 속에서 현존재는 자신의 존재를 자신이 아닌 존재자와 나뉠 수 없는 전체로서 통일되어 있음을 자각하고, 이러한 자각을 통해 자신과 공동 현존재, 그리고 존재자가 그 근원적 존재에 있어서는 모두 단순하고 무한한 존재 안에 어떤 외적 대립과 구분도 없는 그러한 방식으로 존립하고 있음을 이해할 근거를 얻게 된다.

즉, 슐라이어마허에게 각각의 존재자는 모두 단순하고 무한한 존재의 개별화된 표현일 뿐이다. 이러한 관점에서 보면 존재론적 공감이란 공동 현존재를 자신과 외적 대립의 관계를 형성하는 낯선 타자로 인지함에 추후로 뒤따르는 심리적 과정이 아니라 자신의 존재 자체가 단순하고 무한한 존재 안에서 공동 현존재와 근원적으로 함께-있음임을 자각함과 같다. 게다가 슐라이어마허가 인간 현존재를 '감각적 감정 없이 한순간도 존재할 수 없는' 그러한 존재자로 이해한다는 점에 비추어 보면 자기에게서 일어나는 감각적 변화에 의해 자각되는 함께-있음은 삶의 특정한 순간에는 자각되었다가 다른 순간에는 자각되지 않는 그러한 성격의 것이 아니라는 결론이 따라 나온다. 즉, 현존재의 존재 자체가 공동 현존재와 공감하며 존재함과 다르지 않다는 것이다.

공동 현존재와 늘 공감하며 존재하는 현존재는 자신과 공동 현존재가 모두 단순하고 무한한 존재에 언제나 이미 정향되어 있는 존재자라는 것 또한 자각한다. 단순하고 무한한 존재야말로 함께-있음과 공감을 가능하게 하는 근원적 존재지평이기 때문이다. 바로 그 때문에 "**경건은 자기의식의 자극하는 표현능력을 통해 공동체로 형성된다.**"(『기독교 신앙』, 77, 원문에서의 강조) 단순하고 무한한 존재 안에서 공동 현존재와 언제나 이미 함께 있음을 자각함이 현존재와 공동 현존재 간에 맺어지는 참된 공동체적 관계의 근원이라는 뜻이다.

이러한 공동체는 더 이상 하이데거적 의미의 일상세계가 아니다. 그것은 도구적 의미연관에 의해 지배되는 세계가 아니며, 그 안에서 존재자는 이미 도구 이상의 존재자로서 이해될 가능성을 지니고 있다. 주의할 점은 경건을 어떤 종교적 교리나 체계에 대한 숭배의식과도 같은 것으로 오인해서는 안 된다는 것이다. 종교적 교리와 체계는 사유와 행위의 방향을 제시하는 지침과도 같은 것이며, 그 자체로 이미 상이한 존재자들 및 현존재의 행위의 가능성들을 가치적 위계질서 안에 포섭하는 일종의 도구적 의미연관이다. 경건한 감정은 단순하고 무한한 존재를 향해 있고, 그렇기에 경건한 감정의 고양은 가치적 위계질서 및 도구적 의미연관 안에서 서로 차별화되는 방식으로 배열된 존재자들을 다시 단순하고 무한한 존재의 개별화된 표현으로 돌려놓는다. 경건이란 종교적 교리나 체계의 한계를 넘어서는 것으로서, 그리고 바로 이러한 의미에서 초월적인 것으로서, 존재의 의미를 드러내는 자기의식의 운동이며, 이 운동 속에서 인간 현존재는 교리와 체계의 한계를 언제나 이미 넘어서고 있는 존재자로서 드러나게 되는 것이다.

슐라이어마허는 경건한 자극에 의해 형성된 공동체가 체계화된 교리나 전통 등을 통해 변화에 저항하는 지속성을 띠게 되는 경우 그것은 이미 경건의 온전한 표현일 수 없음을 강조한다. **"확고한 모습으로 등장하는 모든 공동체는 또한 제한된 공동체로 드러난다"**는 것이다. 제한된 공동체란 그 자체로 단순하고 무한한 존재에 생긴 균열이자 차별이다. 제한된 공동체란 현존재마다 고유한 경건한 자극의 체험이 각각 그에 상응하는 방식으로 표현되는 것을 제약하는 공동체를 뜻하기 때문이다. 슐라이어마허에 따르면 "공동체가 동일한 모습을 견지할수록 … 더 적은 사람들이 여기에 참여할 수 있다." 아마 여기서 '더 적은 사람들'이라는 말은 단순한 수량적 의미만을 지니지 않을 것이다. 그것은 오히려 경건한 자극에 의해 인간 현존재의 정신이 고양될 다양한 가능성이 특정한 방식으로 유형화되고 제

약됨을 뜻하는 말로 이해되어야 한다.(『기독교 신앙』, 77 이하, 원문에서의 강조)

숄라이어마허가 '제한된' 공동체를 부정적으로 보았다고 여길 필요는 없다. 정도의 차이는 있을지언정 모든 공동체는 저 나름의 전통과 체계를 지니고 있기 마련이고, 그런 한에서 제한되지 않은 공동체란 존재할 수 없기 때문이다. 문제가 되는 것은 하나의 공동체가 제한된 공동체냐의 여부가 아니라 전통과 체계가 점점 화석화됨으로써 단순하고 무한한 존재로부터 점점 멀어져 가는지 아니면 반대로 점차 유연하게 확장성을 발휘함으로써 다양한 경건의 표현들을 가능하게 하는 방향으로 나아가는지 등의 물음일 것이다.

숄라이어마허의 관점에서 보면 전통과 체계의 한계를 넘어설 가능성은 인간 현존재에게 이미 그 자신의 존재 자체에서부터 정립되어 있다. 현존재의 존재인 시간성이 그 자체로 단순하고 무한한 존재 안에서 공동 현존재와 함께 있음의 근거일 뿐 아니라 각각 그러한 존재자로서 현존재와 공동 현존재가 서로 공감하게 하는 원인이 되기 때문이다. 아니, 원인이라는 말은 이미 숄라이어마허의 철학에서 드러나는 현존재의 존재로서의 시간성에 대한 온당한 표현이 되지 못한다. 원인으로서 그것은 공감에 시간적으로 앞선 것이 되고, 그럼으로써 현존재와 공동 현존재가 근원적으로는 공감 없이, 그리고 이러한 점에서 참된 의미로 함께-있지 못하고, 각각 따로 떨어져 있었던 것처럼 표상하게 하는 이유가 되기 때문이다. 엄밀히 말해 현존재의 존재인 시간성은 함께-있음 및 공감과 나뉠 수 없는 전체를 이루고 있다. 시간성이란 서로 나뉜 것들이 실은 단순하고 무한한 존재의 개별화된 표현으로서 서로 공감하며 이미 하나를 이루고 있음을 자각함과 같은 것이기 때문이다.

3. 공동 현존재와 타자

존재론적으로 공동 현존재와 타자의 구분은, 타자를 인간 현존재의 의미로 국한하는 경우, 원래 무의미하다. 하이데거에 따르면 "손 안에 있는, 주위세계적 도구연관에서 '만나는' 타자들은 우선 눈앞의 사물에 지나지 않는 것에 덧붙여 사념된 것이 아니다." 도리어 사물들과의 만남 자체가 늘 타자와 함께 있음을 전제한다. "우리는 '사물들'을 그것들이 타자들을 위해 손 안에 있는 세계로부터 만나게 되고, 이 세계는 애당초 이미 언제나 나의 것이기도 하기" 때문이다. 타자와 함께 있음이 사물들과의 만남의 전제가 된다는 것은 현존재에게 타자가 언제나 이미, 눈앞의 것이라는 의미에서나 손 안의 것이라는 의미에서나, 사물-아님의 존재자로서의 의미를 지닌다는 뜻이기도 하다. 즉, "세계내부적으로 만나는 타자로서의 현존재의 존재양식은 손-안에-있음이나 눈앞에-있음으로부터 구분되는"바, "현존재의 세계는 그에 따라 도구와 사물로부터 아예 구분될 뿐만 아니라 그 자신의 존재양식에 따라 세계-안에-있음의 방식 안에서 **현존재** 자체**로서** 세계 '안에' 있는, 그리고 동시에 이 세계 안에서 현존재가 세계내부적으로 만나는, 그러한 존재자를 자유롭게 내어 준다." 결국 현존재가 세계 및 세계 안의 이런저런 존재자들을 손 안의 것으로서나 눈앞의 것으로서 해석하는 일은 손 안의 것도 눈앞의 것도 아닌 공동 현존재로서의 타자와 함께-있음을 배경으로 삼아 일어나는 셈이다. 바로 이런 점에서 타자는 곧 공동 현존재이며, 공동 현존재와 구분되는 타자에 대한 논의는 존재론적으로 불필요하다.(*SZ*, 118, 원문에서의 강조)

하지만 다음과 같은 점에 대해 생각해 보자. 우리는 일상세계에서 공동 현존재인 타자를 마치 손 안의 것이나 눈앞의 것처럼 이해하기도 한다. 필요한 일을 해결하기 위해 타자를 부를 때, 타자에게서 도와줄 이웃을 발견하든 아니면 임금을 주고 부릴 일꾼을 발견하든, 우리는 그를 자신에게 유용한 존재자로 보는 셈이다. 증오와 분노에 사로잡혀 타자에게 칼을 휘두르거나 총을 쏠 때 우리는 타자에게서 물리적 충격에 의해 손상을 입을 눈앞의 것의 속성을 본다. 물론 타자는 우리에게 언제나 손 안의 것이나 눈앞의 것 이상의 존재자이다. 결국 타자란 나와 함께 있는 인격적 존재자인 것이다. 그러나 이러한 존재론적 진실이 타자를 손 안의 것이나 눈앞의 것에 불과한 양 판단하고 행동할 현존재의 가능성을 무화시키는 것은 아니다.

슐라이어마허처럼 공동체적 삶 그 자체 안에서 경건의 실현 가능성을 발견하는 경우 문제는 조금 더 복잡해진다. 자신 안에서 경건한 감정의 고양이 일어나 타자를 자신과 대립하는 별개의 존재자로서가 아니라 '단순하고 무한한 존재의 개별화된 표현'으로서 분명하게 이해하게 되었다고 상상해 보라. 나는 타자를 어떤 가치와 목적을 위한 도구적 수단처럼 취급하기를 그치고 모든 인간 현존재가 일상세계에서 지배적으로 통용되는 도구적 의미연관의 한계를 초극해 나아가기를 바란다. 그럼에도 대다수 타자들은 여전히 도구적 의미연관에 의해 압도당하고 있으며, 자신을 비롯한 모든 인간 현존재를 어떤 가치와 목적을 위한 수단으로 전환시키려 부지런히 마음 쓴다. 이러한 타자 역시 경건한 감정의 고양을 통해 본래성을 회복한 나에게 공동 현존재로서의 의미를 지닐 수 있을까?

사실 존재론적으로 그 해답은 이미 자명하다. 어떤 경우든 타자는 현존재에게 공동 현존재로서의 의미를 지니기 때문이다. 존재론적으로 함께-있음이란 어떤 유대적 협력관계에 국한될 수 있는 말이 아니다. 실은 서로 갈등하는 경우에도 우리는 부정적인 방식으로 서로 협력하며 함께 있는 셈이다. 갈등 속에서 우리는 자신을 갈등의 승리자가 되는 데 유능한 도구적 능력의 담지자로 전환시키려 애쓰게 될 것이다. 즉, 서로 갈등하는 현존재와 공동 현존재는 서로의 존재를 도구적 존재자로서의 존재로 전환시키는 데 함께 협력하는 셈이다. 설령 슐라이어마허가 말하는 어떤 경건한 감정의 고양이 자기 안에서 일어나도 현존재가 완전히 일상세계적이지 않은 존재자가 되는 일을 불가능하다. 결국 현존재는, 적어도 현존재가 —슐라이어마허가 공동체라는 말로 표현하는— 구체적 일상세계 안에 머물고 있는 한에서, 주위의 모든 타자와 '서로에게 공동 현존재'인 그러한 관계를 맺고 있는 것이다. 게다가 슐라이어마허의 관점에서 보면 경건한 의존감정으로서의 종교는 자기의식의 근원적 양상 중 하나이다. 앞에서 살펴보았듯이 슐라이어마허에게 자기의식이란 자기에게서 일어나는 감각적 변화의 의식을 한 구성 요소로서 지니며, 그런 한에서 자신을 비롯한 모든 개별자가 단순하고 무한한 존재 안에 머물고 있음을 다소간 의식하게 되기 때문이다. 그렇다면 현존재가 도구적 의미연관 속으로 완전히 매몰되는 일은 일어날 수 없는 셈이다. 가장 경건한 현존재와 가장 비본래적인 현존재 사이 역시 경건한 의존감정을 계기로 삼는 함께-있음의 관계로 규정되어야 한다는 뜻이다.

하지만 본래성을 회복하고 모든 존재자를 눈앞의 것이나 손 안의 것 이상의 존재자로 이해하려는 경향을 띠게 된 현존재와 비본래적 세인으로서 모든 존재자를 손 안의 것으로 부단히 전환시켜 나가는 현존재는 서로 정반대의 방향으로 운동하고 있다. 슐라이어마허 식으로 표현하자면 경건한 감정의 고양에 자신을 내맡긴 자와 경건한 감정이 거의 고양되지 않은 채 공동체 안의 일상사에 매몰되어 있는 자는 서로 대립된 방식의 삶을 영위하고 있다는 것이다. 논의의 편의상 본래성을 회복한 현존재에게 자신처럼 본래성을 회복한 현존재는 공동 현존재로, 그렇지 못한 현존재는 타자로 부르도록 하자. 물론 앞에서 살펴본 것처럼 타자 역시 실은 공동 현존재의 하나이다. 다만 서로 대립적인 존재의 운동을 벌여 나가는 현존재들 사이의 관계를 구체적으로 해명할 요량으로 공동 현존재와 타자를 구분해 보자는 것이다.

3.1. 존재의 운동으로서의 본래성과 비본래성

공동 현존재와 타자 사이의 존재론적 관계를 이해하려면 우선 존재의 운동으로서 본래성과 비본래성이 서로 어떤 관계에 있는지 밝힐 필요가 있다. 가장 조야하고 또 범하기 쉬운 오류는 존재의 운동을 공간적 운동과도 같은 것으로 혼동하는 것이다. 즉, 본래성과 비본래성이 서로 상반된 방향으로 향하는 현존재의 존재의 운동이라는 것을 현존재들 중 본래성을 회복하거나 혹은 회복하려 애쓰는 자와 그렇지 못한 자가 서로 반대의 방향으로 제각각 멀어져 가고 있다는 뜻으로 착각하면 안 된다는 것이다.

하이데거는 "현존재의 빠져 있음^{Verfallenheit}을 어떤 것보다 더 순수하고 더 높은 시원적 상태^{Urstand}로부터의 '추락^{Fall}'으로 파악해서는 안 된다"고 말한다. 이 말은 빠져 있지 않은 현존재, 즉 완전히 비본래적이지 않은 방식으로 순연하게 본래적으로만 존재하는 현존재는 존재하지 않는다는 뜻이기도 하다. "몰락^{Verfallen}은 현존재 자체의 실존론적 규정의 하나"이며, 바로 그렇기에 현존재는 언제나 이미 일상세계 안에 빠져 있을 뿐만 아니라 일상세계 안으로의 몰락을 그 자신의 존재의 근본적인 운동으로서 지니는 것이다.(SZ, 176)

이기상의 번역본에서 위 인용문의 독일어 'Verfallen'은 'Verfallenheit'와 똑같이 '빠져 있음'으로 번역되어 있다. 사실 일반적으로 보면 큰 무리가 없는 번역이다. 그러나 엄밀히 말해 '빠져 있음'은 현존재의 현사실적 존재상황을 표현하는 말인 반면 '몰락'은 현존재의 현사실적 존재의 운동을 표현하는 말이다. 이러한 관점에서 보면 'Verfallenheit' 역시 '빠져 있음'뿐만 아니라 몰락해 가는 운동의 경향성을 함께 표현하는 말이라고 볼 수 있다. 달리 말해 하이데거적 의미의 현존재는 도구적 의미연관이 지배하는 세계 안으로 언제나 이미 빠져 있을 뿐만 아니라 실은 부단히 몰락해 가고 있기도 하다.

그렇다면 본래성이란 존재의 운동으로서 파악될 수 없는 것이 아닐까? 하나의 현존재가 비본래적 존재의 운동을 하며 일상세계 안으로 몰락해 가는 동시에 본래적 존재의 운동을 하며 일상세계 밖으로 빠져나오는 일이 어떻게 가능할까? 물론 형식논리적으로 보면 이러한 일은 가능하지 않다. 적어도 비본래적 존재의 운동과 본래적 존재의 운동을 별개의 과정으로 이해하는 한에서는 그러하다. 만약 양자가 별개의 과정이라면 양자는 동시에 일어날 수도 없고, 개별 현존재의 존재에게서 양자가 함께 일어날 수도 없기 때문이다.

현존재는 일상적 존재자이며 일상세계 안으로 부단히 몰락해 가는 존재자이다. 그렇기에 본래성의 회복을 몰락의 중지와도 같은 것으로 오인해서는 안 된다. 그럼에도 본래성은 틀림없이 비본래성과 마찬가지로 존재의 운동으로서 파악될 수 있다. 현존재의 몰락이 높은 곳으로부터 낮은 곳으로의 추락을 의미할 수 없듯이 현존재의 본래성의 회복 또한 낮은 곳으로부터 높은 곳으로의 상승을 의미할 수 없다. 몰락과 상승은 늘 한 자리에서 일어난다. 도구적 의미연관이 지배하는 일상세계와 존재 자체의 의미에 눈뜬 현존재의 존재에 의해 새롭게 구성될 비일상적인 세계가 따로 있는 것이 아니라 실은 일상성과 비일상성이 그 자체 세계의 근원적인 존재양상으로서 역동적으로 엮여 있다는 뜻이다. 물론 세계의 근원적인 존재양상으로서의 일상성과 비일상성은 현존재의 존재의 운동의 두 상이한 계기인 일상성과 비일상성, 비본래성과 본래성에 그 가능근거를 두고 있다. 존재론적으로 세계란 현존재와 무관한 물리적 공간세계가 아니라 도리어 그 자체 현존재의 존재인 세계-안에-있음의 근본 구조에 근거해서만 존립하는 것이기 때문이다. 세계의 일상성과 비일상성 역시 현존재의 존재의 운동인 일상성과 비일상성, 비본래성과 본래성에 근거해서만 발견되는 것이라는 뜻이다.(SZ, 113)

논리적으로 현존재의 몰락과 본래성의 회복이 서로 상반된 방향으로 나아가는 존재의 운동이면서도 동시에 양자가 하나의 세계 안에서, 서로 실제적으로 멀어지는 일 없이, 일어난다는 주장은 모순처럼 보이기 쉽다. 그러나 형식적인 논리로부터 벗어나 현존재의 현사실적 삶 그 자체의 관점으로부터 주어진 사태를 살펴보면 전혀 그렇지 않다. 자신의 죽음을 의식하고 불안에 사로잡힌 상태에서도, 심지어 단순히 불안에 사로잡혀 있을 뿐만 아니라 그 불안을 긍정적으로 받아들이고 본래성을 회복하기 위해 애쓸 때조차도, 현존재는 언제나 자신의 일상을 지니기 마련이다. 즉, 본래성의 회복을 기획하는 현존재조차도 실은 부단히 일상세계 안으로 몰락해 가고 있다.

　　정신이 완숙해지고 성스러운 경지에 이르러 죽음의 불안 속에서 도리어 삶에의 모든 집착을 끊어 낼 이유를 발견한 성인의 경우를 생각해 보자. 삶에 집착할 때는 오직 자신만의 삶을 영위하는 데 필요한 수단이었던 재산이 성인에게는 모두의 삶을 이롭게 할 수단이 된다. 심지어 세인들에 대한 애착마저도 완전히 끊어 내어 저 홀로 온전히 고독한 자가 있다손 쳐도 그는 저 홀로 온전히 고독해지기 위해 그 무엇인가를 버려야 하며, 이 경우 모든 세상 것들은 삶을 위해 소유해야 할 수단이 아니라 삶에의 애착을 끊어 내기 위해 버려야 할 수단으로서 사용된다. 물론 성인으로서 이러한 수단마저도 완전히 사라진 무소유의 경지를 꿈꿀 수는 있다. 그러나 진정 무소유의 경지에 오른 자라면 이미 이 세상 사람이 아닐 것이요, 존재론적으로 현존재라 할 수 없다. 즉, 설령 성인일지라도 존재론적으로는 언제나 이미 저 나름의 방식으로 저 나름의 일상세계 안으로 몰락해 가고 있는 것이다.

　　아마 이러한 주장이 혼란스럽고 이상하게 들리는 독자가 있다면 '빠져 있음', '몰락' 등은 존재론적으로 현존재의 근원적 존재방식을 뜻할 뿐 결코 어떤 부정적인 의미를 지니는 것이 아니라는 점을 기억해 주기 바란다.

물론 빠져 있음과 몰락의 방식은 현존재마다 상이할 수 있고, 관점에 따라 그때마다 좋거나 나쁜 것으로 판단될 수 있다. 성인조차도 언제나 이미 저 나름의 일상세계 안으로 몰락해 가고 있다는 말은 그가 겉으로 보기엔 성스럽지만 실제로는 그렇지 못해 어떤 부정적이고 나쁜 세계 안으로 타락해 가고 있음을 뜻하지 않는다. 성인에게는 성인의 일상세계가 있으며, 그 일상세계는 성인을 흠모하고 동경하는 자에게 성스럽게 여겨질 것이다. 그럼에도 성인 역시 저 나름의 일상세계 안으로 늘 몰락해 가고 있다는 존재론적 진실이 바뀌는 것은 아니다. 역설적으로 말해, 성인은 자신의 일상세계를 성스럽게 하며 그 안으로 몰락해 가고 있다. 성인의 세계가 성스러운 까닭은 성인의 일상세계에 속한 모든 것은 애착을 끊어 낼 수단으로서 거기 있는 것이기 때문이다. 그럼에도 성인이 자신의 일상세계에 몰락해 갈 수밖에 없음은 성인조차도 실제로 현존하는 한에서는 저 나름의 일상세계 안의 존재자이기 때문이다.

바로 여기에 존재의 운동으로서의 본래성과 비본래성의 관계가 있다. 본래성을 회복한 자도 실은 언제나 이미 비본래적인 자로 남으며, 비본래적 일상세계 안으로 몰락해 가는 자 또한 실은 저 자신의 본래성을 회복할 가능근거와 함께 거기 있다. 세계와의 완전한 무연관성을 가리키며, 죽음은 누구에게나 임박한 가능성으로서 자각되기 때문이다.

3.2. 현존재의 본래성-비본래성과 존재의 은폐-탈은폐

존재론적으로 죽음이란 세계와 무연관적이 될 가능성의 고지와도 같다. 존재론적 의미의 죽음은 생물학적 사건이 아니라 존재에 대한 비세계적 이해의 지평을 현존재에게 열어 밝힐 그 가능 근거라는 뜻이다. 주의할 점은 죽음을 통해 고지되는 세계와의 무연관성의 가능성을 허무주의적 세계관의 정당화와도 같은 것으로 파악해서는 안 된다는 것이다. 죽음은 다만 존재가 세계내부적 존재의 의미로 한정될 수 없음을 알리는 그 기표일 뿐이다. 죽음을 통해 현존재에게 가능해지는 것은 세계 안의 자기로서 실존함을 넘어, 그리고 이를 통해 현상적으로 열리는 세계내부적 존재자의 존재를 넘어, 존재 자체의 의미를 간직하는 존재의 파수꾼이 되는 일이다. 실은 바로 여기에 현존재로서 존재함의 가장 고유하고도 근원적인 의미가 있다.

그런데, 세계내부적 존재자의 존재를 넘어서는 그러한 존재의 의미는 현존재에 의해 어떻게 간직될까? 이러한 일이 가능하다면 존재의 파수꾼이 되는 일은 현존재와 공동 현존재의 관계를 위해 구체적으로 어떤 의미를 지닐까? 하이데거에게서는 이러한 물음에 대한 명확한 해명이 발견되지 않는다. 그 까닭이 하이데거가 현존재와 존재자들의 관계를 암묵적으로 시지각적 관점에 정향된 채 고찰했기 때문임은 이미 살펴본 바 있다. 발견되는 것으로 상정되는 한에서 존재자는 현존재와의 통일성을 상실할 위기에 처해 있다. 존재론적으로 현존재는 주체가 아니고, 존재자 역시 주체인 현존재에 의해 가치중립적으로 관찰되는 물리적 객체가 아니다. 하지만 존재자의 발견이 일차적으로 그 도구성의 드러남인 한에서 현존재는 사용하는 존재자이며 발견되는 존재자는 사용되는 존재자이다. 마치 주체-객체의 형이상학적 이분법을 사용자-도구의 이분법으로 대체하며 의사擬似주체-의사擬似객체의 존재론적 관계를 암시하는 식이다. 물론 하이데거에게 존재자의 도구성이 드러남은 존재자의 존재가 도구성으로 한정됨을 의미하지 않는다. 현존재는 존재자의 도구성으로 드러나면서도 동시에 도구-아님으로서 감추어지는 존재 자체의 고유한 의미를 물어야 하는 존재자이며, 이는 현존재가 자신을 도구사용자 이상의 존재자로서 이해해야 함을 뜻한다. 그런데 존재자의 도구-아님이 현존재에게 어떻게 발견되고 또 간직될 수 있을까? 발견되는 것으로서 존재자는 언제나 이미 손 안의 존재자이며, 그러한 것으로서 눈앞의 존재자로서 파악될 가능성을 지니고 있지 않는가? 존재자가 존재자로 머물면서 현존재에게 손 안에 있음도 아니고 눈앞에 있음도 아닌 것으로서 자신의 존재를 구체적으로 알릴 가능성은 대체 무엇인가? 바로 이러한 물음들에 대한 구체적인 해명이 하이데거에게는 거의 발견되지 않는 것이다.

필자는 존재자의 발견이 중지된 바로 그 지점에서 현존재와 ─현존재의 자기-아닌─ 존재자의 관계가 더욱 본래적이 된다고 여긴다. 한 가지 흥미로운 점은 하이데거에는 이러한 가능성이 도리어 비본래성의 강화로 이어질 가능성으로서 파악되고 있다는 것이다.

불안을 그 안에서 존재의 의미가 현존재에게 탁월하게 열어 밝혀져 있는 근본적 처해 있음으로서 해명하는 『존재와 시간』의 한 절에서 하이데거는 다음과 같이 밝힌다: "불안은 전혀 해롭지 않은 상황에서도 생길 수 있다. 사람이 쉽게 섬뜩함을 느낄 어둠조차도 불안은 필요로 하지 않는다. 어둠 속에서는, 비록 강화된 방식으로 '아무것도' 보이지 않지만, 세계가 **여전히** 그리고 **더욱 강압적으로** '거기' 있다."(SZ, 189, 원문에서의 강조) 필자는 이러한 주장이 존재론적 죽음과 불안이 가능하게 하는 본래적 함께-있음에 대한 전도된 이해의 표현이라고 여긴다. 여기서 '전도되어 있음'은 현존재의 본래성을 드러낼 가능성으로 이해되어야 할 것이 도리어 그 비본래성을 드러낼 가능성으로서만 잘못 평가되었음을 뜻한다. 이것이 구체적으로 무엇을 뜻하는지 살펴보기 전에 우선 하이데거의 주장에 담긴 의미를 좀 더 상세하게 풀어내 보자.

결국 하이데거에 따르면 현존재가 어둠에 잠겨 존재자의 발견이 중지됨은 현존재와 세계 및 세계내부적 존재자들 사이의 연관성이 더욱 강화됨을 뜻한다. 즉, 존재자의 발견 역시 현존재와 세계의 연관성의 드러남이고 존재자의 발견의 중지 역시 현존재와 세계의 연관성의 드러남이다. 게다가 현존재와 세계의 연관성이 더욱 강화되도록 하는 한에서, 존재자의 발견의 중지는 현존재로 하여금 더욱 비본래적이 되도록 한다.

V. 공동 현존재와 공감　　　**345**

한편 이 말은 현존재가 존재자의 발견이 무리 없이 일어나는 통상적 상황에서 존재자의 발견이 중지되는 특별한 상황에서보다 본래성을 자각할 가능성을 더욱 많이 지니고 있음을 뜻한다. 그렇기에 하이데거는 존재자의 발견이 중지되는 상황에서 현존재의 비본래성이 더욱 강화된다고 여기는 것이다. 즉, 하이데거에 따르면 본래성의 회복을 가능하게 할 불안은 비상한 상황이 아니라 도리어 가장 평범하고도 평균적인 상황에서 더욱 잘 일어날 수 있다. 다른 한편 우리는 하이데거의 생각으로부터 존재론적 의미의 일상성을 평범하고 두렵지 않은 상황만을 뜻하는 말로 오인해서는 안 된다는 결론을 내릴 수 있다. 도구적 의미연관이 깨진 것처럼 보이는 불안정한 상황에서도, 심지어 존재자들의 발견이 중지되어 익숙한 방식으로 행동하기 어려워졌을 때에도, 현존재는 일상적이고 비본래적인 존재자로 남는다. 아니, 실은 불안정한 상황에서 현존재는 더욱 강화된 방식으로 존재자와 그 도구적 의미연관을 발견하려 애쓰는 성향을 보이기 마련이다. 그렇기에 현존재는 평범한 상황보다 불안정한 상황에서 더욱 비본래적이 되기 쉽다.

필자는 이러한 주장이 그 자체로 옳다고 생각한다. 그러나 존재자의 발견이 중지됨으로써 현존재가 더욱 비본래적이 되는 순간은 동시에 본래적이 될 가능성이 고지되는 순간이기도 하다. 그 이유는 간단하다. 불안정한 상황에서 현존재가 더욱 비본래적이 되는 이유는 도구적 일상세계로부터 낯설어질 가능성이 현존재에게 —안정된 상황에서보다 더욱 강화된 방식으로— 알려졌기 때문이다. 일상세계로부터 낯설어진 현존재는, 적어도 자신이 그러한 상황에 처해 있다는 것이 분명해진 한에서, 더 이상 일상적이지 않은 방식으로 존재하기를 시도해야 한다. 즉, 현존재로 하여금 더욱 강화된 방식으로 비본래적이 되게 하는 바로 그러한 상황이 실은 동시에 비본래적 존재방식으로부터 벗어날 현존재의 가능성이 더욱 강화된 방식으로 고지되는 순간이기도 한 것이다. 다만 불안정한 상황에 처한 현존재는 대개 자신에게 고지되는 이러한 가능성을 현실화할 준비가 안 되어 있기 마련이고, 바로 그 때문에 더욱 절실하게 안정되고 일상적인 세계로 복귀하려는 충동에 사로잡히게 된다.

이제 다시 불안이 어둠을 필요로 하지 않는다는 하이데거의 주장으로 돌아가 보자. 이 주장은 존재론적 의미의 불안을 통념적 의미의 불안이나 두려움 같은 것과 혼동해서는 안 된다는 생각을 담고 있다. 하이데거에 따르면 "두려움"이란 "'세계'에 빠져 있는, 비본래적이며, 그 자신에게 그러한 것으로서 감추어져 있는, 불안이다."(SZ, 189) 이 말은 곧 어둠 속에서 현존재가 느끼는 불안이 비본래적 불안인 두려움에 지나지 않음을 뜻한다. 두려움으로 인해 현존재는 친숙한 일상으로 바삐 돌아가려 하고, 그 때문에 두려움을 불러일으키는 어둠은 세계를 현존재에게 더욱 강압적으로 '거기' 있게 만든다. 마음이 안정된 상태에서라면 일탈을 꿈꿀 수도 있을 현존재가 어둠이 야기한 두려움으로 인해 더욱 더 강한 정도로 세계에 집착하게 된다는 뜻이다. 그런데 이런 식의 논리는 어둠뿐 아니라 죽음에도 적용할 수 있는 것이 아닐까? 현존재는 대개 죽음을 두려워하기 마련이고, 죽음의 가능성으로 인해 막연하면서도 절실한 불안을 느끼기도 하지 않는가? 이러한 불안이 본래적 의미의 불안이 아니라 비본래적 불안인 두려움과 같은 것이라고 지적해도 문제는 해결되지 않는다. 죽음의 가능성에 의해 불러일으켜진 한에서, 결국 불안은 ―그것이 강렬한 두려움의 감정을 수반하든 아니면 차라리 생사의 문제로부터 초연해진 마음의 고요함으로 이어지든― 자신의 존재가 세계와 완전히 무관해질 가능성에 대한 자각으로 인해 일어난다. 어둠 속에서 세계가 더는 보이지 않고 마치 자신의 곁에 존재하지 않게 된 것만 같은 기분이 들어 세계에 더욱 집착하게 되듯이, 현존재는 불안 속에서 세계와 무관하게 될 가능성을 자각하면서 도리어 세계에 더욱 집착하게 되기 쉽다. 결국 여기서 어둠과 죽음, 비본래적 불안인 두려움과 본래적 불안 사이의 근본적인 차이가 하이데거의 철학에서 불완전하게 해명되어 있다는 점이 드러난다. 이러한 문제가 생겨난 근본 원인은 본래성을 회복한 현존재란 본디 더욱 강렬한 정도로 공동 현존재를 비롯한 모든 존재자와 함께-있는 존재자라는 것이 명확하게 해명되어 있지 않다는 점에 있다. 하이데거가 지적한 대로 어둠 속에서 두려움을 느끼며 현존재는 더욱 강압적인 방식으로 세계가 '거기' 있음을 자각한다. 그런데 이러한 자각이 과연 현존재를 더욱 비본래적으로 만들기만 하는가? 어둠 속에서 더욱 강압적인 방식으로 '거기' 있는 세계는 현존재에게 순연한 일상세계로서의 의미만을 띨까?

비본래성이란 존재자의 존재가 일상세계를 지배하는 도구적 의미연관 속에서 해소되어 가는 경향을 의미한다. 그렇다면 현존재가 죽음을 향해 미리 달려가 봄으로 인해 불안 속에서 자신의 존재가 세계와 무연관적이 될 가능성을 자각하게 됨은 이러한 경향을 되돌릴 가능근거로서 파악되어야 한다. 오직 그런 경우에만 존재론적 의미의 죽음과 불안이 일상적이지 않은 존재 자체에 대한 자각으로 이어질 수 있는 것이다. 마찬가지로 어둠 속에서 세계가 더욱 강압적인 방식으로 '거기' 있음 또한 세계와 무연관적이 될 가능성의 자각을 뜻한다. 비본래적 불안인 두려움으로 인해 더욱 비본래적이 되면서 역설적이게도 본래성을 자각할 현존재의 가능성 역시 커진다는 뜻이다.

특정한 사건을 계기로 자신이 죽을 자로 존재한다는 것을 새삼 절실하게 자각하게 된 사람을 예로 들어 생각해 보자. 그는 일상적인 삶에 더 이상 집착하지 않는다. 자신의 죽음을 향해 앞질러 가 보면서 그는 자신의 존재가 일상적인 삶과 무관한 것일 수 있음을 직감하게 된 것이다. 그는 이전에 주위 사람들을, 심지어 사랑하는 가족마저도, 자신의 성공을 위한 수단처럼 생각할 뿐이었다. 하지만 그는 이제 더 이상 주위 사람들을 수단으로 생각하지 않는다. 그것은 무엇보다도 우선 그가 자기 자신을 더 이상 일상세계의 도구적 의미연관의 관점에서 바라보지 않기 때문이다. 불행하게도 그가 보인 이전의 모습 때문에 그의 주위 사람들은 그로부터 소원해졌다. 그는 두 가지 선택의 가능성 앞에 선 자신을 발견하게 된다. 하나는 주위 사람들과는 회복하기 위해 노력하는 것이다. 또 다른 하나는 주위 사람들과의 인연에 연연해하지 않고 그들과 동떨어진 자로서 자신을 이해하고 받아들이는 것이다.

언뜻 이 두 가지 가능성은 '공동 현존재와 본래적인 방식으로 함께-있을 가능성'과 '공동 현존재와 무연관적이 될 가능성'처럼 보이기 쉽다. 그러나 문제가 그렇게 간단한 것은 아니다. 전자는 자신과 공동 현존재의 관계를 도구적 의미연관의 관점으로부터 바라보기를 그치고 사랑과 신뢰의 관점에서 새롭게 정립하려는 노력의 일환이라고 해석될 수 있다. 그러나 사랑과 같은 감정 역시 존재자의 존재를 가치의 관점에서 바라보게 하는 것임을 밝힌 이전의 논의를 상기하자. 주위 사람들과 사랑과 신뢰의 관계를 회복하려는 한에서 우리는 주위 사람들을 자신을 위해 필요한 존재자들로 여기고 있으며, 자신 또한 그들을 위해 필요한 존재자가 되기 위해 노력하고 있다. 도구적 의미연관을 돈이나 권력 같은 실용적 목적의 논리에 국한시켜 이해하는 경우 사랑과 신뢰의 관계는 도구적 의미연관으로부터의 해방을 의미할 수 있다. 하지만 존재자의 존재를 가치로 전환시키는 모든 것을 도구적 의미연관이 산출될 가능근거로 보는 경우 사랑과 신뢰의 회복이란 결국 저차원적인 도구적 의미연관으로부터 보다 고차원적이고 인격적인 도구적 의미연관으로의 이행을 뜻할 뿐이다. 게다가 사랑과 신뢰의 관계를 회복하려는 우리의 시도가 주위 사람들 곁에 머물고자 하는 열망과 의지를 전제로 한다는 점에서 주위 사람들은 더욱 강압적인 방식으로 '거기' 있는 셈이다. 즉, 사랑과 신뢰를 회복하려는 마음으로 인해 우리는 더욱 본래적이 되기는커녕 실은 더욱 비본래적이 되는 셈이다. 친근한 일상적 존재자들이 더욱 강압적인 방식으로 '거기' 머무는 가운데 우리는 사랑과 신뢰의 마음이 지배하는 일상세계로

부터 동떨어질 가능성으로 인해 비본래적 불안인 두려움에 사로잡히게 되는 것이다.[69]

그렇다면 주위 사람들과의 인연에 연연해하지 않고 그들과 동떨어진 자로서 자신을 이해하고 받아들이는 경우는 어떨까? 이러한 경우는 참으로 본래성을 회복할 가능성을 뜻할까? 그러나 살아 있는 한 세계는 여전히 '거기' 있고, 나는 주위 사람들과 동떨어진 자로서 자신의 일상을 가져야 한다. 자신으로부터 동떨어진 주위 사람들은 어디 있는가? 물론 그들 또한 여전히 세계 안에 있다. 주위 사람들과 나 자신은 서로 동떨어진 자로서 세계 안에 함께-있으며, 주위 사람들과의 소원한 거리가 커질수록 주위 사람들과 동떨어진 나의 세계의 일상성은 더욱 강화된 방식으로 '거기' 있게 된다. 나와 동떨어진 자로서 주위 사람들은 가까이해서는 안 될 존재자들로서 도구가 된다. 소중해서 가까이해야 할 존재자가 긍정적인 의미로 나를 위한 도구이듯이 가까이해서는 안 될 존재자 역시 부정적인 의미로 나를 위한 도구라는 뜻이다. 그것은 마치 드라마와 각종 쇼 프로그램을 좋아하는 자에게 TV가 가까이해야 할 도구이지만 싫어하는 자에게 멀리해야 할 도구인 것과 같다. TV가 TV를 좋아하는 자에게나 싫어하는 자에게나 한결같이 도구적 의미를 지니듯이 주위 사람들이

---

69 아마 일상세계로부터 떨어져 나갈 가능성에 대한 자각으로 인해 현존재가 일상세계를 더욱 더 강압적인 방식으로 '거기' 있는 것으로서 받아들이게 됨을 잘 알려 주는 현상들 중 하나는 자신을 과대평가하는 경향일 것이다. 필자의 소견으로 보면 자신에 대한 과대평가의 근본 원인은 바로 존재론적 불안이다. 일상세계로부터 떨어져 나갈 가능성에 대한 자각으로 인해 현존재는 더욱 더 강한 정도로 자신이 일상세계에 적합한 존재자로 존재함을 확신하려는 경향을 띠게 된다는 뜻이다. 자신을 과대평가하는 경향에 관해서는 다음 참조: T. Stölzel, *Staunen, Humor, Mut und Skepsis. Philosophische Kompetenzen für Therapie, Beratung und Organisationsentwicklung*, Göttingen 2012, 89 이하. 이 저술은 철학실천의 관점에서 과대평가의 문제를 다루고 있다. 필자는 비본래성과 본래성의 역동적 관계에 대한 이 글의 존재론적 논의가 과대평가 등 철학실천의 주요 개념들에 대한 이해에 도움을 주게 되기를 기대한다.

란 그들과의 사랑을 소중히 여기는 자에게나 그렇지 않은 자에게나 자신을 위해 필요하거나 필요하지 않은 도구적 존재자로서의 의미를 지닌다는 뜻이다.

그렇다면 참으로 본래성을 회복할 가능성은 현존재에게 허용되지 않는 것일까? '참으로'라는 표현의 의미를 '비본래성을 완전히 극복해 냄'이라는 의미로 이해하는 경우 현존재는 결코 본래성을 회복할 수 없다. 현존재는 본질적으로 일상적 존재자이며, 비본래성 역시 현존재의 근원적 존재방식의 하나이기 때문이다. 그러나 죽음과 불안, 어둠과 두려움으로 인해 세계가 더욱 강압적으로 '거기' 있을 때, 즉 현존재가 더욱 비본래적이 될 때, 본래성을 회복할 현존재의 가능성 역시 더욱 강화된다. 세계가 강압적으로 '거기' 있게 되는 것 자체가 세계와 무연관적이 될 가능성의 자각으로 인한 것이기 때문이다.

현존재에게 본래성의 회복이란 비본래성의 온전한 지양을 통해 이루어지는 것이 아니라 비본래적 존재를 본래적 존재의 드러남으로서 긍정하고 수용함을 뜻할 뿐이다. 주위 사람들과 사랑과 신뢰의 관계를 회복함은 실용적 목적을 위한 도구로서 드러났던 존재의 의미가 보다 고차원적 도구의 의미로 전환되었음을 뜻한다. 나는 사랑하는 자로서 주위 사람들을 필요로 하며, 주위 사람들 또한 나를 필요로 하기를 바란다. 그러나 참으로 사랑하면 나는 주위 사람들을 나를 위한 존재로서만 여기지 않는다. 결국 사랑으로 인해 나는 그들을 위한 자로서 여기 있으며, 설령 나를 사랑하지 않아도 내가 사랑해야 할 자로서 그들은 거기 있다. 결국 사랑으로 인해 주위 사람들은 나를 위한 존재자, 즉 도구로서 드러남과 동시에 도구-아님의 근원적 존재방식 속에서 존재하는 존재자로서 드러나는 셈이다. 즉, 본래성이란 나를 위한 도구적 존재자로서 자신을 내어 주는 존재에게서 존재 자체의 드러남과 감추어짐을 함께 발견함을 뜻한다. 존재가 자신을 나를 위한 도구적 존재자로서 내어 주는 한에서 나는 여전히 비본래적 존재자로서 여기 있다. 그러나 존재가 그렇게 드러나면서 동시에 도구-아님의 존재 의미가 함께 발견되는 한에서 나는 동시에 본래적 존재자로서 여기 있다. 나는 도구적 존재 의미에서 존재 자체의 의미가 감추어져 있음을 자각하고 있는 것이다.[70]

결국 본래성의 회복이란 함께-있음의 무화나 공동 현존재를 위한 책임으로부터의 해방과도 같은 것을 뜻하지 않는 셈이다. 본래성의 회복을 통해 나는 공동 현존재와, 더욱 강화된 방식으로, 비본래적 함께-있음의 관계와 본래적 함께-있음의 관계를 동시에 맺게 된다. 공동 현존재 자체가 나를 위한 도구적 존재자로서 자신을 내어 주는 존재이기도 하고 동시에 도구-아님의 존재이기도 하기 때문이다.

3.3. 본래적 함께-있음과 공감의 존재론적 가능근거

공동 현존재와 함께 있음은 응당 공동 현존재가 공동 현존재로서 발견됨을 전제로 한다. 그런데 공동 현존재의 발견을 가능하게 하는 것은 대체 무엇일까? 우선 필자가 논의상의 편의를 위해 본래성을 회복한 현존

---

70 아마 하이데거의 존재론에 대한 가장 흔하고도 집요한 오해들 중 하나는 존재론의 허무주의적 본질에 관한 오해일 것이다. 하이데거의 존재론은 분명 허무주의적이다. 즉, 그것은 존재에 어떤 궁극적 가치의 이념을 부여하기를 거부하는 것이다. 그러나 그것은 가치의 무근거성에 대한 형이상학적 긍정에서 출발하는 통념적 의미의 허무주의와 같은 것이 아니라 존재가 모든 가치의 초월적 근거로서 가치초월임을 밝히는 허무주의이다. 존재가 어떤 궁극적 가치의 이념과 동일시될 때 현존재의 존재는 필연적으로 가치의 실현을 위한 도구적 존재로 환원되기 마련이다. 즉, 존재론적으로 현존재의 본래성은 궁극적 가치의 이념과 양립 불가능한 것이다. 존재론의 허무주의적 본질에 대한 오해는 종종 「존재와 시간」의 허무주의를 존재론적 실패의 징후로 오인하도록 하고, 그럼으로써 하이데거의 전회가 「존재와 시간」의 현상학적 관점의 포기와 같다는 식의 그릇된 단정을 내리게 하는 원인이 되기도 한다. 이러한 오류에 관해서는 특히 다음 참조: J. Brechtken, *Geschichtliche Transzendenz bei Heidegger. Die Hoffnungsstruktur des Daseins und die gott-lose Gottesfrage*, Meisenheim am Glan 1972, 8 이하 및 103 이하.

재에게 자신처럼 본래성을 회복한 현존재는 공동 현존재로서의, 그렇지 못한 현존재는 타자로서의 의미를 지니는 것으로 전제했음을 상기하자. 다시 한 번 강조하건대 존재론적으로 공동 현존재와 타자의 구분은 원래 무의미하다. 이러한 사실은 본래성의 회복이 현존재로 하여금 공동 현존재와 더욱 강화된 방식으로 비본래적 함께-있음의 관계와 본래적 함께-있음의 관계를 동시에 맺게 된다는 이 글의 논의를 통해 확인된 셈이다. 본래성을 회복한 현존재 역시 실은 여전히 비본래적 현존재로서 자신의 일상세계 안에 머문다. 이 말은 본래성을 회복한 현존재가 주위 사람들을 자신을 위한 도구적 존재자로서 발견함과 동시에 도구-아님의 존재로서 발견함을 뜻한다.

자신이 기원후 400년 무렵 알렉산드리아의 기독교 공동체의 일원이라고 상상해 보자. 로마의 종교로 공인된 이후 기독교가 날로 세를 확장하면서 기독교도와 유대교도 및 여타 이교도 사이의 갈등이 나날이 심해지고 있다. 나는 별로 신실한 신자는 아니다. 그러나 나는 주위의 기독교도들을 이웃으로 사랑하고 있으며, 자신의 사랑이 도구적 의미연관이 지배하는 세속적인 삶과 전적으로 차원이 다른 어떤 성스러운 진리의 드러남이라고 믿고 있다. 그러나 비기독교인들과의 갈등이 극심해지는 것을 경험하면서, 그리고 그러한 과정 속에서 기독교 공동체 안에서 구성원들 사이에 형성된 사랑의 관계가 도리어 그들로 하여금 비기독교인들에 대해 더욱 배타적이 되도록 한다는 사실을 발견하고 나서, 나는 혼란에 빠지게 된다. 나와 같은 기독교인들을 향한 사랑으로 인해 나는 나와 종교가 다른 사람들에게 배타적이 되도록 무언의 압력을 받는다. 대체 무엇이 문제일까?

이러한 의문에 대한 가장 간단한 해결책은 문제의 근원을 사랑의 편협함에서 구하는 것이다. 이교도들에게 배타적인 한에서 기독교인의 사랑은 이교도에게까지 미치지 못하는 편협함을 지니고 있는 셈이다. 그렇다면 이교도에게까지 미치는 넓은 사랑을 할 수만 있다면 문제가 해결될까?

어떤 의미에서는 과연 그렇다. 이교도에 대해 증오와 분노의 마음을 품지 않고 도리어 사랑의 마음을 품을 수만 있다면 나는 기독교인으로서 그들과 반목할 가능성을 줄이거나 거의 사라지게 할 수 있다. 그러나 다른 경우도 생각해 볼 수 있다. 설령 이교도들을 사랑한다고 하더라도 만약 내가 사랑으로 인해 그들을 구원할 마음을 품고 또 그 때문에 그들을 꼭 개종시켜야 한다는 마음을 품는 경우 그들과 나는 계속 갈등하게 되기 쉽다. 사랑의 편협함을 극복하고 보다 넓은 사랑을 지님으로써 나는 내 마음속의 증오와 분노를 해소시킬 수 있다. 그럼에도 오직 기독교를 통해서만 구원이 가능하다는 생각에 내가 사로잡혀 있는 경우 나와 이교도들과의 갈등은 멈추지 않는다. 게다가 나뿐 아니라 이웃들 역시 사랑의 편협함을 극복하지 못하는 한, 신앙이 다른 사람들이 서로 반목하고 증오하는 일은 나의 사랑과 무관하게 계속될 것이다.

이와 같은 추론은 사랑과 같은 감정이 존재자의 도구화와 대립적인 방향으로 현존재를 움직이기보다 도리어 존재자의 도구화를 더욱 심화시키는 방향으로 움직이기 십상이라는 것을 잘 알려 준다. 그것은 자식을 향한 사랑으로 인해 부모가 자신이 원하는 삶의 길을 자식에게 강요하게 되는 것과 원리적으로 조금도 다르지 않다. 부모는 자식에게 삶의 길을 만들어 줄 도구적 존재자로 기능하고, 자식은 그러한 부모의 욕구를 충족시켜 줄 도구적 존재자로 기능한다. 마찬가지로 종교적 사랑을 실천하려는 목적으로 이웃에게 이런저런 종교적 교리를 따를 것을 요청하는 사람 역시 자신과 이웃을 모두 도구적 존재자로 전환시키고 있는 것이다.

사랑은 대체로 일상세계를 지배하는 도구적 의미연관을 더욱 강압적인 방식으로 작동하도록 한다. 그것은 사랑이 사랑의 대상에게서 삶의 증진이 일어나기를 바라는 마음을 불러일으킨다는 점에서 당연한 일이기도 하다. 삶의 증진이 일어나기를 바라는 마음은 삶의 증진을 가능하게 할 도구와 수단을 마련하려는 마음 씀으로 이어지기 마련이기 때문이다. 즉, 사랑하며 우리는 서로에게 더욱 비본래적이고 강압적인 방식으로 함께-있는 존재자가 된다. 그 때문에 우리가 서로 사랑하며 느끼는 공감 역시 본래적 공감이 아니라 실은 더욱 강압적인 방식으로 우리를 도구적 존재자로 바꾸어 놓는 비본래적 공감이다. 이러한 사실이 가장 극명하게 드러나는 순간은 사랑하는 사람을 잃어버릴 위기에 처한 순간이다. 이러한 순간 우리가 느끼는 두려움과 불안은 자신과 사랑하는 사람이 서로에게 도구가 되어 주는 사이였을 뿐만 아니라 사랑으로 인해 서로에게 도구됨이 그 극단에 이르기까지 강압적이 되었음을 알려 준다. 나는 결코 연인을 흔쾌히 떠나보낼 수 없다. 그는 나를 위한 도구여야 할 뿐만 아니라 나 자신도 그를 위한 도구로서 계속 존재하게끔 허용해야 하는 특별한 존재자인 것이다.

이제 자신이 이교도마저 진심으로 사랑하게 되었다고 생각해 보자. 나는 여전히 이교도들의 개종을 원하지만 이교도들의 개종이 폭력적인 방식으로 이루어져서는 안 된다고 여기게 되었다. 그런데 한번 그렇게 생각하자 이교도들을 폭력적인 방식으로라도 개종시키기를 원하는 주위의 기독교도들이 기독교적 사랑과 교리를 폭력의 정당화를 위한 수단으로 사용하고 있다는 것이 분명해졌다. 나는 기독교도들에게 평화의 소중함을 알리려 애쓰기 시작했고, 사람과 사람이 서로 참된 방식으로 함께 있으려면 결코 폭력에 호소해서는 안 된다고 주장하기 시작했다. 나는 기독교인들의 배타적 사랑이 기독교인들을 폭력의 도구로 존재하게끔 한다는 문제의식을 지니고 있다. 결국 그들은 서로 비본래적 방식으로 함께-있는 것이다. 나는 사랑의 편협함을 극복하고 넓은 사랑을 지니기 위해 노력하는 사람만이 이웃과 참된 의미로 함께-있는 사람이라고 믿는다. 즉, 나는 오직 나와 같은 사람만이 타인과 참된 의미의 이웃관계를 맺을 수 있다고 생각한다. 반면 사랑의 편협함을 극복하지 못하는 사람은 이웃과 참으로 함께 있을 수 없고, 그 때문에 이웃에게 삶의 동반자로서가 아니라 낯선 타자로서 존재할 뿐이다. 이러한 생각으로 인해 나는 서로에게 더욱 낯선 타자가 되어 가는 사람들이 참된 사랑의 의미에 눈뜨게 하기 위해 헌신할 결심을 한다.

이 경우 나는 본래적 공동 현존재로서 이웃과 관계를 맺고 있는 것일까? 일상 언어의 관점에서 보면 참된 사랑의 의미에 눈뜬 자가 이웃을 수단이나 도구로 여기지 않으리라고 추론하는 것은 분명 타당하다. 그러나 존재론적 의미의 도구와 일상적 의미의 도구를 혼동해서는 안 된다. 존재론적으로 존재자의 도구화와 사랑을 단순히 대립적인 경향으로만 파악하는 것은 명백한 오류이다.

이러한 오류는 존재자의 도구화를 일종의 비인간화와 같은 것으로 여기기 때문에 생겨날 것이다. 예컨대 사람이 사람을 도구로만 여기면 비인간적이고, 따라서 사람이 사람에게 비인간적이 되지 않으려면 서로 사랑하고 존중하는 마음을 품어야 한다는 식이다. 이러한 생각이 존재론적 사유에 야기할 수 있는 혼란은 도구적 의미연관이 지배하는 일상세계의 비본래성을 현존재의 비인간화 내지 본래성의 상실과 동일시하면서 그 반대급부로 본래성의 회복을 사랑하는 마음의 회복과 같은 것으로 오인하는 일이다. 그러나 존재론적으로 본래성의 회복은 결코 비본래성의 제거와도 같은 것이 아니다. 도리어 존재자의 비본래성이 가장 강압적으로 드러나는 바로 그러한 순간이 실은 본래성이 회복될 가능성이 가장 극명하게 드러나는 순간이다. 현존재에게 본래성의 회복이란 비본래성의 약화로 이어지는 본래성의 강화를 뜻하는 것이 아니라 비본래성과 본래성이 각각 강화될 가능성이 현실화되는 과정을 뜻할 뿐이다. 현존재란 본래적이 됨으로써 더욱 비본래적이 되고, 비본래적이 됨으로써 더욱 본래적이 되는 역설적 존재자란 뜻이다.

사랑을 외치면서도 기독교도로 개종할 것을 끈질기게 요구하는 나에게 이교도들 중 누군가 화를 내며 폭력을 행사했다고 가정해 보자. 이러한 순간 드러나는 것은 사랑이란 사랑의 대상을 변화시키고자 하는 염원이나 의지를 불러일으키는 한에서 언제나 존재자의 강압적인 도구화로 이어지기 마련이라는 사실이다. 나에게 화를 내고 폭력을 행사하는 이교도에게 나는 부정적인 의미의 도구였던 셈이다. 나는 그들의 일상세계를 불안정하게 하는 파괴적 도구였고, 나는 그들을 사랑하며 나 자신의 존재를 끊임없이 —그들 자신은 부정적인 것으로 받아들이게 될 방식으로— 도구화하고 있었다. 나에게 행사된 폭력을 되갚아 줄 요량으로 나의 기독교도 이웃들은 이교도들에게 폭력을 행사하고, 다시 이교도들이 더욱 대규모로 기독교도들에게 폭력을 행사함으로써 폭력의 악순환이 시작되었다. 이러한 순간 나 자신의 존재를 스스로 도구화하려는 경향은 극단적으로 강압적인 성격을 띠게 된다. 나는 나를 위해 투쟁하는 기독교도 이웃들과 함께 이교도들에 맞서 싸워야 하지 않을까 하고 자신에게 묻는다. 대체 이러한 심리적 중압감이란 나 자신이 이웃의 편협한 사랑으로 인해 강압적으로 도구화되고 있음을 알리는 표지 외에 또 무엇을 뜻할 수 있을까? 희한하게도 이러한 도구화 요구에 응하지 않기로 결심하고 이교도인 이웃들에 맞서 싸우지 않는 경우에서조차 나는 강압적인 도구화 요구에 시달리게 된다. 나는 이교도인 이웃들을 위해 폭력을 거부해야 한다는 점에서 그들을 위한 수단이 되게끔 자신을 도구화해야 하고, 기독교도인 이웃들이 편협한 사랑으로 인해 야기된 폭력성으로부터 벗어나기를 바란다는 점에서도 그들을 위한 수단이 되게끔 자신을 도구화해야 한다. 바로 여기에서 사랑이란, 적어도 그것이 사랑의 대상을 사랑에 걸맞은 방식으로 변화시키고자 하는 염원과 의지를 수반하는 한에서, 언제나 존재자의 존재에 대한 강압적인 도구화 요청이기 마련이라는 점이 극명하게 드러난다. 사랑하는 자나 증오하는 자나 결국 사랑과 증오로 인해 강압적인 방식으로 비본래적이 되게끔 내몰리는 셈이다. 사랑과 증오로 인해 현존재는 서로 비본래적으로 함께-있고, 서로 비본래적으로 공감하며, 사랑과 증오가 커지

면 커질수록 비본래성에의 경향은 더욱 강압적이 되는 것이다.[71]

물론 비본래성에의 경향이 강해지는 것은 존재론적으로 본래성에의 경향이 강해지는 것과 다르지 않다. 이러한 점을 이해할 수 있으려면 '넓은 사랑의 마음으로 폭력을 거부하는 것은 본래성의 회복으로 이어지지만 그렇지 않은 경우 비본래성만이 강화될 뿐'이라는 식의 추론이 그릇된 것임을 분명히 해야 한다. 앞서 살펴보았듯이 넓은 사랑의 마음으로 폭력을 거부하는 것과 그렇지 않은 것 모두 존재자의 도구화로 이어지며, 다만 도구화의 근거와 이유에서 상반될 뿐이다. 게다가 사랑으로 인한 것이든 증오로 인한 것이든 비본래성에의 경향이 강화되는 것은 동시에 본래성이 회복될 가능성의 고지와도 같다. 넓은 사랑의 마음으로 폭력을 거부하는 경우 나는 이교도들이 그들 자신으로 남고 또 그러한 존재자로서 살아

---

71 만약 존재론적 공감의 분석이 우리의 정신적 고통의 문제를 해결하는 데 이바지할 수 있는 부분이 있다면 그것은 아마도 사랑 개념의 한계에 대한 해명에서 가장 많이 발견될 수 있을 것이다. 사랑 개념은 현존재의 존재를 가치로 전환시키도록 하는 은밀하면서도 강력한 기제이며, 바로 그 때문에 사랑에 대한 강조가 정신적 고통을 경감시키기는커녕 도리어 증폭시키는 방향으로 작용하기도 하는 것이다. "운명과 성격"에 관해 성찰하면서 "철학실천이 쇼펜하우어에게서 많은 것을 배워야 한다"고 강조할 때 아마 게르드 아헨바흐(Gerd B. Achenbach)는 사랑 개념이 지니는 이러한 한계와 위험성에 대해 불분명하게나마 짐작하고 있었던 것으로 보인다.(G. B. Achenbach, *Zur Einführung der philosophischen Praxis*, Köln 2010, 423.) 모든 의지와 계획, 목적은 실패의 위험성을 안고 있으며, 그것은 사랑에 의해 추동되는 의지와 계획, 목적에서도 마찬가지이다. 사랑의 절대화가 내포하는 가장 치명적이고도 숙명적인 실패는 사랑이 언제나 가치와 '사랑에 상응해야 함'의 규범성으로 현존재의 존재를 몰아세우는 필연적 경향을 지닌다는 점에서 발견될 수 있다. 어떤 의미에서 사랑의 절대화는 인간적인 것의 절대화이며, 존재 자체를 인간을 위해 유용하고 가치 있는 것으로 전환하려는 인간중심주의의 발로이다. 사랑의 인간중심주의가 위험한 까닭은 그것이 현존재의 존재를 언제나 가치에 종속된 비본래적인 것으로 만듦으로써 실은 사랑의 정신에도 어긋나는 결과를 초래하게 되기 때문이다. 바로 그 때문에 사랑을 포함해 어떤 가치적 이념으로도 환원될 수 없는 존재의 절대적 초월성과 고유함을 견지하는 것이 실은 정신적 고통의 근본적인 치유를 위해 매우 중요하다고 볼 수 있다. 유감스럽게도 철학상담 내지 철학실천과 연관된 많은 저술들 속에서 사랑 개념이 지니는 긍정적 측면은 과장되고 그 부정적 측면은 축소되거나 아예 은폐되어 버리는 경우가 적지 않다. 이 글이 기획하는 공감의 존재론을 통해 이러한 문제가 다소나마 해결될 수 있다면 필자는 크나큰 보람을 느끼게 될 것이다.

갈 수 있도록 내버려 두어야 함을 깨닫고 있는 셈이다. 즉, 나는 자신과 그들이 서로가 서로를 자기 자신으로 남을 수 있도록 내버려 두는 관계를 맺음으로써 서로가 서로를 도구화하는 경향으로부터 각각 자유로워져야 함을 느끼게 된 것이다. 이러한 자각이야말로 본래적 함께-있음과 공감의 존재론적 근거이다. 본래적 함께-있음과 공감은 존재자의 도구화 경향을 되돌릴 존재론적 가능근거이기 때문이다. 폭력을 거부하지 않고 기독교도인 이웃들의 편에서 폭력을 행사하는 경우에도 비본래성의 강화로 인해 본래성을 회복할 가능성 또한 강화된다는 사정이 변하는 것은 아니다. 아무튼 죽음의 가능성이, 죽음으로 인해 세계와 무연관적이 될 가능성이 더욱 커졌기 때문이다. 다만 이러한 가능성으로 인해 현존재가 스스로 더욱 강화된 방식으로 자신을 비본래적이 되게끔 몰아세운다는 점에서 폭력을 거부하는 경우와 상반된 방향으로 본래성을 회복할 가능성이 현존재에게 작용한다는 점이 다를 뿐이다.

결국 현존재에게 공동 현존재와의 본래적 함께-있음과 공감을 가능하게 하는 것은 사랑과도 같은 감정이 아니라 공동 현존재가 그 자신으로 존재할 수 있도록 내버려 두어야 한다는 깨달음이다. 어떤 의미에서 이러한 깨달음이란 공동 현존재를 인격적으로 존중하고 사랑하는 마음을 전제로 한다고 볼 수도 있다. 그 누군가를 인격적으로 존중하고 사랑하지 않는 경우 그를 자신이 원하는 대로 통제하고 지배하려는 마음을 품지 않을 근본적인 이유 역시 없을 것이기 때문이다. 그러나 현존재에게 사랑이란 언제나 긍정할 만한 것, 아름답고 선한 것으로서 받아들일 만한 것을 향해 있기 마련이라는 점을 기억해 둘 필요가 있다. 악당들끼리 나누는 사랑조차도 서로에게서 자신을 위해 긍정적이고 아름다운 그 무엇인가 발견하기 때문에 가능해지는 법이다. 즉, 사랑이란 언제나 존재자의 가치로의 전환을 전제로 한다. 그렇기에 사랑하는 마음으로 인해 한 존재자가 존재자 자체로서 존재하도록 내버려 두는 경우 그 바탕에는 존재자의 아름다움과 가치에 대한 긍정 및 '존재자가 존재자 자체로서 존재하도록 내버려 두는 경우에도 존재자의 고유한 가치와 아름다움이 사라지는 것은 아니라는 믿음'이 깔려 있기 마련이다. 한마디로 그것은 일종의 선택이자 차별이며, 자체로서 존재하도록 내버려 두어도 좋은 것은 그저 내버려 둠으로써 그 가치와 아름다움의 증가에 기여하지만 그렇지 않은 것은 관여해 바꾸어 버리거나 아니면 역시 그냥 내버려 둠으로써 스스로 파멸해 가도록 한다는 암묵적 의도에 의거하고 있다.

공동 현존재와의 본래적 함께-있음과 공감의 가능근거로서, 존재자를 그 자체 존재자로서 존재하도록 내버려 두어야 함은 사랑이 우리에게 행사하는 가치판단의 영향력으로부터도 자유로워질 것을 요구한다. 가치판단이란 어떤 경우에도 존재자의 도구화 외에 다른 아무것도 아니기 때문이다.[72]

그런데 이러한 일이 가능하기는 할까? 존재자에 대해 어떤 가치판단도 하지 않으면서 그냥 그 자체로서 존재하도록 내버려 두어야 함을 가능하게 하는 것은 대체 무엇인가? 그것은 바로 사유의 방향전환이다.

존재자에 대한 가치판단이란 응당 사유의 시선이 자기 밖을 향하고 있음을 전제로 한다. 존재자에 대한 가치판단이란 존재자를 바라보며 그것

---

[72] 현존재의 본래성의 회복을 위해 사랑이 지니는 존재론적 한계에 대한 고찰은 현존재의 비본래성 및 본래성에 관한 존재론적 관점이 기독교와도 같은 특정한 종교나 세계관에서 출발하는 것이 아니라는 것을 방증한다. 즉, 기독교를 예시로 삼아 전개되는 이 글의 논증을 하이데거 존재론의 근원이 기독교에 있음을 암시한다고 오인해서는 안 된다는 뜻이다. 최상욱에 따르면 죽음과 불안이 가능하게 하는 현존재의 결단성과 본래성에 관한 존재론적 성찰의 단상은 게르만 신화에서도 발견된다. 최상욱의 연구 또한 존재론적 관점을 특정한 종교나 세계관에 기원을 두고 있는 것으로 판단하기보다 도리어 존재론적 성찰의 근거인 현존재의 실존적 존재구조 자체가 이러저러한 종교나 세계관을 통해 다기한 방식으로 드러나는 것으로 판단해야 함을 알리는 방증이라 할 수 있을 것이다. 최상욱의 연구에 대해서는 특히 다음 참조: 최상욱, 『니체, 횔덜린, 하이데거, 그리고 게르만 신화』, 서광사, 2010, 258 이하.

이 자신을 위해 좋은 것인지 혹은 나쁜 것인지 판단함과 같은 것이기 때문이다. 존재자를 그 자체로서 존재하도록 내버려 두어야 함은 이러한 가치판단이 자기를 위해 마음 씀의 방식임이 현존재에게 자각되었음을 전제로 한다. 가치란 삶을 위한 것이고, 삶이란 각각의 현존재의 존재방식 외에 다른 아무것도 아니기 때문이다.

그렇다면 현존재의 자기를 위해 마음 씀은 무엇에 근거해 있는가? 그것은 ─슐라이어마허가 자기의식의 한 구성요소로서 밝힌─ 자기에게서 일어나는 변화에의 자각이다. 오직 자기 자신을 그 변화 가능성에서 발견하는 존재자만이 자기를 위해 마음 쓸 수 있고, 가치란 그러한 변화의 긍정성 및 부정성에 근거해 있는 것이기 때문이다. 그렇다면 한 존재자에 대한 가치 평가란, 그것이 긍정적이든 부정적이든, 현존재가 수행하는 일종의 자기중심적 존재자 이해인 셈이다. 즉, 그것은 현존재 자신의 존재와 세계의 분리에 근거해 있고, 세계가 자신을 위해 긍정적인 것으로서 작용하기를 바라며 세계를 도구화하려는 욕망과 의지에 의해 일어나는 일이다.

존재론적으로 이러한 일은 언제나 부당하다. 그 누군가 사랑하게 되거나 반대로 증오하게 되는 경우를 생각해 보자. 사랑이란 사랑의 대상이 사랑에 걸맞은 방식으로 존재함을 전제로 할 뿐만 아니라 사랑에 걸맞은 방식으로 존재해야 함 또한 전제로 한다. 사랑할 만하지 않은 것을 사랑할 수는 없기 때문이다. 마찬가지로 증오란 증오의 대상이 증오에 걸맞은 방식으로 존재함을, 그리고 바로 그 때문에 증오의 대상이 되지 않기 위해 증오에 걸맞지 않은 방식으로 존재해야 함을 전제로 한다. 그런데 '~해야 함'이란 '실은 그렇지 않음' 및 '실은 그렇지 않을 수도 있음'에 대한 암묵적 인정과도 같다. 실은 그렇지 않거나 그렇지 않을 수도 있는 것에 대해서만 '~해야 한다'고 말할 수 있기 때문이다. 존재와 당위성의 이러한 구별은 언제나 이미 현존재가 자신을 위해 마음 씀의 표현일 뿐이다. 즉, 그것은 존재에 대해 당위성의 이름으로 가해지는 폭력과 도구화인 것이다.

존재자의 존재는 현존재에게 언제나 순연한 초월이다. 존재자를 그 자체로서 존재하도록 내버려 두어야 함은 이러한 존재론적 진실에의 자각 외에 다른 아무것도 아니다. 본래적 의미의 함께-있음과 공감은 존재를 순연한 초월로서 이해할 현존재의 가능성에 근거해 있다는 뜻이다. 이 글의 마지막 장에서 우리는 존재가 왜 순연한 초월로서의 의미를 지니게 되는지, 그리고 이때 순연한 초월이란 구체적으로 무슨 의미를 지니는지 살피게 될 것이다.

VI.

초월로서의 존재와 공감

"세계의 구조를 규정하는 유의미성 연관들은 무세계적 주체가 물질에 씌우는 형식들의 그물망이 아니다. 도리어 현사실적 현존재는, 자신과 세계를 그때-거기의 통일성 안에서 탈자적으로 이해하면서, 이러한 지평들로부터 그 안에서 만나게 되는 존재자에게로 되돌아온다. …에게로 이해하며 되돌아옴은 존재자를 현재화하며 만나게 함의 실존론적 의미이며, 존재자가 세계내부적이라 지칭되는 것은 이러한 이유 때문이다. 말하자면 세계는 어떤 객체보다도 이미 '훨씬 더 밖에' 있다. '초월의 문제'는 다음과 같은 문제와 관계된 것일 수 없다: 어떻게 주체가 객체에게로 나아가는가? 이러한 물음에서는 객체의 총체가 세계의 이념과 동일시된다. [존재론이] 물어야 할 것은 무엇이 존재자를 세계내부적으로 만나게 하고 또 그러한 것으로서 객체화되도록 하는가? 세계의 탈자적-지평적으로 정초된 초월로 되돌아가야 그 대답을 구할 수 있다."(SZ, 366 이하)

　　존재론적으로 초월은 매우 역설적인 개념이다. 내재의 상관 개념으로 이해되는 경우 초월은 원래 무엇인가 특정한 존재 영역의 밖에 있음을 표현하는 말이다. 예컨대 신학적으로 신을 초월자로 규정하는 경우 신은 세계 안에 세계내부적 존재자의 특성을 지니고서 존재하는 존재자가 아니라 세계 영역의 한계를 넘어선 존재자로서 상정된다. 이러한 의미의 초월은 존재론적으로 무의미하다. 적어도 하이데거적 의미의 존재론에서는 그러하다. 존재론은 존재 자체의 드러남으로서의 현상에 대한 분석과 이해에서 출발하며, 이 경우 존재는 현상적 세계와 무관한 것일 수 없다. 즉, 초월에 대한 존재론적 물음은 세계 영역의 밖에 있는 존재자로서 상정된 어떤 초월자의 존재에 대한 물음일 수 없는 것이다.

상기의 인용문에 바로 뒤이어 하이데거는 다음과 같이 주장한다: "만약 존재론적으로 '주체'가 실존하는, 그 존재가 시간성에 근거하는, 현존재로서 파악된다면, 세계란 '주관적'인 것이라고 말해야 한다. 하지만 이러한 '주관적' 세계는 시간적-초월적 세계로서 어떤 가능한 '객체'보다 '더 객관적'이다."(SZ, 367)

이 역설적인 주장의 가장 기초적인 의미는 세계란 현존재의 주체적 지각능력이나 인식능력 등과 무관한 어떤 객체적 세계로서가 아니라 현존재의 능력에 걸맞은 방식으로 구성된 현상적 세계로서 알려진다는 뜻이다. 그렇다면 존재론적으로 초월은 현존재의 존재와 무관한 것일 수도 없는 셈이다. 존재란 언제나 이런저런 존재자의 존재로서 알려지는 것이고, 존재자는 언제나 세계내(부)적 존재자로서 알려지는 것이며, 세계내(부)적인 것으로서 존재자는 그 자체 하나의 현상적인 것이기 때문이다.

이러한 점을 염두에 두었을 때 우리가 범하기 쉬운 오류는 존재론적 의미의 초월을 무언가 스콜라적 의미의 초월이나 칸트적 의미의 초월과 같은 것으로 오인하는 일이다. 특히 하이데거가 가톨릭 신학생으로서 사유의 여정을 시작했다는 점, 하이데거의 교수자격논문이 둔스 스코투스의 범주론과 의미론에 관한 것이었다는 점, 『칸트와 형이상학의 문제』에서 하이데거가 선험초월론적 연역에 대한 칸트의 논구에서 존재론적 존재 이해의 맹아를 발견했다는 점 등의 잘 알려진 사실을 떠올려 보면 이와 같은 결론은 차라리 당연해 보이기까지 한다.[73] 그러나 존재론적으로 초월

---

[73] 칸트의 선험초월론적 연역에 대한 하이데거의 해석에 관해서는 다음 참조: M. 하이데거, 『칸트와 형이상학의 문제』, 139 이하 및 213 이하.

이란 스콜라철학에서처럼 존재자의 속성으로서 빈술될 수 없는 어떤 초월범주를 뜻하는 것으로 한정될 수 있는 것도 아니고, 칸트에게서처럼 인식의 가능조건과 같은 것으로 규정될 수 있는 것도 아니다. 존재론적으로 문제가 되는 것은 언제나 존재 자체이다. 초월 개념이 문제가 되는 경우 역시 마찬가지이다. 존재론적 의미의 초월에 대한 탐구에서 해명되어야 할 것은 초월로서 알려지는 존재 자체의 의미라는 뜻이다. 초월범주나 인식의 가능조건 및 선험성과도 같은 것은 오직 존재 자체에의 물음을 가능하게 할 현상적 이해의 단초로서의 의미만을 지닐 뿐이다. 더군다나 스콜라적 의미의 초월범주나 칸트적 의미의 인식의 가능조건과 같은 것은 여전히 존재에 대한 존재자적 이해에 정향되어 있다. 존재자의 객체적 속성의 드러남으로서 파악될 수 없는 인식의 범주 및 가능조건에 대한 파악이 그 자체로 존재자로 환원될 수 없는 존재 자체에의 존재론적 물음과도 같은 것으로 오인되어서는 안 된다는 뜻이다.

대체 존재론적으로 초월이란 무엇을 뜻하는 말인가? 하이데거가 남긴 유명한 명제에 따르면 **"존재는 순연한 초월이다."**(SZ, 38 원문에서의 강조) 하지만 현존재의 존재 및 세계현상과 무관할 수 없는 것이 어떻게 순연한 초월로서 파악될 수 있는가? 이러한 물음에 대한 구체적인 분석과 해명은 본론에서 제시될 것이다. 여기서는 우선 공감의 존재론을 위해 초월 개념에 대한 전통 철학적 접근방식이 어떤 문제점을 안고 있는지 살펴보도록 하자.

만약 본래적 공감의 존재론적 근거가 함께-있음이라면, 그리고 함께-있음을 근거로 삼아 일어나는 본래적 공감이 도구적 의미연관으로부터 무연관적이 될 가능성에 대한 자각을 수반하는 것이라면, 순연한 초월로서의 존재는 존재의 초월성에 대한 두 가지 전통 철학적 해석을 비껴가야 한다. 하나는 존재의 초월성을 의식내재적 현상의 외연에 있는 존재자의 존재를 지사하는 말로 해석하는 것이다. 또 다른 하나는 존재의 초월성을 아예 무근거한 것으로서 해석하는 것이다. 후자의 경우 존재의 의미를 의식내재적인 현상의 존재로 국한함으로써 현존재를 일종의 유아론적 존재자로 환원시킬 위험성으로부터 자유로울 수 없다. 전자의 경우, 적어도 표면적으로는, 의식의 외연에 있는 존재자의 존재와 의식내재적 현상 사이에 일종의 상응의 관계가 맺어져 있음을 전제로 하거나, 아니면 각각의 현존재에게서 발견되는 의식내재적 현상이 어떤 본질적 동일성 및 보편성과 더불어 발생하는 것으로 파악함으로써 이러한 위험성으로부터 벗어날 수 있는 것처럼 보이기 쉽다. 그러나 특정한 결론이 내려지는 것을 피하기 위해 상정된 명제는 본질적으로 가설적 성격을 띠기 마련이다. 하나의 철학적 논증이 유아론으로 귀착되는 것을 막을 요량으로 제시되는 명제들은, 적어도 그러한 명제들 자체의 철학적 타당성이 이미 확보된 경우가 아니라면, 모두 부당한 명제들이라는 뜻이다. 단적으로 말해, 의식내재적 현상이 의식의 외연에 있는 존재자의 존재와 서로 인식가능한 형태로 상응한다거나 각각의 현존재에게서 발견되는 의식내재적 현상이 모든 현존재에게서 어떤 본질적 동일성 및 보편성과 더불어 발생한다는 식의 주장은 원리적으로 증명될 수 없다. 의식의 외연에 존재하는 것으로서 상정된 것은 본질적으로 비현상적인 것이고, 비현상적인 것은 알려지지 않은 것일 뿐 아니라 알려질 수도 없는 것이며, 이러한 것에 관한 모든 논증은 본질적으로 부당한 것이기 때문이다.

그렇다면 공감의 존재론은 단적인 초월로서의 존재를 의식의 외연에 존재하는 존재자의 존재로 파악해서도 안 되고 아예 무근거한 것으로 파악해서도 안 되는 셈이다. 오직 이러한 경우에만 현존재가 유아론적 개체로 머물지 않고 공동 현존재와 존재론적으로 함께-있을 수 있기 때문이다. 달리 말해, 존재론적으로 현상적 세계는 결코 의식내재적인 것으로 파악되어서는 안 된다. 만약 현상적 세계가 의식내재적인 것이라면 그 근거로서 의식 외부에 존재하는 —그리고 바로 이러한 부적절한 의미로 초월적인— 존재자가 상정되든가 아니면 초월적 존재 이념의 무근거성이 상정되어야 하기 때문이다.

대체 이러한 일은 어떻게 가능할까? 어떻게 현상적 세계는, 그것이 말 그대로 현상적인 것임에도 불구하고, 의식내재적인 것으로 파악되지 않을 수 있으며, 현상적 세계와 무관할 수 없는 것이면서도 존재는 어떻게 순연한 초월로서 파악될 수 있을까? 이러한 물음에 대한 존재론적 해명의 단초는 이미 하이데거 인용문에 제시되어 있다. 우리는 결코 세계 및 세계 내부적 존재자들을 의식의 외부에 존재하거나 혹은 의식의 외부에 존재 근거를 지닌 그러한 현상적 존재자들로서 파악해서는 안 된다. 이 경우 초월의 문제는 현존재가 어떻게 주체로서 객체에게로 나아가는가의 문제가 될 것이기 때문이다. 도리어 우리는 세계의 탈자적-지평적으로 정초된 초월로 되돌아가야 한다. 오직 이러한 의미의 초월에서만 현존재는 존재 자를 세계내부적으로 만나게 되기 때문이다.

1. 초월로서의 존재와 공간

하이데거에 따르면 초월에 대한 존재론적 해명의 단초는 초월이 세계의 탈자적-지평적으로 정초된 초월로서 발견되는 것임을 분명히 해 두는 일이다. 이 경우 현존재에게 초월적인 것으로서 드러나는 것은 우선 세계 자체이다. 세계가 현존재에게 초월적인 것으로서 드러남은 현존재가 세계를 자기-아닌 것으로서 발견함을 전제로 한다. 만약 현존재의 자기와 동일한 것으로서 발견되는 것이라면 세계는 현존재에게 초월적인 것일 수 없기 때문이다. 그렇다면 존재론적으로 세계란 주관적인 것으로서 파악되어야 한다는 하이데거의 주장은 어떻게 이해되어야 할까? 세계의 주관성에 대한 하이데거의 주장은 한 가지 단서를 달고 있다. '현존재를 전통 철학적 개념을 사용해 주체로서 파악하는 경우'가 그 단서이다.

그런데 이러한 단서가 우리에게 암시하는 것은 과연 무엇일까? 전통 철학적으로 말하는 경우 현존재는 분명 사유와 행위의 주체로서 존재하며, 이때 세계가 주관적이라는 의미는 세계의 현상과 존재가 주체인 현존재의 존재에 그 존립근거를 두고 있다는 뜻이다. 만약 세계의 현상과 존재가 현존재의 존재에 그 존립근거를 두고 있다면 세계는, 적어도 전통 철학적 의미에서는, 결코 초월적인 것으로서 파악될 수 없다. 비록 주체인 현존재에게 세계가 초월적인 것으로서 나타난다고 하더라도 세계는 현존재의 존재에 근거를 두고 있는 바로 그러한 것으로서 실재적인 것이 아니라 현상적인 것으로 이해되어야 하기 때문이다. 하이데거 역시 다음과 같은 주장을 통해 세계가 현존재의 존재에 근거를 둔 현상적인 것으로서 파악되어야 함을 분명히 한다:

"실재론에 대해 **관념론**은, 비록 결과적으로는 반박되어 부당한 것으로 드러나지만, 원칙적으로 우월하다. 관념론[의 근본 성격]을 '심리학적 관념론'과 같은 것으로 오인하지만 않는다면 말이다. 존재와 실재성은 단지 '의식 안에'만 존재한다고 관념론이 강조할 때 존재란 존재자를 통해 설명될 수 있는 것이 아니라는 것에 대한 이해가 표현되고 있다."(*SZ*, 207, 원문에서의 강조)

결국 초월 개념의 해명을 위해 존재론적으로 우선 풀어야 하는 것은 현존재의 존재에 근거를 둔 '주관적'인 것이면서 동시에 현상적인 것인 세계가 어떻게 현존재에게 초월적인 것으로서의 의미를 지니게 되는가의 문제이다. 이러한 문제에 대한 이해의 단초는 세계의 탈자적-지평적으로 정초된 초월을 공간에 대한 존재론적 이해와 연결시킴으로써 제시될 수 있다.

1.1. 탈자성과 공간

잘 알려져 있듯이 하이데거에게 탈자성은 무엇보다도 우선 "근원적이고 본래적인 시간성의 탈자적 통일성"(SZ, 329)을 표현하는 말이다. 여기서 시간성이 근원적이고 본래적이라는 말은 끝도 없는 현재의 흐름이라는 식으로 통속화된 시간 이해의 근거가 마음 씀의 실존론적 구조 속에서 운동하는 현존재의 존재로서의 시간성이라는 것을 뜻한다. 그러나 탈자성이 시간성의 탈자적 통일성을 뜻한다는 것을 빌미로 탈자성 및 시간성이 공간성과 무관한 것이라는 결론을 내려서는 안 된다.

하이데거에 따르면 **"그것[현존재]은 본질적으로 거리-없앰, 즉 공간적이다."**(SZ, 108, 원문에서의 강조) 현존재가 본질적으로 공간적이라는 말은 현존재의 존재인 시간성이 공간성과 무관할 수 없는 것임을 나타낸다. '현존재의 존재가 시간성'이라는 명제로부터 '현존재가 우선 시간적인 존재자로 정립된 이후에야 비로소 공간이 나타나게 된다'는 또 다른 명제가 도출된다고 여겨서는 안 된다는 뜻이다. 현존재의 존재인 시간성은 거리-없앰의 운동, 자기로 환원될 수 없는 존재자와의 관계 속에서 자신의 존재를 이해하며 자신과 존재자의 관계를 새롭게 정립해 나갈 수 있는 현존재의 근원적 존재방식을 지칭하는 말이기 때문이다. 자신과 존재자의 관계를 새롭게 정립해 나갈 수 있는 존재자로서 현존재의 존재는 근원적으로 시간적이고 역사적이다. 어떤 고립된 실체와도 같은 ―이러한 규정은 이미 그 자체로 현존재의 존재에 대한 불합리한 규정인바― 현존재의 존재인 시간성에 의해 현존재와 존재자 간의 공간적 관계가 비로소 가능해지는 것이 아니라 도리어 현존재와 존재자 간의 공간적 관계 자체가 언제나 이미 시간적인 것으로서, 언제나 이미 존재자와의 관계 속에서 현존하는 현존재의 세계-안에-있음의 근원적 시간성의 표현으로서 이해되어야 한다는 뜻이다.

존재론을 둘러싼 혼란들은 대체로 존재론의 근본 관점들을 일방적으로 전통 철학적 개념과의 대립적 관계 속에서 이해하기 때문에 생겨난다. 하지만 존재론은 관념론이나 실재론과 단순히 대립하지 않는다. 존재론은 사유의 방식들을 가능하게 하는 그 존재론적 근거에 대한 물음이기도 하기 때문이다. 현존재를 주체로 파악하는 경우 세계가 주관적인 것으로 파악되어야 한다는 하이데거의 주장은 세계가 현존재에게 자신의 존재와 무관한 객체적인 것으로 나타날 수 없음을 표현한다. 즉, 세계의 현상이 현존재의 존재를 통해 비로소 발견되는 것이라는 존재론적 진실이 관념론적 세계관의 가능근거로 작용한다는 뜻이다. 그러나 이러한 진실이 세계 및 세계내부적 존재자들이 현존재에게 언제나 실재적인 것으로서 알려지기 마련이라는 사실을 부정하는 것은 아니다. 책상은 도구이며, 도구는 오직 현존재의 존재를 통해서만 발견된다. 돌이나 나무 또한 그 잠재적·현실적 쓰임새 가운데 발견되는 것이며, 그런 한에서 역시 현존재의 존재를 통해서만 발견될 수 있다. 존재론의 방법론적 토대인 현상학의 관점에서 보면 모든 존재자는 현존재에게 그 현상적 소여성 가운데 알려지는 것이고, 현상적 소여성 외에 사물의 순연하게 객체적인 속성 같은 것은 원리적으로 알려질 수 없다. 바로 그 때문에 현존재를 전통 철학적으로 주체라 규정하는 경우 세계 및 세계내부적 존재자들은 모두 주관적인 것이라고 정의될 수 있는 것이다. 그러나 주관적인 것으로서 세계내부적 존재자들은 동시에 실재적이기도 하다. 그 어떤 존재자도 현존재의 자의에 의해 구성되는 것이 아니고, 그런 한에서 순수하게 관념적인 것 역시 아니기 때문이다. 그것은 마치 소리 자체는 들을 귀가 열려 있는 자에게만 나타날 수 있는 현상적인 것이지만 소리 및 소리를 통해 자신의 존재를 알려 오는 존재자는 현존재에 의해 관념적으로 구성된 허상일 수 없는 것과 마찬가지 이치이다. 분명 그 무엇인가 소리로서, 소리를 내는 것으로서, 자신의 존재를 알려왔으며, 바로 여기에 개별 현존재에게만 나타날 수 있는 ―전통 철학적으로 표현하자면 주관적인— 현상의 근거가 있는 것이다.

공간에 대해서도 우리는 마찬가지 이야기를 할 수 있다. 공간은 현존재에게 결코 객관적인 것으로서 알려지지 않는다. 현존재가 구체적으로 체험할 수 있는 공간이란 상하, 좌우, 앞뒤 등과 더불어 알려지는 것이고, 그러한 공간은 언제나 현존재의 둘러보는 주위로서의 의미를 지니기 때문이다. 설령 수량적으로 계산된 공간의 크기를 공간과 동일시하는 경우라도 그것은 세계를 수학적으로 해석할 수 있는 역량을 지닌 현존재에게만 나타나는, 그리고 바로 그러한 점에서 객관적이라기보다 차라리 주관적인, 현상적 공간이다. 게다가 공간과 공간의 수량화된 크기는 범주적으로 서로 다른 위상을 지닌다는 점에서 이러한 가정은 애초부터 부당한 것이기도 하다. 그러나 공간이 현존재의 존재와 무관한 것일 수 없다는 존재론적 진실로부터 공간이 순수하게 주관적인 허상에 불과할 뿐이라는 결론이 나오는 것은 아니다. 현존재는 자신의 존재를 공간적인 것으로서 발견할 수밖에 없으며, 이는 공간이 현존재에 의해 창조되는 것이 아니라 —현존재의 존재로 인해 나타나는 것이면서도 동시에— 현존재의 존재를 본질적으로 구성하는 것임을 뜻한다.

물론 존재론적 의미의 공간은 세계와 무관한 것일 수 없다. 현존재의 존재 자체가 세계-안에-있음이고, 공간은 그러한 현존재의 존재에 그 근거를 두고 있는 것이기 때문이다. 하이데거에 따르면 "공간은 주위세계의 탈세계화를 통해서야 비로소 알려질 수 있을 뿐만 아니라 오직 세계에 근거해서만 발견될 수 있다." 그러나 이러한 사실로부터 공간이 단순한 추상적 관념이나 허상에 불과하다는 결론이 나오는 것은 아니다. 공간이 현존재에게 알려지는 것은 "공간이 그럼에도[즉, 공간이 주위세계의 탈세계화를 통해서 알려지는 것임에도], 세계-안에-있음이라는 현존재의 근본 구성과 관련하여 현존재 자신의 본질적인 공간성에 상응하게끔 세계를 **함께** 구성하기" 때문인 것이다.(*SZ*, 113, 원문에서의 강조)

결국 전통 철학적 개념들을 차용하는 경우 공간이란 현존재에게 주관적이기도 하고 실재적이기도 한 셈이다. 물론 존재론의 엄밀한 사유에 비추어 보면 공간은 주관적이지도 않고 실재적이지도 않다. 공간은 현존재의 존재인 세계-안에-있음에 근거해 있는 것이기도 하고, 현존재의 세계-안에-있음을 가능하게끔 세계를 함께 구성하는 것이기도 하다. 여기에는 어떤 철학적 아포리아도 포함되어 있지 않다. 공간이란 현존재의 존재를 통해 열리는 것이지만 현존재의 존재 자체가 현존재 자신에게 언제나 이미 안에-있음의 구조 속에서 알려지는 것이기 때문이다.

그렇다면 하이데거가 공간성보다 세계를 더욱 근원적인 것으로서 파악한 이유는 무엇일까? 그것은 현존재가 마음 쓰며 그 무엇과의 거리를 없애 나가는 존재이기 때문이다. 세계는 현존재에게 도구적 친숙함과 더불어 알려진 세계이고, 그런 한에서 현존재와 세계의 관계는 어떤 물리적 공간 속에 사물이 들어가 있음과 같은 것일 수 없다. 현존재는 언제나 이미 세계내부적 존재자들을 향해 나아가고 있으며, 그럼으로써 존재자들을 도구적으로 친숙한 존재자로 이해하면서 자신과 존재자들 사이의 거리를 없애고 있다. 현존재는 역동적이고 시간적인 존재자로서 세계내부적 존재자들과 관계를 맺고 있으며, 그럼으로써 세계의 공간성을 현존재의 안에-있음의 근본 구성으로서 열어 밝히고 있는 것이다.[74]

하이데거에 따르면 **"시간성은 그 자체로 그 자체에 대해서 근원적인 '자기-밖'이다."**(SZ, 329, 원문에서의 강조) 여기서 자기-밖이란 그 자신의 존재와 탈자적 밖의 관계를 맺음을 뜻하기도 하고 세계 및 세계내부적 존재자들과 ─역시 탈자적인─ 밖의 관계를 맺음을 뜻하기도 한다. 세계-안에-있는 존재자로서 현존재의 자기-밖은 존재자들로부터 고립된 실체적 자

---

74 거리 없앰으로서의 공간과 실존, 안에-있음 등의 관계에 대해서는 특히 다음 참조: 강학순, 『존재와 공간. 하이데거 존재의 토폴로지와 사상의 흐름』, 한길사, 2011, 128 이하; 403 이하; 492 이하.

기를 향한 것일 수도 없고 현존재와 무관한 어떤 객체적 사물을 향한 것일 수도 없기 때문이다. 바로 여기서도 시간의 탈자성과 공간은 결코 분리될 수 없는 것임이 잘 드러난다. 시간의 탈자성에서 현존재의 자기-밖을 이루는 것은 현존재의 세계-안에-있음 그 자체이며, 현존재의 세계-안에-있음에서 공간은 그 근본 구성으로서의 의미를 지니기 때문이다.

그렇다면 공감의 존재론과 관련하여 우리는 함께-있음의 가능근거로서의 공간과 공동 현존재의 관계에 대해 물어야 하는 셈이다. 현존재는 그 자신의 세계-안에-있음을 자기-밖으로서 지니는 존재자이다.[75] 그 때문에 현존재의 탈자적 자기-밖에는, 세계가 공동 현존재와 함께-있음의 자리라는 점에서, 공동 현존재도 포함될 것이기 때문이다.

1.2. 공감과 공간

현사실적으로 공동 현존재를 자신을 위한 도구로서 해석하고 사용함을 가로막는 것은 현존재에게 아무것도 주어져 있지 않다. 현존재의 근원적 존재방식 중 하나는 세인으로서의 존재이며, 세인이란 일상세계를 지배하는 도구적 의미연관에 포섭된 존재자이기 때문이다. 나는 나를 회사원으로 이해한다. 그러한 나에게 같은 직장에서 근무하는 회사원들은 내게 지시를 내릴 권한을 지닌 상사, 반대로 내게서 지시를 받아야 할 부하 직원, 서로 도우며 상사로부터 지시된 업무를 수행해야 할 동료들로 구분된다. 회사원들 간에 오가는 지시들의 한결같은 목적은 물론 이익의 창출과 조직의 유지 및 발전이다. 즉, 회사원으로서의 자아의식을 지니는 나

---

[75] 현존재의 자기-밖이 곧 현존재 자신의 세계-안에-있음이란 명제는 현존재에게 초월이란 언제나 내재로의 초월로서의 의미를 지닐 수밖에 없다는 것을 뜻하기도 한다. 초월과 내재의 관계에 관해서는 다음 참조: 신승환, 『해석학. 새로운 사유를 위한 이해의 철학』, 아카넷, 2016, 228 이하.

는 자신과 타인들의 관계를 실용적 목적을 위한 수단으로 기능해야 하는 존재자들 간의 관계로 이해하는 것이다.

이러한 관계 속에서 현존재와 공동 현존재의 공간적 관계는 ─하이데 거가 공간의 현사실적 의미로 제시하는─ 거리-없앰의 관계이다. 현존재 와 공동 현존재의 공간적 관계가 거리-없앰의 관계인 까닭은 서로가 서로 에게 실용적 목적을 위한 수단으로 기능해야 하기 때문이다. 결국 소원한 거리가 없어져 서로 친숙해진 현존재들만이 함께 효율적으로 일할 수 있 다. 여기서 친숙함이란 두 가지 상이한 층위를 지니는 말로 해석되어야 한 다. 하나는 업무 수행의 능률의 증가를 가능하게 하는 친숙함으로서, 마치 목수에게 손에 익은 망치가 더욱 능률적인 작업 도구이듯이 서로가 서로 에게 손에 익은 도구가 되어야 함을 뜻한다. 또 다른 하나는 인간적인 신 뢰감과 정감의 증가를 뜻하는 친숙함으로서, 서로의 마음을 안정시킴으 로써 서로가 서로에게 유용한 존재자임이 드러남을 뜻한다. 양자는 상호 보완적일 수도 있고 상호대립적일 수도 있다. 사원들 간에 형성되는 동료 애와 신뢰가 업무 수행의 능률에도 도움이 되는 경우 양자는 상호 보완적 이다. 하지만 마치 컨베이어 벨트 앞에서 일하는 노동자들처럼 사원들이 기계적으로 똑같은 업무를 반복해서 수행하는 것이 업무 수행의 능률을 높이기 위해 필요한 경우 양자는 상호 대립적이다.

거리-없앰의 공간적 관계 속에서 현존재와 공동 현존재 간에 형성되는 공감은 비본래적이다. 공감 자체가 업무 수행의 능률을 높이고자 하는 필 요에 의해 형성되는 것이기 때문이다. 공감에 대한 통속적인 이해에 비추 어 보면 양자가 상호보완적인 경우에만 현존재와 공동 현존재 간에 공감 이 형성된다는 식으로 생각되기 쉽다. 그러나 서로에게서 어떤 친밀감이 나 신뢰감을 느끼는 일 없이 무감동하게 업무에만 전념하는 현존재들 간 의 관계 역시 분명 서로 공감하는 관계이다. 그들은 서로가 서로에게 친밀 감이나 신뢰감을 보이는 일 없이 무감동하게 업무에만 전념해야 한다는 점에 암묵적으로 동의하고 있으며, 이러한 동의의 기초가 되는 것 역시 공감이다. 나는 나에 대한 너의 무감동한 태도에 분노하거나 혐오감을 느끼는 대신 그것이 당연하다고 느끼고 나 자신도 너에게 그러한 태도를 보여야 한다고 여긴다. 서로가 서로에게 무감동한 존재가 되어야 한다는 점에서 서로가 서로에게 공감하고 있는 것이다.

비본래적 공감으로 특징지어질 현존재들에게도 공간은 근원적으로 탈자적 시간성에 의거해 열린다. 잘 알려져 있듯이 하이데거에게 "시간성의 **탈자태들**"은 "도래, 기재, 현재"이며, 이 세 가지 탈자태들 가운데 "도래가 근원적이고 본래적인 시간성의 탈자적 통일성에서 우위를 차지하고 있다."(SZ, 329, 원문에서의 강조) 비본래적 공감의 관계에서도 시간의 탈자태들 가운데 우위를 차지하는 것은 바로 도래이다. 거리-없앰의 공간적 관계에서도 시간성의 근본 구조는 본질적으로 도래할 미래를 향한 현존재의 존재의 운동의 관점에서 파악되어야 한다는 뜻이다. 그 이유는 간단하다. 서로에게 비본래적 방식으로 공감하고 있는 현존재들에게 공간은 업무적 능률의 유지 및 향상을 위해 마련된 자리이고, 서로가 서로에 대해 거리-없앰의 관계를 맺는 것 역시 같은 목적에 의해 추동되는 일이다. 그런데 업무적 능률의 유지 및 향상을 통해 꾀하는 것은 성공적 업무 수행에 의해 도래할 어떤 상황이나 상태다. 바로 그 때문에 비본래적 공감으로 특징지어질 현존재들에게 공간은 도래가 우위를 점하는 탈자적 통일에 의해 열리는 것으로 파악되어야 하는 것이다.

그렇다면 거리-없앰의 공간 속에서 현존재는 열린 미래를 향해 나아가고 있는 자유로운 존재자인가? 어떤 의미에서는 분명 그렇다. 도래할 미래는 성공적 업무 수행에 의해 열리는 것일 수도 있고 성공적이지 못한 업무 수행에 의해 열리는 것일 수도 있다. 적어도 현존재는 거리-없앰의 공간 속에서도 결코 완전히 예정된 미래를 향해 나아가는 것은 아니라는 뜻이다. 그럼에도 거리-없앰의 공간 속에서 도래해야 할 미래의 성격은 이미 과거에 규정되었다. 미래는 성공적 업무 수행에 의해 열리는 것이어야 하며, 이러한 해야-함의 구조 속에서 현존재에게 허용되는 미래는 해야 할 것이 성공적으로 행해짐으로써 열리는 미래이거나 그렇지 못함으로써 열리는 미래이다. 거리-없앰의 공간 속에서 현존재는 해야-함의 구조에 구속된 존재자이다. 결국 시간성의 탈자적 통일에서 도래를 가장 중요하게 만드는 근거는 과거에 형성된 것이다. 비본래적 공감 속에서 현존재는 자신과 공동 현존재를 모두 도래할 미래를 행해 해야-함의 구조 속에서 움직이는 존재자로, 도래의 본질적 우위성을 결정한 기재에 사로잡힌 존재자로, 이해하는 것이다.

아마 이러한 설명에 대해 다음과 같은 의문을 제기하는 독자도 있을 것이다: 현존재란 매 순간 새롭게 삶의 목표를 설정할 수 있는 가능성을 지닌 존재가 아닌가? 도래란 결코 과거의 어느 한순간 결정된 목표에 의해 일방적으로 그 성격이 규정될 수 있는 것이 아니지 않는가? 물론 그렇다. 그러나 비본래적으로 남아 있는 한에서 현존재에게 미래는 언제나 이미 성공적 업무 수행에 의해 도래해야 할 것으로서 그 근본 성격이 규정되어 있다. 어느 한순간 새롭게 목표를 설정함은 도래의 이러한 근본 성격에 대해서는 아무 영향도 끼치지 못한다. 현존재는 성공적 업무 수행을 해야 하는 자로서 이미 그 자신의 성격을 규정하고 있으며, 여기서 '이미'라는 말은 시간성의 탈자적 통일에서 우위를 차지하는 도래의 성격이 실은 기재에 의해 미리부터 규정되어 있음을 뜻한다.

그렇다면 본래적 현존재에게 공간과 탈자적 시간성은 어떤 의미를 지니는가? 본래적 현존재 역시 공간 안에-있음의 존재구조를 지닐까? 또한 이러한 안에-있음의 구성을 가능하게 하는 근본적인 것으로서 공간은 본래적 현존재에게도 탈자적 시간성에 의해 열리는 것으로 이해되어야 하는가? 물론이다. 앞에서 살펴본 것처럼 현존재는 본질적으로 공간적이고, 현존재를 본질적으로 공간적인 존재자로 만드는 것은 시간성의 탈자적 통일 속에서 자신으로 환원될 수 없는 그 어떤 존재자를 향해 움직이는 현존재의 존재의 운동이다. 현존재의 존재는 근원적으로 탈자태들의 통일인 시간성이며, 탈자태들의 통일인 시간성을 자신의 존재로서 지니는 존재자는 본질적으로 공간적일 수밖에 없다는 뜻이다.

그런데 여기서 한 가지 난점이 생겨난다. 우리는 하이데거의 관점에서 보았을 때 현존재의 공간은 근원적으로 거리-없앰이라는 것을 확인해 본 바 있다. 거리-없앰의 공간은 본질적으로 도구적 친숙함에 의해 그 성격이 규정되어야 하는 일상세계에 의해 알려지는 공간이며, 그런 한에서 현존재의 비본래적 존재방식에 의해 열리는 공간이다. 그렇다면 본래적 현존재는 본질적으로 비공간적이라고 말해야 하지 않을까?

사실 이러한 물음은 손쉽게 해명될 수 있다. 현존재는 근원적으로 일상적 세인으로서 존재하는 존재자이다. 현존재의 본래성의 회복은 현존재가 더 이상 세인으로서 존재하지 않게 됨을 뜻하는 말이 아니라 여전히 세인으로 존재하면서 일상세계와 무연관적이 될 자신의 가능성을 자각하고 그 가능성에 걸맞은 방식으로 실존할 현존재의 결의를 표현하는 말일 뿐이다. 따라서 현존재는, 일상세계와 무연관적이 될 자신의 가능성을 극도로 선명하게 자각한 경우에서조차, 본질적으로 공간적 존재자일 수밖에 없는 것이다.

우리가 관심을 기울여야 하는 문제는 바로 본래적 현존재에게 공간이 어떤 의미를 지니는지의 문제이다. 공동 현존재와의 관계를 염두에 두는 경우 이러한 물음은 자신의 공동 현존재를 도구 이상의 존재자로 이해하는 현존재에게 공간이 지니는 의미를 묻는 것과 같다. 앞서 살펴본 바와 같이 현사실적으로 공동 현존재를 자신을 위한 도구로서 해석하고 사용함을 가로막는 것은 현존재에게 아무것도 주어져 있지 않다. 그럼에도 공동 현존재는 현존재에게 도구 이상의 존재로서 주어져 있다. 현존재에게 도구적으로 사용될 수 있으면서 동시에 도구적 이상의 존재자로서 알려

저 있다는 바로 그러한 점에 공동 현존재가 현존재에게 특별한 존재자인 이유가 있는 것이다. 하이데거 역시 이러한 사실을 다음과 같이 밝힌다:

"세계는 손 안의 것을 세계내부적으로 만나는 존재자로서 자유롭게 내어 줄 뿐만 아니라 현존재 또한, 즉 함께-있음 안에서의 타인들 역시, 자유롭게 내어 준다. 하지만 이렇게 주위세계적으로 자유롭게 주어진 [공동 현존재로서의] 존재자는, 그 자신의 가장 고유한 존재-의미에 상응하게도, 같은 세계 안에서 안에-있음이다. 그것[공동 현존재]은, [현존재와 마찬가지로] 타인들을 위해, [타인들과] 만나며 함께 거기 있는 것이다. 세계성은 제18절에서 유의미성의 지시 전체로서 해석되었다. 이러한 유의미성을 미리 이해하고 친숙해 하면서 현존재는 손 안의 것을 그 사용사태 안에서 발견된 것으로서 만나게 한다. 유의미성의 지시 연관은 현존재의 존재에서 그 가장 고유한 존재에 고정되어 있다. 그럼으로써 현존재는 본질적으로 어떤 사용사태도 가질 수 없다. 도리어 현존재는 현존재 자신이 그렇게 존재하듯이 존재하도록 하는 **목적[무엇-위함; worumwillen]**인 존재이다."(SZ, 123)

전통 철학적으로 표현하자면, 인용문의 마지막 문장은 '인간은 수단이 아니라 자체 목적으로서 존재한다'는 뜻을 가질 것이다. 결국 일상세계를 지배하는 모든 도구적 유의미성 연관은 현존재의 삶을 위한 것이고, 현존재에게 타인들이 자신과 똑같은 현존재인 존재자로서 알려지는 한에서 그들 또한 수단으로서가 아니라 자체 목적으로서 거기 있다. 그렇다면 공간이란 본래적 현존재에게 거리-없앰만의 의미를 지닐 수 없는 셈이다. 적어도 거리-없앰을 도구적 친숙함에 의해 특징되어야 할 것으로 이해하는 한에서는 그러하다. 현존재가 자신과 공동 현존재의 관계를 서로를 위한 쓰임새의 관점에서 이해하는 경우 양자가 함께-있는 안에-있음의 공간은 본질적으로 거리-없앰이다. 그러나 현존재가 자신과 공동 현존재를 모두 자체 목적으로서 존재하는 특별한 존재자로서 이해하는 한에서 양자 사이에는 결코 없앨 수 없는 거리가 놓여 있는 셈이다. 현존재가 현존재로서 존재함을 자체 목적으로서 존재함으로 이해하는 한에서 현존재와 공동 현존재가 하나의 공간 안에 함께-있음은 결코 거리-없앰의 의미만을 지니지 않는다는 뜻이다. '유의미성의 지시연관이 현존재의 존재에서 그 가장 고유한 존재에 고정되어 있는' 한에서, 그리고 바로 그 때문에 '현존재가 본질적으로 어떤 사용사태도 가질 수 없는' 한에서, 현존재는 공동 현존재와 거리-없앰이 근원적으로 불가능한 관계를 맺고 있는 셈이다. 제각각 고유한 존재자로서 현존재와 현존재 사이에는 결코 넘어설 수 없는 거리가 놓여 있을 수밖에 없다는 뜻이다.

아마 거리-없앰에 관한 『존재와 시간』에서의 해명들을 꼼꼼하게 살펴본 연구자들 중에서는 필자의 설명이 거리-없앰을 지나치게 단순화해서 설명한다는 느낌을 받는 이도 있을 것이다. 사실 『존재와 시간』에는 거리-없앰이 도구적 친숙함의 관점에서만 파악될 수 없음을 암시하는 몇몇 구절들이 나온다. 다음의 구절이 그 대표적인 사례이다:

"거리-없앰은 우선, 그리고 대개, 둘러보며 가깝게 함, 마련된 것으로서 가까이 가져옴, 준비해 둠, 손 안에 가짐이다. 그러나 존재자를 순수하게 인식하며 발견하는 특정한 방식들 또한 가까이 함의 성격을 지닌다. **현존재에게는 가까움을 향한 본질적 경향이 있다.** 모든 종류의 속도 상승은 —오늘날 우리가 속도 상승에 함께 기여하도록 다소간 강제되고 있는바— 멀리 있음을 극복하도록 다그친다. 예컨대 '무선 방송'과 더불어 현존재는 오늘날, 일상적 주위세계를 확장하고 파괴하는 도상에서, 그 현존함의 의미를 아직 예견할 수 없는 '세계'의 거리-없앰을 수행하고 있다."(SZ, 105)

이 인용문은 분명 도구적 친숙함의 관점에서 설명할 수 없는 거리-없앰의 관계가 있음을 설명하는 것처럼 보인다. 그러나 순수하게 인식적인 거리-없앰이란 결국 손 안에 있는 것으로서의 존재자가 아니라 눈앞에 있는 것으로서의 존재자를 향한 것일 수밖에 없을 것이다. 눈앞의 것은 손 안의 것의 파생 양태이고, 그런 점에서 결국 도구적 친숙함과 다른 거리-없앰역시 그 기원은 도구적 친숙함에 두고 있는 셈이다. 게다가 순수하게 인식적인 거리-없앰을 하이데거가 현대의 기술문명에서 발견되는 속도 상승에의 경향과 결부시키는 것을 보면 그것은 분명 개별 현존재의 손 안에 있는 것으로서의 성격을 잃어버리고 현존재를 체제의 부품이 되도록 몰아세우는 특별한 방식의 도구성의 표현으로 이해되어야 할 것이다. 현존재의 도구적·인식적 존재방식에 근거해 있으면서도 동시에 현존재를 그것 자신을 위한 손 안에 있음으로 전환시켜 버리는 비개성적 체제와 구조를 위한 도구성이 그것이다.

거리-없앰에 도구적 친숙함의 의미 이상이 함축되어 있는 것처럼 느끼도록 하는 또 다른 사례는 거리-없앰이 존재자의 그 자체로 있음을 발견하도록 하는 근거라는 하이데거의 주장이다. 다음의 구절이 그 대표적인 사례이다:

"현존재의 일상성의 둘러보며 거리-없앰은 '참된 세계'의, 현존재가 실존자로서 언제나 이미 그 곁에 있는 존재자의, 그-자체로-있음을 발견한다." (SZ, 106, 원문에서의 강조)

그러나 이 인용문의 의미는 거리-없앰이 그 자체로 도구적 친숙함과 무관한 것일 수 있음을 뜻하는 것으로 오인되어서는 안 될 것이다. 하이데거가 밝히고자 하는 것은 거리-없앰, 도구적 친숙함 등이 어떤 "'주관적' 자의나 '그 자체'로는 [현존재가 주관적으로 판단하는 것과] 다른 존재자를 주관주의적으로 '파악함'과 같은 것으로 오인해서는 안 된다는 것일 뿐이다.(SZ, 106) 거리-없앰이 존재자의 그 자체로 있음을 발견함은 현상이란 존재 자체의 드러남이라는 존재론적 명제의 특수한 표현일 뿐이다. 존재론적으로 현상은 어떤 순수 인식의 가능성으로서 주어지는 것이 아니라 존재자의 손 안에 있음을 근원적으로 드러내는 것이고, 바로 그 때문에 거리-없앰을 통해 존재자가 손 안에 있는 것으로서 친숙해짐 자체가 존재자의 그 자체로 있음을 그 존재론적 근거로서 드러냄과 같은 것일 수밖에 없는 것이다.

결국 현존재에게 공간이란 거리-없앰을 통해 도구적으로 친숙해질 존재자들과 함께-있음을 가능하게 하는 장소이면서 동시에 도구성으로 환원될 수 없는 존재자의 그 자체로 있음을 드러내는 장소인 셈이다. 공동 현존재 역시 하나의 존재자이고, 바로 그 때문에 현존재에게 공간이란 공동 현존재의 도구적 친숙함과 도구성으로 환원될 수 없는 그 자체로 있음이 드러나는 장소이다. 거리-없앰을 통해 발견되는 공동 현존재의 그 자체로 있음이 역설적이게도 현존재와 공동 현존재의 관계가 거리-없앰이 근원적으로 불가능한 관계가 되도록 하는 그 존재론적 근거일 것이다. 고유함이란 그 자체로 있는 존재자에게서만 발견될 수 있는 것이기 때문이다.

그렇다면 현존재가 공간 속에서 공동 현존재와 맺는 비본래적 함께-있음은 본래적 함께-있음과 무관한 것이 아닌 셈이다. 비본래적 함께-있음과 본래적 함께-있음은 존재론적으로 역동적 통일성의 관계를 맺고 있다. 본래적 함께-있음을 전제로 하지 않는 비본래적 함께-있음은 불가능하고, 또한 비본래적 함께-있음을 전제로 하지 않는 본래적 함께-있음 역시 불가능하다는 뜻이다. 마찬가지로 공감 역시 비본래적 공감과 본래적 공감의 상이한 계기를 언제나 이미 지니기 마련이고, 이는 비본래적 공감과 본래적 공감이 비본래적 함께-있음 및 본래적 함께-있음과 마찬가지로 역동적 통일성의 관계를 맺고 있다. 너는 나에게, 나는 너에게, 서로 유용한 존재자이다. 즉 나와 너는 서로를 그 도구적 쓰임새에서 발견할 뿐만 아니라 실은 자기 자신마저도 그 누군가를 위한 도구로서 발견하는 것이다. 그러나 이러한 상호성은 오직 나와 너가 모두 그 자체로 있는 존재자로서 도구로 환원될 수 없는 고유함을 지니고 있기 때문에 가능한 일이다. 실은 서로가 서로를 위한 도구로서 발견하면서 너와 나는 언제나 이미 자신과 상대가 그 자체로 있는 고유한 존재자임을 자각하고 있다.

하이데거에 따르면 "현존재는 함께-있음으로서 본질적으로 타인들을 위해서 '있다.'" 그러나 이러한 타인을 위해서 있음, 즉 공동 현존재를 위해서 있음은 공동 현존재가 현존재에게 도구성과 순연하게 무관한 것으로서 알려진다는 것을 뜻하지 않는다. "세계의 세계성의 구조에는 타인들이 다른 사물들 옆에서 제멋대로 떠다니는 주체들로서 눈앞에 있는 것이 아니라, 그들의 주위세계적으로 마련하며 세계 안에 있음에서, 이 세계 안에서 손 안에 있는 것들에서부터, 자신을 보이고 있다는 것이 놓여 있다"는 뜻이다. 바로 그렇기에 공간이란 현존재와 공동 현존재가 각각 함께-있음으로서 서로를 위해 현존하는 장소이기도 하고, 서로 무연관적이 되어 서로에게서 떨어져 나올 가능성이 ―현존재의 세계-안에-있음이 지니는 서로를 위해 현존함의 구조 그 자체에서부터― 고지되는 장소이기도 하다. 그렇기에 너와 나는 서로 이별할 수 있는 존재임을 언제나 이미 알고 있다. 서로를 위한 도구적 존재자로서 너와 나는 함께 공감하며 서로를 소중히 여기지만 동시에 서로 무연관적이 될 수 있는 가능성과 더불어 서로의 곁에 함께-있는 존재자로서 공감하며 서로의 그 자체로 있음을 받아들여야 한다. 오직 서로에게서 무연관적이 될 수 있는 존재자로서만 너와 나는 고유할 수 있고, 고유한 존재자들이란 함께-있으며 동시에 서로에게서, 미래를 향한 자기 존재의 기획투사 속에서, 언제나 이미 떨어져 있는 존재자이기 때문이다.(SZ, 123)

2. 초월로서의 존재와 시간

함께-있음의 가능근거인 공간은 언제나 현존재의 시간성에 근거해 있을 수밖에 없다. 오직 시간적인 존재자만이 주위의 존재자들과 자신 사이에 놓인 거리를 없앨 수 있기 때문이다. 그렇다면 현존재가 공동 현존재에게서 느끼는 공감 역시 시간의 세 탈자태들과의 연관 속에서 해명되어야 한다. 현존재는 시간적인 존재자로서 역시 시간적인 존재자인 공동 현존재와 함께 있는 것이며, 시간의 시간성은 물론 함께-있음의 관계에서도 도래, 기재, 현재의 통일성의 형식을 취할 수밖에 없다.

공감을 위해 각각의 탈자태는 어떤 의미를 지니는가? 필자는 이러한 물음을 '공감과 기재', '공감과 도래'의 순서로 해명해 나갈 것이다. 공감과 현재의 관계는 공감과 기재 및 도래의 관계를 분석할 때 함께 드러나게 될 것이다.

2.1. 공감과 기재

존재론적 의미의 기재란 단순히 지나간 과거와도 같은 것을 뜻하지 않는다. 현존재의 현재를 가능하게 하는 것은 현존재의 존재해 옴, 즉 기재 자체이다. 오직 언제나 이미 존재해 온 존재자만이 현재를 지닐 수 있고, 이때 현재를 지님이란 자신이 존재해 왔음을 그 자체로서 넘겨 받고 있음을 뜻한다. 현존재는 언제나 이미 존재해 온 존재자로서 자신의 현재가 미래를 향한 전적으로 새로운 출발점일 수 없음을 안다. 설령 삶의 방향을 바꾸어 새로운 길로 접어들기를 원한다고 하더라도 현존재는 자신이 원하는 미래를 자신의 기재와의 관계 속에서만 새로운 것으로서 이해할 수 있는 것이다.

앞에서 살펴보았듯이 근원적이고 본래적인 시간성의 탈자적 통일성에서 우위를 차지하고 있는 것은 바로 도래이다.(*SZ*, 329 참조) 통념적으로 보면 이러한 생각은 선뜻 이해하기 어렵다. 도래란 상식적으로 '도래할 어떤 미래'를 뜻하는 말이며, 실제로도 도래에 해당하는 독일어 원어는 보통 미래로 번역되는 'Zukunft'이다. 미래는 아직 오지 않은 시간이다. 미래가 도래할 것으로서의 성격을 지니는 이유 또한 바로 여기에 있다. 현존재는 언제나 현재를 살고 있고, 현존재의 현재는 현존재가 이미 겪어 본 과거의 시간에 의해 가능해진 것이며, 그렇기에 현존재의 현재란 현존재의 과거에 의해 결정된 것이다. '세 살 버릇 여든 간다'는 속담은 심지어 현존재의 현재뿐 아니라 현존재의 미래조차도 실은 현존재의 과거에 의해 이미 결정된 것일 수 있음을 암시한다. 그렇다면 현존재의 존재인 본래적이고 근원적인 시간성의 탈자적 통일성에서 우위를 차지하고 있는 것은 도래가 아니라 기재가 아닐까?

하지만 이러한 추론은 기재의 존재론적 성격에 대한 오해에 기인할 뿐이다. 현존재의 존재가 기재로서의 성격을 지니는 이유는 바로 현존재가 도래할 미래를 향한 존재자이기 때문이다. 미래를 향해 나아가는 존재자만이 순간순간을 사는 것에 그치지 않고 자신의 현재를 자신이 존재해 온 과거와의 관계 속에서 헤아릴 수 있기 때문이다. 그런데 이때 도래할 미래란 그 근원적이고 본래적인 의미에서는 바로 죽음, 즉 세계와 무연관적이 될 가능성의 실현이다. 현존재의 존재는 죽음과 더불어 끝이 나고, 그렇기에 현존재의 세계-안에-있음에서 현존재의 존재를 규정해 온 모든 과거의 경험들은 —죽음의 망각 속에서 일어나는 일상적인 것으로서의 성격을 띠는 한에서— 본래적인 의미의 기재와는 원래 무관한 것이다. 기재에 대한 해명에서 존재론적으로 문제가 되는 것은 과거의 경험들의 성격규정이 아니라 모든 경험의 순간들마다 탈자적인 것으로서 드러나는 시간성 자체의 근본 구조이다. 현존재가 존재해 온 것은 죽음을 향한 존재자로서이며, 기재로서 파악될 현존재의 과거 역시 실은 죽음을 향해 가며 존재해 옴으로서 언제나 이미 도래할 미래를 향해 있었다. 엄밀히 말해 기재를 가능하게 하는 죽음의 순간은 오직 도래로서만, 즉 닥쳐올 그 어떤 것으로서의 의미만을 지닐 뿐이지 실제로 도래할 미래로서의 의미를 지니지는 않는다. 죽음의 순간이 오기 전 현존재는 여전히 존재하고 있으며, 죽음의 순간이 지나가고 나면 미래를 맞이할 현존재는 더 이상 존재하지 않기 때문이다. 바로 이러한 의미에서 도래란 통념적인 의미의 미래와 혼동되지 말아야 한다.

마찬가지로 오직 도래와의 관계 속에서만 알려질 수 있는 기재 역시 통념적인 의미의 과거와 구분되어야 한다. 존재론적 공감과의 관계에 비추어 보면 기재는 공감의 존재론적 가능 근거이다. 오직 존재해 옴의 역사를 지니지 못하는 존재자는 타자에 대해 공감을 느낄 수도 없을 뿐 아니라 실은 타자를 지닐 수도 없기 때문이다. 반면 단순한 과거의 경험들은 현존재들 간의 공감을 강화하거나 반대로 약화하는 방향으로 작용할 수 있는 공감의 외적 요인들일 뿐이다. 물론 엄밀히 말해 경험이란 결코 시간성의 탈자적 통일성과 완전히 무관한 것일 수 없다. 그러나 현존재가 비본래적 존재자로서 마음 쓰며 이런저런 경험을 하는 경우 이러한 경험의 축적은 현존재가 공동 현존재에게서 느끼는 공감과 시간의 탈자적 통일성의 관계를 약화시키는 방향으로 작용한다. 일상세계의 도구적 의미연관 안으로 빠져 가면서 현존재는 자신이 죽음을 향해 가는 존재자임을 망각해 버리기 때문이다.

자신이 공무원이 되기 위해 시험을 준비하고 있는 중이라고 상상해 보자. 시험 준비는 수월할 수도 있고 어려울 수도 있다. 시험 준비를 수월하거나 어려운 것으로 만드는 요인은 타고난 지적 능력, 자신이 수행해 온 학습의 양과 질 같은 것이다. 시험을 준비하는 현존재는, 철두철미 시험 준비에 몰입한 채 시간을 보내고 있는 경우, 철저하게 일상적인 존재자이다. 그는 자신의 존재를 일상세계가 요구하는 이런저런 기능의 잠재적·

현실적 수행자로서 이해하고 있는 것이다. 물론 이런 경우에도, 비록 비본 래적인 형식 속에서이기는 하지만, 현존재의 시간성은 세 가지 탈자태들 의 통일로서 나타난다. 그의 도래는 장차 공무원이 되어야 할 그 자신의 미래이고, 현재는 그러한 미래를 준비하는 부단한 시간의 순간들로서 지 나가며, 기재는 자신의 목적에 적합하거나 부적합한 방식으로 존재해 옴 으로서의 성격을 지닌다. 현존재의 비본래적 존재로서의 일상적 자기 안 에서 시간성의 세 탈자태들이 비본래적 방식으로 통일되어 있는 것이다.

비본래적 현존재에게 공동 현존재와의 공감을 결정하는 것은 우선 일 상적 목적을 위해 적합하거나 부적합한 방식으로 존재해 옴으로서의 성 격을 지니는 기재이다. 현존재는 시험을 통과하는 데 자신감을 보이거나 반대로 좌절감에 빠진 공동 현존재와 공감할 수 있다. 이때 현존재가 공감 하는 것은 외견상 미래를 향한 공동 현존재의 노력과 의지, 소망처럼 보이 기 쉽다. 결국 현존재는 공동 현존재와 공통된 목적을 향해 나아가면서 공 감하는 것이기 때문이다. 그러나 현존재와 공동 현존재가 공통된 목적을 향해 나아감을 가능하게 하는 것은 바로 현존재는 현존재대로, 공동 현존 재는 공동 현존재대로, 각각 저 나름의 방식으로 존재해 온 시간들의 유사 성이다. 시험 준비에 만전을 기하며 열심히 준비해 온 현존재는 그렇게 하 지 않았으면서도 시험통과를 자신하는 공동 현존재나 반대로 불안해 하 는 공동 현존재와 공감하기 어렵다. 공동 현존재가 시험을 준비하며 존재 해 온 방식이 자신의 방식과 상이하기 때문이다. 그러나 자신과 마찬가지 로 시험 준비에 최선을 다한 공동 현존재와는, 그와 사이가 별로 좋지 않 거나 심지어 서로 증오하더라도 쉽게 공감할 수 있다. 양자가 존재해 온 방식이 서로 유사하기 때문이다.

그렇다면 세 탈자태들 중 본래적 현존재와 공동 현존재 사이의 공감을 위해 가장 결정적인 것은 무엇일까? 그것은 물론 도래이다. 본래적 현존 재는 자신이 죽음을 향해 가는 존재자로서 일상세계와 무연관적이 될 가

공감의 존재론

능성과 함께 존재하는 존재자임을 이미 자각하고 있기 때문이다.[76] 그러나 본래적 현존재가 공동 현존재에게서 느끼는 공감을 위해 기재가 무의미하다고 여겨서는 안 된다. 두 가지 이유 때문에 그러하다.

첫째, 본래적 현존재의 존재 또한 ―실은 현존재가 본래적이라는 이유로 더욱 근원적이고도 고유한 방식으로― 기재, 현재, 도래의 세 탈자태들로 구성된 시간성이다. 본래적 현존재 역시 도래할 미래를 향해 나아가기 위해 기재를 지니는 그러한 존재자로서만 공동 현존재와 공감할 수 있다는 뜻이다.

둘째, 심지어 비본래적 방식으로 존재해 옴으로서의 성격을 지니는 기재조차도 본래적 현존재에게는 공동 현존재와 공감할 필요조건이 된다. 결국 현존재의 본래성이란 비본래성의 완전한 지양을 뜻하는 것이 아니라 일상적이고 비본래적인 존재방식의 방향전환을 뜻할 뿐이기 때문이다. 자신의 죽음의 가능성을 자각하면서도 현존재는 여전히 자신의 일상을 지니고 있고, 일상생활을 위해 해야 할 일 또한 계속해 나가고 있으며, 자신의 공동 현존재 역시 그러한 방식으로 존재해야 할 존재자로서 이해한다. 즉, 현존재는 죽음과 함께 일상세계와 무연관적이 될 가능성을 자각하고 있으면서도 여전히 일상세계에 속한 채 이런저런 일들을 수행하며 비본래적 방식으로 존재하기를 지속해야만 하는 자신의 처지에서 자신과

---

76 아마 죽음을 향해 가는 존재자인 현존재의 시간성에 일상세계와 무연관적이 될 가능성이 포함되어 있음은 현존재의 본래성을 위해 실천적 목적에 정향된 사유와 행위의 중지가 필요함을 뜻한다고 볼 수 있을 것이다. 현존재의 사유와 행위가 일어나는 곳은 무엇보다도 우선 일상세계이기 때문이다. 즉, 어떤 의미에서 하이데거의 죽음 개념은 현존재를 슐라이어마허의 경건한 감정과 유사한 상태로 이끌고 간다는 뜻이다. 비록 하이데거의 존재론에 입각한 것은 아니지만 다음의 텍스트에도 왜 "체험된 시간이 행위하지 않음과 결정하지 않음이 종종 더 나은 선택으로 보이도록 하는지" 흥미롭게 제시되어 있다: F. Fellmann, *Philosophie der Lebenskunst*, Hamburg 2009, 210. 시간성의 의미에 대한 이 책의 논증은 189쪽부터 시작된다. 다양한 철학적 경향들에서 나타나는 시간 이해의 방식을 함께 다루고 있다.

공동 현존재가 같음을 보게 된다는 것이다.

시험을 준비하며 존재해 온 현존재에게 자신이 죽음을 향해 가는 존재자임을 자각하도록 하는 것은 자신과 같은 고시생의 갑작스러운 죽음일 수도 있고, 고단하고 무미건조한 생활에 지친 정신의 회의 때문일 수도 있다. 어떤 경우든 기재는 현존재에게 공동 현존재와 공감할 필요조건으로서 작용하기 마련이다. 죽음을 맞이할 현존재란, 죽음의 순간이 지나고 나면 결국 무의미해질, 존재해 옴의 역사를 지닌 존재자일 수밖에 없기 때문이다. 결국 본래적 현존재에게도 공감은 기재로 인해 일어나는 셈이다. 주의할 점은 존재해 옴의 근원적 무의미를 어떤 허무주의적 세계관의 표현으로 오인해서는 안 된다는 것이다. 공동 현존재와 함께 서로 공감하는 한에서, 본래적 현존재는 존재해 옴의 역사를 단순한 허무 속으로 돌리고 있지는 않다. 존재해 옴의 역사가 궁극적으로 무의미해질 가능성이야말로 현존재와 현존재 간의 본래적 공감을 가능하게 하는 것이기 때문이다.

2.2. 공감과 도래

앞에서 살펴보았듯이 하이데거는 시간성의 세 탈자태들 가운데 도래가 우선성을 점한다고 본다. 그런데 도래의 우선성이란 무엇을 뜻하는 말일까? 그것은 도래가 기재 및 현재보다 시간적으로 더 앞선 것임을 표현할까? 공감과 도래의 관계를 구체적으로 분석하기에 앞서 우선 이 문제에 관해 생각해 보자.

통념적으로 시간이란 과거, 현재, 미래의 종합으로 파악되기 마련이다. 마찬가지로 도래 역시 기재 및 현재와의 통일성을 통해서만 알려질 수 있다. 하이데거 자신도 세 탈자태들의 "동근원성"(SZ, 329)을 인정함으로써 도래가 기재 및 현재에 앞서 알려지는 것이 아님을 분명히 한다. 그런데 세 탈자태들이 동근원적이라면 기재가 도래 없이 가능하지 않듯이 도래 역시 기재 없이 가능하지 않다는 결론이 나온다. 그렇다면 도래에 대해 기재가 더 우선성을 가진다고 볼 수도 있지 않을까? 도래와 동근원적인 것이라고 해도 아무튼 기재는 도래보다 시간적으로 더욱 앞선 것으로 파악되어야 하는 것 아닌가? 존재해 옴의 순간들이 있어야 비로소 도래할 미래가 가능하고, 특정한 시점에 서 있는 현존재의 시간성에서 기재와 도래가 동근원적인 까닭은 현재가 존재해 온 과거의 순간들과 도래할 미래의 순간들을 잇는 연결고리 역할을 하기 때문이 아닐까?

자칫 이러한 생각은 의심의 여지없이 옳은 것처럼 보이기 쉽다. 동근원적인 탈자태들 중에서 군이 우선성을 따지자면 시간적으로 선행하는 과거에 결부되어 있는 기재가 후행하는 미래에 결부되어 있는 도래보다 더 우선적인 것으로서 파악되어야 할 것이기 때문이다. 그러나 이러한 생각의 바탕에는 시간성에 대한 일종의 객관화와 같은 것이 놓여 있다. 시간을 흐르는 강물과 비교하는 통속적인 시간 이해가 그 대표적인 사례이다.

강물은 어디서나 흐르고 있으며, 이미 흘러온 물과 장차 흘러갈 물의 엄밀한 구분은 원래 불가능하다. 그러나 강물의 특정한 지점을 현재의 기준점으로 삼은 뒤 강물의 흐름을 객관적으로 관찰해 보면 현재의 기준점을 향해 내리방향으로 흐르는 강물은 흘러오는 강물이고 반대로 현재의 기준점으로부터 역시 내리방향으로 흐르는 강물은 흘러가는 강물이라는 식의 구분이 가능해진다. 마찬가지로 현존재가 경험하는 시간을 일종의 흐름과도 같은 것으로 파악한 뒤 현재를 과거와 미래를 가르는 구분점으로 삼고서 마치 강물을 객관적으로 관찰하듯 시간에 관해 성찰하면 현재의 기준점을 향해 흘러온 시간과 현재의 기준점으로부터 흘러갈 시간이 구분될 수 있는 것처럼 생각하게 된다. 그러나 시간성이 현존재의 존재 그 자체인 한에서 시간성의 세 탈자태들은 원래 객관화될 수 있는 것이 아니다. 잘 알려져 있듯이 현존재의 근원적 존재방식은 바로 마음 씀이고, 마음 씀의 방향은 기재가 아니라 우선적으로 도래(할 미래)를 향해 있다. 존재론적으로 기재가 아니라 도래가 우선성을 점하는 가장 단순하고도 근본적인 이유가 바로 여기에 있다. 현존재란 근원적으로 마음 씀의 방식으로 존재하는 존재자이고, 바로 그렇기에 현존재의 존재인 "근원적이고 본래적인 시간성은 본래적인 도래로부터 시간화된다." 이러한 관점에서 보면 본래적인 의미의 현재 역시 시간을 강물과도 같은 흐름으로 객관화하며 인위적으로 설정한 어떤 기준점 같은 것일 수 없다. 현존재가 자신의 현재에 주의를 기울이는 것은 마음 씀의 실제적인 수행이 현존재 자신의 현재에 대한 각성을 필요로 하기 때문이다. 즉, "그것[도래]이 도래할 것으로 있어 오면서 우선 첫째로 현재를 일깨운다." 도래할 미래를 위해 마음 쓰며 현존재는 비로소 자신의 존재를 현재의 존재로서 이해하고 받아들이게 되는 것이다.(SZ, 329)

하이데거는 "근원적이고 본래적인 시간성의 제1차적 현상은 도래"(SZ, 329, 원문에서의 강조)라고 밝힌다. 현존재는 그저 순간순간을 사는 것이 아니라 도래할 미래를 스스로 예비하며 살고, 바로 그 때문에 그저 순간순간을 사는 동물들에게는 무의미하게 흘러갈 순간들이 도래할 미래를 예비하고 결단할 현재의 순간이 된다. 그런데 현존재가 현재의 순간 결단하는 것은 무엇인가? 현존재가 언제나 이미 일상적 존재자로서 존재한다는 점을 염두에 두고 볼 때 현존재가 현재의 순간 결단하는 것은 무엇보다도 우선 일상적 삶을 위한 것일 수밖에 없다. "마음 씀으로서 현존재는 본질적으로 자기에게-앞서서 있으며,"(SZ, 337) 그 의미는 현존재의 마음 씀이 도래할 미래의 자기의 존재를 향해 있다는 것이다. 나는 공무원이 되기 위해 시험 준비를 하고 있으며, 이는 공무원의 직무를 위한 마음 씀이 아니라 공무원이 됨으로써 가능해질 나 자신의 삶과 존재를 위한 것이다. 내가 원하는 것은 안정된 삶일 수도 있고, 애국심이나 공적 의무감으로 국가와 국민을 위해 봉사하는 삶일 수도 있다. 어떤 경우든 나는 마음 쓰며 나 자신을 도래할 미래의 공무원으로서 기획투사한다. 나는 지금의 나와 다른

미래의 자기에 앞서서 있고, 현재란 나에게 내가 현재 앞서서 있는 미래의
자기가 되려는 마음 씀과 결단의 순간이다.

　이러한 결단의 순간은 언제나 이중의 구조를 지니기 마련이다. 결단의
방향이 도래할 미래의 자기에게 있는 한에서 나는 결단의 순간 지금 여기
의 자기와 다른 존재자가 될 가능성에 눈뜨는 셈이다. 그러나 도래할 미래
의 자기가 '결단을 내리는 지금 여기의 자기의 마음 씀에 의해 성취되어야
할 목적'으로서의 의미를 지니는 한에서, 도래할 미래의 나는 현재의 나의
가능성이 현실화된 나의 존재의 환영으로서 이미 현재화되어 있다. 필자
가 올바르게 이해하고 있다면 하이데거는 지금 여기의 자기와 다른 존재
자가 될 가능성에 눈뜨는 순간을 본래적 의미의 현재로서 이해하고 있다.
그렇기에 하이데거에 따르면 "**본래적 현재**는 **순간**이라 명명"되어야 하는
것이다. 반면 현재의 나의 가능성이 이미 현실화된 나의 존재의 환영으로
서 미래의 나를 "**현재화**"함은 "비본래적"이라 지칭한다. 한 가지 흥미로운
것은 비본래적 현재화란 그 자체로 도래할 미래의 비본래화이기도 하다
는 점이다. 현재의 나는 끊임없이 도래할 미래의 나를 현재화하며, 현재화
된 미래의 자기에 미리 앞서 있는 자로서 마음 쓰며 살고 있다. 그렇기에
"비본래적 도래, 즉 기대에는 구해진 것Besorgten 곁에 있는 자기 자신의 존
재가 상응한다." 미래의 나를 비본래적으로 현재화하며 나는 현재의 나의
가능성이 이미 현실화된 나의 존재의 환영으로서 미래의 나를 구한다. 즉,
내가 마음 쓰며 미래의 나를 미리 구함은 동시에 도래할 미래를 비본래적
인 것으로 전환시켜 나감과 같다.

　비본래적 현존재의 공감 역시 이와 유사한 현재화의 구조를 통해 해명
될 수 있다. 함께 공무원 시험을 준비하는 공동 현존재를 보며 나는 경쟁
심을 느낄 수도 있고, 동질감을 느낄 수도 있다. 그러나 어떤 경우든 나는
그의 심정에 공감하고 있으며, 공무원 시험을 준비하지 않는 다른 어떤 사
람보다 그의 마음을 잘 이해할 수 있다. 그런데 대체로 나는 그의 무엇에

공감하고 있는가? 물론 나는 공무원 시험을 준비하는 그의 불안과 열망, 좌절감이나 자신감 등에 공감하고 있다. 나는 그가 나 자신과 마찬가지로 자신의 가능성이 이미 현실화된 자기 존재의 환영을 구하고 있음을 안다. 현재의 자기에게서 이미 현실화한 그 미래의 자기는 현재의 자기와 마찬가지로 일상적 자기이고, 어떤 의미에서 그것의 일상성 역시 현재의 자기에게서 이미 현실화되어 있다. 그는 나와 마찬가지로 더 이상 불안에 시달리지 않아도 좋은 안정된 일상을 꿈꾸고 있다. 그의 곁에는 평범하면서도 아름다운 배우자가 있고, 자녀들이 있으며, 배우자와 자녀의 얼굴에는 한 집안의 가장을 사랑하고 존중하는 가족에게만 허용될 일상적 행복의 표정이 어려 있다. 그러나 미래의 자기와 그 일상성은 오직 자기에게서만 꿈과 환영의 형태로 현실화되어 있을 뿐이다. 그 꿈과 환영 속에서 그는 나와 마찬가지로 마치 실제인 양 흐뭇한 행복감을 느낄 수도 있고, 자기 가족의 행복을 일구어 낸 자신에 대한 자부심도 느낄 수 있다. 그러나 동시에 그는 자신이 느끼는 행복감과 자부심의 근거가 온전한 현실이 되지 못함을 이미 알고 있다. 환영으로서 현실화한 모든 것은 여전히 가능성일 뿐이고, 깨지기 쉬운 꿈에 지나지 않으며, 설령 미래의 어떤 시점에 실제적인 것으로서 현실화한다고 하더라도 그 지속가능성은 여전히 장담할 수 없는 문제로 남아 있다. 마치 결코 온전한 현실이 될 수 없고, 지금 현재의 자기에게는 한갓 환영에 지나지 않는 것이 현재의 자기를 그것을 향해 가도록 몰아세우는 강압적 힘으로 작용하는 식이다. 나는 그가 나와 마찬가지로 그러한 존재라는 것 또한 이미 알고 있다. 나는 그가 현재의 자기에게서 환영으로서 이미 현실화한 미래의 자기를 구하는 자임을 알고 있고, 이것이 내가 그와 공감하는 가장 단순하고도 기본적인 이유이다. 그러나 동시에 나는 그가 결코 불안으로부터 벗어날 수 없는 자임 또한 알고 있으며, 바로 이 때문에 나와 그 사이에 형성되는 공감은 경쟁자들 사이에서만 가능한 상호이해의 근거로서뿐 아니라 동시에 상호연민의 근거로서 작용하게 된다. 나는 그에게, 그는 나에게 연민을 받아 마땅한 자로서 여기 있다. 물론 이러한 마땅함은 실제로 하지 않을 수 있거나 하려고 하지 않는 일을 억지로 해야 함과도 같은 의미는 가지고 있지 않다. 그와 나는, 그와 나의 자유로운 선택의 가능성과는 아예 무관하게, 이미 서로 연민하고 있다. 그와 내가 언제나 이미 서로 연민하고 있기에 우리는 서로를 향한 연민이 마땅한 일임을 알 수 있고 또 이미 알고 있다. 즉, 그것은 그와 나의 존재에 들씌워지는 어떤 초월적 당위성으로서의 마땅함이 아니라 그와 나의 존재의 표현으로서 당위적인 마땅함이다. 그와 나에게 서로 언제나 이미 연민하고 있음과 서로 연민해야 함은 동전의 양면과도 같은 통일성을 이루고 있을 뿐이다.

이러한 공감은 비본래적 공감이다. 일상세계에서의 삶이 요구하는 이런저런 실용적 기능과 목적에 이미 정향되어 있는 현존재들 간에 형성되는 공감이기 때문이다. 심지어 비본래적 공감의 이유들 중 하나로 작용하는 불안마저도 비본래적이다. 불안의 근거가 일상적으로 추구되는 어떤 목적의 달성이 이루어지지 못할까 마음 쓰는 것에 있기 때문이다. 그러나 아무튼 불안으로서 그것은 현존재로 하여금 자신의 비본래성을 자각하게 할 하나의 탁월한 근거가 된다. 불안의 근거는 '현재의 나의 가능성이 이미 현실화된 나의 존재의 환영으로서 미래의 나를 현재화함'이 도래할 미래의 확실성을 뜻할 수 없음이다. 나는 도래할 미래에 속해야 할 자기의 환영을 쫓으며 통념적으로는 자발적 분발로 이해되는 방식으로 몰아세워지고 있다. 쫓고 있는 것은 분명 나 자신이지만, 그리고 그런 점에서 나는 실제로 자발적으로 분발하고 있는 것처럼 보이지만, 그러나 그러한 자발적 분발이란 도래할 미래의 불확실성이 내게서 일어나도록 하는 불안에 의해 내몰림을 뜻할 뿐이다. 나 자신을 내모는 것으로서 불안은 부정적이기도 하고 동시에 긍정적이기도 하다. 불안에 의해 내몰림으로써 나는 보다 효율적으로 자신을 내게서 현재화된 미래의 나 자신의 환영에 걸맞은 존재자로 변화시켜 나갈 수 있기 때문이다. 그러나 나 자신을 몰아세움으로써 긍정적이거나 부정적으로 작용하는 불안 자체는 본래 가치와는 무관한 것이다. 그것은 그저 도래할 미래의 불확실성을 숙명처럼 안고 살아야 하는, 그리고 그러한 이유로 자신의 존재를 자기에게서 이미 현실화된 미래의 자기의 환영과 근원적으로 다른 것으로서 이해하도록 하는, 존재론적 근거일 뿐이다. 그렇다면 불안에 시달리는 현존재에게 미래의 자기의 환영이란 한갓 부질없는 허상에 불과한 것인가? 아마 어떤 깊은 종교적 깨달음의 경지에서는 그렇게 말할 수도 있을 것이다. 그러나 존재론적으로 말할 수 있는 유일무이한 진실은 그것이 현존재의 존재 자체의 드러남이기도 하고 그 은폐이기도 하다는 것이다. 공무원이 될 가능성은 내게 분명 주어져 있으며, 설령 능력이나 여건의 부족으로 공무원이 되지 못하는 경우라 하더라도, 불안한 청춘에게 공무원이라는 말이 상징하는 어떤 안정과 행복을 추구하는 존재자로서 나 자신이 존재함이 내게서 일어난 그 존재의 환영을 통해 드러난다. 그러나 동시에 나는 나의 존재가 근원적으로는 공무원으로서의 삶과 무연관적일 수 있음을 이미 헤아리고 있다. 바로 그 때문에 나는 불안에 의해 몰아세워지고 있는 것이며, 그 몰아세워짐 속에서 자신감이나 좌절감을 느끼게 되는 것이다.

그럼에도 이러한 불안은 여전히 비본래적이다. 적어도 불안 속에서 현존재가 위태로이 살펴보는 존재의 가능성의 자리가 여전히 일상세계인 한에서는 그러하다. 나는 기껏해야 나 자신이 공무원으로서의 삶과 무연관적일 수 있음을 자각했을 뿐이다. 여전히 나는 일상세계에서 내 삶의 방향을 찾고 있다. 아무튼 나는 살아야 하는 자로서 지금 여기 있으며, 삶의 자리는 바로 일상세계이고, 그 때문에 살아야 하는 자로서 지금 여기 있는 자는 누구나 마땅히 일상세계에서 방향을 잡아야 하는 것이다.[77]

---

77 필자는 비본래적 공감 및 불안에 대한 존재론적 분석이 다양한 분야에서의 철학적 실천을

불안의 본래성은 오직 죽음을 통해서만 확보될 수 있다. 비본래적 현재로서의 현재화를 넘어서 현존재가 본래적 현재인 순간을 살 수 있는 것은 미리 자신의 죽음을 앞질러 가 봄에 의해 가능해지는 일이라는 뜻이다. 일상세계와 무연관적이 될 존재의 가능성이 고지되는 시간으로서 본래적 현재인 순간은 현존재에게 공동 현존재와 본래적 공감의 관계를 맺도록 할 그 가능 근거이기도 하다. 결국 본래적으로 현존함 자체가 자신의 죽음의 가능성 및 일상세계와 무연관적이 될 가능성에 눈뜬 자로서 존재함과 같은 것이기 때문이다. 그렇다면 본래적 공감이란 죽을 자로서의 현존재가 역시 죽을 자로서의 공동 현존재에게서 느끼는 동병상련의 심정과도 같은 것인가? 분명 본래적 공감은 동병상련의 심정의 특별하고도 가장 시원적인 근거일 수 있다. 자신과 공동 현존재가 모두 죽을 자로서 존재함을 자각하고 있는 한에서 현존재는 자신과 공동 현존재가 모두 언제나 이미 임박한 죽음의 가능성으로 인해 실존적 불안을 안고 존재할 수밖에 없

위해 필수적이라고 본다. 예컨대 철학상담에서 제기되는 내담자 중심의 상담 원칙에 관해 생각해 보자. 내담자 중심의 상담 원칙에서 가장 중요한 관건은 내담자의 고유성의 회복이다. 그런데 고유성의 회복을 일상세계에서 내담자가 지향하는 어떤 삶의 목적을 성취하는 데 필요한 자신감과 자존감의 함양을 위한 수단으로 여기는 경우 내담자는 자신의 고유성을 여전히 자신이 일상세계에서 감당해 내야 할 기능과 역할의 관점에서 헤아리게 되기 쉽다. 존재론적으로 보면 이러한 종류의 자신감 및 자존감은 단지 잠재된 비본래적 불안의 표현일 뿐이다. 자신감이란 자신이 원하는 일을 미래에 성취할 수 있으리라는 믿음을 근거로 하는바, 이러한 믿음은 언제나 이미 좌절의 가능성을 함축하고 있을 수밖에 없기 때문이다. 아마 에피쿠로스의 쾌락주의와도 같은 무신론적 세계관이 정신적 고통의 치유를 위해 유용할 수 있는 이유가 바로 여기에 있을 것이다. 무신론적 세계관을 취하는 자는 자신이 지향하는 삶의 목적의 근원적 무의미를 자각하고 있다. 결국 죽음과 더불어 모든 것이 무로 돌아갈 것이기 때문이다. 존재론적으로 허무에의 자각이 불러일으키는 어떤 정신적 초연함은 여전히 가치의 이념에 집착하는 자의 자신감이나 자존감보다 훨씬 더 현존재의 고유함을 회복하고 또 지키는 데 이바지할 가능성을 많이 갖는다고 볼 수 있다. 자신감과 자존감은 실은 현존재의 존재를 그가 추구하는 가치에 종속시킴으로써 언제나 그 자신의 존재를 비본래적인 것으로 전환시키고 있기 때문이다. 내담자 중심의 상담 원칙 및 그 함의에 관해서는 특히 다음 참조: 피터 라베, 『철학상담의 이론과 실제』, 김수배 옮김, 시그마프레스, 2010, 28 이하 및 156 이하.

는 존재자임을 이해하고 있기 때문이다. 그러나 죽음으로 인해 일상세계와 무연관적이 될 가능성은 그 자체로 현존재의 존재의 가능성일 뿐이다. 물론 어떤 의미에서 그러한 가능성을 존재의 가능성이라 표현하는 것은 부적절하다고 볼 수 있다. 죽고 나면 현존재는 이미 존재하지 않기 때문이다. 그렇다고 해서 그것을 현존재의 존재의 단순한 소멸과도 같은 것으로 이해할 필요도 없다. 이러한 이해의 바탕에는 이미 유물론적 세계관이 놓여 있으며, 그것은 죽음에 대한 존재론적 이해로부터 도출되어 나올 수 있는 다양한 해석들 중 하나에 불과한 것이다. 아무튼 죽음의 가능성으로 인해 현존재가 공동 현존재를 연민함은 죽음에 대한 부정적 가치판단 및 삶에 대한 긍정적 가치판단의 결과일 뿐이다. 죽음을 회피해야 할 무서운 것으로서, 그리고 삶을 지속해야 할 긍정적인 것으로서 파악함이 죽을 자로 존재함을 연민할 이유로 헤아리게 만든다는 뜻이다. 그러나 죽음의 가능성으로 인해 일상세계와 무연관적이 될 가능성을 지니는 존재자는 본디 가치의 초월자로서 존재하는 법이다. 죽음과 함께 삶에 집착하게 하는 모든 가치가, 삶을 긍정할 만한 것으로 만들거나 반대로 부정할 만한 것으로 만드는 모든 가치적 소여들이, 함께 사라져 버릴 것이기 때문이다. 따라서 존재론적으로 본래적이고 근원적인 의미의 공감이란 자신과 공동 현존재를 가치의 절대적이고도 완전한 초월자로서 이해함과 같다.[78]

일상적 존재자로서 나는 내가 원하는 일을 이룰 수도 있고, 이루지 못할 수도 있으며, 너 또한 그러한 가능성과 함께 존재함을 알고 있다. 나는 너를, 또한 너는 나를, 성공한 자로서 우러르게 될 수도 있고 반대로 실패하고 낙오한 자로서 비웃거나 연민하게 될 수도 있다. 그러나 나는 또한 동

---

[78] 존재론적 의미로 존재자가 가치의 초월자로서 존재함은 존재자가 어떤 궁극적 가치의 담지자이자 그 근거로서 존재함을 뜻하지 않는다. 전통적 신론에서 신의 이념을 통해 제시되는 이러한 생각은 존재자의 존재를 가치로 환원함을 전제로 하는 것이기 때문이다. 전통적 신론의 한계에 관한 논의는 다음 참조: 신상희, 「하이데거와 신」, 철학과 현실사, 2007, 149 이하.

시에 죽음의 가능성으로 인해 너와 내가 모두 가치의 초월자로서 존재함을 직감하고 있다. 나는 너와 내가 모두 긍정적으로든 부정적으로든 평가받을 수 없고 평가받아서도 안 되는 그러한 존재자로서 지금 여기 있음을 안다. 분명 너와 나는 언젠가 죽을 것이다. 그러나 그 죽음이 좋은 것인지 나쁜 것인지 우리는 알지 못할 뿐 아니라 실은 알아야 할 이유조차 지니지 않는다. 가치의 초월자란 가치의 근거인 삶에 대해 언제나 이미 가장 뒤늦은 자로서 존재하며 가장 때 이른 자로서 존재하지 않을 존재자이기 때문이다.

3. 초월로서의 존재와 타자

초월이란 대체 무엇을 뜻하는 말일까? 하이데거에게 초월이란 무엇보다도 우선 현존재의 존재에 대한 존재론적 해명으로부터 드러나야 할 존재의 의미이다. 존재론적으로 초월이란 현존재의 존재와 무관한 어떤 실체적 존재를 지칭하는 말일 수 없다. 이 경우 존재론은 일종의 실체 형이상학으로 전락해 버릴 것이기 때문이다. 그런데 현존재의 존재와 무관할 수 없는 그러한 존재의 의미에 대한 물음이 어떻게 존재의 초월성에 대한 물음일 수 있을까? 이러한 물음에 대한 가장 손쉬운 대답은 존재의 현상의 비자의적 성격에 호소함으로써 주어질 수 있다. 존재란 오직 현상의 우회로를 통해서만 자신을 드러낼 수 있고, 현상의 근거들 중 하나는 분명 현존재의 존재이다. 그러나 현상이란 결코 현존재의 자의적 판단이나 의식적 사유행위에 의해 생겨나는 것이 아니다. 그렇기에 현상이란 현존재와 현존재의 존재로 환원될 수 없는 그 어떤 존재(자)의 만남을 전제할 수밖에 없다. 현상의 가능근거에는 현존재의 존재뿐 아니라 존재의 초월성 또한 포함되어 있다는 뜻이다.

이러한 해명은 분명 저 나름의 타당성을 지닐 뿐 아니라 존재론적으로 매우 유용한 것이기도 하다. 존재론이란 결코 유아론이나 관념론과 같은 것이 아님이 이러한 해명을 통해 잘 드러나기 때문이다. 그럼에도 그것은 존재론적으로 충분히 만족스러운 성질의 것은 아니다. 현존재와 현상을 통해 드러나는 존재(자)가 현상을 통해 매개되는 것으로 전제되고 있을 뿐이기 때문이다. 이 경우 존재(자)가 현존재와 무관한 실체적 존재(자)일 가능성은 여전히 배제되지 않는다. 그뿐 아니라 이러한 해명은 실상 물질적 사물들의 작용을 수용함으로써 외부 세계 및 외부 세계에 속한 존재자들의 지각이 가능해진다는 식의 지각에 대한 상식적이고도 통념적인 이해의 방식과 별다를 바가 없다. 필자의 소견으로는, 존재론적으로 초월의 가장 중요한 의미는 앞 절에서 살펴본 가치의 초월자로서 존재함이다. 여기에는 어떤 이해하지 못할 아포리아 같은 것은 전혀 함축되어 있지 않다. 존재론적으로 존재자의 현상은 근원적으로 가치중립적인 사물들의 눈앞에 있음이 아니라 손 안에 있음 및 그 도구적 의미연관의 드러남이다. 즉, 현상이란 그 자체로 언제나 이미 존재(자)의 가치로의 환원과도 같은 의미를 지니고 있는 것이다. 이것은 물론 현존재가 언제나 이미 일상세계 안에 빠져 있는 존재자이기 때문이다. "세인 속에 몰입함은 공중소衆에게 해석되어 있음에 지배됨"과 같고, 바로 그 때문에 현존재에게 존재(자)의 "발견된 것과 열어 밝혀진 것은 잡담, 호기심과 애매함으로 위장됨과 가려짐의 양태 속에 있다." 결국 현존재에게 현상이란 존재 자체의 의미가 공중의 해석 속에서 사라져 버림과 다르지 않다. **현존재는, 본질적으로 [일상성 안으로] 빠져 가고 있기에, 그 자신의 존재구성에 따라 '비진리' 속에 있다**"는 뜻이다.(SZ, 222, 원문에서의 강조)

그럼에도 현상이 존재론적으로 순연한 비진리와도 같은 것을 뜻하는 것은 아니다. 현상이란 현존재의 존재로 환원될 수 없는 존재 자체의 드러남이고, 그러한 것으로서 이미 공중의 해석 속에서 일어나는 가치적 이해의 한계를 지시하고 있기 때문이다. 그렇다면 무엇이 현존재로 하여금 비진리로부터 벗어나게 하는가? 이상하게 들리겠지만 현존재가 비진리로부터 벗어나는 일은 존재론적으로 불가능하다. 적어도 비진리로부터의 벗어남을 비진리와 무관한 진리 자체를 이해함과 같은 의미로 사용하는 한에서는 그러하다. 현존재의 존재 자체가 본질적으로 일상성의 양태 속에 머묾과 같은 것이기 때문이다. 그러나 현존재는 죽음을 향해 가는 존재자로서, 그 자신의 존재가 일상세계와 무연관적일 수 있음을 불안 속에서 자각하고 있다. 일상세계와 무연관적이 될 자신의 가능성에 눈뜬 존재자로서 현존재는 동시에 가치의 초월자일 뿐 아니라 자신의 존재가 가치의 초월자로서 존재함임을 또한 자각하고 있다. 그렇기에 현상을 통해 드러나는 존재 역시 순연한 비진리일 수 없다. 일상세계와 무연관적이 될 가능성에 눈뜬 현존재에게는 현상과 존재 역시 일상세계와 무연관적이 될 가능성과 더불어 알려지는 것이기 때문이다.

3.1. 가치 있는 타자로서의 공동 현존재의 초월성과 공감

현존재가 그 자신의 존재구성에 따라 비진리 속에 머물고 있음은 타자의 이해에서도 통용된다. 비진리 속에 머묾의 근거가 일상세계 안에 빠져 있음인 한에서 비진리란 결국 존재자의 존재의미를 그 도구적 유용성에서 발견함을 뜻할 수밖에 없다. 그렇다면 비진리 속에 머무는 현존재에게 타자란 무엇보다도 우선 도구적 유용성에서 그 존재의미가 발견되는 존재자인 셈이다. 현존재는 타자를 도구로서 발견하며 타자와 함께 있으며, 바로 그렇기에 함께-있음과 공감이란 존재론적으로 매우 역설적인 개념이다. 순연한 도구적 존재자는 서로 함께-있을 수 없다. 따라서 현존재와 타자의 함께-있음은 서로가 서로를 도구 이상의 존재로 발견함을 전제로 할 수밖에 없다. 현존재와 타자의 함께-있음은 서로가 서로를 도구

로서 발견하며 동시에 도구-아님으로서 발견하는 이중적인 이해의 운동
과 결부되어 있는 것이다.

그런데 서로가 서로를 도구 이상의 존재로 발견함은 과연 무엇을 뜻하
는 말인가? 그것은 혹시 서로가 서로에게 ―전통 철학적으로 서로의 인격
성과 존엄성을 발견함을 인간적 유대관계의 근거로 삼았듯이― 단순한
도구 이상의 가치가 있음을 발견함과도 같은 것인가?

필자는 앞 절에서 가치의 초월자란 가치의 근거인 삶에 대해 언제나 이
미 가장 뒤늦은 자로서 존재하는 것임을 지적한 바 있다. 그 의미는 단순
하고 분명하다. 살아 있는 동안 현존재는 끊임없이 가치를 추구하게끔 되
어 있다. 삶을 위해 마음 쓰는 존재자로서 현존재는 자신의 삶을 보존하고
또 증진시켜 나가는 데 유용한 가치가 있는 것과 반대로 유용하지 못하거
나 해로운, 즉 부정적 가치가 있는 것을 발견하고 또 구분해야 하기 때문
이다. 심지어 현존재는 그 자신의 존재마저도 삶을 위해 유용한 것으로 전
환시키기 위해 부단히 마음 써야 하는 존재자이다. 삶을 위해 유용한, 즉
삶에 긍정적으로 작용할 도구적 자질을 잘 갖추고 있는 현존재는 삶을 잘
살아가기 쉽지만 그렇지 못한 존재자는 삶을 망치기 쉬울 것이기 때문이
다. 현존재는 자신이 가치의 초월자로서 존재함을 오직 죽음과의 관계 속
에서만 헤아릴 수 있다. 그러나 살아 있는 동안 아직 죽음은 현존재를 찾
지 않았고, 죽은 뒤 현존재는 더 이상 존재하지 않는다. 살아 있음으로 인
해 늘 유용한 가치를 추구할 수밖에 없는 존재자로서 현존재는 살아 있는
동안 가치의 초월인 자신의 존재에 상응하는 방식으로 존재할 수 없다.
바로 그렇기에 현존재는 가치의 근거인 삶에 대해 언제나 이미 가장 뒤늦
은 자로서 존재하는 것이다.

이것은 곧 ―역시 필자가 앞 절에서 이미 지적한 것처럼― 현존재란 가
장 때 이른 자로서 존재하지 않을 존재자임을 뜻하기도 한다. 현존재는 그
자신의 삶으로 인해 가치의 초월자로 존재하기에 늘 때 이른 자이다. 삶

을 위해 가치를 추구하는 동안 그는 여전히 가치의 초월자인 그 자신의 존재에 상응하는 방식으로 존재할 수 없기 때문이다. 게다가 이러한 이른 때는 세월이 흘러 노년의 죽음이 가까워짐으로써 무르익게 될 때도 아니다. 이러한 때가 존재론적으로 이른 것인 까닭은 오직 삶 자체로 인한 것이기 때문이기도 하고, 삶이 지나고 나면 지난 삶의 때 이름을 기억할 현존재가 더 이상 존재하지 않기 때문이기도 하다.

삶으로 인해 언제나 이미 비진리 속에 머물러야 하는 존재자로서 현존재는 자신과 타자의 존재를 부단히 가치를 지닌 도구적 존재자로 전환시키고 있다. 통념적으로 보면 이러한 경향의 되돌림은 도구로 환원될 수 없는 자신과 타자의 인격성을 발견함으로써 가능해진다. 그러나 존재론적으로 자신과 타자의 인격성을 발견함 역시 실은 자신과 타자를 또 다른 의미의 도구적 존재자로서 발견함과 같은 의미를 지니고 있을 뿐이다. 일상세계에서 인격성이란 삶을 저해하고 위협할 갈등과 분쟁의 발생을 막을 유용한 가치로서의 의미를 지닌다. 그렇기에 인격성을 발견하고 또 추구하는 동안 현존재는 자신과 타자의 존재를 삶을 위해 유용하고 긍정할 만한 것으로서 전환시키기 위해 마음 쓰고 있는 셈이다. 인격성을 추구한다고 해서 현존재가 가치의 초월자로서 가치의 근거인 삶에 대해 언제나 이미 가장 뒤늦은 자로서 존재한다는 사실이 바뀌는 것은 아니라는 뜻이다.[79]

---

[79] 인격성 개념의 존재론적 한계에 관한 이 글의 논의는 선험초월론적 자아의 이념 및 인격적 개인(person)이 현존재의 존재를 표현하는 데 모두 불충분하다는 문제의식에서 출발한다. 푀겔러에 따르면 하이데거가 현존재의 존재를 실존에서 발견하려 시도한 이유들 중 하나는 후설, 셸러, 딜타이 등에게서 발견되는 인격적 개인이 여전히 전통 철학의 한계 내에 머물고 있기 때문이다. 물론 후설, 셸러, 딜타이 등의 인격적 개인 개념을 하이데거가 부정적으로만 본다고 여겨서는 안 된다. 하이데거 역시 현존재의 존재가 형이상학적 실체의 이념으로부터 벗어나는 데 선험초월론적 자아의 이념 및 인격적 개인 개념 등이 결정적 역할을 수행해 왔음을 인정하기 때문이다. 이와 관련된 논의는 다음 참조: O. Pöggeler, *Heidegger und die hermeneutische Philosophie*, Freiburg — München 1983, 95 이하.

그러나 타자에게서 통념적 의미의 도구적 가치만을 발견하는 것과 인격적 가치를 발견하는 것이 존재론적으로 똑같은 일이라는 결론을 내려서는 안 된다. 서로에게서 통념적 의미의 도구적 가치만을 발견하는 존재자들은 존재론적으로 함께-있지 않지만 서로에게서 인격적 가치를 발견하는 존재자들은 존재론적으로 함께-있다. 서로에게서 인격적 가치를 발견함은 서로를 통념적 의미의 도구 이상의 존재로 발견함과 같다. 서로를 인격적 존재자로 인정함이란 서로를 자체 목적으로서 삶을 꾸려 가는 존재자로 인정함을 전제하는 것이기 때문이다. 결국 서로에게서 인격적 가치를 발견함이란 현존재와 타자에게 서로의 인격함양을 촉진할 ―그리고 이를 통해 일상세계에서의 삶을 안정되게 할― 도구적 가능성을 발견하면서도 동시에 서로를 도구 이상의 존재자로 인정하도록 하는 것과 같다. 인격적 가치라는 말이 함축하고 있는 현존재의 도구적 의미는 서로를 도구 이상의 존재로서 인정함으로써 비로소 가능해지는 그러한 의미라는 뜻이다.

아마 독자들 중에서는 이러한 논의가 일종의 말장난과 같은 것이 아닐까, 의아해 하는 이도 있을 것이다. 현존재와 타자가 함께-있음의 관계를 맺고 있는 한에서 현존재와 타자는 서로에게 유익한 존재자이거나 해로운 존재자일 수밖에 없는 것이 아닐까? 현존재의 본래성이 그 자체 도구로 환원될 수 없는 현존재의 인격성을 회복할 가능성을 뜻하는 것이 아니라면 대체 현존재의 본래성에 관해 철학적으로 논의할 이유가 어디에 있는가? 그러나 문제가 그렇게 간단한 것은 아니다. 현존재의 ―통념적 의미의― 도구적 역량이 중요하지 않은 일상세계도 없지만 현존재의 인격성이 중요하지 않은 일상세계도 없다. 그것은 인격성 자체가 일상에서의 삶을 가능하게 하는 도구적 가치를 지니고 있기 때문이다. 즉, 인격성의 관점에서 고찰되는 한에서 현존재는 여전히 일상적이고 비본래적인 존재자이다. 이 말은 곧, 서로를 인격성의 관점에서 이해하고 발견하는 경우 현존재와 타자의 함께-있음은 비본래적 함께-있음일 수밖에 없고, 공감 또한 비본래적 공감일 수밖에 없다는 것을 뜻하기도 한다.

인격성 개념이 지닌 이러한 한계는 그것이 일상세계에서 도덕의 근거로 통용될 뿐만 아니라 그 자체 도덕의 이념에 의해 근거 지어진 것이라는 점에서 잘 드러난다. 서로를 인격적 존재자로 발견하면서, 그리고 서로가 서로에게 그렇다는 것을 이해하면서, 현존재는 자신의 존재를 일상세계의 도덕의 확립과 유지에 유용한 존재자가 되어야 한다는 것을 받아들일 뿐 아니라 타자 역시 그래야 한다는 것 또한 암묵적으로 전제한다. 즉, 이러한 현존재는 자신과 타자를 도덕적 존재자가 되도록 몰아세우는 일상의 강압적 기제로서 존재하는 것이다. 인격성을 통념적 의미의 도구 이상의 존재자에게 허용되는 것으로 전제함으로써 현존재와 타자는 한편 서로를 도구적 가치의 초월자로서 인정하는 셈이다. 그러나 다른 한편 이러한 의미의 가치의 초월이란 하나의 가치를 보다 상위의 또 다른 가치로 대체함을 뜻할 뿐이다. 즉, 통념적 의미의 도구적 가치가 그러한 가치에 대해 초월적이고 상위의 가치인 도덕적 가치로 대체되는 것이다. 게다가 통념적 의미의 도구적 가치와 도덕적 가치가 모두 일상세계의 본질적이고도 근원적인 구성요소라는 점에서 보면 전자가 후자에 의해 대체되는 일은 실질적으로 일어날 수 없는 일이다. 양자는 실은 상호보완적인 관계를 맺고 있을 뿐이다. 그것은 서로를 인격성의 관점에서 바라봄이 현존재와 타자에게 서로를 일상적 존재자가 되게끔 몰아세움의 의미를 지니고 있음을 뜻한다.

서로를 인격적 존재자로 발견하면서 현존재와 타자는 어떻게 서로에게 공동 현존재가 되는가? 그것은 각자의 인격성의 함양이 서로의 삶을 보존하고 증진하는 방향으로 작용하리라는 기대와 믿음에 의해서이다. 현존재와 타자는 서로에게 유용한 존재자로서, 서로에게 유용한 존재자가 될 결의를 품고 있는 존재자로서, 서로 공감한다. 이러한 공감은 일상세계를 안정되게 하는 그 근본 토대이고, 현존재로 하여금 양질의 일상적 존재자가 되도록 몰아세우는 그 근거일 뿐만 아니라 자신이 어떤 가치로도 환원될 수 없는 존재자, 가치의 절대적 초월자로서 존재하는 존재자임을 망각하게 할 이유가 된다. 자신의, 그리고 타자의 인격성에 대한 기대와 믿음이야말로 일상세계를 위험하거나 불안한 세계가 아니라 신뢰할 수 있는 평안한 세계로 이해하도록 할 가능근거이기 때문이다.

현존재와 타자가 서로의 인격성을 발견하면서 —비록 일상적이고 비본래적인 방식으로나마— 서로 공감하고 함께-있을 수 있음은 아마 대개 좋은 일일 것이다. 분명 현존재는 타자와 함께-있어야 하는 존재자이고, 타자를 공동 현존재로서 받아들여야 할 뿐만 아니라 그 자신 타자에게 공동 현존재가 되어야 하는 존재자이기 때문이다. 그러나 공감 속에 함축된 모든 기대와 믿음은 증오와 분노, 잔혹한 폭력성의 가능근거이기도 하다. 기대와 믿음이 배신당하는 경우 그러한 기대와 믿음 속에서 추구했던 안정되고 행복한 삶이 위협을 받게 될 것이기 때문이다. 일상세계에서 도덕은 도덕적이지 못한 존재자를 심판하고 비난할 근거로 작용하는 법이고, 이러한 심판과 비난은 분명 무차별적인 폭력과 복수에 비해 덜 야만적이다. 그러나 도덕의 이름으로 심판하고 비난하는 자는 자신의 판단과 행위의 정당성에 대해 이미 확신하고 있다. 즉, 그에게 도덕적이지 못한 존재자는 바로 그러한 이유로 존재할 이유를 상실한 그러한 존재자로서 발견되고 있는 것이다.

이러한 심판은 과연 정당한가? 경우에 따라, 그리고 현존재의 가치관에 따라, 어떤 심판은 정당한 것으로 판단되기도 하고 또 어떤 심판은 부당한 것으로 판단되기도 할 것이다. 한 가지 분명한 것은 이러한 심판 자체가 타자의 존재를 도덕적 가치로 환원함을 전제로 한다는 점이다. 인격성의 관점에서 서로 함께-있고 또 공감하는 한에서 현존재와 타자는 서로에게 참된 의미로 가치의 초월자일 수 없다. 서로에게 참된 의미로 가치의 초월자일 수 없음은 서로에게 그가 마땅히 따라야 할 규범적 명령을 강요하고 있음을 뜻한다. 결국 현존재의 삶과 존재 자체가 규범적 명령의 근거로서의 의미를 지니는 것이 아니라 도리어 어떤 규범적 명령이 현존재의 삶과 존재의 근거이자 그 이유로서의 의미를 지니게 되는 셈이다. 그것은 일상세계에서 이루어지는 공공의 삶을 보존하고 증진시키는 방향으로 사고하고 행동하라는 명령이다. 인격성의 관점에서 삶과 존재의 의미를 헤아림으로써 현존재는 자신과 타자를 공적인 존재로서 전환시키고 있는 것이다.

3.2. 무-가치적인 타자로서의 공동 현존재의 초월성과 공감

서로를 인격성의 관점에서 발견하는 현존재와 타자는 서로에게 초월자로서 존재하지 않는 것일까? 물론 그렇지는 않다. 존재란 존재론적으로 **"순연한 초월"**(*SZ*, 38, 원문에서의 강조) 외에 다른 아무것도 아니기 때문이다. 여기서 '순연한'이라는 말을 '본래적으로' 내지 '일상적이지 않은', '근원적인' 등의 의미로 혼동해서는 안 된다. 그것은 다만 존재란 언제나, 그것이 손 안에 있는 존재자의 존재이든 눈앞에 있는 존재자의 존재이든, 혹은 그 밖의 어떤 존재자의 존재이든, 현존재에게 언제나 초월적인 것으로 알려진다는 것을 뜻할 뿐이다. 즉, 존재는 현존재에게 언제나 이미 초월적이다. 현존재에게 알려진 모든 존재의 의미는 현존재의 존재로 환원될 수 없는 존재자의 초월성을 전제로 하기 마련이라는 뜻이다.

하이데거가 『존재와 시간』에서 잘 밝힌 바 있듯이 현존재가 "세계내부적인 존재자를 만날 수 있는" 것은 언제나 "세계에서부터"이며, 이는 "세계가 이미 탈자적으로 열어 밝혀져 있음"을 전제로 한다. 세계는 물론 현존재의 "탈자적 시간성의 지평적 통일성 안에 근거"해 있다. 그러나 바로 그러한 것으로서 "세계가 [그 자체로서 이미] 초월적이다." 현존재에게는 세계가 초월적이고, 세계내부적으로 만나게 되는 모든 존재자가 초월적이며, 만약 그러한 존재자를 통해 어떤 세계내부적이지 않은 존재의 의미가 발견되거나 혹은 이미 발견된 존재자의 존재에 의해 은폐된 것으로서 예감되는 경우, 그러한 존재의 의미 역시 그 자체 초월적이거나 초월성에 근거해 있을 수밖에 없다. 이것은 물론 타자에게도 통용된다. 타자 역시 세계내부적인 존재자로서 만나게 되는 존재자이며, 그런 한에서 현존재의 탈자적 시간성의 지평적 통일성 안에 근거해 있는 초월적 세계 안의 초월적 존재자이다. 그리고 실은 바로 그러한 이유로 타자가 현존재의 마음 씀의 대상일 수 있는 것이다.(SZ, 480)

그러나 타자는 단순한 세계내부적 존재자가 아니다. 타자 역시 하나의 현존재로서 죽음을 향한 존재자이기 때문이다. 현존재의 본래성이 죽음을 향한 존재자로서 현존재가 느끼는 불안에 근거해 있는 것인 한에서, 그리고 현존재가 타자를 자신과 마찬가지로 죽음을 향한 존재자로 이해하는 한에서, 현존재는 그 자신 세계와 무연관적이 될 가능성을 자각하고 있는 존재자로서 역시 그러한 가능성과 더불어 있는 타자를 만나는 셈이다. 이는 곧 현존재가 근원적으로 무-가치적인 존재자로서 역시 근원적으로 무-가치적인 존재자인 타자와 만난다는 뜻이기도 하다. 가치란 결국 현존재가 세계에서부터 세계내부적으로 만나게 되는 존재자에게 속한 것일 수밖에 없기 때문이다.

우리는 슐라이어마허의 관점에서 '종교의 교화와 공감'의 문제를 다룬 제1장의 세 번째 절에서 '간음한 여인과 예수'의 이야기를 예시로 삼아 종교가 왜 반反-도덕적인 성격을 띨 수밖에 없는지 살펴본 바 있다. 우주에 대한 직관과 감정으로서의 종교가 반-도덕적인 성격을 띨 수밖에 없는 이유는 인간 현존재의 존재가 본래 세계에 귀속될 수 없는 것이기 때문이다. 본래 세계에 귀속될 수 없는 존재자로서 현존재의 존재는 근원적으로 반-도덕적인 존재방식을 추구할 수밖에 없다. 이 말은 곧, 사르트르의 용어를 빌려 표현하자면, 현존재의 존재가 실존적으로 부조리함을 뜻한다. 존재의 이유란, 그것이 현존재의 세계-안에-있음의 근거로 제시된 것일 뿐 아니라 동시에 단순한 물리적 원인으로서의 의미를 지니지 않는 한에서, 언제나 윤리적 함의를 지니고 있기 마련이다. 만약 현존재에게 어떤 근원적인 존재의 이유가, 현존재에 의해 세계 안에서 실현되어야 하는 어떤 목적이나 존재의 의미를 지시하는 것으로서, 주어져 있는 것이라면, 현존재는 세계 안에서 스스로 실현해야 할 어떤 가치를 지니고 있는 셈이고, 또한 그 자신 그러한 존재의 이유를 근거로 삼아 가치 있거나 무가치한 존재자로 심판되어야 할 존재자인 셈이다. 서로가 서로를 인격성의 관점에서 발견하는 현존재와 타자에게 일어나는 일이 바로 이와 같다. 그들은 자신과 상대에게 모두 존재의 이유를 붙이고 있으며, 존재의 이유를 근거로 삼아 자신과 상대를 가치 있거나 무가치한 존재자로 심판할 대상으로 삼고 있다. 서로에게 존재의 이유를 붙이는 현존재와 타자 사이에 형성되는 공감이란 '서로가 서로를 어떤 존재의 이유를 근거로 삼아 심판함이 마땅함'이라는 암묵적 믿음과 동의에 근거해 있다. 이 경우 현존재와 타자는 서로를 초월자로 발견하되 어떤 초월적 가치의 담지자이자 실천자가 되어야 마땅한 그러한 존재자로 그렇게 하는 셈이다. 이러한 관계 속에서 현존재와 타자는 서로에 대해 스스로 우월하거나 스스로 열등할 잠재적 가능성을 지닌 존재자로서 자신을 이해하는 셈이다. 현존재와 타자가 각각 자신과 상대에게 붙인 존재의 이유에 보다 충실함은 서로에 대해 스스로 우월할 이유가 되고 그렇지 못함은 스스로 열등할 이유가 된다. 결국 서로를 인격성의 관점에서 발견하는 현존재 간의 공감이란 3중의 구조를 지니는 셈이다. 서로에 대해 스스로 우월하거나 스스로 열등할 잠재적 가능성이 모두에게 주어져 있다는 점에서 보면 현존재와 타자의 공감은 서로를 평등한 존재자로서 헤아림에 근거해 있는 공감이다. 그러나 이러한 헤아림이란 자신이 우월하고 상대가 열등하거나 반대로 자신이 열등하고 상대가 우월할 가능성이 모두에게 주어져 있음에 대한 헤아림일 뿐이다. 즉, 현존재와 타자는 서로를 자신에 대해 우월하거나 열등해질 가능성과 더불어 있는 존재자로서 헤아리며 서로 공감하고 있는 것이다.

일상세계에서 일어나는 모든 심판은 심판하는 자와 심판을 당하는 자 사이에 이미 형성된 공감을 근거로 삼아 일어나는 일이다. '간음한 여인과 예수'의 이야기에서 여인을 단죄하기를 원하는 바리사이파 군중의 마음속에는 여인을 향한 증오와 분노가 형성되어 있다. 혹은 그들 중 누군가는 율법에 따라 공정하게 심판하려는 의지만을 지니고 있을 뿐 마음속에 어떤 증오와 분노의 감정도 느끼지 않을지도 모른다. 통념적으로 보면, 마음속에 증오와 분노가 형성되어 있거나 혹은 그저 공정할 뿐이거나 상관없이, 심판하려는 대중과 심판의 대상인 여인 사이에 어떤 공감이 형성되어 있으리라 생각하기는 어렵다. 통념적으로 공감이란 상대의 기쁨을 자신의 기쁨처럼 여기거나 반대로 상대의 슬픔을 자신의 슬픔처럼 여길 수 있는 그러한 관계에서만 가능한 것이기 때문이다. 그러나 양자 사이에는 인간 현존재의 존재의 이유에 충실한 자는 그렇지 못한 자를 열등하고 타기해 마땅한 자로서 심판할 당연한 권리를 갖는다는 공감이 이미 형성되어 있다. 물론 심판의 대상이 되는 자가 자신에 대한 단죄가 매우 부당하다고 여길 수도 있다. 그러나 이러한 부당함에 대한 의식 또한 실은 '부당하지 않은 경우에는 단죄해도 좋다'는 암묵적 동의를 전제로 한다. 결국 유용성과 가치에 근거해 있는, 그리고 그러한 것으로서 비본래적인, 공감이란 공동 현존재 간에 오가는 심판을 정당화할 근거인 셈이다. 비본래적으로 공감하며 현존재와 타자는 서로에게 잠재적·현실적 심판자이거나 죄인이다. 그들에게는 스스로 이 세계에서 실현해야 할 존재의 이유가 있고, 그들은 존재의 이유에 종속된 자로서 서로 공감할 뿐이다.

존재론적으로 현존재가 가치의 절대적 초월자로서 존재한다는 말은 현존재의 근원적 존재 의미는 바로 부조리라는 말과 같다. 현존재는 부조리한 존재자로서 실존하며, 이는 곧 현존재가 자신과 타자에게 행하는 어떤 도덕적 판단도 온당한 것일 수 없음을 뜻한다. 그러나 이러한 이야기를 도덕에 대한 단순한 부정으로 오인해서는 안 된다. 현존재는 결국 일상적 존재자이고, 일상성과 무관한 함께-있음이란 불가능하기 때문이다. 현존재가 일상세계에서 추구하는 가치와 유용성은 결국 현존재의 삶과 존재를 위한 것이다. 현존재의 삶과 존재는 자체 목적으로서 일상세계의 그때-거기에 있는 것이고, 그런 한에서 존재의 이유를 내세워 현존재의 삶과 존재를 가치적인 것으로 전환시키는 것은 실은 가치의 전도 현상일 뿐이다. 즉, 그것은 현존재가 가치의 초월자로서 존재함에 대한 부정으로서, 가치의 존재 이유인 가치의 초월자를 가치적인 것의 하나로 규정함으로써 가치의 존재 이유를 말살하는 것과 같다. 그러나 현존재가 일상적 존재자로서 존재하는 한에서 가치의 존재 이유에 대한 말살은 언제나 이미, 가치의 초월자인 현존재 자신의 존재에 의해서, 일어나고 있다. 존재자를 그 자신을 위해 유용한 가치적인 것으로 발견하고 이해함으로써 현존재는 자신의 존재를 존재자보다 상위의 가치를 지니는 것으로서 헤아리게 되는 것이다.

아마 바로 여기에 죄 개념의 가장 심오한 종교적 의미가 깃들어 있을 것이다. 그 자신을 위해 어떤 가치적인 것을 추구하며 현존재는 그 자신의 존재를 포함해 모든 것을 가치적인 것으로 전환시켜 버린다. 현존재의 일상적 존재방식으로 인해 모든 것에 존재의 이유가 달라붙게 되며, 그럼으로써 실은 존재의 이유 자체가 근원적으로 말살되어 버린다. 모두가 욕망의 기계 안에 포섭되어 버릴 뿐이다. 욕망하여 가치로 소비하거나 가치로 소비되는 것—바로 이것이 현존재의 일상적 존재방식에 의해 가능해지는 유일무이한 존재방식이며, 도덕과 인격성이란, 적어도 그 근거가 어떤 가치적 이념에서 구해지는 한에서는, 실은 가치로 소비함 및 소비됨의 가장 은밀하고도 철저한 기제에 지나지 않는다. '간음한 여인과 예수'의 이야기에서 바리사이파 군중에 의해 심판당하는 여인은 가장 무가치할 뿐만 아니라 심지어 해롭기까지 한 존재자이며, 그 이유는 그녀의 일상적 존재방식이 반도덕적이기 때문이다. 그녀에 대한 심판은 도덕의 이름으로 행해지는 일종의 소비에 대한 요구이다. 반도덕적인 자는 소비되어야 하고, 도덕적인 자는 소비할 수 있어야 하며, 그럼으로써 일상세계 안의 모든 것이 도덕적 삶을 위한 잠재적·현실적 소비재로서 발견될 수 있어야 한다. 도덕에 의해 부추겨지는 증오와 분노의 감정은 실은 소비하려는 욕구와 의지의 표현 외에 다른 아무것도 아니다. 그럼으로써, 즉 도덕의 이름으로 증오하고 분노하며, 현존재는 가장 근원적이고도 심대한 죄에 사로잡히게 된다. 그것은 바로 가치의 초월자로서의 존재에 대한 부정이라는 이름의 죄이다.

이러한 죄를 범함은 일상성을 그 근원적 존재방식으로서 지니는 현존재에게 숙명과도 같다. 근원적으로 일상적인 존재자로서 현존재는 결코 단순한 도덕의 부정을 통해 죄로부터 벗어날 수 없다는 뜻이다. 공감이란 그 근원적이고도 본래적인 의미에서는 언제나 이미 죄의식의 가능근거이다. 죽음을 향한 존재자로서 현존재와 타자는 서로 가치의 초월자로서 공감하고 있으며, 이러한 공감에 의해 언제나 이미 서로에 대해 가장 근원적이고도 심대한 죄의식을 느끼고 있다. 그리고 바로 이로 인해 현존재는 일상세계를 지배하는 심판의 도덕을 반대하고 부정해야 하는 존재자이며, 오직 반-도덕적인 존재자로서만 타자에 대해 그 자신이 범하고 있는 죄를 극복해 나갈 수 있다.

물론 현존재는 자신의 죄를 결코 극복할 수 없다. 죄의 근거가 그 자신의 근원적 존재방식의 하나인 일상성에 있기 때문이다. 현존재는 언제나 이미 반-도덕적인 존재자로서 가치의 초월자로서의 존재의 의미를 회복해야 할 책임을 지고 있는 존재자이다. 현존재는 심판하고자 하는 모든 욕망과 의지를 내려놓아야 하며, 그럼으로써 스스로 욕망의 기계에 포섭되지 않을 삶과 존재의 의미에 대한 증거가 되어야 한다. 물론 현존재가 존재하는 한에서 존재하는 모든 것은 언제나 이미 욕망의 기계에 포섭되어 있다. 일상적 존재자인 현존재의 존재 자체가 모든 것을 소비해야 하거나 소비되어야 할 욕망의 순환구조 안에서 존재하도록 하는 그 근거이기 때문이다. 그러나 현존재의 존재와 더불어 욕망의 기계에 포섭되지 않을 삶과 존재의 의미 또한 언제나 이미 발견되어 있다. 현존재란 결국 죽음을 향한 존재자 외에 다른 아무것도 아니기 때문이다.

공감하며 현존재는 자신의 죄와 책임을 인정한다. 그러나 이러한 인정은 결코 슬픔이나 고통을 수반하는 뉘우침과 같은 것으로 오인되어서는 안 된다. 이러한 인정을 통해 현존재는 스스로 가치의 초월자가 될 가능성에 눈뜨며, 그럼으로써 그 자신의 존재를 가치로 환원될 수 없는 존재자들의 한가운데 머물고 있음으로 새롭게 규정하게 되기 때문이다. 본래적 의미의 공감 속에서 현존재와 타자는 인위적으로 그 무엇을 구하는 모든 행위와 사유가 멈추어야 할 곳에서 함께-있는 자로서 서로를 발견한다. 이러한 곳은 현존재의 존재로 인해 언제나 이미 욕망의 기계에 포섭되어 있는 모든 존재자의 존재를 통해 드러나는 무욕의 자리이다. 모든 것이 가치의 초월자로서 존재하며, 그럼으로써 세계는 가치로 환원될 수 없는 근원적 성스러움에 근거해 있는 것으로서 속된 세계가 된다. 공감 속에서 현존재와 타자는 서로에게 속된 세계와 성스러운 무욕의 자리에 머물고 있는 이중의 존재로 발견되는 것이다.

마지막 단상

아마 독자들 중에는 이 글에서 기획된 공감의 존재론이 죄 개념에 대한 분석과 더불어 끝이 난다는 점을 의아해 하는 이도 있을 것이다. 그러한 이는 이 글에서 제시된 죄 개념이 현존재의 존재구조 그 자체로부터 연원하는 존재론적 개념일 뿐임을 먼저 기억해 주기 바란다. 그것은 '죄의식에 사로잡혀 절망하고 낙담함' 등 통념적으로 죄의식을 수반하기 마련인 그러한 감정의 계기 같은 것과는 아무 상관도 없다. 오히려 그것은 자신의 존재에 대한 절대적이고도 무조건적인 긍정의 표현으로 이해되어야 한다. 오직 자신의 존재를 가치의 절대적 초월자로서 이해하고 긍정하는 존재자만이 자신의 존재론적 죄를 자각할 수 있기 때문이다.

어떤 점에서 보면 존재론적 죄 개념은 하이데거의 책임-있음 개념에 이미 함축되어 있다고 볼 수도 있다. 그럼에도 필자가 죄 개념을 별도로 사용한 이유는 타자 내지 공동 현존재에 대한 일체의 규범적 심판을 부당한 것으로 만들어 버리는 그 근거가 현존재의 존재구조 자체에 있음을 강조하고 싶었기 때문이다.

필자는 공감의 존재론에 대한 본격적인 분석을 슐라이어마허의 종교 개념에 대한 분석과 더불어 시작하였다. 슐라이어마허에 따르면 종교란 우주에 대한 직관과 감정이고, 인간의 사유(형이상학)와 행위(도덕)가 멈추는 곳에서 시작된다. 왜 그러한가? 그것은 종교가 사유와 행위의 단초가 될 만한 가치와 이념을 절대적으로 초월하는 존재의 의미에 대한 자각과 믿음의 표현이기 때문이다. 종교적 공동체 및 인간 현존재에 대한 종교의 교화에 대한 슐라이어마허의 언명들은 일종의 공감의 존재론에 근거해 있다는 것이 필자의 판단이다. 종교란 사유와 행위가 멈추는 곳에서 시작되는 것이기에 종교적 경건함에 사로잡힌 현존재는 공동 현존재에 대해 심판하거나 심판에 근거한 행위를 하기를 그친 존재자일 수밖에 없다. 종교적 교화란 자신과 공동 현존재를 특정한 도덕의 이념에 종속되도록 몰아세우는 방식의 교화가 아니라 서로가 서로에 대해 심판하기를 멈추어야 함을 알리는, 그리고 서로가 서로를 어떤 유용한 가치적 존재자로 이해하기를 그쳐야 함을 권면하는 그러한 방식의 교화이다. 원한다면 이러한 교화를 어떤 고차원적인 도덕적 이상의 실현과도 같은 것으로 이해할 수도 있을 것이다. 중요한 것은 이러한 교화가 공동 현존재를 그 자체로서 존재하도록 내버려 둠과 같은 의미를 지니고 있음을 헤아리는 일이다. 자신의 존재가 무한한 우주의 작용과 행위에 절대적으로 의존해 있음을 자각함으로써 종교적 현존재는 공동 현존재 또한 그러한 존재자로서 무한한 우주의 개별화된 표현임을 헤아리게 된다. 종교란 결국 현존재와 공동 현존재 사이에 형성되는 존재론적 안에-있음의 근원적 드러남인 셈이다. 너와 나는 모두 우주 안에-있음으로서의 존재를 지니는 존재자이며, 그런 한에서 무한한 우주의 개별화된 표현으로서 함께-있다. 그렇기에 서로가 서로에 대해 행하는 심판은, 심판하는 의식의 전제이자 그로부터 발원하는 증오와 분노는, 사유와 행위의 한계를 넘어서는 성스러운 존재의 진실에 대한 부정과 왜곡 외에 다른 아무것도 아니다. 존재의 진실이 성스러운 까닭은 존재란 결국 우주의 무한성에 근거해 있는 것으로서 너와 나의 삶을 가능하게 하는 것이기 때문이요, 너와 나의 함께-있음과 공감에 근거한 종교적 교제를 가능하게 하는 것이기 때문이다. 모든 심판의 근원적 부당함을 알리는 것으로서 존재의 진실은 언제나 이미 성스러운 것이다.

사르트르의 철학은 슐라이어마허의 종교론과 대립적인 입장에 서 있는 것처럼 보이기 쉽다. 사르트르의 철학은 본질적으로 무신론적이며, 통념적 의미의 종교와 대립적이기 때문이다. 그러나 슐라이어마허의 종교 개념 역시 통념적 의미의 종교와는 거의 무관한 것임을 기억해 둘 필요가 있다. 슐라이어마허가 제시한 우주에 대한 직관과 감정으로서의 종교란 현존재의 무한한 우주의 안에-있음의 존재구조로부터 연원하는 어떤 근원적 존재방식을 표현하는 말일 뿐 신에 대한 숭배나 특정한 종교적 교리의 절대화 등과는 아무 상관도 없다는 뜻이다. 실존의 부조리에 대한, 그리고 무로서의 존재와 자기의식의 관계에 대한 사르트르의 실존론적 성찰들의 핵심적인 관점은 종교에 대한 슐라이어마허의 관점과 거의 같다는 것이 필자의 판단이다. 사르트르에게 실존의 부조리란 결국 가치로 환원될 수 없는, 그리고 그런 한에서 어떤 도덕적 심판의 대상도 될 수 없는 현존재의 그 자체로 있음을 표현할 뿐이다. 자신과 타자를 잠재적·현실적 심판의 대상으로 삼으면서 현존재는 타자와 오직 비본래적으로만 공감할 수 있을 뿐이며, 그러한 공감의 근거는 결국 자기기만이다. 사르트르가 『존재와 무』에서 '웨이터로 존재하기 놀이'를 예시로 삼아 설명한 것처럼 일상적 존재자로서의 현존재는 다기한 '존재하기 놀이'를 하며 자신의 존재를 일상세계에서 유용한 이런저런 가치들로 환원시킨다. 물론 이러한 시도가 온전히 성공을 거둘 수는 없다. 현존재의 실존은 근원적으로 부조리하며, 이는 현존재의 존재가 본래 어떤 가치로도 환원될 수 없음을 뜻한다.

필자는 사르트르의 철학에서 두 가지 상이한 의미의 공감 개념을 정초할 가능성을 발견할 수 있다고 본다. 하나는 비본래적 공감이요, 또 다른 하나는 본래적 공감이다. 주의할 점은 양자가 각각 도구적 가치와 그에 대립적인 인격적 가치에 근거해 있는 것으로 오인해서는 안 된다는 점이다.

존재론적으로 보면 인격성의 이념의 바탕인 도덕 자체가 일상세계에서의 삶을 가능하게 하는 일종의 도구적 가치로서 파악될 수 있기 때문이다. 예컨대 웨이터를 웨이터로만 보든 어떤 도덕적 인격성과 함께 보든 나는 웨이터를 사회적으로 유용한, 그리고 유용해야만 하는, 그러한 존재자로 보는 셈이다. 웨이터와 나는 각각 자신과 상대를 사회적으로 유용해야 하는 존재자로서 이해하고 있으며, 이러한 이해의 존재론적 근거는 바로 비본래적 공감이다. 아마 사르트르가 현존재와 타자의 관계를 존재론적 대립과 투쟁의 관점에서 바라본 근본적 이유가 바로 여기에 있을 것이다. 오직 일상세계에서 통용되는 일체의 가치로부터 독립적인 그러한 존재자로서 자신과 타자를 이해하는 현존재들 사이에서만 본래적 공감이 형성될 수 있다. 그렇기에 현존재와 현존재의 관계는 도덕과 인격성의 관계를 근원적으로 초월하는 것일 수밖에 없는 것이다.

그러나 엄밀히 말해 현존재와 타자의 관계를 존재론적 대립과 투쟁의 관점에서 바라보는 것 또한 존재론적으로 온당한 일은 아니다. 대립과 투쟁이란 상대를 자신의 존재를 위해 부정적 가치를 지니는 존재자로서 이해함을 암묵적으로 전제하기 때문이다. 즉, 여기서도 존재자의 가치로의 전환이 일어난다. 이러한 문제를 해결할 수 있는 결정적 단초는 하이데거의 존재론적 죽음 개념에서 발견된다. 죽음을 향해 가는 존재자로서 현존재는 자신의 존재를 일상세계와 무연관적이 될 가능성의 관점에서 이해한다. 자신의 존재를 어떤 도덕적 인격성의 관점에서 바라보는 것이 일상세계를 지배하는 도구적 의미연관으로부터의 해방을 뜻할 수 없는 데 반해 자신을 죽음을 향해 가는 존재자로서 바라보는 것은 자신의 존재를 가치의 절대적 초월자로서 바라봄을 뜻한다. 결국 존재론적으로 현존재와 타자가 서로에게 본래적 의미의 공동 현존재가 될 수 있도록 하는 것은 바로 죽음의 가능성이다. 죽음의 가능성으로 인해 자신과 타자의 존재를 가치초월적인 것으로 이해할 수 있는 존재자만이 도구적 의미연관으로 환원될 수 없는 방식으로 타자와 함께-있을 수 있으며, 본래적 존재자로서 타자와 공감할 수 있는 것이다.

본래적 존재자로서 타자와 공감하는 현존재는 자신이 행하는 타자에 대한 어떤 심판도 결코 정당한 것일 수 없음을 이미 자각하고 있다. 심판이란 자신과 타자의 존재를 도덕적·법적 가치의 관점에서 이해하는 존재자만이 수행할 수 있는 것이기 때문이다. 물론 이러한 존재론적 진실로부터 현존재의 존재가 도덕과 완전히 무관할 수 있다는 결론이 나오는 것은 아니다. 일상성이란 현존재의 근원적 존재방식들 중 하나이고, 일상적 존재자로서 현존재는 언제나 이미 자신과 타자의 존재를 가치로 환원시키고 있기 때문이다. 결국 현존재는 언제나 이미 심판하고 있고, 또 심판할 수밖에 없는 존재자이지만, 동시에 이러한 심판의 근원적 부당성을 자각하고 있는 역설적 존재자이다. 현존재와 타자의 관계는 서로 심판하는 자로서 공감하는 관계이기도 하고, 서로에게 행하는 심판의 근원적 부당성을 자각하고 있는 자로서 공감하는 관계이기도 하다. 현존재가 현존재로서 머무는 한에서 비본래적 공감과 본래적 공감이 자아내는 심판의 역설은 결코 사라질 수 없다.

어떤 의미에서 그것은 죽음의 역설과도 같다. 현존재는 분명 죽음을 향해 가는 존재자이지만 결코 죽음을 경험할 수는 없다. 죽음이 찾아오기 전 현존재는 언제나 현존재로서 존재할 뿐이고, 죽음이 찾아오고 나면 죽음을 경험할 현존재는 더 이상 존재하지 않는다. 그 때문에 현존재는 타자에 대해 부당한 심판을 행하지 않는 자가 될 가능성을 지니고 있지 않다. 현존재는 타자에 대한 심판자이자 그 자신에 대한 심판자이다. 현존재와 타자는 서로에 대한 심판자로서 공감하고, 서로를 자신에 대한 심판자로서 이해하며 공감하기도 하며, 심판의 근원적 부당성을 자각하고 있는 자로서 공감한다. 오직 세 번째 의미의 공감만이 본래적이다. 그러나 비본래적 공감과 무관하게 그 자체로서 독립적으로 일어나는 본래적 공감은 존재론적으로 불가능하다. 심판의 근원적 부당성을 자각하려면 이미 심판해야 하기 때문이다.

강돈구, 『슐라이어마허의 해석학』, 이학사, 2000.

강학순, 『존재와 공간. 하이데거 존재의 토폴로지와 사상의 흐름』, 한길사, 2011.

고미영, 『이야기 치료와 이야기의 세계』, 청목, 2004.

김계현, 『카운슬링의 실제』, 학지사, 2004.

김문환, 「관점과 관점치료」, 강원대학교 HK 인문치료사업단, 『인문치료』, 네오뮤즈, 2008.

_____, 『예술과 윤리의식』, 소학사, 2003.

_____, 「자아정체성에 기초한 철학상담 방법론」, 대한철학회, 『철학연구』, 85(2), 2009.

_____, 「철학치유를 위한 서언: 철학치유의 세 축으로서 자기인식, 자기배려, 대화」, 대한철학회, 『철학 연구』, 2008.

김승철, 『역사적 슐라이어마허 연구』, 한들 출판사, 2004.

김영진, 「임상철학을 위하여」, 『철학과현실』, 16집, 철학과현실사, 1993.

_____, 「철학적 병과 임상철학은 무엇인가(III)」, 『철학과현실』, 79집, 철학과현실사, 2008.

_____, 「철학적 병에 대한 진단과 처방: 임상철학」, 철학과현실사, 2004.

김종욱, 『하이데거와 형이상학 그리고 불교』, 철학과현실사, 2003.

김화영, 『사르트르』, 고려대학교출판부, 1990.

라베, P. 저, 김수배 역, 『철학상담의 이론과 실제』, 시그마프레스, 2010.

레비나스, E. 저, 양명서 역, 『윤리와 무한』, 다산글방, 2005.

로저스, C. 저, 오제은 역, 『사람 중심 상담』, 학지사, 2007.

_____, 주은선 역, 『진정한 사람되기. 칼 로저스 상담의 원리와 실제』, 학지사, 2009.

_____, 한승호 역, 『철학상담의 이론과 실제』, 집문당, 1991.

_____, 연문희 역, 『학습의 자유. 자기주도적 인간육성의 길』, 시그마프레스, 2011.

매리노프, L. 저, 김익희 역, 『철학상담소: 우울한 현대인을 위한 철학자들의 카운슬링』, 북로드, 2006.

_____, 이종인 역, 『철학으로 마음의 병을 치료하다』, 해냄출판사, 2000.

모리스, P. S. 저, 박만준 역, 『의식과 신체: 사르트르의 인간 개념에 대한 분석적 접근』, 서광사, 1993.

박남희, 「자기실현과 자기치유로서의 철학」, 『철학실천 방법론 모색과 철학교육』, 2010.

박병준, 「존재 지평의 해석학: E. 코레트의 해석학을 중심으로」, 한국해석학회, 『해석학연구』 제29집, 2012.

박성수·김창대·이숙영,『상담심리학』, 한국방송대학교출판부, 2015.

박성희,『상담과 상담학: 새로운 패러다임』, 학지사, 2001

_____,『상담학 연구방법론 : 사회과학 연구방법의 새로운 지평』, 학지사, 2004.

박이문,『현상학과 분석철학』, 지와사랑, 2007.

박찬국,『내재적 목적론』, 세창출판사, 2012.

_____,『하이데거와 윤리학』, 철학과현실사, 2002.

반성택,「해석학 전통의 형성: 슐라이어마허, 딜타이를 중심으로」, 철학아카데미,『현대철학의 모험』, 길, 2007.

발덴펠스, B. 저, 최재식 역,『현상학의 지평』, 울산대학교출판부, 1998.

변광배,『장 폴 사르트르 (시선과 타자)』, 살림, 2004.

비멜, W. 저, 구연상 역,『사르트르』, 한길사, 1999.

사르트르, J.-P. 저, 박정자 외 역,『변증법적 이성 비판 1』, 나남, 2009.

_____, 박정자 외 역,『변증법적 이성 비판 2』, 나남, 2009.

_____, 박정자 외 역,『변증법적 이성 비판 3』, 나남, 2009.

_____, 윤정임 역,『상상계』, 기파랑, 2010.

_____, 정소정 역,『존재와 무』, 동서문화사, 2009.

셸러, M. 저, 조정옥 역,『동감의 본질과 형태들』, 아카넷, 2006.

슐라이어마허, F. 저, 최신한 역,『기독교신앙』, 한길사, 2006.

_____, 최신한 역,『종교론. 종교를 멸시하는 교양인을 위한 강연』, 한들, 1997.

_____, 최산한 역,『해석학과 비평』, 철학과현실사, 2000.

스미스, A. 저, 박세일 외 역,『도덕감정론』, 비봉, 2009.

_____, 유인호 역,『국부론』, 동서문화사, 2008.

신상희,『하이데거와 신』, 철학과현실사, 2007.

신승환,『해석학. 새로운 사유를 위한 이해의 철학』, 아카넷, 2016.

양해림,「슐라이어마허에 있어서 보편적 해석학의 언어문제」, 강원대학교,『인문과학연구』, 제16집, 2006.

이남인,『현상학과 해석학』, 서울대학교출판문화원, 2004.

이영의,「철학상담과 심리치료의 관계: 아헨바흐의 견해를 중심으로」, 범한철학회,『범한철학』, 53집, 2009.

이진남,「철학상담에 방법론은 필요한가?」,『강원인문논총』, 18권, 2007.

조광제,『존재와 충만 간극의 현존 1』, 그린비, 2013.

_____,『존재와 충만 간극의 현존 2』, 그린비, 2013.

짐멜, G. 저, 김덕영 역,『근대 세계관의 역사. 칸트·괴테·니체』, 길, 2007.

최상욱,『니체, 횔덜린, 하이데거, 그리고 게르만 신화』, 서광사, 2010.

최성희, 『휴머니즘 비판에 근거한 하이데거의 존재 윤리』, 부산대학교 출판부, 2012.

최신한, 『슐라이어마허』, 살림, 2003.

_____, 『슐라이어마허. 감동과 대화의 사상가』, 살림, 2003.

최홍덕, 「슐라이어마허에게 있어서 신학과 철학」, 『해석학 연구』(제16집, 2005년 가을호).

_____, 「슐라이어마허에게 있어서 신학과 학문체계」, 『신학사상』(제129집, 2005년 여름호).

_____, 「칼 바르트의 슐라이어마허 해석」, 『서울장신논단』(제13집, 2005).

카푸토, J. D. 저, 변광배 역, 『HOW TO READ 사르트르』, 웅진지식하우스, 2008.

프랑크, M. 저, 김윤상 역, 『신구조주의란 무엇인가? 1』, 인간사랑, 1998.

_____, 김윤상 역, 『신구조주의란 무엇인가? 2』, 인간사랑, 1999.

_____, 최신한 역, 『현대의 조건』, 책세상, 2002.

피셔, H. 저, 오성현 역, 『슐라이어마허의 생애와 사상』, 월드북, 2007.

하이데거, M. 저, 김재철 역, 『종교적 삶의 현상학』, 누멘, 2011.

_____, 신상희 역, 『숲길』, 신상희 옮김, 나남, 2002.

_____, 이기상 역, 『존재와 시간』, 까치, 2007.

_____, 이선일 역, 『철학에의 기여』, 새물결, 2015.

_____, 이선일 역, 『칸트와 형이상학의 문제』, 한길사, 2001.

한국해석학회 편저, 『종교 윤리 해석학』, 철학과 현실사, 2003.

한상연, 「사르트르의 『존재와 무』에 나타난 윤리학적 문제의식에 관한 소고」, 『하이데거 연구』(제19집 2009년 봄호).

_____, 「사유와 존재—헤르더와 슐라이어마허의 존재론」, 『해석학연구』, 제21집, 2008, 1-30.

_____, 「살/몸과 해석. 슐라이어마허 해석학의 존재론적 근거에 관한 성찰」, 『해석학연구』, 제35집, 2014, 69-98.

_____, 「시간과 초월로서의 현존재—칸트의 시간 개념에 대한 하이데거의 이해와 그 존재론적 의의에 관한 소고」, 『철학과 현상학 연구』(제50집 2011년 가을).

_____, 「은총과 역사—슐라이어마허의 신학사상과 그 철학적 전제에 관한 소고」, 『철학과 현상학 연구』(제 47집 2010년 겨울호).

_____, 「존재론적 당위성의 토대로서의 초월. 슐라이어마허의 존재론적 윤리학」, 『현대유럽철학연구』 제39집, 2015, 241-274.

_____, 「종교와 몸: 슐라이어마허의 '살/몸' 존재론에 관하여」, 『해석학연구』(제26집 2010년 가을호).

_____, 「종교와 실존: 하이데거의 둔스 스코투스 및 슐라이어마허 연구」, 『하이데거 연구』(제13집 2006년 봄호).

_____, 「현상과 초월적 내재—하이데거 초기 사상에서의 현상학적 존재 분석과 그 신학적 기원에 관하여」, 『존재론 연구』, 2012년 봄호(제28집).

홍경자, 「몸철학과 여성주의 철학상담」, 한국여성철학회, 『한국여성철학』, 제12집, 2009.

_____, 「야스퍼스의 실존조명과 프랑클의 실존분석적 로고테라피와의 관계-철학실천으로서의 철학상담과 관련하여」, 대한철학회, 『철학연구』, 제109집, 2009.

흄, D. 저, 이준호 역, 『도덕에 관하여(인간 본성에 관한 논고 3)』, 서광사, 2008.

_____, 이준호 역, 『오성에 관하여(인간 본성에 관한 논고 1)』, 서광사, 1994.

_____, 이준호 역, 『정념에 관하여(인간 본성에 관한 논고 2)』, 서광사, 1996.

Achenbach, G- B., *Philosopische Praxis*, Köln 2010.

Agosta, L., *Empathy in the Context of Philosophy*, Palgrave Macmillan in U.K., 2010.

Anderson, Thomas C., *Sartre's Two Ethics: From Authenticity to Integral Humanity*, Chicago: Open Court 1993.

Arendt, A., Zur Vorgeschichte des Schleiermacherschen Begriffs von Dialektik, in: Meckenstock, G. (Hrsg.), *Schleiermacher und die wissenschaftliche Kultur des Christentums*, Berlin/New York 1991, S.313-333.

Aronson, R., *Jean-Paul Sartre—Philosophy in the World*, London 1980.

Baille, J., *Hume on Morality*, Routledge: London/New York 2000.

Barth, Karl, Nachwort (1968), in: *Schleiermacher-Auswahl. Mit einem Nachwort von Karl Barth.* besorgt von Heinz Bolli. 2. Aufl. Gütersloh 1980.

Beißer, F., *Schleiermachers Lehre von Gott. Dargestellt nach seinen Reden und seiner Glaubenslehre*, Göttingen 1970.

Benz, E., Rudolf Otto als Theologe und Persönlichkeit, in: ders. (Hrsg.), *Rudolf Ottos Bedeutung für die Religionswissenschaft und die Theologie heute. Zur Hundertjahrefeier seines Geburtstags 25. September 1969*, Leiden 1971, S. 30-48.

Betti, E., *Die Hermeneutik als allgemeine Methodik der Geisteswissenschaften*, Tübingen 1972.

Birkner, H. J., *Schleiermachers christliche Sittenlehre im Zusammenhang seines philosophisch-theologischen Systems*, Göttingen 1972.

_____, *Theologie und Philosophie. Einführung in Probleme der Schleiermacher-Interpretation*, München 1974.

Brechtken, J., *Geschichtliche Transzendenz bei Heidegger. Die Hoffnungsstruktur des Daseins und die gott-lose Gottesfrage*, Meisenheim am Glan 1972.

Brunner, E., *Die Mystik und das Wort. Der Gegensatz zwischen moderner Religionsauffassung und christlichem Glauben dargestellt an der Theologie Schleiermachers*, Tübingen 1924.

Choi, S.-H., *Vermitteltes und unvermitteltes Selbstbewußtsein*, Frankfurt a. M./Bern/New York/Paris 1991.

Crouter, R., *Friedrich Schleiermacher. Between Enlightenment and Romanticism*, Cambridge

University Press, 2005.

Curran, T., *Doctrine and Speculation in Schleiermacher's Glaubenslehre*, Berlin/New York 1994.

Danto, A. C., *Jean Paul Sartre*, Göttingen 1992.

Daube-Schackat, R., Schleiermachers Divinationstheorem und Peirce's Theorie der Abduktion, in: Selge, K.-V. (Hrsg.) *Internationales Schleiermacher-Kongreß Berlin 1984*, Berlin/New York 1985, S.263-277.

Dilthey, W., *Leben Schleiermachers* II (in zwei Halbbänden) *Schleiermachers System als Philosophie und Theologie* (*GS* XIV), Göttingen 1966.

Dunst, Ch., *Empathie im Wandel. Eine retrospektive Betrachtung hin zu einer Erweiterung des Terminus in der Personenzentrierten Psychotherapie durch die Erkenntnis der Neurowissenschaften*, Wien 2012.

Eberhard, J., *Allgemeine Theorie des Denkens und Empfindens*, Hildesheim/Zürich/New York 1984. (Nachdruck der Ausgabe Berlin 1776).

Eck, S., *Über die Herkunft des Individualitätsgedankens bei Schleiermacher*, Gießen 1908.

Faye, E., *Heidegger l'introduction du nazisme dans la philosophie*. Albin Michel, 2005.

Feil, M., *Die Grundlegung der Ethik bei Friedrich Schleiermacher und Thomas von Aquin*, Berlin/New York 2005.

Fellmann, F., *Philosophie der Lebenskunst*, Hamburg 2009.

Fetz, R., Ich, Seele, Selbst. Edith Steins Theorie personaler Identität, in: R. Luzius,/M. Rath,/ P. Schulz, *Studien zur Philosophie von Edith Stein* (*Phänomenologische Forschungen 26/27*), Freiburg/München 1993, S.286-319.

Flückiger, F., *Philosophie und Theologie bei Schleiermacher*, Zürich 1947.

Forman-Barzilai, F., *Adam Smith and the Circle of Sympathy. cosmopolitanism and Moral Theory*, New York: Cambridge University Press, 2009.

Frank, M., *Das individuelle Allgemeine. Textstrukturierung und Textinterpretation nach Schleiermacher*, Frankfurt a. M. 1985.

_____, *Das Sagbare und das Unsagbare. Studien zur deutsch-französische Hermeneutik und Texttheorie. Erweiterte Neuausgabe*, Frankfurt a. M. 1995.

_____, Metaphysical foundations: a look at Schleiermacher's Dialectic, in: J. Mariña (Ed.), *The Cambridge Companion to Friedrich Schleiermacher*, Cambridge University Press, 2005.

_____, *Was ist Neostrukturalismus?*, Frankfurt a. M 1984.

Gadamer, H.-G., "Das Problem der Sprache in Schleiermachers Hermeneutik', in: ders., *Kleine Schriften III. Idee und Sprache*, Tübingen 1972, S.129-140.

_____, Erinnerungen an Heideggers Anfänge, in: F. Rodi, (Hrsg.), *Dilthey-Jahrbuch 4*

공감의 존재론

(*1986-87*), Göttingen 1987. S.13-26.

_____, *Hermeneutik I. Wahrheit und Methode* (*GW Bd. 1*), Tübingen 1990.

Givsan, H., *Heidegger—das Denken der Inhumanität*, Würzburg 1998.

Grondin, J., Hermeneutik der Faktizität als ontologische Destruktion, in: D. Papenfuß/O. Pöggeler, (Hrsg.), *Zur philosophischen Aktualität Heideggers* Bd. 2, Frankfurt a. M. 1990, S.163-178.

Han, S.-Y., *Schleiermachers Religionsbegriff und die Philosophie des jungen Heideggers*, Bochum 2005.

Hatab, L. J., Ethics and Finitude: Heideggerian Contributions to Moral Philosophy, Rowman & Littlefield Publishers, 2000.

Haynes, J., Anxiety's ambiguity: *Being and Time* through Haufiniensis' lenses, in: D. McManus (edit.), Routledge: New York 2015, pp.72-94.

Häberle, A. *Der junge Schleiermacher*, Straßburg 1916.

Heidegger, M., Aus einem Gespräch von der Sprache. Zwischen einem Japaner und einem Fragenden, in: ders., *Unterwegs zur Sprache*, Frankfurt a. M. 1959, S.79-146.

_____, Brief über den "Humanismus', in: ders., *Wegmarken* (Gesamtausgabe Bd. 9), Frankfurt a. M. 1976, S.313-364.

_____, *Die Kategorien- und Bedeutungslehre des Duns Scotus*, in: ders., *Frühe Schriften*, a.a.O., S.189-412.

_____, *Die Logik. Die Frage nach der Wahrheit* (*GA Bd. 21*), Frankfurt a. M. 1976.

_____, *Grundprobleme der Phänomenologie* (Frühe Freiburger Vorlesung Wintersemester 1919/20, Gesamtausgabe Bd. 58), Frankfurt a. M. 1993.

_____, *Grundbegriffe der Aristotelischen Philosophie* (*GA 18*), Frankfurt a. M. 2002.

_____, *Holzwege*, Tübingen 1994.

_____, *Kant und das Problem der Metaphysik*, Frankfurt a. M. 1991.

_____, *Ontologie* (*Hermeneutik der Faktizität*) (Frühe Freiburger Vorlesung Sommersemester 23, Gesamtausgabe Bd. 63), Frankfurt a. M. 1988.

_____, *Phänomenologie der Anschauung und des Ausdrucks. Theorie der philosophischen Begriffsbildung* (Frühe Freiburger Vorlesung Sommersemester 20, Gesamtausgabe Bd. 59), Frankfurt a. M. 1993.

_____, *Phänomenologie des religiösen Lebens*, Frankfurt a. M. 1995.

_____, *Phänomenologische Interpretation zu Aristoteles* (*GA 61*), Frankfurt a. M. 1985.

_____, *Sein und Zeit*, Frankfurt a. M. 1993.

Herder, G. H., *Verstand und Erfahrung. Eine Metakritik zur Kritik der reinen Vernunft*. 1. Tl. (1799). *Vernunft und Sprache. Eine metakritik*, 2. Tl. (1799). sämtl. werke Bd. 21. Berlin 1881.

Hermann L., & F. Hermann,(Hg.), *Das Phänomen Angst, Pathologie, Genese und Therapie*, Frankfurt a. M. 1996.

Herms, E., *Herkunft, Entfaltung und erste Gestalt des Systems der Wissenschaften bei Schleiermacher*, Gütersloh 1974.

Hicklin, A., *Das menschliche Gesicht der Angst*, Frankfurt a. M. 1994.

Hirsch, E. D., *Prinzipien der Interpretation*, München 1972.

Hodge, J., *Heidegger and Ethics*, Routledge; New York 1995.

Holm, S., Apriori und Urphänomen bei R. Otto, in: E. Benz, (Hrsg.), *Rudolf Ottos Bedeutung für die Religionswissenschaft und die Theologie heute*, Leiden 1971, S.70-83.

Holz, H. H., *Jean-Paul Sartre*, Meisenheim/Glan 1951.

Horowitz, D., "David Riesman: From Law to Social Criticism," in: *Buffalo Law Review* 58 (2010), S.1005-1029.

Howard, A., *Philosophy for Counselling and Psychotherapy-Pythagoras to Postmodernism*, palgrave Malaysia, 2000.

Huber, E., *Die Entwicklung des Religionsbegriffs bei Schleiermacher*, Leipzig 1972.

Hume, D., *A Dissertation on the Passions and The Natural History of Religion*, edited by Tom L. Beauchamp, Oxford 2007.

_____, *An Enquiry concerning Human Understanding*, edited by Tom L. Beauchamp, Oxford/ New York 1999.

_____, *An Enquiry concerning the Principles of Morals*, edited by Tom L. Beauchamp, Oxford/ New York: Oxford University Press, 1998.

_____, *A Treatise of Human Nature: A Critical Edition*, David Fate Norton and Mary J. Norton (eds.), Oxford 2007.

Husserl, E., *Erfahrung und Urteil: Untersuchungen zur Genealogie der Logik*, Prag 1939.

_____, *Ideen zu einer reinen Phänomenologie und phänomenologischen Philosophie, Buch 1: Allgemeine Einführung in die reine Phänomenologie* [Jahrbuch für Philosophie und phänomenologische Forschung 1, 1, 1-323], Halle a. S.: Niemeyer, 1913.

_____, *Logische Untersuchungen* II/1, Tübingen 1968.

Imdahl, G., *Das Leben verstehen. Heideggers formal anzeigende Hermeneutik in den frühen Freiburger Vorlesungen (1919 bis 1923)*, Würyburg 1997.

Irmischer, H., Grundzüge der Hermeneutik Herders, in: *Bückeburger Gespräche über J.G. Herder 1971*, Bückeburg 1973.

Jacob, F., *Geschichte und Welt in Schleiermachers Theologie*, Berlin 1967.

Jeanson, F., *Sartre par lui-même*, Paris: Seuil, 1955.

Kaulbach, F., Schleiermachers Idee der Dialektik, in: *Neue Zeitschrift für systematische Theologie und Religionsphilosophie*. Bd. 10. H. 3, Berlin 1968, S. 225-260.

Kimmerle, H., Schleiermachers Dialektik als Grundlegung philosophisch-theologischer Systematik und als Ausgangspunkt offener Wechselseitigkeit, in: K.-V. Selge, (Hrsg.) *Internationales Schleiermacher-Kongreß Berlin 1984*, Berlin/New York 1985, S.39-59.

Kirouikov, A., *Das Problem der Intersubjektivität bei Husserl und Sartre*, Stuttgart 2001.

Kisiel, T., *The Genesis of Heidegger's* Being and Time, University of California Press: Berkeley/Los Angeles/London 1993.

Lange, D., Das fromme Selbstbewußtsein, in: G. Meckenstock, (Hrsg.), *Schleiermacher und die wissenschaftliche Kultur des Christentums*, Berlin/New York 1991, S.187-205.

Lenin, W. I., *Materialismus und Empiriokritizismus. Kritische Bemerkungen über eine reaktionäre Philosophie*, Moskau: Verlag für fremdsprachige Literatur 1947.

Leuven, R., *Heil im Unheil. Das Leben E. Steins: Reife und Vollendung* (Edith Steinswerke Bd. X), Freiburg/Basel/Wien 1983.

Lewis, M., *Heidegger and the Place of Ethics*, Continuum; London/New York 2006.

Maimon, M., *Versuch über die Transzendentalphilosophie*, Berlin 2004.

Marcuse, H., "Existentialism: Remarks on Jean-paul Sartre's *L'Être et le Néant*," in: *Philosophy and Phenemenological Research. A quarterly Journal* Vol. VIII, No.3 (March 1948). S.309-336.

Marx, W., *Heidegger und die Tradition*, Hamburg 1980.

McNeill, W., *The Time of Life. Heidegger and Ethos*, State University of New York Press, 2006.

Meckenstock, G., *Deterministische Ethik und kritische Theologie. Die Auseinandersetzung des frühen Schleiermacher mit Kant und Spinoza 1789-1794*, Berlin/New York 1988.

Mulert, H., *Schleiermacher*, Tübingen 1918.

Nygren, G., Die Religionsphilosophie Rudolf Ottos, in: E. Benz, (Hrsg.), *Rudolf Ottos Bedeutung für die Religionswissenschaft und die Theologie heute*, Leiden 1971, S.84-96.

Ochwadt, C./E. Tecklenborg, *Das Maß des Verborgenen. Heinrich Ochsner zum Gedächtnis*, Hannover 1981.

Offermann, D., *Schleiermachers Einleitung in die Glaubenslehre. "Eine Untersuchung der Lehnsätze'*, Berlin 1969.

Olafson, F. A., *Heidegger and the Ground of Ethics. A Study of Mitsein*, Cambridge University Press, 1998.

Ott, H., *Martin Heidegger. Unterwegs zu seiner Biographie*, Frankfurt a. M./New York 1988.

Otto, R., *Das Heilige. Über das Irrationale in der Idee des Göttlichen und sein Verhältnis zum Rationalen*, München 1971.

_____ , *Kantisch-Fries'sche Religionsphilosophie und ihre Anwendung auf die Theologie*, Tübingen 1909.

Pleger, W. H., *Schleiermachers Philosophie*, Berlin/New York 1988.

Pothast, U., *Die Unzulänglichkeit der Freiheitsbeweise*, Frankfurt a. M. 1987.

Pöggeler, O., *Heidegger in seiner Zeit*, München 1999.

_____ , *Heidegger und die hermeneutische Philosophie*, Freiburg München 1983.

_____ , *Neue Wege mit Heidegger*, Freiburg München 1992.

Rattner, J./G. Danzer, *Hermeneutik und Psychoanalyse. Das Verstehen als Lebensaufgabe, Wissenschaftsmethode und Fundamentalethos*, Würzburg 2009.

Redekers, M., "Einleitung" für Diltheys *Leben Schleiermachers*, in: W. Dilthey, *Leben Schleiermachers* II/1, Göttingen 1966.

_____ , *Friedrich Schleiermacher. Leben und Werk*, Berlin 1968.

Reinach, A., Aufzeichnungen, in: ders., *Sämtliche Werke* (hrsg. von K. Schumann / B. Smith) Bd. I, München 1989.

_____ , *Was ist Phänomenologie?*, München 1951.

Reuter, H.-R., *Die Einheit der Dialektik Friedrich Schleiermachers. Eine systematische Interpretation*, München 1979.

Riesman, D., *The Lonely Crowd*, New Haven & London: Yale University Press, 1989.

Ritschil, A., *Schleiermachers Reden über die Religion und ihre Nachwirkungen auf die evangelische Kirche Deutschlands*, Bonn 1874.

Sartre, J.-P., *Critique de la raison dialectique II*, Paris 1985.

_____ , *La transcendance de l'ego: Esquisse d'une description phénoménologique*, Paris 1966.

_____ , *L'Être et le Néant. Essai d'ontologie phénoménologique*, Paris 1988.

_____ , *L'Imaginaire: Psychologie phénoménologique de l'imagination*, Paris 1940.

Schalow, F., *Imagination and Existence: Heidegger's retrieval of the Kantian Ethic*, University Press of America, 1986.

Scheler, M., *Wesen und Formen der Sympathie*, Bonn 1923.

Schleiermacher, F., *Der christliche Glaube*. Zweite Auflage. Nach den Grundsätzen der evangelischen Kirche im Zusammenhange dargestellt, Berlin '1960. Aufgrund der zweiten Auflage und kritischer Prüfung des Textes neu herausgegeben und mit Einleitung, Erläuterungen und Register versehen von M. Redeker.

_____ , *Dialektik*, Im Auftrage der Preußischen Akademie der Wissenschaften auf Grund bisher unveröffentlichten Materials (hrsg. von Odebrecht, R.), Berlin 1942.

_____ , *Ethik (1812/13)* mit späteren Fassungen der Einleitung, Güterlehre und

Pflichtenlehre. Auf der Grundlegung der Ausgabe von Otto Braun hersg. u. eigel. v. H.-J. Birkner, Hamburg 1990.

_____, F. D. E., *Der christliche Glaube nach den Grundsätzen der evangelischen Kirche im Zusammenhange dargestellt* (KGA 1. Abt. 7/1), Berlin/New York 1980 (Erste Auflage).

_____, *Grundlinien einer Kritik der bishierigen Sittenlehre* (*Shcleiermachers Werke I*), Leipzig 1967.

_____, *Jugendschriften 1787-1796* (*KGA I-1*), Berlin / New York 1984.

_____, Kurze Darstellung des Spinozistischen Systems, in: ders., *Jugendschriften* (KGA 1. Abt. 1), Berlin/New York 1984, S.559-582.

_____, Spinozismus, in: ders., *Jugendschriften* (KGA 1. Abt. 1), a.a.O., S.511-557.

_____, *Über die Glaubenslehre. Zwei Sendschreiben an Lücke*, in: ders., *Theologisch-dogmatische Abhandlungen und Gelegenheitsschriften* (*KGA 1. Abt. 10*), Berlin/New York 1990.

_____, *Über die Religion* (1. Auflage), in: *Schleiermachers Werke* (hrsg. von O. Braun,/J. Bauer) Bd. 4, Aalen 1967. (zitiert nach der Originalseitenangabe)

_____, *Über die Religion* (2.-) 4. Aufl. (KGA 1. Abt. 12), Berlin/New York 1995.

Schmid, W., *Philosophie der Lebenskunst*, Frankfurt a. M. 1998.

Schmolke, M., *Bildung und Selbsterkenntnis im Kontext philosophischer Beratung*, Frankfurt a. M. 2011.

Scholtz, G., Braniß über Religion und Philosophie, in: G. Meckenstock (Hrsg.), *Schleiermacher und die wissenschaftliche Kultur des Christentums*, Berlin/New York 1991, S.13-32.

_____, *Die Philosophie Schleiermachers*, Darmstadt 1984.

_____, *Ethik und Hermeneutik. Schleiermachers Grundlegung der Geisteswissenschaften*, Frankfurt a. M. 1995.

_____, Gefühl der Abhängigkeit. Zur Herkunft von Schleiermachers Religionsbegriff, in: *Philotheos. International Journal for Philosophy and Theology* 4 (2004), S.66-81.

_____, *Schleiermachers Musikphilosophie*, Göttingen 1981.

Schultz, W., *Schleiermacher und der Protestantismus*, Hamburg 1957.

Schumann, K., Edith Stein und Adolf Reinach, in: R. Luzius/M. Rath/P. Schulz, *Studien zur Philosophie von Edith Stein*, Freiburg/München 1993, S.53-88.

Seifert, P., *Die Theologie des jungen Schleiermacher*, Gütersloh 1960.

Sherman, D., *Sartre and Adorno*, New York 2007.

Shuster, S. C., *Philosophy Practice. An Alternative to Counseling and Psychotherapy*, London 1999.

Sigwart, C., Schleiermachers psychologische Voraussetzungen, insbesondere die Begriffe des Gefühls und der Individualität, in: *Jahrbücher für Deutsche Theologie* 2 (1857), S.267-327.

Simon, M., *La philosophie de la religion dans l'œuvre de Schleiermacher*, Paris 1974.

Slote, M., *The Ethics of Care and Empathy*, London/New York 2007.

Smith, A., *An Inquiry into the Nature and Causes of the Wealth of Nations*, London 1776.

_____, *The Theory of Moral Sentiments*, London 1761.

_____, *The Theory of Moral Sentiments*, Indianapolis 1984.

Stalder, R., *Grundlinien der Theologie Schleiermachers*, Wiesbaden 1969.

Stein, E., *Endliches und ewiges Leben. Versuch eines Aufstiegs zum Sinn des Seins* (Werke Bd. II), Freiburg 1950.

_____, *Erkenntnis und Glaube* (Werke Bd. XV), Freiburg/Basel/Wien 1993.

Stern, A., *Sartre. His Philosophy and Psychoanalysis*, New York 1953.

Stölzel, T., *Staunen, Humor, Mut und Skepsis. Philosophische Kompetenzen für Therapie, Beratung und Organisationsentwicklung*, Göttingen 2012.

Stroud, B., *Hume*, Routledge: London/New York 1977.

Taylor, C., *The Ethics of Authenticity*, Cambridge, Mass.: Harvard University Press, 1991.

Timm, H., *Die heilige Revolution. Das religiöse Totalitätskonzept der Frühromantik. Schleiermacher - Novalis - Friedrich Schlegel*, Frankfurt a. M. 1974.

Trillhass, W., Der Mittelpunkt der Glaubenslehre Schleiermachers, in: *Neue Zeitschrift für systematische Theologie und Religionsphilosophie*. Bd. 10. H. 3, Berlin 1968, S. 289–309.

Tugendhat, E., *Der Wahrheitsbegriff bei Husserl und Heidegger*, Berlin 1970.

Vance, R., *Sin and Self-conciousness in the Thought of Friedrich Schleiermacher*, Lewiston, New York: The Edwin Mellen Press, 1994.

Vogel, L., *The Fragile "We". Ethical Implication of heidegger's "Being and Time"*, Northwestern University Press, 1994.

Wagner, F., *Schleiermachers Dialektik. Eine kritische Interpretation*, Güterloh 1974.

Waldenfels, B., *Einführung in die Phänomenologie*, München 1992.

_____, *Phänomenologie in Frankreich*, Frankfurt a. M. 1983.

Webb, D., Heidegger, *Ethics and the Practice of Ontology*, Continuum: London/New York 2009.

Wehrung, G., *Die Dialektik Schleiermachers*, Tübingen 1920.

Williams, R. R., Immediacy and Determinacy in Schleiermacher's Phenomenology of Self-conciousness, in: K.-V., Selge, (Hrsg.) *Internationales Schleiermacher-Kongreß Berlin 1984*, Berlin / New York 1985, S. 211–219.

_____, *Schleiermacher The Theologian. The Construction Of The Doctrine Of God*, Philadelphia 1978.

Wolz-Gottwald, W., *Transformation der Philosophie. Zur Mystik bei Husserl und Heidegger*, Wien

1999.

Wucherer-Huldenfeld, A., Zu Heideggers Verständnis des Seins bei Johannes Duns Scotus und im Skotismus sowie im Thomismus und bei Thomas von Aquin, in: H. Vetter (Hrsg.), *Heidegger und das Mittelalter*, Frankfurt a. M. (u. a.) 1999, S.41-59.

Yalom, I. D., *The Gift of Therapy: Reflections on being a therapist*, Piatkus Books Ltd., London, 2004.

공감의
존재론